WIENER ADVOCATUR BUREAU

Österreichischer Governance Kodex für Privatstiftungen

Peter Melicharek, Veronika Haberler, Monika Widmann

Wien 2015

Zitiervorschlag:

ÖGK PS (2015) Rz [...]

Melicharek/Haberler/Widmann, Österreichischer Governance Kodex für Privatstiftungen (2015) [Seite]

AutorInnen: Melicharek, Peter / Haberler, Veronika / Widmann, Monika

Verlag: Wiener Advocatur Bureau (info@advocatur-bureau.at)
Melicharek Rechtsanwalts GmbH, Wien
Verlagsort: Wien, Österreich
ISBN: 978-3-9503816-1-0
Hersteller: tredition GmbH, Hamburg
Herstellungsort: Deutschland (Printed in Germany)

Bibliografische Information der Deutschen Nationalbibliothek:
Die Deutsche Nationalbibliothek verzeichnet diese Publikation in der Deutschen Nationalbibliografie; detaillierte bibliografische Daten sind im Internet über http://dnb.d-nb.de/ abrufbar.

Bibliografische Information der Österreichischen Nationalbibliothek:
Die Österreichische Nationalbibliothek verzeichnet diese Publikation in ihrem Katalog, nähere Informationen unter http://www.onb.ac.at/.

Weitere Informationen: www.stiftungskodex.at

INHALT

ÖGK PS

ANHANG

Stiftungsgovernance als Herausforderung.

Was wurde nur aus der vielgepriesenen wirtschaftspolitischen Erfolgsgeschichte der österreichischen Privatstiftung? Ohne die einstigen Steuerprivilegien ebbte die frühere Gründungseuphorie ab. 2013 setzte eine Trendumkehr ein und seitdem ist ein spürbarer Rückgang der Zahl der Stiftungen zu verzeichnen. Massenhafte Stiftungsauflösungen und die befürchtete Abwanderung ins Ausland blieben entgegen der Kassandrarufe einiger Autoren aber aus. Ich zweifle daran, dass dies der noch immer großen Zufriedenheit mit dem Rechtsinstrument der Privatstiftung zu verdanken ist. Vielmehr mag es eher mit dem Mausefallen-Effekt für Altvermögen zusammenhängen, oder damit, dass Abwanderungswillige in der aktuellen Niedrigzinsphase keine ausreichende „Kriegskasse“ für potentiell riskante Steuerexperimente haben. Vielleicht gibt es auch Stiftungen mit entscheidungsschwachen Organwaltern, welche die eingetretene Versteinerung still begrüßen und fördern.

In der österreichischen Stiftungslandschaft ist jedenfalls eine allgemeine Trägheit und Veränderungsaversion zu orten. Die erste Stifterinnen- und Stiftergeneration hat (oft schon vor vielen Jahren) Aufwand und Kosten investiert, um „ihre“ Stiftungen einzurichten. Solange sie noch etwas zu sagen hat, wird gern versucht, den *status quo* beizubehalten - und damit ein Verständnis von *foundation governance,* das oft aus dem letzten Jahrtausend stammt.

Zwischenzeitig zeichnet sich ein bevorstehender Generationenwechsel nicht nur bei den Stiftern und Begünstigten, sondern auch bei den Beraterinnen und Beratern ab. Mit großem Werbeaufwand versuchen viele Akteure aus allen möglichen Berufsgruppen, die erste Berater-Generation abzulösen und sich Mandate in den Vorständen möglichst vieler Stiftungen und/oder in der Geschäftsführung ihrer Tochterunternehmen zu sichern. Marketingstrategisch geht man dabei davon aus, dass die Stifterinnen und Stifter noch die wahren Entscheidungsträger sind, und man spricht deren vermeintlichen Wunsch an, weiterhin alles beim Alten lassen zu wollen.

So mancher Stifterin, so manchem Stifter war und ist dementgegen sehr wohl bewusst, dass ein heute für 99 Jahre in Stein gemeißelter Stifterwille in einer Welt, in der die einzige Konstante die Veränderung ist, ohnehin nicht die Antwort auf alle Fragen sein kann. Und dass eines Tages ihre eigene schützende Kontrolle nicht mehr sein wird, wissen sie ebenfalls. Wie also kann eine Privatstiftung die auf sie künftig zukommenden Herausforderungen meistern? Dies geht nur mit einer guten Governance, die freiwillig aktuell gehalten wird. Als Vorstandsmitglied und/oder Rechtsvertreter im weltweiten Kampf um so manche Stiftung und so manchen Trust seit dem Jahr 2001 habe ich die Erfahrung gemacht, dass verselbstständigte Vermögensmassen nur „überleben" können, wenn sie sich an Veränderungen in ihrem Umfeld anpassen, oder besser noch, diesen entgegengehen. Dies gilt ganz besonders, wenn eines Tages nicht nur ein Schönwetter-Umfeld herrschen sollte.

Die Stiftung muss nachhaltig von unsachlichen Partikularinteressen und Einflussnahmen befreit werden. Das Exekutivorgan darf kein „Hampelmann" des Stifters sein, sondern muss unabhängige und professionelle Führung gewährleisten. Entscheidungen sollen transparent und nachvollziehbar gefällt werden. Stiftungen brauchen eine Strategie, Planung, geeignete Organmitglieder, eine funktionierende Compliance-Einrichtung, eine Haftpflichtversicherung und eine regelmäßige kritische Erfolgskontrolle. All diese Governance-Postulate, so naheliegend sie auch scheinen, sind bei vielen Privatstiftungen jedoch (noch) nicht umgesetzt.

Der vorliegende Österreichische Governance Kodex für Privatstiftungen soll eine Richtschnur für alle Stifter, Funktionäre und Stakeholder in mittel- bis langfristiger Sicht bieten. Wer sich entscheidet, den Kodex freiwillig einzuhalten, sorgt dafür, dass wichtige Haftungsfälle vermieden werden, und dass im Streitfall auch unsachliche Attacken weniger Angriffsfläche bekommen. Zahlreiche Judikate und eigene unveröffentlichte Fälle haben die leitenden Kodex-Autorinnen Dr Veronika Haberler und Mag Monika Widmann mit mir gemeinsam ausgewertet, um stiftungsinteressierten Personen ein umfassendes Regelwerk in die Hand zu geben, das ganz bewusst nicht bloß als „Wohlfühl-Lektüre" konzipiert ist. Dafür sollte es auch im Fall einer harten Eskalation verlässlich sein.

Unser Dank gebührt ganz besonders: Mag Elisabeth Aschauer (Wiener Advocatur Bureau), WP Mag Christina Hartig (KWT Vizepräsidentin Wien), Mag Katharina Hofer-Kutzelnigg, MES (Richterin am Handelsgericht Wien), Dr Brigitta Schwarzer, MBA (Geschäftsführerin INARA), Ernst Tertilt (Director Private Banking bei der Capital Bank), Dr Herbert Unterköfler (Senior Client Partner bei Korn Ferry), KR Dr Ernst Wunderbaldinger (Unternehmer und Stiftungsvorstand), Univ-Prof Dr Johannes Zollner (Universität Graz) sowie der Kammer der Wirtschaftstreuhänder, dem Bundesministerium für Finanzen und dem Bundesministerium für Justiz.

Wien, 20. Juli 2015 *Peter Melicharek*

Zum Tun gehört Talent, zum Wohltun Vermögen.

Dieses Zitat Johann Wolfgang von Goethes skizziert auch heute noch sehr gut die ursprünglich erdachte Konzeption der Privatstiftung: Ein fleißiger Stifter, der die Früchte seiner Arbeit auch nach seinem Tod in seinem Sinne „weiterleben" lässt.

Das Rechtsinstitut der österreichischen Privatstiftung ist eine vergleichsweise sehr junge Schöpfung. Erst im Jahr 1993 hat der Gesetzgeber die Möglichkeit geschaffen, Stiftungen abseits der öffentlichen Hand oder reiner Gemeinnützigkeit zu gründen. Anfangs standen sicherlich für viele Stifter steuerliche Überlegungen im Vordergrund, ihr oftmals hart erarbeitetes Lebenswerk „abzugeben" und diesem fremden Gebilde „Privatstiftung" zu überantworten. Je mehr Zeit ins Lande gezogen ist und sich ein Generationenwechsel in vielen Unternehmen angekündigt hat, desto mehr verlagert sich der Fokus zunehmend auf das, wofür eine Privatstiftung eigentlich da sein sollte: auf den Vermögenserhalt größerer Privatvermögen, im Rahmen dessen der Stifter über sein Ableben hinaus seinen ganz persönlichen Gestaltungswillen weiterleben lassen kann. Denn genau dieser Gestaltungswille und die Fähigkeit, diesen auch aktiv umzusetzen, war in den meisten Fällen maßgeblich daran beteiligt, überhaupt erst ein Vermögen über die Jahre zu generieren, das einer Stiftung zugänglich gemacht werden kann.

Doch reicht es nicht, einfach „stiften zu gehen". Will man eine Stiftung für sich und die nachfolgenden Generationen sinnvoll nutzbar machen, so bedarf es eines differenzierten und manchmal durchaus kritischen Blicks auf die rechtlichen und tatsächlichen Einschränkungen, denen das gestiftete Vermögen nach seiner Stiftung unterliegt. Was auf den ersten Blick als starres Korsett wahrgenommen wird, bietet jedoch erst die Möglichkeit, das Vermögen als Ganzes zu erhalten. Und was auf den ersten Blick auch für die nachfolgende Generation, die sich manchmal durch eine Stiftung „enterbt" fühlt, als Beschränkung erlebt wird, ist bei näherer Betrachtung und wohldurchdachter Stiftungskonzeption ein großer Vorteil: Juristisch und wirtschaftlich liegt die Verantwortung in den Händen eines professionellen Stiftungsvorstandes und faktisch kann aus so mancher diffizilen familiären Situation Druck entweichen, wenn die Weichen endgültig gestellt werden und Rechtssicherheit hergestellt wird.

Jedoch will eine Stiftung wohl überlegt sein sowie gut konzipiert und umgesetzt. Denn hat sie erst das juristische Licht der Welt erblickt, ist sie als Rechtsperson sui generis nicht nur am Papier eine eigenständige Persönlichkeit, sondern unterliegt ihren ganz eigenen Spielregeln, die das Gesetz und die sehr kasuistische und oft sehr komplexe Judikatur als Rahmen ihrer Entfaltung vorgeben. Diesen Rahmen gut zu kennen empfiehlt sich auch für den Stifter und die Organe der Stiftung selbst, um dem Zweck, den der Stifter seiner Stiftung als Rüstzeug auf ihren rechtlichen Lebensweg mitgibt, bestmöglich gerecht zu werden.

Der vorliegende „Stiftungskodex" soll Hilfestellung darin geben, wie die rechtlichen Rahmenbedingungen aussehen und wo und in welcher Art das Gesetz Gestaltungsspielraum überlässt: dem Stifter, den Stiftungsorganen und den Begünstigten.

Doch der beste juristische Rat kann eines nicht ersetzen: die ehrliche Antwort auf die Frage, ob man schon bereit ist, sein Vermögen auf die lange Reise in eine neue Identität zu schicken, um „Wohltun zu tun".

Wien, 15. Juli 2015 *Christina Hartig*

Mag Christina Hartig ist Wirtschaftsprüferin, abgz Sachverständige und zertifizierte Compliance Officerin sowie Landesvizepräsidentin der KWT Landesstelle Wien. Sie verantwortet gemeinsam mit Dr Felix Ruhmannseder den Österreichteil des Sammelbandes „Compliance aktuell".

Gute Regeln für den nachhaltigen Stiftungserfolg.

Der Österreichische Corporate Governance Kodex, der seit 2002 in Kraft befindlich ist und zwischenzeitig mehrfach adaptiert wurde, hat maßgeblich zur Bewusstseinsbildung beigetragen, wie börsennotierte (und auch nichtbörsennotierte) Gesellschaften im Zusammenwirken zwischen Aufsichtsrat, Geschäftsführung und Anteilseignern verantwortungsvoll und in Einklang mit Gesetzen, Satzungen und internen Richtlinien geführt und überwacht werden.

Privatstiftungen sind in vielerlei Hinsicht anders als Kapitalgesellschaften. Dennoch gibt es in Hinblick auf die „handelnden Personen“ Gemeinsamkeiten. Wie jedes Unternehmen funktioniert eine Stiftung nur dann einwandfrei, wenn es eine Rollenverteilung gibt und jeder seine Funktion und Verantwortung kennt und seine Rechte und Pflichten entsprechend wahrnimmt. Dass eine Atmosphäre von bewusster Transparenz, Kommunikation und Vertrauen und einem (dosierten) Mut zum Risiko einer langfristigen Geschäftsentwicklung förderlich ist, gilt für Kapitalgesellschaften und Stiftungen gleichermaßen.

Die Erfahrung zeigt, dass Corporate Governance Regeln einen zuverlässigen Leitfaden zur Schaffung eines geeigneten Umfelds zum Umgang miteinander bieten - im Außen- wie im Innenverhältnis. Die Autoren des vorliegenden Kodex haben eine solche Guideline für Stiftungen entwickelt. Sie verbinden bewährte Corporate Governance Handlungsanweisungen mit den stiftungsspezifischen Besonderheiten.

Während der Stiftungsvorstand seit Jahren im Zentrum der öffentlichen Aufmerksamkeit steht und herkömmliche Empfehlungen vornehmlich dazu dienen, ihn über sein Risiko und seine Verantwortlichkeit aufklären, richtet sich dieser Ordnungsrahmen insbesondere auch an die Begünstigten. Sie sind diejenigen, die am wirtschaftlichen Gedeihen einer Stiftung am meisten interessiert sind.

Solange der Stifter aktiv ist, stehen sie in der zweiten Reihe und es ist nicht ihre Aufgabe, sich mit den Stiftungsbelangen näher auseinander zu setzen. Jedoch spätestens dann, wenn eine Stiftung nicht mehr unter dem Einfluss des Stifters steht, sollten sie sich ihrer Rechtsstellung bewusst sein und genaue Kenntnis über ihre Befugnisse und Wirkungsmöglichkeiten und deren Grenzen haben. Das setzt voraus, dass sie auch über die gesetzlichen Rahmenbedingungen und die Inhalte der Stiftungsdokumente (Urkunde und Zusatzurkunde) ausreichend informiert sind.

Die Begünstigten spielen eine wichtige Rolle, die nicht delegierbar ist. Sie sollten, in ihrem eigenen und im Interesse aller Stakeholder, laufend ein Auge darauf haben, dass die Stiftung ordnungsgemäß geführt und überwacht wird. Der Maßstab an sie ist hoch und geht weit über das gesetzliche Maß hinaus. Letztlich werden sie auch danach beurteilt werden, ob sie die Kultur und die Werte des Stifters weiterleben.

Den Autoren ist es daher ein weiteres Anliegen, mit diesem Kodex auch die Stifter anzusprechen. Es liegt an ihnen, den Weg für die nächste Generation zu ebnen und sich im Vorfeld zu überlegen, welche Stellung ihre Nachkommen einmal in der Stiftung einnehmen sollen. Hier gilt es viel zu bedenken und die Frage, ob den Stiftern vorbehaltene Änderungs- bzw Widerrufsrechte noch zeitgerecht ausgeübt werden sollen, ist auch unter diesem Blickwinkel zu beantworten.

Dieses Regelwerk bietet Stiftern, Stiftungsvorständen, Begünstigten und Beratern ein Korsett mit best-practice Anleitungen für das anhaltende Gedeihen einer Stiftung, gerade auch in wirtschaftlich schwierigen Zeiten.

Last but not least ein Appell an alle Player in Stiftungen: Zu einer guten Corporate Governance gehört auch eine gute D&O-Versicherung. Auch hier ist einiges zu beachten. Es gibt Marktstandards und Marktentwicklungen, die den Gesamtüberblick schwierig machen. Was für den einen passend ist, dient dem anderen nicht immer. Nehmen Sie die Beratung eines facheinschlägigen Experten in Anspruch und informieren sich, was für „Ihre“ Stiftung die beste Absicherung ist.

Liebe Leserinnen und Leser, werte Stiftungs-Community, die vorliegende Lektüre ist anspruchsvoll. Ein Kodex ist kein Krimi, den man in einem Stück liest und dann beiseite legt. Er erfordert eine Erarbeitung, Punkt für Punkt, gewissenhaft und mit hoher Konzentration. Und dann dürfen sie ihn nicht weglegen, sondern sollten ihn als Nachschlagwerk immer in Ihrer Nähe haben. Nur so kann er zum Leben erweckt werden und beitragen, dass er seine Wirkung am richtigen Ort und zur richtigen Zeit entfaltet.

Ich wünsche Ihnen beim Lesen spannende Stunden und einen hohen Wissensgewinn. Wenn Sie Fragen oder Anmerkungen haben, wenden Sie sich bitte an die Autoren. Ihr Feedback ist willkommen.

Wien, 5. Juli 2015 *Brigitta Schwarzer*

Dr Brigitta Schwarzer, MBA ist Geschäftsführerin der INARA | Initiative Aufsichtsräte Austria und Juristin mit Schwerpunkten Versicherungs- und Immobilienrecht. Sie ist Expertin für Corporate Governance, Compliance und D&O-Versicherungen und verfügt über Geschäftsführungs- und Aufsichtsratserfahrung. Von 2005 bis 2008 war sie Mitglied des Österreichischen Arbeitskreises Corporate Governance.

ÖGK PS | 2015

Österreichischer Governance Kodex für Privatstiftungen

www.stiftungskodex.at

ÖGK PS
Präambel und Hinweise zur Nutzung

Die Stifterinnen und Stifter definieren in der Stiftungserklärung die essentiellen Spielregeln und Strukturen für das Funktionieren der Privatstiftung. Dabei müssen sie die Grenzen beachten, welche ihnen Gesetz und Rechtsprechung vorgeben. Ihrer Person kommt also eine zentrale Rolle bei der (Erst-)Konzeption des Regelwerks zu, welches nach Gründung der Stiftung von ihren Organen mit Leben gefüllt werden muss. Kapitel 1 des Kodex soll den Stifterinnen und Stiftern Orientierung bei der Gestaltung einer guten Stiftungsgovernance bieten.

Der Einfluss der Stifterinnen und Stifter nimmt nach der Gründung spürbar ab und die Organe sind für die Umsetzung des Regelwerks verantwortlich. Dort, wo es Spielräume oder auch Lücken aufweist, sind die Organe auf sich selbst gestellt, müssen die bestehenden Regeln im Sinne einer guten Governance interpretieren, verstehen und anwenden, oder aber im womöglich regelfreien Raum so zusammenwirken, dass der Stiftungszweck gefördert wird und am Ende niemand haftet. Die Kapitel 3 bis 7 umfassen Gesetze und empfehlenswerte Verhaltensregeln, welche an die Organe einer Stiftung gerichtet sind.

Aber auch die Adressaten der Zweckverwirklichung, nämlich die Begünstigten, oder auch externe Personen können zum Erfolg einer Privatstiftung beitragen. Die Begünstigten (Kapitel 2) und die in die Gebarung einer Stiftung involvierten Beraterinnen und Berater (Kapitel 8) sind eingeladen, an einer guten Governance der Stiftung aktiv und pflichtbewusst mitzuwirken.

Das aus der Erfahrung der Praxis entwickelte Regelwerk des ÖGK PS bietet allen Beteiligten im alltäglichen Zusammenspiel ein Fundament, auf dem ein geordnetes Miteinander aufbauen und gemessen werden kann.

Der ÖGK PS enthält drei Regelkategorien:[1]

Legal Requirement (L)
Zwingend einzuhaltende Gesetzesvorschriften und herrschende Rechtsprechung.

Comply or Explain (C)
Regel soll eingehalten werden. Die Nichteinhaltung muss begründet und dokumentiert werden, will man den Kodex befolgen.

Recommendations (R)
Unverbindliche Empfehlungen, deren Umsetzung im Ermessen der Akteure steht. Die Befolgung hat sich in der Praxis bewährt, jedoch sind Abweichungen auch ohne Begründung erlaubt.

Dem Autorenteam war bewusst, dass sich manche R- oder auch C-Regeln nicht in allen Fällen umsetzen und nicht auf jede Stiftung übertragen lassen. Möglicherweise kann die Stiftungserklärung nicht (mehr) geändert werden, in der governancehinderliche Vorgaben enthalten sind; vielleicht mangelt es auch an Kandidatinnen oder Kandidaten, welche für eine Organfunktion zur Verfügung stünden. In diesen Fällen gilt, dass alle C- bzw R-Regeln als Anregung verstanden werden sollen, das eigene Vorgehen kritisch zu beleuchten und allenfalls individuelle Lösungen zu finden. Die in den C- und R-Regeln enthaltenen Governance-Grundgedanken können dabei jedenfalls Orientierung bieten.

1 Ein Sternchen hinter L, C oder R bedeutet, dass im Anhang weiterführende bzw zugrundeliegende Literatur oder Rechtsprechung genannt wird.

Wer eine kritische Einstellung hat, ist ganz besonders herzlich eingeladen, den ÖGK PS zu lesen und einer Prüfung zu unterziehen: L-Regeln stehen nicht zur Disposition. Sie müssen zwingend eingehalten werden. Bei C- und R-Regeln lässt sich eine einfache Sinnhaftigkeitsprobe machen: Man invertiert eine Kodex-Aussage ins Negative (zB „Naheverhältnisse sind erwünscht, der Vorstand wird mit wirtschaftlich abhängigen Auftragnehmerinnen oder Angestellten der Begünstigten besetzt") und fragt sich, ob dies der Stiftung mehr nützen würde, als die Regelentsprechung.

Der ÖGK PS enthält 110 L-, 49 C- und 133 R-Regeln, wobei grundsätzlich jedes einzelne Stiftungsorgan sein eigenes Handeln im Rahmen der jeweils anwendbaren Kapitel selbst kritisch prüfen soll:

Vorstand:	Kapitel 3 - Vorstand Kapitel 7 - Vermögensverwaltung + Auskunftspflicht (Rz 2.15 - 2.19)
Stiftungsprüfer:	Kapitel 4 - Stiftungsprüfer
Beirat:	Kapitel 5 - Beirat Kapitel 7 - Vermögensverwaltung
Aufsichtsrat:	Kapitel 6 - Aufsichtsrat Kapitel 5 - Beirat (sinngemäß) Kapitel 7 - Vermögensverwaltung

Bestellungsberechtigte Stelle...

	für Vorstand	Rz 3.15 - 3.32
	für Beirat	Rz 5.6 - 5.16

Für kodexkonformes Verhalten einer Stiftung muss zumindest der Vorstand die Kapitel 3 und 7 sowie die aus Rz 2.15 - 2.19 resultierenden Auskunftspflichten, und, sofern ihm Bestellungsrechte obliegen, auch die entsprechenden Regeln für die bestellungsberechtigte Stelle, beachten.

Es empfiehlt sich, bei der erstmaligen Anwendung des Kodex einen Erstbericht unter Beiziehung möglichst aller Organmitglieder zu erstellen und eine regelmäßige Evaluation festzulegen. Je nach Komplexität der Stiftung wird eine ein- bis dreijährige Überprüfung angemessen sein.

Die vom Gesetzgeber bisweilen verwendete sprachliche Fiktion,[2] die in einem Gesetz verwendeten geschlechtsspezifischen Begriffe und Bezeichnungen (alle männlich) schlössen jeweils die männliche und weibliche Form ein, ist literarisch so wenig ambitioniert, wie sie uE geschlechtergerecht ist. Deshalb wählt der ÖGK PS eine andere Herangehensweise.

Um bei gleichzeitiger Lesefreundlichkeit Männer und Frauen gleichermaßen sprachlich zu adressieren, wurden einzelne Unterabschnitte abwechselnd in männlicher und weiblicher Form gestaltet. Damit folgt der ÖGK PS der Empfehlung des österreichischen Bundeskanzleramts (BKA) bzw des Bundesministeriums für Bildung und Frauen (BMBF) für geschlechtergerechte Sprache und steht auch im Einklang mit den legistischen Richtlinien 1990.[3]

Der ÖGK PS richtet sich in erster Linie an eigen- und gemischtnützige Privatstiftungen nach dem Privatstiftungsgesetz; wenn im Text der Begriff „Stiftung" verwendet wird, ist damit „Privatstiftung" im Sinne des PSG gemeint. Dennoch sind hiermit auch alle gemeinnützigen Privatstiftungen und Stiftungen öffentlichen Rechts eingeladen, die Anwendbarkeit dieses Kodex, allenfalls in abgewandelter Form, für ihre eigene Governance in Betracht zu ziehen.

2 Etwa Art 18 § 1 PSG: *„Bei allen personenbezogenen Bezeichnungen gilt die gewählte Form für beide Geschlechter."*

3 Leitfaden BKA geschlechtergerechter Sprachgebrauch 2012, Leitfaden BMBF geschlechtergerechter Sprachgebrauch 2014, BKA Handbuch der Rechtssetzungstechnik 1990.

Die Stifterin, der Stifter 1.

Die Stifterin oder der Stifter gibt den Stiftungszweck und die Organisationsstruktur der Stiftung vor. Es liegt an ihnen, bei der Gründung bereits die Weichen für das bestmögliche Funktionieren der Privatstiftung zu legen. Als zentrale Akteure lassen sie sich vor Errichtung der Stiftung umfassend und in jeder Hinsicht beraten.

23 L
4 C
32 R
(59 Regeln)

§§ 1, 3 und 9 PSG

§§ 6, 15, 17, 19, 28, 30, 33-35 PSG

Kodex-Compliance-Vermerk:
⇨ Empfehlender bzw informativer Charakter

1.1 Der Stifter setzt sich vor Gründung mit der Rechtsform der Privatstiftung vertiefend auseinander und holt rechtlichen und steuerlichen Rat ein. Er lässt sich wirtschaftlich beraten und entscheidet sich für eine bestimmte Strategie. Es wird auch die steuerliche Lage der Begünstigten berücksichtigt. Bevor die Entscheidung über die Errichtung einer Privatstiftung fällt, zieht der Stifter mögliche Alternativen in Erwägung, plant seinen eigenen Liquiditätsbedarf und überlegt mögliche Ausstiegs-Szenarien. R *Vor der Gründung*

1.2 Soll die Stiftungsurkunde Regelungen enthalten, die ungewöhnlich sind oder hinsichtlich deren Zulässigkeit in Literatur und Rechtsprechung Unklarheit herrscht, bemüht sich der Stifter (seine rechtliche Vertretung) um eine unverbindliche Vorprüfung beim zuständigen Firmenbuchgericht. R*

1.3 Personen, die von Begünstigten, deren Ehegatten, Lebensgefährtinnen oder von Personen, die mit Begünstigten in gerader Linie oder bis zum dritten Grad der Seitenlinie verwandt sind, mit der Interessenswahrnehmung im Stiftungsvorstand beauftragt wurden, dürfen keine Funktion im Vorstand übernehmen. Dasselbe gilt, wenn ein solcher Auftrag von juristischen Personen kommt, die von Begünstigten oder ihren Angehörigen kontrolliert werden.[1] L *Beratung*

1 § 15 Abs 3a PSG iVm § 244 Abs 2 UGB.

C* Der Stifter berücksichtigt die obige Inkompatibilität bei der Auswahl seiner Berater und bei der Bestellung des (ersten) Stiftungsvorstands. Berater von Begünstigten (oder ihren Angehörigen), deren Kanzleipartnerinnen, Mitgesellschafter, Substituten und Angestellte werden zur Vermeidung von Interessenskonflikten grundsätzlich nicht in den Stiftungsvorstand bestellt, und zwar auch dann nicht, wenn keine ausdrückliche Entsendung mit Auftrag zur Interessenswahrnehmung erfolgt. 1.4

C Der Stifter ersucht einen ihn bei der Stiftungsgründung begleitenden Berater nur bei Vorliegen besonders rücksichtswürdiger Gründe, auch eine Funktion im Stiftungsvorstand zu übernehmen. 1.5

Stifterwillen & Stiftungserklärung

L Die Stifterin hat die Möglichkeit, neben der Stiftungsurkunde auch eine Stiftungszusatzurkunde (gemeinsam als „Stiftungserklärung" bezeichnet) zu errichten. Die Stiftungsurkunde ist im Firmenbuch für jedermann zugänglich. Die Stiftungszusatzurkunde muss dem Firmenbuch nicht vorgelegt werden und ist nicht öffentlich einsehbar. Sie muss aber rechtzeitig dem Finanzamt offengelegt werden, sonst wird die Stiftung der Regelbesteuerung unterzogen.[2] 1.6

L Die Stifterin legt in der Stiftungsurkunde fest, ob sie die Stiftung auf höchstens 99 Jahre oder auf eine kürzere Zeit errichten will. Nach Ablauf von 99 Jahren können alle Letztbegünstigten gemeinsam die Fortsetzung der Stiftung beschließen.[3] 1.7

2 Für die Vorlage beim Finanzamt ist der Vorstand der Stiftung zuständig, siehe VwGH 23.5.2013, 2010/15/0083.

3 §§ 9 Abs 1 Z 6, 35 Abs 2 Z 3 PSG.

1.8 Der Wille der Stifterin soll sich bereits aus der Stiftungsurkunde so deutlich erschließen, dass ihn auch künftige Generationen korrekt umsetzen können. Die Stifterin sollte darauf achten, dass die Stiftungsurkunde in ihren organisationsrechtlichen Bestimmungen objektiv interpretiert wird. Allfällige Zielbestimmungen werden daher präzise vorgegeben, etwa in einer Präambel zur Stiftungsurkunde. Die Stifterin soll den Zeithorizont der Stiftung berücksichtigen und nach Wunsch lang- und mittelfristige Zweckvorgaben machen. R

1.9 Neben der Stiftungsurkunde und einer allfälligen Stiftungszusatzurkunde gibt es keine weiteren verbindlich gestaltbaren Regelungen. Stifterbriefe, Letters of Wishes und ähnliche Urkunden werden als unverbindliche Absichtserklärungen ausgelegt.[4] L

Stiftungszweck

1.10 Die Stifterin muss den Stiftungszweck klar definieren.[5] Allgemeine Formulierungen oder bloß nach innen gerichtete Ziele wie „Zweck ist die Erhaltung und Vermehrung des Vermögens“ sind nicht ausreichend. L

1.11 Der Stiftungszweck wird so weit formuliert, dass sich die Stiftung geänderten Gegebenheiten und Bedürfnissen anpassen kann. Gleichzeitig soll er jedoch bestimmt genug sein, dass sie sich nicht von den ursprünglichen Absichten der Stifterin wegbewegt. Der Stiftungszweck wird im Firmenbuch eingetragen und ist dann für jedermann ersichtlich; auch hierauf sollte Bedacht genommen werden. Sollen mehrere Zwecke verfolgt werden, gibt die Stifterin eine Rangordnung vor. R

4 OGH 11.5.2011, 7 Ob 5/11b.

5 § 1 Abs 1 PSG.

L Die Stiftung benötigt einen nach außen gerichteten Zweck und Begünstigte, welche Leistungen aus der Stiftung empfangen können. Die zur Feststellung der Begünstigten berufene Stelle (siehe ÖGK PS Rz 2.1ff) muss in der Lage sein, aufgrund der Stiftungserklärung zu ermitteln, wer nach dem Stifterwillen begünstigt werden soll.[6] 1.12

R Die Stifterin kann die Begünstigtenstellung von bestimmten Bedingungen abhängig machen oder sie zeitlichen Beschränkungen unterwerfen. Hierbei sollte die Stifterin berücksichtigen, dass sich gesellschaftliche Wertvorstellungen während der Lebensdauer der Stiftung ändern könnten. Sind komplexe Regeln gewünscht, etwa eine höhere Leistung aus der Stiftung bei Einhaltung bestimmter freiwilliger Verhaltensweisen, sollte die Stifterin Beratung einholen und mit den Betroffenen Rücksprache halten. 1.13

Vermögen R Sofern es sich nicht um eine Verbrauchsstiftung handelt, soll der Stifter sicherstellen, dass der Stiftungszweck mit dem gestifteten Vermögen und mit den aus der Stiftung oder ihren Beteiligungsgesellschaften zu erwirtschaftenden Erträgen auch tatsächlich über die volle Dauer erreicht werden kann. Es soll nicht zu allzu optimistischen Ertragsprognosen kommen und die Stiftung soll nicht auf vorerst ungeplante Nachstiftungen angewiesen sein, um ihren ursprünglichen Zweck zu erfüllen. 1.14

6 § 9 Abs 1 Z 3 PSG.

1.15 Will der Stifter dem Vorstand die Möglichkeit einräumen, eine dauerhaft konzipierte Stiftung in eine Verbrauchsstiftung umzuwandeln, wenn das gestiftete Vermögen - etwa durch Veränderungen am Kapitalmarkt - nicht mehr zur Erfüllung des Stiftungszwecks ausreicht, so muss er diese Möglichkeit ausdrücklich in der Stiftungserklärung vorsehen.[7] L*

1.16 Will der Stifter nach Errichtung der Stiftung noch auf sie einwirken, muss er sich entsprechende Widerrufs- oder Änderungsrechte[8] bzw bestimmte Gestaltungs-, Bestellungs- und Abberufungs-, Antrags-, Auskunfts- und Einsichtsrechte in der Stiftungsurkunde ausdrücklich vorbehalten.[9] L *Stifterrechte*

1.17 Will der Stifter bestimmte Rechtshandlungen des Vorstands an seine Zustimmung binden, so ist dieses Zustimmungsrecht in der Stiftungsurkunde vorzubehalten und es soll ein präziser Katalog zustimmungspflichtiger Geschäfte in die Stiftungszusatzurkunde aufgenommen werden; gleiches gilt für Vetorechte. Dem Vorstand werden keine zu weitreichenden Einschränkungen gemacht. C

7 § 17 Abs 1 PSG.
8 §§ 33, 34 PSG.
9 §§ 9 Abs 2 Z 6 und 8, 33 Abs 2, 34 PSG.

R Der Stifter sollte, wenn er andrängende Gläubiger befürchtet und seine vorzubehaltenden Stifterrechte abgesichert gestalten möchte („Asset Protection“) erwägen, die Ausübung seiner vermögenswerten Rechte an bestimmte Bedingungen oder an die Zustimmung einer unabhängigen dritten Stelle zu binden. Trifft der Stifter hierzu keine Vorsorge, könnten Gläubiger auf seine Stifterrechte zugreifen.[10] Es wird dringend empfohlen, in diesem Punkt individuelle Beratung einzuholen und die Rechtsentwicklung zu beachten. 1.18

L* Alle vorbehaltenen Stifterrechte sind untrennbar mit dem Stifter verbunden. Sie können weder übertragen noch vererbt,[11] sehr wohl aber durch eine Vertreterin oder einen Vertreter ausgeübt werden. 1.19

L Das Stifterrecht des Widerrufs der Stiftung kann sich ein Stifter, der eine juristische Person ist, nicht vorbehalten,[12] alle anderen Stifterrechte hingegen schon. 1.20

R Sollen Stifterrechte (ausgenommen das Widerrufsrecht) über mehrere Generationen erhalten werden, wird empfohlen, juristische Personen mit einer entsprechenden Ausgestaltung als Mitstifter einzusetzen, wenn sich dies mit dem Gesamtkonzept vereinbaren lässt. 1.21

10 RIS-Justiz RS0120752.
11 § 3 Abs 3 PSG, OGH 14.1.2010, 6 Ob 261/09i; RIS-Justiz RS0128164.
12 § 34 Satz 2 PSG.

1.22 Der Stifter geht nach Entstehen der Stiftung mit den ihm vorbehaltenen Rechten sorgsam und schonend um. Ein vorbehaltenes Widerrufs- oder Änderungsrecht soll, ebenso wie ein Recht auf Abberufung von Organmitgliedern oder Beantragung einer gerichtlichen Sonderprüfung, niemals überhastet ausgeübt werden. Vor der Ausübung von Stifterrechten, die einen wesentlichen Einfluss auf die Stiftung haben könnten, konsultiert der Stifter seine Berater und sucht das Gespräch mit den Betroffenen. R

1.23 Eine Privatstiftung unter Lebenden kann auch von mehreren Stiftern errichtet werden. In diesem Fall werden die vorbehaltenen Stifterrechte nur von allen gemeinsam ausgeübt.[13] Die Stiftungsurkunde kann jedoch abweichende Bestimmungen vorsehen. L *Stiftermehrheit*

1.24 Die Mitstifter sind sich dessen bewusst, dass bei Wegfall oder Tod eines Mitstifters die verbleibenden Mitstifter ihre Stifterrechte nicht mehr ausüben können, sofern die Stiftungsurkunde nichts anderes vorsieht.[14] Es wird empfohlen, in der Stiftungsurkunde die Ausübung der vorbehaltenen Rechte möglichst durch einzelne oder alle verbleibenden Mitstifter zu perpetuieren. C*

1.25 Wenn die Stiftungsurkunde dies vorsieht, dürfen vorbehaltene Stifterrechte von Mitstiftern zeitlich gestaffelt ausübbar gestaltet werden. Regelungen, nach denen etwa ein Recht vorerst von einem Mitstifter allein ausgeübt werden kann und erst nach dessen Tod auf weitere Mitstifter übergeht, sind zulässig, sollten aber sorgsam verwendet werden (Mehrheitsentscheidungen mit Vetorecht sind oft verlässlicher). R

13 § 3 Abs 1 und 2 PSG.
14 § 3 Abs 2 PSG.

R* Mitstifter können wechselseitigen Treuepflichten unterliegen, was zu Mitwirkungsverpflichtungen bzw Grenzen bei der Ausübung von Gestaltungs- oder Stifterrechten führen kann.[15] Dies sollte angemessen berücksichtigt werden. 1.26

Auswahl von Vorstands- und Organmitgliedern

L Die ersten Mitglieder des Stiftungsvorstands werden von der Stifterin in der Stiftungsurkunde bestimmt.[16] Die Stifterin beachtet dabei die gesetzlichen Inkompatibilitäten (siehe ÖGK PS Rz 3.17f). 1.27

R* Die Stifterin soll als Vorstandsmitglieder möglichst geeignete Personen auswählen (siehe ÖGK PS Rz 3.22ff) und sich nicht vorwiegend von Freundschaft oder vergleichbar qualifikationsfremden Motiven leiten lassen. Die Kompetenzen der Vorstandsmitglieder sollen einander gut ergänzen und der individuellen Aufgabenstellung entsprechen. Es wird empfohlen, zumindest ein rechtskundiges Vorstandsmitglied zu bestellen, und zumindest ein weiteres, das über Erfahrung bei der Leitung österreichischer Privatstiftungen verfügt. Bei Stiftungen, welche am Finanzmarkt investieren, soll zumindest ein Mitglied über entsprechende Fachkenntnis verfügen. Bei Stiftungen, die in Immobilien oder in Sachanlagen investieren, oder die im rechtlich zulässigen Maße Unternehmen führen, sollte die Stifterin bei der Bestellung des ersten Vorstands zudem darauf achten, dass zumindest ein Mitglied über ausreichend Branchenkenntnis verfügt. 1.28

15 RIS-Justiz RS0120586.
16 § 15 Abs 4 PSG.

1.29 Die Stifterin sollte sich bemühen, ihre Auswahlkriterien für den Vorstand und allenfalls für weitere Organe zu definieren und in der Stiftungsurkunde als bestimmtes Qualifikationserfordernis festzuschreiben. Es wird empfohlen, neben grundlegenden Eignungsregeln (die zwar den Anforderungen Genüge tun, aber nicht zu streng sein sollten) auch eine Fortbildungspflicht der Organmitglieder in der Stiftungsurkunde festzuschreiben, wobei die Stiftung die angemessenen Kosten dafür tragen sollte. R

1.30 Will die Stifterin dem Vorstand einen ihn kontrollierenden und beratenden Beirat zur Seite stellen, definiert sie dessen Funktion und Aufgaben grundlegend in der Stiftungsurkunde. Möchte die Stifterin die Mitglieder des Beirats selbst auswählen, sollte sie Rz 5.6ff des ÖGK PS beachten. R*

1.31 Bei Festlegung der Funktion des Beirats soll die Stifterin darauf achten, dass der Vorstand bei der Führung der alltäglichen Geschäfte der Stiftung nicht behindert wird, und dass Entscheidungen des Vorstands nicht durch übermäßige Zustimmungserfordernisse des Beirats verzögert werden. R

1.32 Der Stiftungsprüfer ist zwingend vom Gericht bzw von einem allenfalls bestehenden Aufsichtsrat zu bestellen.[17] L

17 § 20 Abs 1 PSG.

R Will die Stifterin dem Gericht Vorschläge für den Stiftungsprüfer erstatten, kann sie in der Stiftungsurkunde sich selbst ein Vorschlagsrecht einräumen; ein solches Vorschlagsrecht darf auch für eine andere Stelle vorgesehen werden. Behält die Stifterin die Kompetenz zur Vorschlagserstattung, wird sie sich die entsprechenden Fristen vormerken und sich unaufgefordert rechtzeitig selbst an das Gericht wenden. 1.33

L Die Stifterin hat das Recht, zur Wahrung des Stiftungszwecks in der Stiftungsurkunde die Einrichtung weiterer Organe vorzusehen.[18] Sie kann auch einzelne Aufgaben an Personen oder Gremien übertragen (beispielsweise Auswahl und Feststellung der Begünstigten). Funktion und Organisation von solchen freiwilligen Organe sind in der Stiftungsurkunde zumindest grob zu beschreiben. 1.34

R Bei der Ausgestaltung von optionalen Organen sowie bei deren Besetzung wendet die Stifterin die Regeln für Vorstands- und Beiratsbesetzung sinngemäß an, wenn es die gewünschte Funktion erfordert. „Begünstigten-Versammlungen" oder Begünstigtenbeiräte können zur Heranführung der nächsten Generation an die Stiftung und zur strukturierten Information der Begünstigten eingerichtet werden, aber keine individuellen Auskunftsansprüche ersetzen. 1.35

Governance in den Organen

R* Hinsichtlich der Entscheidungsfindung in Organen sollte der Stifter berücksichtigen, dass Einstimmigkeitserfordernisse zu Blockaden führen könnten. Sofern nicht gesetzlich vorgesehen, und sofern nicht besonders rücksichtswürdige Gründe dafür sprechen, sollte ein Einzelner nur strategisch wesentliche Entscheidungen verhindern können. 1.36

18 § 14 Abs 2 PSG.

1.37 Sollte der Stifter eine gleichmäßige Stimmgewichtung der Vorstandsmitglieder wünschen, muss er das gesetzlich vorgesehene Dirimierungsrecht des Vorstandsvorsitzenden[19] in der Stiftungserklärung ausschließen. L

1.38 Es wird empfohlen, das gesetzliche Dirimierungsrecht beizubehalten, oder bei seinem Ausschluss eine ungerade Anzahl von Organmitgliedern in der Stiftungsurkunde festzuschreiben. R

1.39 Der Stifter sollte hinsichtlich der Nach- bzw Neubesetzung der Vorstands- und sonstigen Organmitglieder möglichst klare Regelungen treffen und ein möglichst einfaches Verfahren hierfür vorsehen. Wünscht der Stifter, dass Organmitglieder ihre eigenen Nachfolger kooptieren, sollte er ausreichend strenge Bestimmungen zur Vermeidung möglicher Interessenskonflikte vorsehen.[20] R*

Vergütung von Organmitgliedern

1.40 Die Modalitäten der Vergütung der Organmitglieder sollte der Stifter bereits in der Stiftungserklärung - vorzugsweise in der Stiftungszusatzurkunde, wenn eine errichtet wird - abschließend regeln, wenn er nicht will, dass das Gericht die Vergütung bestimmt.[21] Es ist zulässig, die Organmitgliedschaft als unentgeltliches Ehrenamt zu bestimmen, empfohlen wird aber eine markt- und fremdübliche Vergütung, welche die Erfahrung, das Haftungsrisiko und die Arbeit der Betroffenen fair abdeckt. R*

19 § 28 Z 2 PSG.
20 Stichwort „Vermeidung von Personalfilz", Swiss Foundation Code, 53f, 171.
21 § 19 Abs 2 PSG.

Information und Kommunikation

L Will der Stifter über Geschehnisse in der Stiftung informiert bleiben, ohne dass er eine Organfunktion übernimmt oder sich aktive Mitwirkungsrechte vorbehält, so muss er sich ein entsprechendes Auskunfts- und Einsichtsrecht in der Stiftungsurkunde vorbehalten.[22] 1.41

L Die den Begünstigten zustehenden Auskunfts- und Einsichtsrechte[23] können nicht beschränkt werden; auch nicht durch die Stiftungserklärung. Maßnahmen, die direkt oder indirekt auf eine Einschränkung dieser Rechte abzielen, sind unzulässig. 1.42

R Es wird empfohlen, dass der Stifter sich ein umfassendes, jederzeit auszuübendes Auskunfts- und Einsichtsrecht vorbehält und dieses zu Kontrollzwecken regelmäßig wahrnimmt. 1.43

Konflikte

R* Der Stifter sollte, wenn er Stiftungsangelegenheiten nicht vor dem zuständigen Handelsgericht austragen möchte, frühzeitig verschiedene Mechanismen zur Konfliktlösung vorsehen. Wünscht der Stifter eine schiedsgerichtliche Erledigung, bedenkt er, dass nur zivilrechtlich vergleichsfähige Konflikte einem Schiedsverfahren unterzogen werden können; und um allfällige Eintragungshindernisse zu vermeiden, sollte die Schiedsklausel in der Stiftungszusatzurkunde enthalten sein. 1.44

R Ist eine Konfliktbeilegung im Wege eines Schiedsverfahrens erwünscht, so sollen Stifter und Vorstand gemeinsam darauf hinwirken, dass alle bestellten Organmitglieder sowie alle Begünstigten eine gesonderte schriftliche Schiedsvereinbarung zeichnen. 1.45

22 OGH 16.5.2001, 6 Ob 85/01w.

23 § 30 PSG (Umkehrschluss aus § 22 GmbHG).

1.46 Wünscht der Stifter eine Mediation, Schlichtung, ein Schiedsgutachterverfahren oder andere Wege der alternativen Streitbeilegung, trifft er sinngemäß wie bei der Schiedsklausel Vorsorge. Bei der Verfassung der Klauseln achtet er darauf, dass gewisse Bereiche der Stiftungsaufsicht (gerichtliche Bestellung und Abberufung von Organen, Firmenbuchangelegenheiten, Anordnung einer Sonderprüfung) zwingend dem Gericht zugewiesen sind. R*

1.47 Bei einem Konflikt in der Stiftung wirkt der Stifter darauf hin, dass innerhalb und zwischen den Stiftungsorganen eine möglichst offene Kommunikation beibehalten wird. Wenn dies tunlich ist, sollte der Stifter in jeder Lage des Konflikts auf eine gütliche Beilegung - auch nur einzelner Streitpunkte - bedacht sein. R

1.48 Allfällige Verwirkungsklauseln (Verlust der Begünstigtenstellung bei einem bestimmten Verhalten des Begünstigten) können ein probates Mittel sein, um Angriffe gegen die Stiftung zu unterbinden, sie sollen jedoch stets rücksichtsvoll eingesetzt werden. Zur Durchsetzung des Stifterwillens sind diese generell zulässig, sie sollten aber nur mutwilliges bzw schuldhaft unbegründetes Verhalten sanktionieren. Potentiell Betroffene werden idealiter von derartigen Klauseln informiert, bevor sie einen Verwirkungstatbestand setzen. R*

Ende der Privatstiftung

1.49 Die Stifterin selbst kann nur im Fall der Ausübung eines bereits in der Stiftungserklärung vorbehaltenen Widerrufsrechts die Beendigung der Privatstiftung herbeiführen. In einem solchen Fall ist der Vorstand verpflichtet, einen einstimmigen Auflösungsbeschluss zu fassen.[24] L

24 § 35 Abs 2 Z 1 PSG.

R Vor Ausübung eines Widerrufs- oder umfassenden Änderungsrechts, welches einem Widerruf gleichkommt (etwa Anordnung der Ausschüttung des gesamten Stiftungsvermögens), sollte sich die Stifterin über die rechtlichen und steuerlichen Folgen eingehend beraten lassen und auch erwägen, ob sie damit anderen Stakeholdern, die ein berechtigtes Interesse an der Beibehaltung der Stiftung haben, schaden könnte. 1.50

L Der Vorstand muss die Stiftung auch auflösen, wenn der Stiftungszweck erreicht bzw nicht mehr erreichbar ist, die in der Stiftungserklärung vorgesehene Dauer abgelaufen ist oder über das Vermögen der Stiftung ein Konkursverfahren eröffnet wird.[25] Die Stifterin kann in der Stiftungsurkunde auch noch weitere Auflösungsgründe festlegen. 1.51

R* Wünscht die Stifterin weitere Auflösungsgründe in die Stiftungsurkunde aufzunehmen, so sollten diese hinreichend bestimmt und ihr Eintritt zweifelsfrei nachweisbar und begründbar sein. Die Ausübung eines vorbehaltenen Widerrufsrechts bedarf keiner Begründung, es wird aber empfohlen, darüber eine Dokumentation anzulegen. 1.52

L Sollte der Stiftungsvorstand trotz Vorliegens der Voraussetzungen die Privatstiftung nicht auflösen, hat die Stifterin, sowie jedes weitere Stiftungsorgan und jeder Begünstigte das Recht, die Auflösung durch das Gericht zu beantragen.[26] 1.53

25 Siehe § 35 PSG zu den weiteren Auflösungsgründen.
26 § 35 Abs 3 PSG.

1.54 Letztbegünstigt ist, wer das nach Abwicklung der Stiftung verbleibende Vermögen bekommen soll.[27] Die Stifterin kann in der Stiftungserklärung die Bestimmung eines Letztbegünstigten vornehmen.[28] L *Letztbegünstigte*

1.55 Hat die Stifterin dies nicht ausreichend bestimmbar getan und wird die Stiftung aufgrund eines Widerrufs der Stifterin aufgelöst, gilt im Zweifel sie selbst als Letztbegünstigte.[29] L

1.56 Um zu vermeiden, dass allenfalls unerwünschte Vermögensrückfälle bei der Stifterin landen, oder dass mangels vorhandenem Letztbegünstigten das Vermögen der Republik Österreich anheimfällt, wird empfohlen, einen hinreichend bestimmten Kreis von Letztbegünstigten, allenfalls in einer Rangordnung, in der Stiftungserklärung (vorzugsweise in der Stiftungszusatzurkunde) zu bestimmen. Auch Klauseln, wonach Letztbegünstige all diejenigen sind, die in den letzten drei Jahren Leistungen aus der Stiftung empfangen haben oder empfangen hätten sollen, sind empfehlenswert. R

1.57 Der Stifter hat die Möglichkeit, durch eine letztwillige Stiftungserklärung eine Privatstiftung von Todes wegen zu errichten. Auf diesem Wege kann eine Stiftung, welche letztwillig errichtet wird, zum Erben eingesetzt werden. Bei Stiftungen von Todes wegen ist nur ein einziger Stifter zulässig.[30] L *Privatstiftung von Todes wegen*

27 § 6 PSG.
28 § 9 Abs 2 Z 12 PSG.
29 § 36 Abs 4 PSG.
30 §§ 3 Abs 1, 8 PSG.

R Da wesensgemäß bei einer Stiftung von Todes wegen keine nachträgliche Änderung der Stiftungserklärung durch den Stifter möglich ist, wird bei ihrer Verfassung individuell auf eine gute Governance und ausreichende Flexibilität geachtet. 1.58

R Bei einer Privatstiftung von Todes wegen sollte der Stifter besonders auf eine harmonische Einbindung in die sonstigen vermögens- und/oder persönlichkeitsrechtlichen Verfügungen achten und seine Berater diesbezüglich instruieren. 1.59

Die Begünstigten 2.

Die Begünstigten sind die Destinatäre der Stiftung und die Adressaten der Verwirklichung ihres Zwecks. Ihnen werden Zuwendungen aus der Stiftung gewidmet, ihnen kommen Vorteile aus der Stiftung zu. Zur Entschärfung eines der eigentümerlosen Privatstiftung innewohnenden strukturellen Kontrolldefizits genießen sie nötigenfalls durchsetzbare Auskunfts- und Einsichtsrechte sowie gerichtliche Antragsrechte. Das nachstehende Kapitel gilt für Stiftungen mit konkret bestimmten individuellen Begünstigten und gelangt nicht zur Anwendung, wenn die Stiftung die Allgemeinheit begünstigt.

6 L
1 C
12 R
(19 Regeln)

§§ 5 und 30 PSG

§§ 15, 17, 35 PSG

Kodex-Compliance-Vermerk:
⇨ *Empfehlender bzw informativer Charakter*

2.1	Begünstigter ist, wer in der Stiftungserklärung hierzu bestimmt, von der vom Stifter dazu berufenen Stelle oder ansonsten vom Vorstand als Begünstigter festgestellt worden ist.[1] Hat eine Stiftung keine Begünstigten (mehr), muss sie aufgelöst werden.[2]	L	*Funktion*
2.2	Begünstigte sind weder Eigentümer der Stiftung, noch wirtschaftliche Eigentümer im abgabenrechtlichen Sinn. Ihnen kommt kein Weisungsrecht über den Vorstand zu.[3]	L*	
2.3	Es werden aktuell Begünstigte (erhalten Vorteile aus der Stiftung), potenziell Begünstigte (erhalten Vorteile nach Eintritt einer Bedingung) und Letztbegünstigte (sind in der Stiftungserklärung zu bestimmen und erhalten das verbleibende Stiftungsvermögen bei Auflösung der Stiftung) unterschieden. Keiner der Genannten pflegt ein Selbstverständnis als wirtschaftlich Berechtigter und wirkt auf den Vorstand ein, um Leistungen zu erlangen, die von der Stiftungserklärung nicht gedeckt wären.	R	
2.4	Ist die Rolle eines Begünstigten nicht gänzlich untergeordnet, befasst er sich grundlegend mit dem österreichischen Stiftungsrecht und verlangt vom Vorstand eine Kopie der Stiftungserklärung und der wesentlichen Dokumente der Stiftung. Der Begünstigte zeigt Interesse an den Geschehnissen in der Stiftung und setzt seine Auskunfts- und Kontrollrechte aktiv doch sorgsam zur Verwirklichung des Stiftungszwecks ein.	R	

1 § 5 PSG.
2 § 35 Abs 2 Z 2 PSG.
3 § 17 Abs 1 PSG.

C Erlangt ein Begünstigter in Ausübung seiner Auskunfts- und Kontrollrechte geheimhaltungswürdige Informationen über die Stiftung, behandelt er sie gegenüber Dritten vertraulich. 2.5

Voraussetzungen

L Begünstigte bedürfen keiner Geschäftsfähigkeit, doch Leistungen der Stiftung an Begünstigte sind annahmebedürftig. Soll mit einer Zuwendung an eine beschränkt geschäftsfähige Begünstigte eine Auflage oder eine auflösende Bedingung verbunden werden, so ist - unabhängig von deren Gegenwert - die gesetzliche Vertreterin für die Annahme zu befassen.[4] 2.6

R Werden Leistungen aus der Stiftung an bestimmte Kriterien geknüpft (zB ordentlicher Lebenswandel, Zugehörigkeit zur Familie etc), setzt sich die betroffene Begünstigte mit den damit einhergehenden Wertvorstellungen des Stifters auseinander. Wird aufgrund gesellschaftlicher Veränderungen ein Kriterium allgemein nicht mehr als angemessen erachtet und spricht auch der (hypothetische) Stifterwille nicht dagegen, erwägt der Vorstand, den Stifter zur Ausübung eines allenfalls vorbehaltenen Änderungsrechts einzuladen oder andernfalls selbst das Gericht anzurufen. 2.7

Feststellung der Begünstigten

R Verlangt der Vorstand weiterführende Informationen, um eine potenziell Begünstigte als solche festzustellen, wirkt diese (schon im eigenen Interesse) rasch mit und erteilt vollständige und wahrheitsgemäße Auskünfte. Die Begünstigte wirkt insbesondere an ihrer Identifizierung und an der Meldung beim Finanzamt mit.[5] 2.8

4 § 865 ABGB.
5 § 5 PSG; siehe zur Meldung auch Rz 3.2 und Anhang, 255ff.

2.9 Die Begünstigten sind sich der Ausschüttungssperre bewusst, an die der Vorstand gebunden ist. Sie wirken nicht in einer Weise auf den Vorstand ein, welche die Interessen dritter Gläubiger beeinträchtigen könnte. R *Leistungen*

2.10 Stehen einer Begünstigten eine klagbare Leistung aus der Stiftung zu, wird sie sich bemühen, dass diese Forderung von ihren Gläubigern nicht exekutiv gepfändet wird. R

2.11 Einen klagbaren Anspruch auf Leistungen aus der Stiftung kann eine Begünstigte dann vererben, wenn dies in der Stiftungserklärung vorgesehen wurde. Will die Begünstigte von einer solchen Möglichkeit Gebrauch machen, sollte sie Beratung einholen und ein Gesamtpaket für ihre Nachfolge erwägen. R

2.12 Sollte die Stiftung aus besonders rücksichtswürdigen Gründen (schlechtes Veranlagungsergebnis, unvorhergesehene Forderungen dritter Gläubiger) nicht in der Lage sein, einen klagbaren Anspruch einer Begünstigten zu erfüllen, strebt die Begünstigte zuerst eine außergerichtliche Einigung an. R

2.13 Ein Begünstigter darf grundsätzlich keine Funktion im Vorstand der Stiftung innehaben und ist als Stiftungsprüfer ausgeschlossen.[6] L *Begünstigte in Organen?*

2.14 Bewirbt sich ein Begünstigter für eine Funktion im Vorstand der Stiftung, so sollte er zumindest für die Dauer von einem Jahr vor und zwei Jahre nach seiner Funktion seine Begünstigtenstellung ruhend stellen. Sieht die Stiftungsurkunde keine Ruhendstellung vor, verzichtet der Betroffene im obigen Zeitraum auf alle Leistungen in Zusammenhang mit seiner Begünstigtenstellung. R

6 §§ 15 Abs 2 und 20 Abs 3 PSG.

Begünstigten-Rechte

L Alle aktuell Begünstigten haben unverzichtbare Rechte gegenüber der Stiftung und ihren Organen, die sie zur Wahrung des Stiftungszwecks ausüben können. Potenziell Begünstigten kommen diese Rechte nur zu, wenn dies die Stiftungserklärung ausdrücklich vorsieht.[7] 2.15

L* Alle Begünstigten können von der Stiftung die Erteilung von Auskünften über die Erfüllung des Stiftungszwecks sowie die Einsichtnahme in den Jahresabschluss, den Lagebericht, den Prüfungsbericht, die Bücher, in die Stiftungsurkunde und in die Stiftungszusatzurkunde verlangen.[8] 2.16

R Ansprechpartner für ein Auskunfts- und Einsichtsbegehren ist der Gesamtvorstand. Es wird empfohlen, die Vorstandsvorsitzende als Kommunikationsschnittstelle heranzuziehen. 2.17

R Begünstigte sollen ihre Auskunfts- und Einsichtsrechte schonend wahrnehmen, ebenso ihr Recht, die gerichtliche Abberufung von Organmitgliedern oder die Einleitung einer gerichtlichen Sonderprüfung zu beantragen. Die Anrufung des Gerichts sollte nur dann erfolgen, wenn zumutbare außergerichtliche Bemühungen nicht erfolgreich waren. 2.18

R Wenn die Ausgestaltung der Stiftung dies nahelegt, sollten interessierte Begünstigte darauf hinwirken, dass der Vorstand ihnen aktiv regelmäßig Berichte zukommen lässt, oder sie zu (erweiterten) Vorstandssitzungen einlädt. 2.19

7 RIS-Justiz RS0119643.
8 § 30 Abs 1 PSG.

Der Stiftungsvorstand 3.

Der Stiftungsvorstand ist ein verpflichtend einzurichtendes Organ, welches die Stiftung nach außen vertritt, sie leitet und ihr Vermögen verwaltet. Der Vorstand sorgt für die Organisation und Strukturierung des Stiftungsvermögens, mitunter auch mittelbar für die Konzernleitung untergeordneter Tochtergesellschaften. Er ist weiters für die möglichst effektive, effiziente und nachhaltige Umsetzung des Zwecks der Stiftung verantwortlich. Die Mitglieder des Vorstandes müssen für diese Tätigkeit geeignet sein und unabhängig agieren können.

29 L
19 C
31 R
(79 Regeln)

§§ 15 - 19 PSG

§§ 1, 5, 12, 21, 27-30, 35, 41, 42 PSG

Kodex-Compliance-Vermerk:
⇨ *Verbindlicher Charakter*

3.1	Der Vorstand verwaltet und vertritt die Stiftung und sorgt für die Erfüllung des Stiftungszwecks. Dabei hat er die Pflicht, die Bestimmungen der Stiftungserklärung einzuhalten.[1]	L	*Funktion*
3.2	Der Vorstand stellt - sofern die Stiftungsurkunde nichts anderes vorsieht - die Begünstigten fest. In jedem Fall vertritt er die Stiftung bei der Durchführung der Zuwendung[2] und er hat die festgestellten Begünstigten unverzüglich dem für die Erhebung der Körperschaftssteuer der Stiftung zuständigen Finanzamt zu melden.[3]	L*	*Aufgaben*
3.3	Auf Verlangen erteilt der Vorstand jeder und jedem Begünstigten Auskünfte über die Erfüllung des Stiftungszwecks und gewährt Einsichtnahme in den Jahresabschluss, den Lagebericht, den Prüfungsbericht, die Bücher, die Stiftungsurkunde und in die Stiftungszusatzurkunde.[4]	L*	
3.4	Hält die Stiftung Unternehmensbeteiligungen, nimmt der Vorstand die Rolle der Stiftung als Gesellschafterin verantwortungsbewusst wahr. Bei der Entscheidung über Dividenden und Rechtsgeschäfte von Tochtergesellschaften sind nicht nur das Unternehmenswohl, sondern auch das Risikoniveau sowie der Stiftungszweck zu beachten.	C	
3.5	Der Vorstand hat das Verbot der gewerbsmäßigen Tätigkeit der Stiftung, die über eine bloße Nebentätigkeit hinausgeht, zu beachten. Insofern darf er sich auch nicht in das ordentliche Geschäft von Beteiligungsgesellschaften einmengen.[5]	L	

1 § 17 Abs 1 PSG.
2 § 5 PSG.
3 § 5 PSG; vgl auch § 42 PSG.
4 § 30 Abs 1 PSG.
5 § 1 Abs 2 PSG.

Buchführung & Rechnungslegung

L Der Stiftungsvorstand verantwortet die Führung der Bücher der Privatstiftung. Er wendet hierbei die Vorschriften des Unternehmensgesetzbuchs über die Buchführung sowie den Lagebericht, den Konzernabschluss und Konzernlagebericht sinngemäß an.[6] Der Jahresabschluss gibt ein möglichst getreues Bild der Vermögens-, Finanz- und Ertragslage der Stiftung wieder. Angaben, die der Vorstand im Anhang oder im Lagebericht macht, erfolgen wahrheitsgetreu und es werden keine erheblichen Umstände verschwiegen.[7] Im Lagebericht ist auch auf die Erfüllung des Stiftungszwecks einzugehen.[8] 3.6

L Der Vorstand muss jedenfalls in den ersten fünf Monaten des Geschäftsjahres den Jahresabschluss für das vorangegangene Jahr durch Unterschrift aller seiner Mitglieder aufstellen.[9] 3.7

R Der Vorstand sollte den Jahresabschluss im Entwurf bereits in den ersten drei Monaten anfertigen und den anderen Organen Gelegenheit zur Stellungnahme geben. Anschließend stellt der Vorstand den Jahresabschluss auf, übermittelt diesen an den Stiftungsprüfer und leitet eine allenfalls in der Stiftungserklärung vorgesehene Genehmigung durch andere Organe ein. 3.8

L Auskünfte, die der Stiftungsvorstand dem Stiftungsprüfer zu geben hat, erfolgen wahrheitsgetreu möglichst ohne Verzug und es werden keine erheblichen Umstände verschwiegen.[10] 3.9

6 §§ 189 bis 216, 222 bis 226 Abs 1, 226 Abs 3 bis 234 und 236 bis 239 UGB, § 243 UGB (Lagebericht) und §§ 244 bis 267 UGB (Konzernabschluss).
7 § 222 Abs 2 UGB.
8 § 18 PSG.
9 § 18 PSG iVm § 222 UGB.
10 § 41 Z 2 PSG, ab 1.1.2016 siehe §§ 163a, 163b StGB.

3.10 Auf Wunsch benennt der Vorstand (der jedoch verantwortlich bleibt)[11] dem Stiftungsprüfer geeignete Auskunftspersonen und weist diese an, dem Prüfer alle erforderlichen Auskünfte und Nachweise richtig und vollständig zu geben. Auf Verlangen des Stiftungsprüfers gibt der Vorstand eine umfassende Vollständigkeitserklärung wahrheitsgemäß ab.[12] C

3.11 Wenn in der Stiftungserklärung keine gesonderte Compliance-Stelle eingerichtet ist, beraten, kontrollieren und unterstützen die Mitglieder des Vorstands einander in Bezug auf die Einhaltung der für Privatstiftungen geltenden Rechtsvorschriften. Sie sollen laufend allfällige Änderungen des Rechtsumfelds beachten, die möglichen Auswirkungen auf die Tätigkeit der Stiftung beurteilen sowie das mit der Nicht-Einhaltung der rechtlichen Vorgaben verbundene Risiko identifizieren und evaluieren. Es wird empfohlen, hierüber eine angemessene schriftliche Dokumentation zu erstellen und erforderlichenfalls externe Beratung zum Thema Compliance einzuholen. R *Compliance*

3.12 Der Vorstand arbeitet bestmöglich mit dem Stiftungsprüfer zusammen, um Geldwäsche und Terrorismusfinanzierung zu verhindern.[13] L

> *Eine der wesentlichsten Aufgaben des Vorstands ist die Verwaltung des Stiftungsvermögens. Kapitel 7 des ÖGK PS behandelt diesen Bereich.* *Vermögensverwaltung*

3.13 Der Vorstand hat für die Stiftung alle gesetzmäßigen Eingaben zum Firmenbuch zu zeichnen und einzureichen.[14] L *Firmenbucheingaben*

11 § 21 Abs 1 PSG iVm § 272 Abs 2 UGB.
12 4.1.2.2 Fachgutachten KFS/PE 21.
13 § 41 PSG; §§ 98a ff WTBG iVm 3.4 Fachgutachten KFS/PE 21.
14 § 12 Abs 1 PSG; OGH 28.8.2014, 6 Ob 98/14a.

L Der Vorstand hat durch gerichtliche Antragstellung eine gesetzes- und stiftungserklärungskonforme Besetzung der Organe zu besorgen, insbesondere bei Wegfall oder Untätigkeit der bestellungs- oder abberufungsberechtigten Stelle.[15] 3.14

Zusammensetzung

L Dem Vorstand müssen zumindest drei Mitglieder angehören.[16] Juristische Personen sind von einer Mitgliedschaft im Vorstand ausgeschlossen.[17] 3.15

L* Mindestens zwei Vorstandsmitglieder müssen ihren gewöhnlichen Aufenthalt in der EU bzw einem Vertragsstaat des europäischen Wirtschaftsraumes haben.[18] 3.16

Unvereinbarkeit

L Begünstigte und deren Angehörige (Ehegatten, Partnerinnen, Lebensgefährten sowie Personen, die mit dem oder der Begünstigten in gerader Linie oder bis zum dritten Grad der Seitenlinie verwandt sind) dürfen nicht Mitglieder des Vorstandes sein.[19] 3.17

L* Personen, welche von Begünstigten und/oder von deren Angehörigen beauftragt wurden, die Interessen der Begünstigten im Stiftungsvorstand wahrzunehmen, dürfen keine Funktion im Stiftungsvorstand übernehmen.[20] 3.18

---

15 §§ 15 Abs 1 iVm 27 Abs 1 PSG; OGH 9.9.2013, 6 Ob 130/13f.
16 § 15 Abs 1 PSG.
17 § 15 Abs 2 und 3 PSG.
18 § 15 Abs 1 PSG.
19 § 15 Abs 2, 3 und 3a PSG.
20 § 15 Abs 3a PSG.

3.19 Jedes Naheverhältnis zwischen einem Vorstandsmitglied und Begünstigten, welches potenziell geeignet ist, zu Interessenskonflikten zu führen, wird vermieden. Dies betrifft insbesondere Personen, die in einem wirtschaftlich nicht unbedeutsamen Auftragsverhältnis oder einer (ständigen) Geschäftsbeziehung zu Begünstigten oder deren Angehörigen stehen, auch ohne, dass es einen direkten Auftrag, eine Weisungsgebundenheit oder eine förmliche Entsendung in den Stiftungsvorstand gibt. C *Interessenskonflikte*

3.20 Auch mögliche Interessenskonflikte innerhalb des Vorstandes sowie zwischen Mitgliedern der bestellungs- und abberufungsberechtigen Stelle werden vermieden, um die Kontrolle innerhalb der Stiftung nicht durch Rollenkonflikte zu erschweren. Als potentiell kritisch werden wesentliche geschäftliche Verbindungen, Arbeitnehmer-/Arbeitgeber-Konstellationen und familiäre Beziehungen sowie enge Freundschaften, aber auch Feindschaften, eingestuft. R

3.21 Mögliche Interessenskonflikte werden unaufgefordert sowohl dem Gesamtvorstand als auch der bestellungsberechtigten Stelle unter Offenlegung des relevanten Sachverhalts berichtet. C

3.22 Jedes Vorstandsmitglied muss die Befähigung haben, seine bzw ihre Aufgaben mit der Sorgfalt eines gewissenhaften Geschäftsleiters zu erfüllen.[21] L *Befähigung*

3.23 Die erforderliche Befähigung ergibt sich ausdrücklich aus der Stiftungserklärung und/oder schlüssig aus den Aufgabenstellungen, die aus dem Stiftungszweck abzuleiten sind. R

21 § 17 Abs 2 PSG.

R Die bestellungsberechtigte Stelle achtet darauf, persönlich wie fachlich geeignete Personen in den Vorstand zu bestellen, die einer aktiv am Wirtschaftsleben teilhabenden Altersgruppe entstammen. Sie sollen unter angemessenen Diversitätskriterien (zumindest betreffend Geschlecht und Alter) ausgewählt werden. Die Kompetenzen der Vorstandsmitglieder sollen einander möglichst gut ergänzen, sodass jedenfalls insgesamt seine Mitglieder über die zur ordnungsgemäßen Wahrnehmung der Aufgaben erforderlichen Kenntnisse, Fähigkeiten und fachlichen Erfahrungen verfügen. 3.24

R Jedes Vorstandsmitglied verfügt zumindest über Grundkenntnisse des Rechnungswesens, der Bilanzierung und des österreichischen Privatstiftungsrechts sowie über ein grundlegendes Verständnis der von der Stiftung verwendeten Finanzinstrumente, Veranlagungen und/oder Beteiligungen. 3.25

C Die Vorstandsmitglieder bilden sich gemäß den vernünftigerweise zu erwartenden Anforderungen an ihre Funktion laufend fort. 3.26

R Kenntnisse im Bereich des Stiftungszwecks sind insbesondere dann erforderlich, wenn dieser unmittelbar durch eigene Tätigkeit der Stiftung erfüllt werden soll. Wirtschaftliche Kenntnisse und Kenntnisse in den Branchen der von der Stiftung gehaltenen Unternehmungen sind nötig, wenn der Stiftungszweck (auch) in der einheitlichen Leitung derselben besteht. 3.27

Höchstzahl an Funktionen

R Jedes Vorstandsmitglied nimmt maximal in fünf Stiftungen eine Vorstandsfunktion ein, um den Stiftungsagenden die gebotene Zeit und Aufmerksamkeit widmen zu können. 3.28

C Mehr als zehn leitende Organfunktionen werden jedoch tunlichst vermieden. 3.29

3.30	Andere Funktionen, auch wenn sie kein direktes Konkurrenzverhältnis begründen, in Vorständen, Organen der Geschäftsführung, der Aufsicht oder der Beratung von anderen Unternehmen oder Körperschaften werden der bestellungsberechtigten Stelle offengelegt.	C	
3.31	Vorstandsmitglieder müssen zumindest auf drei Jahre bestellt werden, um ihre Unabhängigkeit zu gewährleisten.[22]	L*	*Funktionsdauer*
3.32	Die maximale einmalige Bestelldauer sollte sechs Jahre betragen. Sofern die Stiftungserklärung nichts anderes bestimmt, werden Vorstandsmitglieder auf vier Jahre bestellt. Wiederbestellung ist, auch wiederholt, zulässig.	R	
3.33	Der Vorstand wählt aus seiner Mitte eine Vorsitzende und wenigstens einen Stellvertreter.[23]	L	*Vorsitz*
3.34	Die oder der Vorsitzende ist die Kommunikationsschnittstelle zu den anderen Organen der Stiftung und nach außen. Sofern die Stiftungserklärung nichts anderes bestimmt, wird die Vorsitz- und Stellvertreter-Funktion für die Dauer von zwei Jahren gewählt. Wiederwahl ist, auch wiederholt, zulässig.	R	
3.35	Sitzungen des Stiftungsvorstands können in angemessener Frist vom Vorsitzenden, dem oder der Stellvertretenden oder von zwei Dritteln der Mitglieder des Stiftungsvorstands einberufen werden.[24]	L	*Sitzungen & Willensbildung*

22 OGH 24.2.2011, 6 Ob 195/10k.
23 § 28 Z 1 PSG.
24 § 17 Z 4 PSG.

C Der Vorstand tritt so oft zu Sitzungen zusammen, wie es die Stiftungserklärung bestimmt oder die Geschäfte es erfordern. Handelt es sich nicht bloß um eine vermögensverwaltende Stiftung, hält er jährlich mindestens eine Vorstandssitzung plus eine erweiterte Sitzung (im Beisein der anderen Organe und, je nach Ausgestaltung, auch der Stifterin oder des Stifters und Begünstigten) zur gemeinsamen Festlegung der Strategie ab. 3.36

C* Die oder der Vorsitzende oder die sonst einberufungsberechtigte Stelle beruft die Sitzungen rechtzeitig und unter Angabe der Tagesordnung und der beabsichtigten Beschlusspunkte ein. Sitzungsunterlagen werden gemeinsam mit der Einberufung zur Verfügung gestellt. 3.37

R Grundsätzlich legt die oder der Einberufende das Datum und die Uhrzeit der Sitzung fest. Präferenzen der Vorstandsmitglieder sollen dabei tunlichst berücksichtigt werden. 3.38

R Die Vorstandsmitglieder sollen alle Sitzungen persönlich besuchen. Stimmrechtsvollmachten sollen nur ausnahmsweise verwendet, und, sofern zulässig und in der Stiftungserklärung nichts anderes angeordnet ist, stets für nur eine bestimmte Sitzung erteilt werden. Sie sind rechtzeitig vor der Sitzung urkundlich nachzuweisen und dem Protokoll beizuheften. 3.39

R Die Willensbildung im Vorstand sollte tunlichst einstimmig erfolgen. Mehrheitsentscheidungen, und insbesondere Entscheidungen unter Inanspruchnahme eines möglicherweise bestehenden Dirimierungsrechts werden besonders sorgfältig dokumentiert. 3.40

3.41 Soweit rechtliche, steuerliche oder andere Fachkenntnisse, über welche die Organe der Stiftung nicht verfügen, für eine fundierte Entscheidungsfindung oder eine Vertretungshandlung erforderlich sind, sind fachlich geeignete externe Beraterinnen und Berater beizuziehen. C

3.42 Empfehlenswert sind eine kopfweise Stimmgewichtung und eine ungerade Zahl an Vorstandsmitgliedern. Abweichende Regeln, wie stärker gewichtete Stimmen, sind eingeschränkt zulässig, sollten aber nur mit Bedacht eingesetzt werden. R *Stimmgewichtungen*

3.43 Bei einer geraden Zahl an Stimmen steht, sofern nichts anderes in der Stiftungsurkunde bestimmt wurde, dem bzw der Vorsitzenden das Dirimierungsrecht zu.[25] L

3.44 Die Bücher und Schriften der Stiftung sollen grundsätzlich über den gesetzlichen Zeitraum hinaus, idealiter über die gesamte Lebensdauer der Stiftung, aufbewahrt werden. Den Berechtigten soll der Zugriff an der Anschrift der Stiftung, ansonsten an jener der Vorstandsvorsitzenden, ohne Verzögerung ermöglicht werden. C *Dokumentation*

3.45 Vorstandssitzungen sowie Entscheidungsfindungen in (informellen) Besprechungen und abgesonderten Beschlüssen sollen dokumentiert werden. Die Dokumentation wird so aufbewahrt, dass sie bei Bedarf zeitnah auffindbar ist. C

25 § 28 PSG.

Sitzungsprotokolle

R Die Sitzungsprotokolle geben, auch wenn die Stiftungserklärung hierzu nichts bestimmt, jedenfalls die Tagesordnung, die geladenen bzw stimmberechtigten Personen, deren Stimmberechtigung (unter Anführung von Stimmrechtsvollmachten), den Verlauf der Sitzung und die beschlusswesentlichen Entscheidungsfaktoren wieder. Sofern in der Stiftungserklärung keine Anordnung für die Unterschrift des Protokolls getroffen ist, unterfertigt der bzw die jeweilige Vorsitzende der Sitzung und die bzw der Protokollführende das Protokoll zum Nachweis der Richtigkeit. 3.46

R Es wird auf eine präzise Resümee-Protokollierung geachtet. Von bloßen Beschlussprotokollen wird Abstand genommen, wenn diese nicht zusätzlich zum Protokoll gesondert zum Zweck einer firmenbücherlichen Durchführung erstellt werden. 3.47

C Dokumente, welche für (wesentliche) Entscheidungen oder Beschlüsse Relevanz haben, werden in den Protokollanhang aufgenommen oder so bestimmt bezeichnet, dass sie auch bei einem Wechsel im Vorstand auffindbar sind. 3.48

Leistungen an Begünstigte & Ausschüttungen

L Der Stiftungsvorstand darf Leistungen an Begünstigte zur Erfüllung des Stiftungszwecks nur vornehmen, soweit dadurch Ansprüche von Gläubigern der Stiftung nicht geschmälert werden (so genannte „Ausschüttungssperre“).[26] 3.49

C Darüber hinaus erfolgen Leistungen an Begünstigte mit Rücksicht auf die Vermögens-, Finanz- und Ertragslage der Stiftung so nachhaltig wie möglich und in der individuellen Lage angemessenen Zeiträumen. 3.50

26 § 17 Abs 2 zweiter Satz PSG; siehe auch § 35 Abs 2 Z 2 PSG.

3.51 Ein allgemeines Prozedere der Entscheidungsfindung für Zuwendungen sollte, sofern die Stiftungserklärung keine Vorgaben enthält, implementiert, dokumentiert und eingehalten werden. R

3.52 Sofern die Stiftungserklärung nichts anderes vorsieht, übt der Vorstand einen ihm zustehenden Ermessensspielraum bei der Feststellung von Begünstigten sowie bei der Höhe einer Zuwendung mit Bedacht auf den Stiftungszweck, die Vermögens-, Finanz- und Ertragslage der Stiftung, einen allfälligen Budgetplan, den Liquiditätsbedarf der Stiftung, jedoch auch unter Rücksichtnahme auf die individuellen Bedürfnisse der Begünstigten aus. C

Selbstzweck-Verbot

3.53 Weil jede Privatstiftung einen nach außen gerichteten Zweck verwirklichen muss („Selbstzweckverbot“),[27] wirkt der Vorstand darauf hin, dass in angemessener Zeit Leistungen an Begünstigte erfolgen. L

3.54 Eine allenfalls in der Stiftungserklärung vorgesehene Pflicht des Vorstands zur Bildung einer Rücklage (zB Wertsicherungsklausel für das Stiftungsvermögen) oder eine freiwillige gerechtfertigte Rücklage stellen sachliche Gründe dar, um über einen längeren Zeitraum hindurch keine Leistungen an Begünstigte vorzunehmen. Zeichnet sich ab, dass solche Rücklagen oder vorrangige Forderungen dritter Gläubiger der Zuwendungstätigkeit der Stiftung dauerhaft entgegenstehen, so wird der Vorstand Maßnahmen (nötigenfalls durch Anpassung der Stiftungserklärung mit gerichtlicher Mitwirkung) ergreifen, um Leistungen wieder zu ermöglichen. Alle Organe der Stiftung und auch der Stifter werden den Vorstand hierbei unterstützen. R

27 OLG Wien 28.2.2008, 28 R 253/07t.

L Sollte ausgeschlossen sein, dass die Stiftung ihren nach außen gerichteten Zweck künftig (wieder) erfüllen kann, muss der Vorstand einen Auflösungsbeschluss fassen.[28] Bei seiner Entscheidung hierüber prüft der Vorstand, ob Nach- oder Zustiftungen zur Erfüllung des Zwecks begehrt werden können. 3.55

Genehmigungspflichtige Geschäfte

L Geschäfte zwischen Vorstandsmitgliedern und der Stiftung bedürfen der Genehmigung des Aufsichtsrats, wenn ein solcher eingerichtet ist. Gibt es keinen Aufsichtsrat (aufsichtsratsähnlicher Beirat reicht nicht), ist die Genehmigung aller anderen Vorstandsmitglieder und des Gerichts erforderlich.[29] 3.56

R Aufgrund möglicher Interessenskollisionen bei Geschäften zwischen Vorstandsmitgliedern und der Stiftung sowie zwischen der Stiftung und Angehörigen von Vorstandsmitgliedern oder von Unternehmungen, an denen diese wesentlich beteiligt sind, werden solche Geschäfte nur ausnahmsweise und in Ermangelung von Alternativen vorgenommen. Gleiches gilt für Rechtsgeschäfte mit Unternehmungen, an denen die Stiftung direkt oder indirekt wesentlich beteiligt ist. 3.57

C Der Vorstand berichtet über Rechtsgeschäfte zwischen Vorstandsmitgliedern und der Stiftung jedenfalls vollständig dem Stiftungsprüfer und einem allenfalls eingerichteten Kontrollorgan; sollten Berichtspflichten gegenüber der Stifterin und/oder Begünstigten bestehen, so wird dieser/diesen ebenfalls vollständig berichtet. 3.58

28 § 35 Abs 2 Z 2 PSG.
29 § 17 Abs 5 PSG.

3.59	Der Vorstand sollte sich, sofern diese Kompetenz nach der Stiftungsurkunde nicht einer anderen Stelle zugewiesen ist, eine eigene Geschäftsordnung geben, welche (zumindest) die wichtigsten Tätigkeiten und Zuständigkeiten individuell regelt. Die Geschäftsordnung wird regelmäßig überprüft und bei geänderten Verhältnissen angepasst.	R	*Geschäftsordnung*
3.60	Der Vorstand kann, soweit dies durch Gesetz oder Stiftungserklärung nicht ausgeschlossen wurde, Ausschüsse bilden oder einzelnen Mitgliedern die Befugnis einräumen, bestimmte Agenden eigenverantwortlich vorzunehmen.	R	*Ausschüsse & Ressorts*
3.61	Bei der Zuordnung von Ressorts und bei der Bildung von Ausschüssen wird nicht nur auf die Eignung, sondern auch auf die zeitlichen Kapazitäten Bedacht genommen.	R	
3.62	Es wird stets darauf geachtet, dass strategisch bedeutsame Entscheidungen in der Kompetenz des Gesamtvorstands bleiben.	C	
3.63	Es wird empfohlen, dass der Vorstand in angemessenen Abständen eine Effizienzprüfung seiner Tätigkeit vornimmt und dabei auch grundlegend die Einhaltung der Governance-Regeln evaluiert.	R*	*Effizienzprüfung*
3.64	Die Kommunikation im Vorstand wird offen und klar gestaltet. Arbeitsteilung darf nicht zu Lasten der Transparenz und einer fundierten Meinungsbildung gehen.	R	*Kommunikation (stiftungsintern)*
3.65	Die Kommunikation mit anderen Organen erfolgt strukturiert und offen, um effiziente und transparente Abläufe zu sichern.	R	

L Gegenüber dem Stiftungsprüfer muss der Vorstand die Bücher und Schriften vollständig offenlegen und hat alle Aufklärungen und Nachweise zur Verfügung zu stellen, die der Stiftungsprüfer für eine sorgfältige Prüfung als notwendig ansieht. Verlangt der Stiftungsprüfer Bucheinsicht oder übt er sein Fragerecht im Hinblick auf Tochterunternehmen der Stiftung aus, hat der Vorstand angemessen, allenfalls durch den Erlass von Weisungen an die Tochter, mitzuwirken.[30] 3.66

C Da rechtsgeschäftliche Erklärungen Dritter, die gegenüber nur einem Vorstandsmitglied[31] abgegeben werden, der Stiftung zugerechnet werden, soll jedes Mitglied sein allfälliges Ressort überschreitende oder für die Stiftung bedeutsame eingegangene Erklärungen möglichst zeitnah zumindest dem Vorstandsvorsitzenden oder einem weiteren Vorstandsmitglied mitteilen. 3.67

C Ist ein Aufsichtsrat, ein Beirat oder ein sonstiges Organ eingerichtet, das aufgrund einer eingegangenen Erklärung beigezogen werden muss, so wird der Vorsitzende dieses Organs zeitgleich ebenfalls benachrichtigt. 3.68

Kommunikation (stiftungsextern)

L Die Mitglieder des Vorstands sind zur Verschwiegenheit über Betriebs- und Geschäftsgeheimnisse der Stiftung verpflichtet.[32] 3.69

R Über diese Pflicht hinaus sollten die Vorstandsmitglieder mittels der Stiftungserklärung oder eines Selbstbindungsbeschlusses grundlegend zur Verschwiegenheit nach außen verpflichtet werden. 3.70

30 § 41 Z 2 PSG iVm § 272 Abs 1 und 2 UGB, ab 1.1.2016 siehe auch §§ 163a und 163b StGB.

31 § 17 Abs 3 letzter Satz PSG.

32 OGH 8.5.2013, 6 Ob 20/13d.

3.71 Die Kommunikation mit stiftungsexternen Personen - hierzu zählen die Stifterin oder der Stifter und Begünstigte, aber auch Organe von Tochtergesellschaften (sofern sie nicht jeweils auch eine Funktion in der Stiftung haben) - erfolgt strukturiert, auch wenn volle Auskunftspflicht besteht, und wird ausreichend dokumentiert. Die Vorstandsvorsitzende leitet die Kommunikation. R

Vertretung

3.72 Sofern die Stiftungserklärung nichts anderes bestimmt, wird die Stiftung von allen Vorstandsmitgliedern gemeinsam vertreten.[33] L

3.73 Selbst wenn die Stiftungserklärung ein Einzelzeichnungsrecht vorsieht, erfolgt die Vertretung der Stiftung bei wesentlichen Geschäften zumindest zu zweit, wobei die Vorsitzende oder ein Stellvertreter mit unterzeichnen. R

3.74 Für Alltagsgeschäfte bis zu einem festzulegenden angemessenen Betrag und/oder in einer bestimmten Gattung sollte einzelnen Vorstandsmitgliedern eine Vollmacht zur alleinigen Vertretung eingeräumt werden. Über ihre Inanspruchnahme wird im Rahmen der Vorstandssitzung berichtet und erforderlichenfalls nachträglich über die Genehmigung abgestimmt. R

Haftung

3.75 Jedes Vorstandsmitglied haftet der Stiftung für aus einer schuldhaften Pflichtverletzung entstandenen Schaden.[34] Es liegt keine Pflichtverletzung vor, wenn das betroffene Mitglied vernünftigerweise annehmen durfte, auf Grundlage angemessener Information zum Wohle der Stiftung zu handeln (Business Judgement Rule). L*

33 § 17 Abs 3 PSG.
34 § 29 PSG.

L* Eine Ressortverteilung entbindet die anderen Vorstandsmitglieder nicht von ihrer Haftung und allgemeinen Aufsichtspflicht. 3.76

R Die Stiftung sollte für eine ausreichende D&O-Versicherung (Vermögensschaden-Haftpflichtversicherung) sorgen, die den Vorstand als Gesamtheit deckt. Es wird empfohlen, dass die Stiftung die Kosten hierfür trägt. 3.77

Vergütung

L* Den Vorstandsmitgliedern gebührt, wenn die Stiftungserklärung nicht Ehrenamtlichkeit vorsieht, eine Vergütung für ihre Tätigkeit. Ist diese nicht konkret bestimmt, ist das Gericht anzurufen, welches eine mit den Aufgaben und der Lage der Stiftung in Einklang stehende Vergütung festlegt.[35] 3.78

R* Der Stifter sollte eine angemessene Vergütungsregelung bereits in der Stiftungserklärung verankern, damit auf die Beiziehung des Gerichts verzichtet werden kann. Die Vergütung sollte sich an Art, Tätigkeitsfeld und Komplexität der Stiftung, Zeit-, Kommunikations- und Vorbereitungsaufwand, (Mindest-)Anzahl an Sitzungen sowie an den möglichen Risiken orientieren. Ist ein Stundensatz festgesetzt, empfehlen sich ein plausibler Leistungsnachweis und Berichte bei Überschreitung voraussichtlicher Grenzen. 3.79

35 § 19 PSG.

Der Stiftungsprüfer 4.

Der Stiftungsprüfer ist ein zwingend vorgesehenes, unabhängiges Kontrollorgan der Privatstiftung, das die Erfüllung des Stiftungszwecks und die ordnungsgemäße Gebarung sicherstellen soll. Seine Aufgaben umfassen die Prüfung des Jahresabschlusses und der Buchführung der Stiftung sowie die Anrufung des Gerichts bei Vakanz anderer Organe, Inkompatibilität oder Bedrohungen des Stiftungszwecks.

17 L
8 C
7 R
(32 Regeln)

§§ 20, 21 PSG

§§ 269, 270, 272-275 UGB, § 21 WT-ARL,
§ 1 A-QSG, § 88 WTBG

Kodex-Compliance-Vermerk:
⇨ Empfehlender bzw informativer Charakter

4.1 Der Stiftungsprüfer ist als Organ der Stiftung dauerhaft zur Wahrung des Stiftungszwecks eingerichtet.[1] Hierzu übt er seine Auskunftsrechte, seine Redepflicht und seine gerichtliche Antragslegitimation verantwortlich aus. L *Funktion*

4.2 Der Stiftungsprüfer prüft den Jahresabschluss einschließlich der Buchführung sowie den Lagebericht der Privatstiftung.[2] L *Aufgaben*

4.3 Wird dem Stiftungsprüfer bekannt, dass Funktionsperioden von Mitgliedern anderer Organe abgelaufen oder beendet sind, wirkt er auf eine Neubestellung hin. Wird ihm bekannt, dass Organmitglieder entgegen einer zwingenden Unvereinbarkeit[3] bestellt wurden, wirkt er auf eine Korrektur hin, nötigenfalls durch Ausübung der Redepflicht und Einleitung eines gerichtlichen Abberufungsverfahrens.[4] C

4.4 Befindet der Stiftungsprüfer, dass ansonsten die Erfüllung des Stiftungszwecks gefährdet wäre, leitet er eine gerichtliche Sonderprüfung ein.[5] Erlegt ihm das Gericht hierfür einen Kostenvorschuss auf, so sollte die Stiftung ihm diese Kosten auf erste Anforderung ersetzen. C

4.5 Der Stiftungsprüfer steht auch außerhalb der Jahresabschlussprüfungen für Rückfragen anderer Stiftungsorgane zur Verfügung. Potenziell kritische Themen werden gemeinsam unterjährig zum Wohl der Stiftung entschärft. R

4.6 Der Stiftungsprüfer wird vom Gericht bestellt; nur dort, wo ein Aufsichtsrat besteht, kommt diesem die Bestellungsbefugnis zu.[6] L *Bestellung*

---

1 OGH 16.4.2009, 6 Ob 239/08b.
2 § 21 Abs 1 PSG.
3 Siehe ÖGK PS Rz 3.17f.
4 KFS/PE 21 5.2.3. (51) und (52).
5 KFS/PE 21 5.2.2. (50).
6 § 20 Abs 1 PSG.

R In der Stiftungsurkunde kann die Stifterin ein Recht von Organen oder Dritten vorsehen, dem Gericht einen unverbindlichen Vorschlag für die Bestellung des Stiftungsprüfers zu erstatten. Das Gericht folgt diesen in der Praxis meist, es ist jedoch nicht an sie gebunden. 4.7

R* Nach erfolgter Bestellung werden die Details der Zusammenarbeit schriftlich durch Abschluss eines Vertrages (Prüfungsauftrag) festgehalten. Sollen die Allgemeinen Auftragsbedingungen für Abschlussprüfungen (AABs) zur Anwendung kommen, was empfohlen wird, wird deren Geltung ausdrücklich vereinbart. 4.8

Zusammensetzung und Qualifikation

L* Für die Funktion als Stiftungsprüfer kommen beeidete Wirtschaftsprüferinnen und Wirtschaftsprüfer oder Wirtschaftsprüfungsgesellschaften in Frage, welche über eine aufrechte Bescheinigung nach dem Abschlussprüfungs-Qualitätssicherungsgesetz verfügen.[7] 4.9

Unvereinbarkeit

L Begünstigte, Mitglieder eines anderen Stiftungsorgans, Arbeitnehmer der Stiftung oder eines Unternehmens, auf das sie maßgeblichen Einfluss nehmen kann, weiters Personen, die eine solche Stellung in den letzten drei Jahren innehatten sowie Personen, die mit einer ausgeschlossenen Person gemeinsam den Beruf ausüben (Sozietät) oder nahe Angehörige einer ausgeschlossenen Person, dürfen nicht als Stiftungsprüfer bestellt werden.[8] 4.10

Interessenskonflikte

L* Der Stiftungsprüfer beachtet die berufsrechtlichen Unabhängigkeitsvorschriften und bleibt fachlich weisungsfrei.[9] 4.11

---

7 § 20 Abs 2 PSG; § 1 Z 1 A-QSG iVm § 21 Abs 1 PSG.

8 § 20 Abs 3 PSG.

9 § 88 WTBG; § 21 WT-ARL.

4.12 Der Stiftungsprüfer soll sinngemäß die Befangenheits- sowie Ausschlussgründe des UGB[10] für den Abschlussprüfer bei Kapitalgesellschaften auch für seine Funktion in der Stiftung wahrnehmen. Er vermeidet zudem jedes Naheverhältnis mit Begünstigten, welches potentiell geeignet ist, zu Interessenskonflikten zu führen. Insbesondere steht er in keinem wirtschaftlichen Auftragsverhältnis oder einer (ständigen) Geschäftsbeziehung zu Begünstigten oder deren Angehörigen. C*

4.13 Die bestellungs- bzw vorschlagsberechtigte Stelle bestellt bzw schlägt dem Gericht keine Personen als Stiftungsprüfer vor, welche bei der Buchführung oder Aufstellung des Jahresabschlusses mitgewirkt haben.[11] L

Funktionsdauer

4.14 Die Funktionsdauer richtet sich nach dem Bestellungsbeschluss, und dieser nach der Stiftungsurkunde.[12] Der Stiftungsprüfer bleibt so lange im Amt, bis er abberufen wird, er zurücktritt, oder seine Tätigkeit aus sonstigem Grund endet. L

4.15 Naht das Ende seiner Funktionsdauer, nimmt der Stiftungsprüfer Kontakt mit der bestellungs- bzw vorschlagsberechtigten Stelle auf, um eine durchgehende Besetzung der Position sicherzustellen. R

10 §§ 271, 271a, 271b UGB.
11 § 88 Abs 2 Z 5 WTBG.
12 OGH 19.3.2015, 6 Ob 37/15g.

R* Wurde der Stiftungsprüfer auf unbestimmte 4.16
Zeit bestellt, kann er sein Amt jederzeit niederlegen, soll aber durch eine angemessene Rücktrittsfrist für eine durchgehende Besetzung sorgen. Wurde er auf bestimmte Zeit bestellt, bedarf es eines wichtigen Grundes, den er nicht nur der bestellungsberechtigten Stelle, sondern auch allen anderen Organen der Stiftung bekanntgibt.

Gegenstand und Umfang der Prüfung

L Der Stiftungsprüfer wendet sinngemäß die Best- 4.17
immungen des UGB für Gegenstand und Umfang der Prüfung an.[13] Er prüft den Jahresabschluss sowie den Lagebericht und die Buchführung der Stiftung innerhalb von drei Monaten ab Vorlage.

L Der Stiftungsprüfer prüft die Einhaltung des 4.18
Stiftungszwecks und der Stiftungserklärung. Insbesondere prüft er die Einhaltung der Zuwendungssperre,[14] ob Zuwendungen im Einklang mit der Stiftungsurkunde getätigt wurden und die Empfänger tatsächlich Begünstigte waren.

L Vom Prüfungsumfang umfasst sind immer auch 4.19
die Einhaltung der Voraussetzungen des Privatstiftungsgesetzes betreffend Insichgeschäfte,[15] die Zulässigkeit der Vorstandsvergütung[16] sowie das stiftungsinterne Interne Kontrollsystem.

L Hat die Stiftung einen Konzernabschluss zu er- 4.20
stellen, prüft der Stiftungsprüfer auch diesen.[17]

13 § 21 Abs 1 PSG.
14 § 17 Abs 2 PSG.
15 § 17 Abs 5 PSG.
16 Fachgutachten KFS/PE 21 Rz 20.
17 RIS-Justiz RS0124997.

4.21 Der Stiftungsprüfer prüft die Privatstiftung jedes Jahr. Er kümmert sich um die rechtzeitige Aufstellung und Vorlage des Jahresabschlusses durch den Vorstand und urgiert diesen erforderlichenfalls. C*

4.22 Der Stiftungsprüfer beachtet im Rahmen seiner Tätigkeit alle relevanten Fachgutachten der Kammer der Wirtschaftstreuhänder. C*

Prüfbericht

4.23 Der Stiftungsprüfer berichtet über das Ergebnis der Prüfung schriftlich allen Organen der Privatstiftung.[18] Sein Prüfungsurteil ergibt zweifelsfrei, ob ein uneingeschränkter oder ein eingeschränkter Bestätigungsvermerk erteilt wurde, ob der Bestätigungsvermerk auf Grund von Einwendungen versagt wurde, oder deshalb versagt wurde, weil der Stiftungsprüfer nicht in der Lage ist, ein Prüfungsurteil abzugeben.[19] L*

Redepflicht und Kommunikation

4.24 Der Stiftungsprüfer gestaltet die Kommunikation mit den anderen Organen möglichst offen und klar. Gibt es Sachverhalte, zu denen der Stiftungsprüfer besondere Rückfragen hat, wird er von allen anderen Stiftungsorganen bestmöglich unterstützt. R

4.25 Ergeben sich im Zuge einer Prüfung Umstände, aufgrund derer er seine Redepflicht[20] auszuüben hätte, tritt der Stiftungsprüfer zumindest mit dem Vorstand unverzüglich in Kontakt und legt seine Bedenken offen dar. C*

18 § 21 Abs 2 PSG iVm § 273 Abs 1 UGB.
19 § 274 UGB.
20 § 21 Abs 3 PSG iVm § 273 UGB.

Sonderprüfung L Sollten die Voraussetzungen zur Einleitung einer Sonderprüfung gegeben sein, ist der Stiftungsprüfer verpflichtet, die Anordnung einer solchen zu beantragen.[21] 4.26

C Vor Einleitung einer Sonderprüfung unterzieht der Stiftungsprüfer jedoch alle Fakten einer gründlichen Überprüfung. Er versichert sich, dass die Voraussetzungen vorliegen, und dass der Stiftungszweck nicht durch eine gelindere Maßnahme ebensogut geschützt werden kann. 4.27

Haftung L* Der Stiftungsprüfer ist zur gewissenhaften und unparteiischen Ausübung seiner Organfunktion verpflichtet. Er haftet der Stiftung und, wenn ein verbundenes Unternehmen geschädigt wurde, auch diesem, für eine vorsätzliche oder fahrlässige Pflichtverletzung.[22] Vereinbarungen mit der Stiftung, die eine Haftung des Stiftungsprüfers einschränken oder ausschließen, sind nichtig. 4.28

L Der Stiftungsprüfer kümmert sich um eine durchgehende Aufrechterhaltung und ausreichende Deckung seiner beruflichen Vermögensschaden-Haftpflichtversicherung.[23] 4.29

Vergütung L Der Stiftungsprüfer hat Anspruch auf angemessene Entlohnung sowie Ersatz seiner notwendigen Barauslagen. Wird keine Vereinbarung getroffen, bestimmt das Gericht die Entlohnung.[24] 4.30

---

21 § 31 PSG; OGH 16.5.2001, 6 Ob 85/01w; RIS-Justiz RS0117218 (T2).

22 § 21 Abs 2 PSG iVm § 275 UGB.

23 § 11 WTBG.

24 § 20 Abs 4 PSG iVm § 270 Abs 5 UGB; OLG Wien 13.3.2012, 28 R 229/11v.

4.31 Der Stiftungsprüfer soll eine angemessene Vergütungsregelung für seine Tätigkeit bereits mit dem Prüfungsauftrag abschließen (siehe ÖGK PS Rz 4.8). Die Vergütungsregelung sollte eine Schätzung des Zeit- und Kostenaufwands beinhalten. C*

4.32 Kommt keine Einigung zustande, sollte das Gericht von Stiftung und Stiftungsprüfer einvernehmlich beigezogen werden. R*

Der Stiftungsbeirat (optional) 5.

Der Beirat ist ein optionales Organ. Er wird nur eingerichtet, wenn die Stifterin bzw der Stifter ihn in der Stiftungsurkunde vorsieht. In der Praxis ist bei der Mehrzahl der Privatstiftungen ein Beirat installiert. Der Beirat hat die zentrale Aufgabe, die Erfüllung des Stiftungszwecks sicherzustellen. Je nach Ausgestaltung und Kompetenzen kann ein Beirat bloß als Stelle zur Feststellung der Begünstigten, als Organ zur Wahrung des Stiftungszwecks oder als „aufsichtsratsähnlicher“ kontrollierender Beirat eingerichtet sein.

9 L
11 C
26 R
(46 Regeln)

§ 14 Abs 2 PSG

§§ 14, 18, 20-22, 25, 27-29 PSG

Kodex-Compliance-Vermerk:
⇨ Verbindlicher Charakter
(falls ein Beirat eingerichtet ist)

5.1 Der Beirat nimmt die ihm zugewiesenen Aufgaben nach der Stiftungserklärung wahr. Die Grenzen der Gestaltungsfreiheit des Stifters liegen beim Eingriff in Kompetenzen, die gesetzlich einem anderen Organ zugeteilt sind.[1] Der Beirat übernimmt keine Geschäftsführungs- oder Vertretungsbefugnisse. Ihm darf kein Weisungsrecht über den Vorstand oder den Stiftungsprüfer eingeräumt werden, und er übt ein solches auch nicht faktisch aus. | L | *Funktion*

5.2 Ein aufsichtsratsähnlicher Beirat überwacht den Vorstand und die Gebarung der Stiftung. Er wird mit Informationsrechten ausgestattet und regelmäßig mit der Genehmigung des Jahresabschlusses und der Zustimmung zu bestimmten Handlungen des Vorstands betraut, sowie mit Bestellungs- und/oder Abberufungsrechten ausgestattet. Es wird empfohlen, einen aufsichtsratsähnlichen Beirat dann einzurichten, wenn kein Aufsichtsrat zu bestellen ist. | R | *Aufsichtsratsähnlicher Beirat*

5.3 Der Beirat unterstützt den Stiftungsvorstand im Rahmen seiner Befugnisse. Er achtet dabei stets auf die Wahrung des Gesetzes und des Stiftungszwecks, selbst dann, wenn er bloß eingeschränkte Aufgaben hat.[2] Er nimmt seine Aufgaben verantwortungsvoll wahr und achtet auf einen offenen Rahmen für Diskussionen. | R | *Aufgaben*

5.4 Obliegen dem Beirat Beratungs- und/oder Kontrollaufgaben, werden diese mit dem Ziel erfüllt, den nachhaltigen Erfolg der Stiftung sicherzustellen. Frage-, Auskunfts- und Einsichtsrechte werden schonend unter angemessener Berücksichtigung der Interessen aller Beteiligten ausgeübt. | R

1 §§ 17 Abs 1, 18, 21, 22, 25 PSG.

2 Etwa, wenn ihm nur die Aufgabe zugewiesen wurde, die Begünstigten festzustellen und der Beirat deshalb keinen Organcharakter hat.

C Soll ein Katalog zustimmungspflichtiger Geschäfte eingerichtet werden, die der Mitwirkung des Beirats bedürfen, werden nach der Größe der Stiftung passende Betragsgrenzen festgelegt. Es wird darauf geachtet, dass der Beirat bei Entscheidungen von grundlegender Bedeutung eingebunden wird, nicht jedoch bei alltäglichen Geschäften. Soll der Beirat in Geschäfte von Tochtergesellschaften eingebunden werden, beschränkt sich die Mitwirkung auf wesentliche und konzernrelevante Geschäfte. 5.5

Zusammensetzung

R Der Beirat kann aus einer Person allein bestehen. Um einen fachlichen Meinungsaustausch zu ermöglichen, wird eine Mindestanzahl von zwei Mitgliedern und, sofern im Einzelfall nicht besondere Gründe für eine höhere Anzahl sprechen, eine Höchstanzahl von elf Mitgliedern empfohlen. 5.6

Unvereinbarkeit

L Ein Beiratsmitglied gehört nicht gleichzeitig auch dem Stiftungsprüfer[3] an. 5.7

C Ein Beiratsmitglied gehört weiters nicht gleichzeitig auch dem Vorstand an, und zwar auch dann nicht, wenn der Beirat bloß beratende Funktion hat. 5.8

Begünstigte im Beirat

L Begünstigte dürfen dem Beirat angehören,[4] ebenso deren Angehörige und Personen, die von Begünstigten oder deren Angehörigen mit der Wahrnehmung ihrer Interessen im Beirat beauftragt wurden. 5.9

3 Für den Stiftungsprüfer ergibt sich dies schon aus § 20 Abs 3 PSG (L-Regel).

4 ErlRV zu § 15 Abs 2 (1132 BlgNR XVIII GP).

5.10 Die bestellungsberechtigte Stelle achtet darauf, unnötige Interessenskonflikte im Beirat zu vermeiden. Mitglieder, die als unabhängig bestellt wurden (also keine Begünstigten sind oder diese vertreten), sollen nicht durch Rollenkonflikte belastet werden. Als potenziell kritisch werden wesentliche geschäftliche Verbindungen, Arbeitnehmer-/Arbeitgeber-Konstellationen, familiäre Beziehungen sowie enge Freundschaften, aber auch Feindschaften, eingestuft. R *Interessenskonflikte*

5.11 Mögliche Interessenskonflikte werden unaufgefordert sowohl dem Gesamtbeirat als auch der bestellungsberechtigten Stelle unter Offenlegung des relevanten Sachverhalts berichtet. C

5.12 Jedes Beiratsmitglied muss die Befähigung haben, seine Aufgaben mit der erforderlichen Sorgfalt zu erfüllen. Die erforderliche Befähigung ergibt sich aus der Stiftungserklärung und/oder aus den Aufgabenstellungen, die dem Beirat zugewiesen sind. C *Befähigung*

5.13 Alle Mitglieder sollen über grundlegendes juristisches und wirtschaftliches Wissen verfügen und sich gemäß den Anforderungen ihrer Funktion laufend fortbilden. Entsprechende Ausbildungen oder Praxiserfahrung sind wünschenswert. R

5.14 Auch bei begünstigten- und stifterfamiliennahen Beiräten, deren Aufgabe vorwiegend darin besteht, eine Kommunikationsschnittstelle zur Stiftung zu bilden, sind Fachkenntnisse vorteilhaft; insgesamt kann ihnen aber weniger Gewicht beigemessen werden, sofern die Tätigkeit im Organ dies erlaubt. R

Persönliche Kapazität	R	Jedes Beiratsmitglied soll den Stiftungsagenden die gebotene Zeit und Aufmerksamkeit widmen können. Daher werden alle seine anderen Funktionen, auch wenn sie kein direktes Konkurrenzverhältnis zur Stiftung begründen, in Vorständen, Organen der Geschäftsführung, der Aufsicht oder der Beratung von anderen Unternehmen oder Körperschaften der bestellungsberechtigten Stelle offengelegt.	5.15
Funktionsdauer	R*	Sofern die Stiftungserklärung nichts anderes bestimmt, sollten Beiratsmitglieder auf zumindest drei Jahre bestellt werden. Empfohlen wird eine vierjährige Funktionsdauer.	5.16
Vorsitz	L	Besteht der Beirat aus mindestens drei Mitgliedern, so wählt er aus seiner Mitte einen Vorsitzenden und wenigstens eine Stellvertreterin.[5]	5.17
	R	Sofern die Stiftungserklärung nichts anderes bestimmt, wird die Funktion des Vorsitzenden und seines/seiner Stellvertreter für die Dauer von zwei Jahren gewählt.	5.18
	R	Der Beiratsvorsitzende ist die Kommunikationsschnittstelle zum Vorstand und erste Ansprechstelle für alle den Beirat betreffenden Aufgaben.	5.19
Sitzungen & Willensbildung	R	Der Beirat erfüllt seine Aufgaben vorwiegend im Rahmen von Sitzungen. Der Beirat tritt so oft zusammen, wie es seine Aufgaben erfordern. Sofern es in der Stiftungsurkunde nicht anders bestimmt wurde, findet mindestens einmal im Jahr eine Beiratssitzung statt. Hält der Vorstand erweiterte Sitzungen ab, sollte der Beirat an ihnen ebenfalls teilnehmen.	5.20

5 § 28 Z 1 PSG.

5.21 Der oder die Vorsitzende oder die sonst einberufungsberechtigte Stelle beruft die Beiratssitzungen rechtzeitig und unter Angabe der Tagesordnung und der beabsichtigten Beschlusspunkte ein. Grundsätzlich legt der Einberufende das Datum und die Uhrzeit der Sitzung fest. Präferenzen der Mitglieder sollen dabei tunlichst berücksichtigt werden. Unterlagen für Beiratssitzungen werden gemeinsam mit der Einberufung zur Verfügung gestellt. R

5.22 Die Beiratsmitglieder bemühen sich, die Sitzungen persönlich zu besuchen. Stimmrechtsvollmachten sollen, sofern zulässig und in der Stiftungserklärung nichts anderes angeordnet ist, stets für nur eine bestimmte Beiratssitzung erteilt werden. Sie sind rechtzeitig vor der Sitzung nachzuweisen. R

5.23 Die Willensbildung im Beirat sollte tunlichst mit breiter Mehrheit erfolgen, idealiter einstimmig. Knappe Entscheidungen, besonders Entscheidungen unter Inanspruchnahme eines Dirimierungsrechts, sollen besonders sorgfältig dokumentiert werden. R

5.24 Soll im Beirat über die Abberufung eines Vorstandsmitglieds entschieden werden, und liegt kein wichtiger Abberufungsgrund vor, darf Begünstigten bei dieser Entscheidung insgesamt nicht die Mehrheit der Stimmen zustehen.[6] Dieser Bestimmung kann durch Stimmverbote gefolgt werden, wenn der Beirat nicht von vornherein mit einer ausreichenden Anzahl von unabhängigen Mitgliedern besetzt wurde. L

6 §§ 14 Abs 4 iVm 27 Abs 2 Z 1 bis 3 PSG.

Stimmgewichtungen

L Bei einer geraden Zahl an Stimmen steht, sofern nichts anderes in der Stiftungsurkunde bestimmt wurde, dem oder der Vorsitzenden das Dirimierungsrecht zu.[7] 5.25

R Empfehlenswert sind eine kopfweise Stimmgewichtung und eine ungerade Zahl an Beiratsmitgliedern. Abweichende Regeln, wie stimmrechtslose Mitgliedschaften oder stärker gewichtete Stimmen sind zulässig, sollten aber nur mit Bedacht eingesetzt werden. 5.26

C Soweit besondere Fachkenntnisse für eine fundierte Entscheidungsfindung erforderlich sind, über welche die Mitglieder des Beirats nicht verfügen, werden fachlich geeignete externe Berater beigezogen. 5.27

Ausschüttungen

R Falls nach der Stiftungserklärung der Beirat zur Mitwirkung bei Ausschüttungsentscheidungen zuständig ist, so soll, sofern die Stiftungserklärung keine Vorgaben enthält, ein allgemeines Prozedere implementiert werden. Dabei erfolgt eine möglichst enge Zusammenarbeit mit dem Vorstand. 5.28

Dokumentation

R Beiratssitzungen sowie Entscheidungsfindungsprozesse in (informellen) Besprechungen und abgesonderten Beschlüssen sollen dokumentiert werden. Die Dokumentation wird so aufbewahrt, dass sie bei Bedarf zeitnah auffindbar ist. 5.29

7 § 28 PSG.

5.30 Die Protokolle der Sitzungen geben, auch wenn die Stiftungserklärung hierüber keine gesonderte Anordnung trifft, jedenfalls die Tagesordnung, die geladenen bzw stimmberechtigten Personen, deren Stimmberechtigung (Stimmrechtsvollmachten), den Verlauf der Sitzung und die beschlusswesentlichen Entscheidungsfaktoren wieder. Es wird auf eine präzise Resümee-Protokollierung geachtet. Von bloßen Beschlussprotokollen wird Abstand genommen, wenn diese nicht zusätzlich zum Protokoll gesondert zum Zweck einer firmenbücherlichen Durchführung erstellt werden. Sofern in der Stiftungserklärung nicht anders bestimmt, unterfertigen der oder die jeweilige Vorsitzende der Sitzung und der oder die Protokollführende das Protokoll zum Nachweis der Richtigkeit. R *Sitzungsprotokolle*

5.31 Dokumente, welche für (wesentliche) Beschlüsse Relevanz haben, werden in den Protokollanhang aufgenommen oder so bestimmt bezeichnet, dass sie auch bei einem Wechsel im Beirat auffindbar sind. R

5.32 Geschäfte zwischen Vorstandsmitgliedern und der Stiftung bedürfen der Genehmigung des Aufsichtsrats, wenn ein solcher eingerichtet ist. Auch ein aufsichtsratsähnlicher Beirat kann die Aufsichtsratsgenehmigung nicht substituieren und die Stiftung bei Rechtsgeschäften nicht vertreten.[8] Gibt es keinen Aufsichtsrat, ist die Genehmigung aller anderen Vorstandsmitglieder und des Gerichts erforderlich.[9] L *Genehmigungspflichtige Geschäfte*

8 §§ 20 Abs 1, 25 Abs 3 PSG.
9 § 17 Abs 5 PSG.

R Einem Vorstandsmitglied, das ein Rechtsgeschäft mit der Stiftung abschließen will, wird empfohlen, den Beirat zu konsultieren. Der Beirat sollte, falls er das Geschäft befürwortet, auf Wunsch des Betroffenen gegenüber dem Gericht eine positive Stellungnahme abgeben. 5.33

C Geschäfte zwischen Beiratsmitgliedern und der Stiftung bedürfen zwar nicht der Genehmigung der anderen Beiratsmitglieder, des Aufsichtsrats oder des Gerichts, bei ihrem Abschluss achtet der Vorstand jedoch darauf, dass die Vorteile für die Stiftung aus dem Geschäft die Risiken aus (auch erst künftigen) allfälligen Interessenskonflikten deutlich überwiegen. Gleiches gilt für Rechtsgeschäfte mit Unternehmungen, an denen die Stiftung wesentlich beteiligt ist. 5.34

Geschäftsordnung

R Der Beirat soll sich, sofern die Kompetenz hierfür nach der Stiftungsurkunde nicht einer anderen Stelle zugewiesen ist, eine eigene Geschäftsordnung geben, welche (zumindest) die wichtigsten Tätigkeiten und Zuständigkeiten individuell regelt. Die Geschäftsordnung wird regelmäßig überprüft und bei geänderten Verhältnissen angepasst. 5.35

Ausschüsse & Ressorts

R Der Beirat kann, sofern dies in der Stiftungserklärung nicht ausgeschlossen wurde, Ausschüsse bilden oder einzelnen Mitgliedern die Befugnis einräumen, bestimmte Agenden eigenverantwortlich vorzunehmen. 5.36

C Es wird stets darauf geachtet, dass strategisch bedeutsame Entscheidungen in der Kompetenz des Gesamtbeirats bleiben. 5.37

Kommunikation (stiftungsintern)

C Die Kommunikation im Beirat wird offen und klar gestaltet. Etwaige Ressorts, Ausschüsse bzw faktische Arbeitsteilung gehen nicht zu Lasten der Transparenz. 5.38

5.39 Die Kommunikation mit anderen Organen erfolgt strukturiert und offen, um effiziente und transparente Abläufe zu sichern und den anderen Organen ihre Aufgaben zu erleichtern. C

5.40 Auch wenn der Beirat nicht der primäre Ansprechpartner des Stiftungsprüfers ist, werden ihm die Sitzungsprotokolle offengelegt und auf sein Verlangen wahrheitsgemäße und vollständige Auskünfte erteilt. Bei Zweifeln über Umfang und Inhalt der Auskünfte hält der Beirat mit dem Vorstand Rücksprache. C

Kommunikation (stiftungsextern)

5.41 Die Mitglieder des Beirats sollten sich als zur Wahrung der Verschwiegenheit über Betriebs- und Geschäftsgeheimnisse der Stiftung verpflichtet erachten. Sieht die Stiftungserklärung keine Verschwiegenheitspflicht vor, so sollte der Beirat einen geeigneten Selbstbindungsbeschluss fassen. C

5.42 Die Kommunikation mit stiftungsexternen Personen obliegt in erster Linie dem Vorstand. Werden Abweichungen hiervon gewünscht, sollten bestimmte Vorgaben beschlossen oder in der Geschäftsordnung des Beirats verankert und mit dem Vorstand abgestimmt werden. R

Haftung

5.43 Jedes Beiratsmitglied haftet der Stiftung gegenüber für aus einer schuldhaften Pflichtverletzung entstandenen Schaden.[10] Es liegt keine Pflichtverletzung vor, wenn das betroffene Mitglied vernünftigerweise annehmen durfte, auf der Grundlage angemessener Information zum Wohle der Stiftung zu handeln (Business Judgement Rule). L

10 § 29 PSG.

R Die Stiftung sollte für eine ausreichende D&O-Versicherung (Vermögensschaden-Haftpflichtversicherung) sorgen, die den Beirat als Gesamtheit deckt. Es wird empfohlen, dass die Stiftung die Kosten hierfür trägt. 5.44

Vergütung L* Die Tätigkeit der Beiratsmitglieder erfolgt mangels einer konkreten anderslautenden Regelung in der Stiftungserklärung unentgeltlich. 5.45

R Soll die Arbeit im Beirat vergütet werden, was empfohlen wird, so ist eine entsprechende Regelung in der Stiftungserklärung zu treffen. 5.46

Der Aufsichtsrat 6.

In einer Privatstiftung ist ein Aufsichtsrat zwingend einzurichten, sobald die Anzahl der Arbeitnehmerinnen und Arbeitnehmer der Stiftung direkt oder indirekt (über beherrschte Unternehmen) 300 übersteigt. In der Praxis kommt er sehr selten vor. Das nachfolgende Kapitel beschränkt sich daher auf das Allerwesentlichste. Es wird, wenn ein Aufsichtsrat einzurichten ist, empfohlen, präzise individuelle Regelungen in der Stiftungserklärung und in der Geschäftsordnung zu treffen. Mangels solcher Regelungen wird dem Aufsichtsrat empfohlen, sich am Kapitel des ÖGK PS über den Beirat sinngemäß und nach Maßgabe des gesetzlichen Rahmens zu orientieren.

17 L
0 C
3 R
(20 Regeln)

§§ 22 - 26 PSG

§§ 20, 27 PSG, § 95 AktG, § 110 ArbVG

Kodex-Compliance-Vermerk:
⇨ Verbindlicher Charakter
(falls ein Aufsichtsrat eingerichtet ist)

6.1 Der Aufsichtsrat ist ein Organ zur Wahrung des Stiftungszwecks. Er ist einzurichten, sobald die Anzahl der Arbeitnehmerinnen und Arbeitnehmer der Stiftung 300 übersteigt. Das gleiche gilt, wenn die Stiftung inländische Kapitalgesellschaften oder Genossenschaften einheitlich leitet oder unmittelbar beherrscht, deren Arbeitnehmerinnen- und Arbeitnehmerzahl im Durchschnitt 300 übersteigt; eine Ausnahme hiervon gibt es, wenn die Tätigkeit der Stiftung sich nur auf die Verwaltung der Unternehmensanteile beschränkt.[1] L *Funktion*

6.2 Ein Aufsichtsrat darf bei allen anderen Stiftungen als optionales Organ freiwillig eingerichtet werden. Auf einen solchen fakultativen Aufsichtsrat sind alle zwingenden Bestimmungen des PSG über den Aufsichtsrat anzuwenden. L*

6.3 Wenn die Einrichtung eines Aufsichtsrats nicht gesetzlich zwingend vorgesehen ist, und wenn es Größe und Art der Stiftung nicht erfordern, wird empfohlen, einen aufsichtsratsähnlichen Beirat statt eines Aufsichtsrats zur Kontrolle und Unterstützung des Vorstands einzurichten. R

6.4 Der Aufsichtsrat überwacht die Geschäftsführung und Gebarung der Privatstiftung.[2] Er vertritt die Privatstiftung bei der Vornahme von Rechtsgeschäften mit Vorstandsmitgliedern,[3] er bestellt den Stiftungsprüfer[4] und er wirkt bei zustimmungspflichtigen Geschäften mit. Diese Kompetenzen des Aufsichtsrats sind nicht beschränkbar.[5] L *Aufgaben*

1 § 22 Abs 1 PSG.
2 § 25 Abs 1 PSG.
3 § 25 Abs 3 PSG.
4 § 20 Abs 1 PSG.
5 RIS-Justiz RS0123561.

Zustimmungspflichtige Geschäfte

L Folgende Geschäfte darf die Privatstiftung nur mit Zustimmung des Aufsichtsrats vornehmen: 6.5

1. Erwerb und Veräußerung von Beteiligungen sowie Erwerb, Veräußerung und Stilllegung von Unternehmen und Betrieben;
2. Erwerb, Veräußerung und Belastung von Liegenschaften, soweit dies nicht zum gewöhnlichen Geschäftsbetrieb gehört;
3. Investitionen, die bestimmte Anschaffungskosten im einzelnen und insgesamt in einem Geschäftsjahr übersteigen;
4. Aufnahme von Anleihen, Darlehen und Krediten, die einen bestimmten Betrag im einzelnen und insgesamt in einem Geschäftsjahr übersteigen; sowie
5. Gewährung von Darlehen und Krediten, soweit sie nicht zum gewöhnlichen Geschäftsbetrieb gehört.[6]

L* Sofern die Stiftungserklärung keine bestimmte Betragsgrenze für zustimmungspflichtige Geschäfte festsetzt, muss der Aufsichtsrat dies mit Beschluss tun.[7] 6.6

Konzern-Leitung

L Das Aufgabengebiet eines „Konzern-Aufsichtsrats“[8] bei der Stiftung ist auf Angelegenheiten der einheitlichen Leitung oder unmittelbaren Beherrschung inländischer Kapitalgesellschaften bzw Genossenschaften beschränkt.[9] 6.7

R Da der Privatstiftung die straffe Konzernleitung verboten ist, sollte – falls sie erwünscht wird – erwogen werden, eine Holding-Gesellschaft unter der Stiftung einzurichten. 6.8

6 § 25 Abs 1 PSG; § 95 Abs 5 Z 1, 2, 4 bis 6 AktG.

7 Analogie aus § 95 Abs 5 letzter Satz AktG.

8 Bestellt nach § 22 Abs 1 Z 2 PSG: mehr als 300 Arbeitnehmerinnen und Arbeitnehmer in den beherrschten Gesellschaften bzw Genossenschaften.

9 § 25 Abs 2 PSG.

6.9	Der Aufsichtsrat kann vom Vorstand jederzeit Auskunft über die Angelegenheiten der Stiftung samt ihrer Beziehung zu den Konzernunternehmen verlangen. Der Aufsichtsrat kann Einsicht in die Bücher und Schriften der Gesellschaften nehmen und diese selbst prüfen oder durch einen beigezogenen Sachverständigen einer Prüfung unterziehen.[10]	L	*Auskunfts- und Einsichtsrecht*
6.10	Der erste Aufsichtsrat (vor Eintragung der Stiftung in das Firmenbuch) wird vom Stifter bestellt; alle nachfolgenden Bestellungen erfolgen zwingend durch das Gericht.[11]	L	*Bestellung*
6.11	Der Aufsichtsrat muss aus mindestens drei Mitgliedern bestehen, die alle natürliche Personen sind.[12]	L	*Zusammensetzung*
6.12	Bei der Zusammensetzung des Aufsichtsrats ist das Prinzip der Arbeitnehmermitbestimmung zu beachten. Für die Stiftung werden die für die GmbH verfassten Regeln des Arbeitsverfassungsgesetzes angewandt. Für jedes nach der Satzung bestellte Aufsichtsratsmitglied wird eine Vertreterin oder ein Vertreter aus der Arbeitnehmerschaft in den Aufsichtsrat entsandt.[13]	L	
6.13	Mitglieder des Aufsichtsrats und deren Angehörige dürfen nicht gleichzeitig dem Stiftungsvorstand angehören oder das Amt des Stiftungsprüfers ausüben.[14]	L	*Unvereinbarkeit*

10 § 25 Abs 1 PSG; § 95 Abs 2 und 3 AktG.
11 § 24 Abs 1 PSG.
12 § 23 Abs 1 PSG.
13 § 22 Abs 4 PSG; § 110 ArbVG.
14 § 23 Abs 2 PSG, erster Satz.

L Begünstigte und deren Angehörige, sowie Per- 6.14
sonen, die von Begünstigten oder deren Angehörigen mit der Wahrnehmung ihrer Interessen im Aufsichtsrat beauftragt wurden, dürfen nicht die Mehrheit der Aufsichtsratsmitglieder stellen.[15]

Höchstzahl an Funktionen

L Jedes Aufsichtsratsmitglied darf höchstens in 6.15
zehn Stiftungen eine Funktion im Aufsichtsrat oder in einem vergleichbaren Organ (aufsichtsratsähnlicher Beirat) ausüben.[16]

Vergütung

L Den Aufsichtsratsmitgliedern ist, wenn die 6.16
Stiftungserklärung nichts anderes bestimmt, eine Vergütung für ihre Tätigkeit zu gewähren, welche mit den Aufgaben und der Lage der Stiftung in Einklang steht. Hierfür kann das Gericht angerufen werden.[17] Mitglieder aus der Arbeitnehmerschaft üben ihr Amt stets ehrenamtlich aus.[18]

R Jedes einzelne vergütungsberechtigte Organmit- 6.17
glied ist zur Antragstellung über die gerichtliche Bestimmung der Aufsichtsratsvergütung befugt. Es wird empfohlen, die Anrufung des Gerichts im Innenverhältnis vorher abzustimmen.

Abberufung

L Das Gericht beruft den Aufsichtsrat in seiner 6.18
Gesamtheit als Organ ab, wenn die Stiftung nicht mehr aufsichtsratspflichtig ist.[19]

L Das Gericht beruft den Aufsichtsrat oder ein- 6.19
zelne seiner Mitglieder von Amts wegen oder auf Antrag aus wichtigem Grund vorzeitig ab.[20]

15 § 23 Abs 2 PSG, zweiter Satz.
16 § 23 Abs 3 PSG.
17 § 26 PSG.
18 § 110 Abs 3 ArbVG.
19 § 24 Abs 2 PSG.
20 § 27 Abs 2 PSG.

6.20 Ein Aufsichtsratsmitglied kann unter Einhaltung einer Frist von mindestens vier Wochen auch ohne wichtigen Grund sein Amt zurücklegen. Der Rücktritt erfolgt schriftlich und ist an die Stiftung und das Gericht zu richten.[21] L *Rücktritt*

21 § 24 Abs 3 PSG.

Vermögensverwaltung 7.

Die Verwaltung und Veranlagung des Stiftungsvermögens ist zentrale Aufgabe des Vorstands. Um ein nachhaltiges Veranlagungsergebnis zu erzielen, ist neben einem angemessenen internen Kontrollsystem ein harmonisches Zusammenwirken mit der Stifterin oder dem Stifter (Wille laut Stiftungserklärung), dem Stiftungsprüfer und den allenfalls eingerichteten weiteren Organen der Stiftung wünschenswert. Die Anlagestrategie muss den Stiftungszweck widerspiegeln; Compliance, Liquiditätsplanung und Gläubigerschutz spielen wichtige Rollen.

8 L
4 C
14 R
(26 Regeln)

§§ 1, 17 PSG

§ 58f WAG, §§ 2, 40ff BWG, § 153a StGB

Kodex-Compliance-Vermerk:
⇨ Verbindlicher Charakter

Vorgaben & Grundsätze

7.1 Das rechtliche Gesamtkonzept der Stiftung sollte mit ihrer Veranlagungs-, Ausschüttungs- und Steuerpolitik harmonieren. Neben den aus dem Stiftungszweck ableitbaren Prinzipien sollte die Stifterin klare Grundsätze zur Vermögensverwaltung vorgeben. Steuerliche Aspekte werden dabei angemessen berücksichtigt, sollen aber nicht allein ausschlaggebend sein. R

7.2 Die Grundsätze zur Vermögensverwaltung finden sich in der Stiftungserklärung in allgemeiner Form und aus einer an den Zeithorizont der Stiftung angepassten Perspektive. Will die Stifterin sich einen laufenden verbindlichen Einfluss auf Veranlagungsentscheidungen sichern, behält sie sich entsprechende Zustimmungs- oder Vetorechte in der Stiftungsurkunde vor, oder sie übernimmt eine Organfunktion. Will die Stifterin laufend unverbindliche Empfehlungen abgeben (Letter of Wishes, Stifterbrief), behält sie sich eine entsprechende Möglichkeit ebenfalls in der Stiftungsurkunde vor. R*

7.3 Allenfalls stiftungsurkundlich vorbehaltene Mitwirkungsrechte der Stifterin oder anderer Stellen bei Entscheidungen des Vorstands zur Vermögensverwaltung belassen den Vorstand weisungsfrei. Sie sind so ausgestaltet, dass sie zu einer Stärkung des Vorstands bei der Entscheidungsfindung führen, und ihn nicht in seiner Kompetenz unverhältnismäßig einschränken.[1] L

1 OGH 8.5.2013, 6 Ob 42/13i.

Verbot gewerblicher Tätigkeit

L Eine Privatstiftung darf keine gewerbsmäßige Tätigkeit ausüben, die über eine bloße Nebentätigkeit hinausgeht.[2] Die Verwaltung des eigenen Vermögens gilt nicht als gewerbliche Vermögensverwaltung. Geht die Tätigkeit über die reine Vermögensverwaltung hinaus, ist sie als gewerbenahe Tätigkeit auf eine Tochtergesellschaft oder einen Dritten auszulagern. 7.4

Planung & Budgets

L Die Befriedigung der Gläubiger der Stiftung hat Vorrang vor Ausschüttungen an Begünstigte.[3] 7.5

C* Feste Verbindlichkeiten der Stiftung, ob gegenüber dritten Gläubigern oder Begünstigten, sind durch sichere (kapitalmarktneutrale) Erträge zu unterlegen. In der Regel sollen laufend Erträge generiert werden, welche eine kontinuierliche Erfüllung des Stiftungszwecks auf möglichst hohem Niveau ebenso ermöglichen, wie eine professionelle Führung der Stiftung. Es sollte in erster Linie keine Ertragsmaximierung eingeplant werden, sondern eine Ertragsverstetigung. 7.6

R* Um unzulässige „Selbstzweck-Stiftungen" hintanzuhalten, müssen in absehbarer Zeit Ausschüttungen oder sonstige Leistungen an die Begünstigten erfolgen. Die Regeln zur Veranlagung sollen dies ermöglichen und dem Vorstand eine entsprechende Liquiditätsreserve geben. Eine Pflicht des Vorstands zur Bildung einer gebundenen Rücklage (zB Wertsicherungsklausel für das Stiftungsvermögen) stellt einen sachlichen Grund dar, um über einen längeren Zeitraum hindurch keine Ausschüttungen vorzunehmen. Sofern nicht ausgeschlossen, können Rücklagen auch zur Finanzierung größerer Ausgaben oder zur Verfolgung bestimmter Zwecke gebildet werden. 7.7

2 § 1 Abs 2 Z 2 PSG.
3 § 17 Abs 2 Satz 2 PSG.

7.8 Es wird dem Vorstand empfohlen, zumindest ein Jahr im Voraus einen Budgetplan zu erstellen und einer Beschlussfassung zu unterziehen. Der Budgetplan sollte mit allenfalls eingerichteten beratenden bzw kontrollierenden Organen sowie mit den externen Dienstleistern akkordiert werden. R

7.9 Der Vorstand soll im Einklang mit der Stiftungserklärung und allfälligen weiteren Vorgaben ein detailliertes Anlage- und Risikoprofil für die Stiftung ausarbeiten. Dieses Profil wird regelmäßig einer Überprüfung unterzogen. Gegebenenfalls werden hierbei auch die weiteren Organe der Stiftung und externe Dienstleister einbezogen. R* *Risikoprofil*

7.10 Die Einstufung der Privatstiftung als professioneller Kunde im Sinne des Wertpapieraufsichtsrechts[4] wird wegen der damit einhergehenden höheren Risikoaffinität nur vorgenommen, wenn zumindest zwei Vorstandsmitglieder über ausreichende Erfahrung verfügen. C

7.11 Veranlagungen in potenziell hochriskante Geschäfte werden nur unter Berücksichtigung angemessener Diversifikationskriterien getätigt. Auch Währungsrisiken sollten mit Diversifikation abgesichert werden. R

7.12 Drängt der lebende Stifter oder ein Begünstigter auf eine risikoreichere Veranlagungsstrategie, als sie die Stiftungserklärung zulässt, bleibt der Vorstand (bis zu einer Änderung) verpflichtet, die Stiftungserklärung einzuhalten. Diese Regel darf nicht umgangen werden, etwa durch Darlehens- oder Sicherungsgeschäfte. L*

4 § 58f WAG.

Externe Dienstleister

L* Vermögensverwaltung und Anlagestrategie fallen in die alleinige Verantwortung des Stiftungsvorstands und sind nicht gänzlich delegierbar. Nur die konkrete Umsetzung der Maßnahmen zur Vermögensverwaltung darf extern ausgelagert werden. 7.13

C* Sollen externe Dienstleister zur Vermögensverwaltung hinzugezogen werden, berücksichtigt der Vorstand allfällige Wünsche des Stifters und der Begünstigten und holt vorab zumindest drei verschiedene Angebote ein. Idealiter führt der Vorstand hierzu eine Ausschreibung durch. Er begründet und dokumentiert die getroffene Entscheidung sorgfältig. 7.14

R* Auf Grundlage des Stiftungszwecks, der Stiftungserklärung und allfälliger Stifterwünsche, des Risikoprofils, des Budgets und unter Einbindung eines allenfalls eingerichteten beratenden Organs gibt der Vorstand dem externen Dienstleister hinreichend bestimmte Veranlagungsrichtlinien vor, deren Einhaltung vertraglich sichergestellt werden soll. 7.15

R* Besonders bei der Verwaltung von großen Vermögen sollte überlegt werden, eine Plattform zur Veranlagung („Veranlagungsbeirat" oder ähnlich) einzurichten. Diese kann mit Mitgliedern des Vorstands, des Beirats, mit externen Dienstleistern, der Stifterin und/oder Begünstigten sowie mit Beratern besetzt werden. Sie hat, wenn sie nicht stiftungsurkundlich eingerichtet ist, keinen Organcharakter. Ihre Mitglieder sollen sich untereinander bei Fragen der Veranlagung stets zeitnah abstimmen und den Vorstand beraten. 7.16

7.17 Der Vorstand überprüft die von ihm verfolgte Vermögens- und Veranlagungsplanung sowie seine Zieldefinitionen regelmäßig selbst kritisch. Von externen Dienstleistern lässt er sich regelmäßig und vollständig über die Ergebnisse der Veranlagung berichten. Gebieten die Umstände eine Erfolgskontrolle durch unabhängige dritte Einrichtungen, sorgt der Vorstand für ein entsprechendes Benchmarking und eine Zielüberprüfung. R *Erfolgskontrolle & Evaluierung*

7.18 Auch wenn die Stiftungserklärung dies nicht verpflichtend vorsieht, berichtet der Vorstand einem allenfalls eingerichteten beratenden Organ sowie auch den Begünstigten der Stiftung über Veranlagungsstrategie und -ergebnisse. Mit einem beratenden Organ wird immer eine offene Kommunikation über die Vermögensverwaltung gepflegt und insbesondere bei Verlust eines vom Vorstand vorab in seiner Geschäftsordnung[5] zu definierenden Prozentsatzes des Stiftungsvermögens oder bei Nichterreichen von wesentlichen Renditezielen umgehend berichtet. R

7.19 Der Vorstand evaluiert die für die Stiftung, aber auch für die Stifterin und die Begünstigten, maßgeblichen rechtlichen und steuerlichen Rahmenbedingungen regelmäßig. Sollten Änderungen angezeigt sein, zieht er erforderlichenfalls rechtzeitig professionellen Rat hinzu. R

7.20 Zur Haftung des Vorstands und zur Business Judgement Rule siehe Rz 3.75 des ÖGK PS. Eine D&O-Versicherung schützt regelmäßig nicht vor der Inanspruchnahme wegen fehlerhafter Investitionsentscheidungen. Schon zur Haftungsvermeidung dokumentiert der Vorstand seine Veranlagungsentscheidungen daher sorgfältig. R *Haftung*

5 Siehe ÖGK PS Rz 3.59.

Transparenz und Compliance

L Der Stiftungsvorstand nimmt keinesfalls Provisionen oder sonstige direkte oder indirekte Vermögensvorteile von Dritten in Zusammenhang mit der Vermögensverwaltung an.[6] Dies gilt bei der Auswahl der externen Dienstleister ebenso, wie bei einzelnen Veranlagungsentscheidungen. 7.21

L* Der Vorstand hat den Kredit- und Finanzinstituten die Identität des wirtschaftlichen Eigentümers bekanntzugeben. Im Fall einer Privatstiftung sind dies etwa Stifter, die sich ein Widerrufs- oder umfassendes Änderungsrecht vorbehalten haben, Begünstigte, die mehr als 25% der Zuwendungen erhalten oder diejenigen, in dessen Interesse die Stiftung errichtet wurde.[7] 7.22

L* Ergeben sich Zweifel über die Herkunft der in der Stiftung zu verwaltenden Mittel, trifft der Vorstand aus eigenem und unverzüglich alle geeigneten Maßnahmen zur Verhinderung von Geldwäscherei und Terrorismusfinanzierung. 7.23

C Neben den allenfalls bestehenden behördlichen Melde- und Anzeigepflichten benachrichtigt der Vorstand im Verdachtsfall unverzüglich auch den externen Dienstleister und die Bank. 7.24

Beteiligungs-Gesellschaften

R Ist die Stiftung direkt oder indirekt als „anteilsverwaltende“ Stiftung eingerichtet, soll das Verhältnis zu den Beteiligungsgesellschaften individuell mit wirtschaftlich und personell eindeutiger Sphären-Zuordnung erfolgen. Bei der Ausübung von der Stiftung obliegenden Zustimmungsvorbehalten und Gestaltungsrechten werden im Zweifel die Regeln über Strategie, Budgetierung, Risikoprofil und Beratung in diesem Kapitel sinngemäß angewandt. 7.25

6 § 153a StGB.

7 §§ 2 Z 75 lit b, 40ff BWG.

7.26 Veranlagt die Stiftung ihr Vermögen in Immobilien oder in Assetklassen wie Rohstoffen, Kunst und dergleichen, sollte besonders sowohl auf den hiermit verbundenen Verwaltungsaufwand, als auch auf eine ausgewogene Diversifikation geachtet werden. Im Zweifel werden die Regeln über Strategie, Budgetierung, Risikoprofil und Beratung in diesem Kapitel sinngemäß angewandt. R

Immobilien und Sachwerte

Die externen Berater 8.

Jede Privatstiftung ist zumindest zu Beginn auf externe Beraterinnen und Berater angewiesen, die den Stiftern zur Seite stehen. Ihre Expertise soll zum Gelingen der Stiftung und zur Verwirklichung der strukturellen und steuerlichen Ziele beitragen. Aber nicht nur in der Gründungsphase, sondern insbesondere auch in Krisenzeiten sind versierte Fachleute gefragt, um Probleme zu lösen oder gar nicht erst entstehen zu lassen. Zu den typischen Beratern zählen in der Regel Rechtsanwältinnen und Rechtsanwälte, Steuerberaterinnen und Steuerberater, Notarinnen und Notare, Veranlagungs- sowie Compliance-Expertinnen und -Experten.

1 L
2 C
8 R
(11 Regeln)

§ 9 RAO, § 5a NO, § 82 WTBG

§§ 8a-8f RAO, § 10 RL-BA, §§ 31, 36a NO

Kodex-Compliance-Vermerk:
⇨ Empfehlender bzw informativer Charakter

8.1 Die Berater sind sich ihrer Verantwortung bewusst und bleiben durch laufende Fortbildung im Stiftungsrecht und verwandten Materien auf dem neuesten Stand. Sie erfüllen die sie treffenden Warn-, Aufklärungs-, Informations- und Verhütungspflichten sorgfältig und individuell.[1] Potenzielle Stifter werden umfassend beraten und über die charakteristischen Merkmale einer österreichischen Privatstiftung informiert. L *Beratung vor/bei Gründung*

8.2 Insbesondere erfolgt eine klare Information über den Aspekt des Vermögensopfers und die damit verbundenen, künftig eingeschränkten Einflussmöglichkeiten über das der Stiftung zu widmende Vermögen. In einer Gesamtschau wird die familiäre Situation (beispielsweise zu Pflichtteils- oder Unterhaltsberechtigten) ebenso berücksichtigt wie das Wohl der von der Stiftung zu haltenden Unternehmen, Partikularinteressen der Stifterin sowie die steuerliche Lage der Stifterin und der Begünstigten. R

8.3 Der potenzielle Stifter wird über die Regeln des Gläubigerschutzes und der Anfechtung informiert. Soll die Stiftung als Bestandteil einer Asset Protection-Strategie eingesetzt werden, so werden die Gestaltungsmöglichkeiten unter Berücksichtigung der individuellen Risiken besonders sorgfältig erwogen. R

8.4 Wird gewünscht, dass Stifterrechte wie insbesondere das Änderungs- und Widerrufsrecht vorbehalten werden, so erfolgt diesbezüglich eine gesonderte Aufklärung, die auch eine Information über die Möglichkeiten einer Vorsorgevollmacht beinhaltet. R

1 § 9 Abs 1 RAO, § 10 RL-BA, §§ 5a und 31 Abs 5 NO; OGH 28.3.2007, 9 Ob 120/06x; OGH 29.3.2001, 2 Ob 67/01v; OGH 22.2.2001, 6 Ob 292/00k ua.

C Alternativen zur Stiftung werden geprüft und offen besprochen. Können die Ziele und Wünsche des Stifters anderweitig besser erreicht werden, so wird keine Stiftung errichtet. 8.5

R Sollen mehrere Personen gemeinsam stiften, wird vorzugsweise jede von ihren eigenen Beraterinnen betreut, um Interessenskonflikte zu vermeiden und jedem Mitstifter die ihm zustehenden Rechte zu sichern. Ist dies untunlich, erfolgt zumindest eine gemeinsame Beratung unter angemessener Berücksichtigung aller Mitstifter. 8.6

Verschwiegenheit und Compliance

R Alle Berater sollten bestmöglich zusammenarbeiten, um die sie treffenden Pflichten zur Verhinderung von Geldwäsche und Terrorismusfinanzierung[2] zu erfüllen, und sie sollten einander unverzüglich und vollständig im Falle eines aufkeimenden Verdachts informieren. Im Innenverhältnis zu ihren Auftraggebern sollten schon im Voraus entsprechende Entbindungen von der Verschwiegenheitspflicht eingeholt werden. 8.7

R Der jeweilige Auftraggeber sollte Beraterinnen bzw Berater, die keiner beruflichen Verschwiegenheitspflicht unterliegen, vertraglich zur Verschwiegenheit verpflichten. Steht einer Beraterin oder einem Berater das Recht zu, die Zeugenaussage in Zusammenhang mit einer Aufgabe bei der Stiftung zu verweigern, so werden diese von diesem Recht Gebrauch machen. Ausnahmen sind im Ermessen der Beraterin oder des Beraters unter Abwägung der Interessen des Auftraggebers und der Stiftung zulässig. 8.8

2 §§ 8a-8f RAO und § 36a Abs 1 Z 3 NO.

8.9 Um die Gefahr von (künftigen) Interessenskonflikten hintanzustellen, übernimmt kein Berater, der bei der Gründung der Stiftung beratend einschritt, eine Organfunktion im Vorstand der Stiftung, und zwar auch dann, wenn kein gesetzlicher Ausschlussgrund vorliegt. Gleiches gilt für Mitarbeiter, Mitgesellschafterinnen und diesen wirtschaftlich nahestehende Personen. C *Organfunktionen*

8.10 Wird bei der Stiftung ein Aufsichtsrat, Beirat oder sonstiges Organ eingerichtet, sollte auch in diesem keine bei der Gründung der Stiftung involvierte Beraterin eine Funktion übernehmen. Ausnahmen aus rücksichtswürdigem Grund sind zulässig. R

8.11 Beharrt eine Auftraggeberin oder ein Auftraggeber trotz entsprechender Warnung darauf, dass der Berater Maßnahmen setzt, welche nach seinem pflichtgemäßen Ermessen der Stiftung oder Dritten qualifiziert zum Nachteil gereichen würden, und welche nach einer Interessensabwägung ethisch nicht richtig erscheinen, wird empfohlen, dass der Berater sein Mandat niederlegt bzw aus seiner Funktion ausscheidet. R *Interessenskonflikte*

Weiterführende Literatur und ausgewählte Judikate

Die angeführten ergänzenden Informationen, Literaturquellen und Judikate sind für die Vertiefung einzelner Themenkomplexe empfehlenswert und den jeweils bezughabenden Randziffern zugeordnet.

Bei der Auswahl der Literatur wurde insbesondere auch Augenmerk auf die Lesbarkeit und Verständlichkeit der empfohlenen Texte für Nicht-Juristen gelegt. Die klassische juristische Fachliteratur, wie Kommentare und einschlägige Monographien, wird zu Beginn angeführt.

Alle Gesetzestexte können im Internet unter der Adresse http://ris.bka.gv.at abgerufen werden. Die parlamentarischen Materialien zum Privatstiftungsgesetz und seinen Novellen sind auf http://www.parlament.gv.at abrufbar.

Allgemeine Fachliteratur

Gesetzeskommentare:

Arnold, PSG-Kommentar[3], 2013

Doralt/Nowotny/Kalss, PSG-Kommentar, 1995

Kodek/Zollner, Wiener Kommentar zum PSG (derzeit in Vorbereitung, erscheint voraussichtlich Anfang 2016)

Monographien:

Arnold/Ludwig, Stiftungshandbuch Kommentar[2], 2014

Zollner, Die eigennützige Privatstiftung aus dem Blickwinkel der Stiftungsbeteiligten, 2011

Einschlägige Zeitschriften:

Aufsichtsrat Aktuell [Linde Verlag]

GesRZ | Der Gesellschafter [Linde Verlag]

JEV | Journal für Erbrecht und Vermögensnachfolge [nwV]

PSR | Die Privatstiftung [Manz Verlag]

ZfS | Zeitschrift für Stiftungswesen [Verlag Österreich]

Die Stifterin, der Stifter 1.

Literatur	Rz	Thema
Kodek, Gedankensplitter zur corporate governance der Privatstiftung, in Festschrift Johannes Reich-Rohrwig 2014, 108	1.2	*Vor der Gründung*
Dies ist jedoch im individuellen Einzelfall zu beurteilen.	1.4	*Beratung*
Zollner, Privatstiftungen und EKEG, ÖBA 2004, 831	1.15	*Vermögen*
Arnold, PSG³ § 34 Rz 16ff	1.19	*Stifterrechte*
Clavora, Zur Exekution in Stifterrechte, PSR 2012/43		
Fida/Wrann/Zollner, Privatstiftungsgesetz. Systematische Entscheidungssammlung, § 3 E 56ff	1.24	*Stifter-mehrheit*
Arnold, PSG³ § 3 Rz 54aff	1.26	
Fida/Wrann/Zollner, Privatstiftungsgesetz. Systematische Entscheidungssammlung § 3 E 62ff		
Kalss/Zollner, Ausübung und Änderung von Stifterrechten bei einer Stiftermehrheit, GesRZ 2006, 227		
Unterköfler, Der Stiftungsvorstand als „Manager" – Manager als Stiftungsvorstände?, Jahrbuch Stiftungsrecht 2010, 297 (320ff)	1.28	*Auswahl von Vorstands- und Organmitgliedern*
Aus der Entscheidung OLG Wien 17.3.2014, 28 R 27/14t ergibt sich, dass ohne entsprechende Regelung in der Stiftungsurkunde ein Beiratsmitglied keinerlei Eignung vorweisen muss.	1.30	
Swiss Foundation Code 2009, 62	1.36	*Governance in den Organen*
Gruber, Der Stiftungsvorstand ergänzt sich selbst, Aufsichtsrat aktuell 2013 H 5, 29	1.39	

Vergütung von Organmitgliedern	1.40	*Hochedlinger*, Zulässige und unzulässige Regelungen zur Vorstandsvergütung, PSR 2014/2
Konflikte	1.44	*Kodek*, Schiedsklauseln als Instrument zur Konfliktregelung bei Privatstiftungen, PSR 2013/37
		Gasser, Das neue Schiedsverfahren in Liechtenstein und die Auswirkungen in der Stiftungspraxis, PSR 2012/33
	1.46	OGH 15.12.2014, 6 Ob 137/14m
		Müller/Melzer, Erfolgsfaktoren für den Generationenwechsel in der Privatstiftung, JEV 2012, 91 (94f)
	1.48	Nach der Entscheidung OGH 15.10.2012 6 Ob 157/12z *„sind kassatorische Klauseln ohne Wirkung, soweit nur der Wahre Wille des Stifters bzw Erblassers festgestellt werden soll, soweit Echtheit und Sinn der Anordnung geklärt werden sollen und soweit damit die Bekämpfung verbotener oder sittenwidriger Anordnung verhindert werden soll.“*
		flOGH 7.2.2014, 01 CG.2011.355
Ende der Privatstiftung	1.52	Résumé-Protokoll des Workshops "Aktuelles zum Stiftungsrecht", Zentrum für Stiftungsrecht, GesRZ 2015, 30

2. Die Begünstigten

Funktion	2.2	*Arnold*, PSG[3] § 5 Rz 8f
Begünstigten-Rechte	2.16	*Kodek*, Gedankensplitter zur corporate governance der Privatstiftung, in Festschrift Johannes Reich-Rohrwig 2014, 101 (113) und § 30 PSG

Der Stiftungsvorstand 3.

Literatur	Rz	Thema
Information des BMF vom 21. Juni 2011, BMF-010216/0023-VI/6/2011 zu § 5 PSG (samt Ausnahmen): http://tinyurl.com/qglhkwt (letzte Abfrage am 20. Juli 2015)	3.2	*Aufgaben*
Kodek, Gedankensplitter zur corporate governance der Privatstiftung, in Festschrift Johannes Reich-Rohrwig 2014, 101 (113)	3.3	
Abkommen über den Europäischen Wirtschaftsraum (EWR-Abkommen), BGBl Nr 909/1993, zuletzt geändert mit BGBl III Nr 46/2012	3.16	*Zusammensetzung*
Kodek, Neue Schranken für die Besetzung von Vorstand und Beirat der Privatstiftung - Zwei aktuelle Entscheidungen des OGH, in Kathrein&Co Stiftungsletter 2010/14, 7 (8)	3.18	*Unvereinbarkeit*
Kodek, Unvereinbarkeiten im Privatstiftungsrecht - Zwei aktuelle Entscheidungen des OGH zur Besetzung von Stiftungsvorstand und Beirat, Jahrbuch Stiftungsrecht 2010, 61 (65ff)		
RIS-Justiz RS0114600, insbesondere T5		
Kodek, Gedankensplitter zur corporate governance der Privatstiftung. in Festschrift Johannes Reich-Rohrwig 2014, 101 (109)	3.31	*Funktionsdauer*
Briem in *Kalss,* Aktuelle Fragen des Stiftungsrechts, 2014, 61 (80)		
Schima in *Kalss/Kunz,* Handbuch für den Aufsichtsrat, 2010, 1035 Rz 31		

Sitzungen & Willensbildung	3.37	*Arnold,* PSG³, § 17 Rz 40
Effizienzprüfung	3.63	*Berger/Steinbach,* Qualifikation und Organisation österreichischer Aufsichtsräte als Grundlagen für effiziente Gremienarbeit, Aufsichtsrat aktuell 2015 H 2, 12 (13ff)
Haftung	3.75	*Schwarzer,* Der Aufsichtsrat trägt Mitverantwortung für die D&O-Versicherung der Gesellschaft, Aufsichtsrat aktuell 2013/3, 23
	3.76	*Arnold,* PSG³ § 28 Rz 22
Vergütung	3.78	*Kienbaum,* Vorstands- und Aufsichtsratsstudie Österreich 2014
	3.79	*Unterköfler,* Der Stiftungsvorstand als „Manager“ - Manager als Stiftungsvorstände?, Jahrbuch Stiftungsrecht 2010, 297 (320ff)

4. Der Stiftungsprüfer

Bestellung	4.8	*Schereda,* Der Stiftungsprüfer, 29ff
		Arnold, PSG³ § 20 Rz 30a
Zusammensetzung und Qualifikation	4.9	*Arnold,* PSG³ § 20 Rz 3
		Schereda, Der Stiftungsprüfer, 1f
Interessenskonflikte	4.11	*Schereda,* Der Stiftungsprüfer, 39ff
	4.12	*Festa/Vejmola,* Aufgaben des Stiftungsprüfers: Ein Überblick, PSR 2014/23, 115
		Briem, Der Stiftungsprüfer, PSR 2012/16 (53)

Literatur	Rz	Thema
Es ist Vorsicht geboten, da in der Lehre hinsichtlich des (vorzeitigen) Rücktritts und der anwendbaren Fristen Uneinigkeit herrscht und es hierzu noch keine klare Rsp gibt; für eine Darstellung des Meinungsstands siehe *Schereda,* Der Stiftungsprüfer, 48ff. *Kraßnig,* Besonderheiten der Jahresabschlussprüfung der Privatstiftung, Aufsichtsrat aktuell 2010 H 5, 19 (20f)	4.16	*Funktionsdauer*
Kraßnig, Besonderheiten der Jahresabschlussprüfung der Privatstiftung, Aufsichtsrat aktuell 2010 H 5, 19 (22)	4.21	*Gegenstand und Umfang der Prüfung*
Wrann, Überblick über die höchstgerichtliche Judikatur in Stiftungssachen im Jahr 2014, PSR 2015/2 (7) OGH 28.8.2014 6 Ob 105/14f	4.22	
Weiterführend zum Inhalt des Prüfberichts siehe Fachgutachten KFS/PE 21 Rz 27ff	4.23	*Prüfbericht*
Kraßnig, Besonderheiten der Jahresabschlussprüfung der Privatstiftung, Aufsichtsrat aktuell 2010 H 5, 19 (22f)	4.25	*Redepflicht und Kommunikation*
Zur Dritthaftung bei veröffentlichtem Prüfvermerk: OGH 27.11.2011 5 Ob 262/01t; RIS-Justiz RS0116078 *Schereda,* Der Stiftungsprüfer, 125: Nach der hL haftet der Stiftungsprüfer ausschließlich nach § 21 Abs 2 PSG iVm § 275 Abs 2 UGB und nicht nach § 29 PSG.	4.28	*Haftung*
Schereda, Der Stiftungsprüfer, 31ff	4.31	*Vergütung*
OLG Wien 13.3.2012 28 R 229/11v *Arnold,* PSG[3] § 20 Rz 32	4.32	

5. Der Stiftungsbeirat

Funktionsdauer	5.16	*Arnold*, Der Beirat einer Privatstiftung, Aufsichtsrat aktuell 2005/5, 4
		Briem in *Kalss*, Aktuelle Fragen des Stiftungsrechts, 2014, 61 (80)
Vergütung	5.45	*Arnold* spricht sich in PSG^{3}, § 14 Rz 91 für eine analoge Anwendung der Vergütungsregelung aus. Es liegt uE aber keine ungeplante Regelungslücke vor. In der derzeitigen Praxis am Handelsgericht Wien gibt es faktisch keine Anträge auf gerichtliche Festsetzung der Vergütung von Beiratsmitgliedern.

6. Der Aufsichtsrat

Funktion	6.2	Arnold, PSG^{3} § 22 Rz 19ff
Zustimmungspflichtige Geschäfte	6.6	Arnold, PSG^{3} § 25 Rz 32

7. Vermögensverwaltung

Vorgaben & Grundsätze	7.2	*Arnold*, PSG^{3}, § 17 Rz 34f
Planung & Budgets	7.6	*Schwalme,* Grundsätze ordnungsgemäßer Vermögensverwaltung bei Stiftungen: Vermögensausstattung, Bestanderhaltung, Kapitalanlage, 2010, 370
	7.7	*Arnold*, PSG^{3}, § 1 Rz 13b
Risikoprofil	7.9	*Hofmann,* Überlegungen zur Verantwortung des Stiftungsvorstands bei Investitionsentscheidungen, PSR 2010, 173 (174)

Steiner, Vermögensveranlagung in Stiftungen - Rechtliche Rahmenbedingungen (Teil I), ZfS 2007, 46 (48f)		
Briem, Unternehmerische Entscheidungen in Stiftungen, PSR 2010/27 (113ff)	7.12	
Hofmann, Überlegungen zur Verantwortung des Stiftungsvorstands bei Investitionsentscheidungen, PSR 2010, 173 (174)	7.13	*Externe Dienstleister*
Steiner, Vermögensveranlagung in Stiftungen - Rechtliche Rahmenbedingungen (Teil I), ZfS 2007, 46 (48f)		
Kodek, Die Haftung des Stiftungsvorstands für Veranlagungsentscheidungen, in Kathrein&Co Stiftungsletter 2010/15, 14		
Kargl, Investment Controlling in der Praxis, Aufsichtsrat aktuell 2014 H4, 24		
Kraus, Stiftungsvermögen richtig anlegen, Jahrbuch Stiftungsrecht 2008, 393	7.14	
Kargl/Müller, Investment Controlling als Instrument der Risiko- und Haftungsbegrenzung in Stiftungen, ZFS 2015, 3	7.15	
Steiner, Vermögensveranlagung in Stiftungen - Rechtliche Rahmenbedingungen (Teil II), ZfS 2007, 68 (70)	7.16	
Zollner/Weninger, Die Ermittlung des wirtschaftlich Berechtigten einer österreichischen Privatstiftung, PSR 2011/42 (155)	7.22	*Transparenz und Compliance*
Malle, Privatstiftungen: Das „öffentliche Register" in der Viertel Geldwäscherichtlinie und erste Auswirkungen auf wirtschaftliche Berechtigte einer Privatstiftung - ein Erstüberblick, JEV 2014, 54	7.23	

ANHANG
zum ÖGK PS

AAB	Allgemeine Auftragsbedingungen
ABGB	Allgemeines Bürgerliches Gesetzbuch
AktG	Aktiengesetz
ArbVG	Arbeitsverfassungsgesetz
A-QSG	Abschlussprüfungs-Qualitätssicherungsgesetz
BWG	Bankwesengesetz
D&O Versicherung	Directors-and-Officers Versicherung (Vermögensschadenhaftpflichtversicherung)
GmbHG	GmbH-Gesetz
KFS/PE 21	Fachgutachten zu ausgewählten Fragen bei der Prüfung von Privatstiftungen der Kammer der Wirtschaftstreuhänder
NO	Notariatsordnung
ÖGK PS	Österreichischer Governance Kodex für Privatstiftungen
PSG	Privatstiftungsgesetz
RAO	Rechtsanwaltsordnung
RL-BA	Richtlinien für die Ausübung des Rechtsanwaltsberufes und für die Überwachung der Pflichten des Rechtsanwaltes und des Rechtsanwaltsanwärters
StGB	Strafgesetzbuch
UGB	Unternehmensgesetzbuch
WAG	Wertpapieraufsichtsgesetz
WT-ARL	Wirtschaftstreuhandberufs-Ausübungsrichtlinie
WTBG	Wirtschaftstreuhandberufsgesetz

Entscheidungen

6 Ob 85/01w	OGH	16.05.2001
6 Ob 292/00k	OGH	22.02.2001
2 Ob 67/01v	OGH	29.03.2001
9 Ob 120/06x	OGH	28.03.2007
6 Ob 261/09i	OGH	14.01.2010
7 Ob 5/11b	OGH	11.05.2011
6 Ob 42/13i	OGH	08.05.2013
2010/15/0083	VwGH	23.05.2013

Rechtssätze

RS0117218 (T2)	10.10.2002
RS0119643	15.12.2004
RS0120586	09.03.2006
RS0120752	26.04.2006
RS0123561	13.03.2008
RS0124997	16.04.2009
RS0128164	13.09.2012

Arnold, Nikolaus, Der Beirat einer Privatstiftung, Aufsichtsrat aktuell, 2005/5, 4-6

Arnold, Nikolaus, PSG-Kommentar[3], 2013

Berger, Alfred/Steinbach, Lukas, Qualifikation und Organisation österreichischer Aufsichtsräte als Grundlagen für effiziente Gremienarbeit, Aufsichtsrat aktuell 2015 H 2, 12-15

Briem, Robert in Kalss, Susanne (Hrsg), Aktuelle Fragen des Stiftungsrechts, 2014, 61

Briem, Robert, Der Stiftungsprüfer, PSR 2012/16, 53

Briem, Robert, Unternehmerische Entscheidungen in Stiftungen, PSR 2010/27, 108-116

Clavora, Selena, Zur *Exekution* in Stifterrechte, PSR 2012/43, 152-158

Festa, Werner/Vejmola, Dalibor, Aufgaben des Stiftungsprüfers: Ein Überblick, PSR 2014/23, 115-119

Fida, Stefan /Wrann, Christina/Zollner, Johannes, Privatstiftungsgesetz. Systematische Entscheidungssammlung, 2013

Gasser, Johannes, Das neue Schiedsverfahren in Liechtenstein und die Auswirkungen in der Stiftungspraxis, PSR 2012/33, 109-122

Gruber, Johannes P., Der Stiftungsvorstand ergänzt sich selbst, Aufsichtsrat aktuell, 2013 H 5, 29

Hochedlinger, Gerhard, Zulässige und unzulässige Regelungen zur Vorstandsvergütung, PSR 2014/2, 4-21

Hofmann, Alexander, Überlegungen zur Verantwortung des Stiftungsvorstands bei Investitionsentscheidungen, PSR 2010/46, 173-180

Kalss, Susanne/Zollner, Johannes, Ausübung und Änderung von Stifterrechten bei einer Stiftermehrheit, GesRZ 2006, 227

Kargl, Stefan, Investment Controlling in der Praxis, Aufsichtsrat aktuell 2014 H 4, 24-29

Kargl, Stefan/Müller, Katharina, Investment Controlling als Instrument der Risiko- und Haftungsbegrenzung in Stiftungen, ZFS 2015, 3-6

Kienbaum, Gerhard, Vorstands- und Aufsichtsratsstudie Österreich 2014

Kodek, Georg, Die Haftung des Stiftungsvorstands für Veranlagungsentscheidungen, Kathrein StiftungsLetter 15/2010, 12-15

Kodek, Georg, Gedankensplitter zur corporate governance der Privatstiftung, FS Johannes Reich-Rohrwig 2014, 108

Kodek, Georg, Neue Schranken für die Besetzung von Vorstand und Beirat der Privatstiftung - Zwei aktuelle Entscheidungen des OGH, Kathrein Stiftungsletter 2010/14, 7

Kodek, Georg, Schiedsklauseln als Instrument zur Konfliktregelung bei Privatstiftungen, PSR 2013/37, 152-163

Kodek, Georg, Unvereinbarkeiten im Privatstiftungsrecht - Zwei aktuelle Entscheidungen des OGH zur Besetzung von Stiftungsvorstand und Beirat, Jahrbuch Stiftungsrecht 2010, 61 (65ff)

Kraßnig, Leopold, Besonderheiten der Jahresabschlussprüfung der Privatstiftung, Aufsichtsrat aktuell 2010 H 5, 19-23

Kraus, Christoph, Stiftungsvermögen richtig anlegen, Jahrbuch Stiftungsrecht 2008, 393

Malle, Erik, Privatstiftungen: Das „öffentliche Register" in der Viertel Geldwäscherichtlinie und erste Auswirkungen auf wirtschaftliche Berechtigte einer Privatstiftung - ein Erstüberblick, JEV 2014, 54-72

Steiner, Michael C., Vermögensveranlagung in Stiftungen - Rechtliche Rahmenbedingungen (Teil I), ZfS 2007, 46-55

Müller, Katharina/Melzer, Martin, Erfolgsfaktoren für den Generationenwechsel in der Privatstiftung, JEV 2012, 91-97

Schereda, Martin, Der Stiftungsprüfer, 2015

Schima, Georg in *Kalss, Susanne/Kunz, Peter (Hrsg),* Handbuch für den Aufsichtsrat, 2010, 1035

Schwalme, Sebastian, Grundsätze ordnungsgemäßer Vermögensverwaltung bei Stiftungen: Vermögensausstattung, Bestanderhaltung, Kapitalanlage, 2010

Schwarzer, Brigitta, Der Aufsichtsrat trägt Mitverantwortung für die D&O-Versicherung der Gesellschaft, Aufsichtsrat aktuell 2013 H 3, 23-26

Sprecher, Thomas/Egger, Philipp /Janssen, Martin: Swiss Foundation Code 2009 mit Kommentar, 2009

Steiner, Michael C., Vermögensveranlagung in Stiftungen - Rechtliche Rahmenbedingungen (Teil II), ZfS 2007, 68-74

Unterköfler, Herbert, Der Stiftungsvorstand als „Manager" - Manager als Stiftungsvorstände?, Jahrbuch Stiftungsrecht 2010, 297

Wrann, Christina, Überblick über die höchstgerichtliche Judikatur in Stiftungssachen im Jahr 2014, PSR 2015/2, 4-9

Zollner, Johannes, Privatstiftungen und EKEG, ÖBA 2004, 831-840

Zollner, Johannes/Weninger, Heinrich, Die Ermittlung des wirtschaftlich Berechtigten einer österreichischen Privatstiftung, PSR 2011/42, 152-165

Broschüren und Handbücher

Bundeskanzleramt Österreich (BKA), Handbuch der Rechtssetzungstechnik, 1990

Bundeskanzleramt Österreich (BKA), Geschlechtergerechter Sprachgebrauch, 2012

Bundesministerium für Bildung und Frauen (BMBF), Geschlechtergerechter Sprachgebrauch, 2014

Zentrum für Stiftungsrecht, Résumé-Protokoll des Workshops "Aktuelles zum Stiftungsrecht", GesRZ 2015, 30

Privatstiftungsgesetz (PSG)

Artikel I

§ 1. Begriff

(1) Die Privatstiftung im Sinn dieses Bundesgesetzes ist ein Rechtsträger, dem vom Stifter ein Vermögen gewidmet ist, um durch dessen Nutzung, Verwaltung und Verwertung der Erfüllung eines erlaubten, vom Stifter bestimmten Zwecks zu dienen; sie genießt Rechtspersönlichkeit und muß ihren Sitz im Inland haben.
(2) Eine Privatstiftung darf nicht

1. eine gewerbsmäßige Tätigkeit, die über eine bloße Nebentätigkeit hinausgeht, ausüben;
2. die Geschäftsführung einer Handelsgesellschaft übernehmen;
3. unbeschränkt haftender Gesellschafter einer eingetragenen Personengesellschaft sein.

§ 2. Name

Der Name einer Privatstiftung hat sich Von allen im Firmenbuch eingetragenen Privatstiftungen deutlich zu unterscheiden; er darf nicht irreführend sein und muß das Wort „Privatstiftung“ ohne Abkürzung enthalten.

§ 3. Stifter, Zustiftung

(1) Stifter einer Privatstiftung können eine oder mehrere natürliche oder juristische Personen sein. Eine Privatstiftung von Todes wegen kann nur einen Stifter haben.
(2) Hat eine Privatstiftung mehrere Stifter, so können die dem Stifter zustehenden oder vorbehaltenen Rechte nur von allen Stiftern gemeinsam ausgeübt werden, es sei denn, die Stiftungsurkunde sieht etwas anderes vor.
(3) Rechte des Stifters, die Privatstiftung zu gestalten, gehen nicht auf die Rechtsnachfolger über.
(4) Wer einer Privatstiftung nach ihrer Entstehung Vermögen widmet (Zustiftung), erlangt dadurch nicht die Stellung eines Stifters.

§ 4. Stiftungsvermögen

Der Privatstiftung muß ein Vermögen im Wert von mindestens 70 000 Euro gewidmet werden.

§ 5. Begünstigter

Begünstigter ist der in der Stiftungserklärung als solcher Bezeichnete. Ist der Begünstigte in der Stiftungserklärung nicht bezeichnet, so ist Begünstigter, wer von der vom Stifter dazu berufenen Stelle (§ 9 Abs. 1 Z 3), sonst vom Stiftungsvorstand als solcher festgestellt worden ist. Der Stiftungsvorstand hat den in diesem Sinne festgestellten Begünstigten dem für die Erhebung der Körperschaftsteuer der Privatstiftung zuständigen Finanzamt unverzüglich elektronisch mitzuteilen.

§ 6. Letztbegünstigter

Letztbegünstigter ist derjenige, dem ein nach Abwicklung der Privatstiftung verbleibendes Vermögen zukommen soll.

§ 7. Errichtung und Entstehung einer Privatstiftung

(1) Die Privatstiftung wird durch eine Stiftungserklärung errichtet; sie entsteht mit der Eintragung in das Firmenbuch.
(2) Für Handlungen im Namen der Privatstiftung vor der Eintragung in das Firmenbuch haften die Handelnden zur ungeteilten Hand.

§ 8. Privatstiftung von Todes wegen

(1) Die Privatstiftung von Todes wegen wird durch letztwillige Stiftungserklärung errichtet.
(2) Liegt eine solche Stiftungserklärung vor, so ist der gegebenenfalls bestellte erste Stiftungs-

vorstand im Verlassenschaftsverfahren zu verständigen.

(3) Ist die Eintragung der Privatstiftung in das Firmenbuch nicht in angemessener Frist zu erwarten, so ist auf Antrag oder von Amts wegen vom Gericht ein Stiftungskurator zu bestellen; dieser hat

1. für das Entstehen der Privatstiftung Sorge zu tragen und erforderlichenfalls den ersten Stiftungsvorstand sowie den ersten Aufsichtsrat zu bestellen;
2. bis zur Bestellung des Stiftungsvorstands den Anspruch aus der Stiftungserklärung geltend zu machen und das gewidmete Vermögen zu verwalten.

(4) Der Stiftungskurator ist vom Gericht zu entheben, sobald die Privatstiftung entstanden oder wenn ihre Entstehung unmöglich ist.

(5) Der Stiftungskurator hat Anspruch auf Ersatz seiner Barauslagen und auf angemessene Entlohnung seiner Mühewaltung. Diese Beträge bestimmt das Gericht. Gegen die Bestimmung kann Rekurs ergriffen werden, gegen die Entscheidung des Gerichts zweiter Instanz ist der Rekurs ausgeschlossen. Der Anspruch besteht gegen die Privatstiftung und, wenn diese nicht entstanden ist, gegen den Rechtsnachfolger des Stifters.

§ 9. Stiftungserklärung

(1) Die Stiftungserklärung hat jedenfalls zu enthalten:

1. die Widmung des Vermögens;
2. den Stiftungszweck;
3. die Bezeichnung des Begünstigten oder die Angabe einer Stelle, die den Begünstigten festzustellen hat; dies gilt nicht, soweit der Stiftungszweck auf Begünstigung der Allgemeinheit gerichtet ist;
4. den Namen und den Sitz der Privatstiftung;
5. den Namen sowie die für Zustellungen maßgebliche Anschrift des Stifters, bei natürlichen Personen das Geburtsdatum, bei Rechtsträgern, die im Firmenbuch eingetragen sind, die Firmenbuchnummer;
6. die Angabe, ob die Privatstiftung auf bestimmte oder unbestimmte Zeit errichtet wird.

(2) Die Stiftungserklärung kann darüber hinaus insbesondere enthalten:

1. Regelungen über die Bestellung, Abberufung, Funktionsdauer und Vertretungsbefugnis des Stiftungsvorstands;
2. Regelungen über die Bestellung, Abberufung und Funktionsdauer des Stiftungsprüfers;
3. Regelungen über die Bestimmung des Gründungsprüfers;
4. die Einrichtung eines Aufsichtsrats oder weiterer Organe zur Wahrung des Stiftungszwecks (§ 14 Abs. 2) und die Benennung von Personen, denen besondere Aufgaben zu kommen;
5. im Fall der notwendigen oder sonst vorgesehenen Bestellung eines Aufsichtsrats Regelungen über dessen Bestellung, Abberufung und Funktionsdauer;
6. Regelungen über die Änderung der Stiftungserklärung;
7. die Angabe, daß eine Stiftungszusatzurkunde errichtet ist oder werden kann;
8. den Vorbehalt des Widerrufs der Privatstiftung (§ 34);
9. Regelungen über Vergütungen der Stiftungsorgane;
10. die nähere Bestimmung des Begünstigten oder weiterer Begünstigter;
11. die Festlegung eines Mindestvermögensstandes, der durch Zuwendungen an Begünstigte nicht geschmälert werden darf;
12. die Bestimmung eines Letztbegünstigten;
13. Regelungen über die innere Ordnung von kollegialen Stiftungsorganen;

14. die Widmung und Angabe eines weiteren, das Mindestvermögen (§ 4) übersteigenden Stiftungsvermögens.

§ 10. Stiftungsurkunde, Stiftungszusatzurkunde

(1) Die Stiftungserklärung ist zu beurkunden (Stiftungsurkunde, Stiftungszusatzurkunde).
(2) Enthält die Stiftungsurkunde die Angabe, daß eine Stiftungszusatzurkunde errichtet ist oder werden kann (§ 9 Abs. 2 Z 6), so können über § 9 Abs. 1 hinausgehende Regelungen, ausgenommen eine Regelung gemäß § 9 Abs. 2 Z 1 bis 8, in einer Zusatzurkunde beurkundet werden. Die Stiftungszusatzurkunde ist dem Firmenbuchgericht nicht vorzulegen.

§ 11. Gründungsprüfung

(1) Wird das Mindestvermögen nicht in Geld inländischer Währung aufgebracht, so ist zu prüfen, ob das gewidmete Vermögen den Wert des Mindestvermögens erreicht.
(2) Der Gründungsprüfer ist vom Gericht zu bestellen. § 20 Abs. 2 und 3 gilt sinngemäß.
(3) Der Prüfungsbericht ist dem Stifter und dem Stiftungsvorstand vorzulegen. Über Meinungsverschiedenheiten zwischen dem Gründungsprüfer und dem Stiftungsvorstand entscheidet auf Antrag des Stiftungsvorstands oder des Gründungsprüfers das Gericht.
(4) Der Gründungsprüfer hat Anspruch auf Ersatz seiner Barauslagen und auf angemessene Entlohnung seiner Mühewaltung. Im übrigen ist § 27 Abs. 2 Aktiengesetz 1965 anzuwenden. Der Anspruch besteht gegen die Privatstiftung und, wenn diese nicht entstanden ist, gegen den Stifter.

§ 12. Anmeldung zum Firmenbuch

(1) Die Privatstiftung ist vom ersten Stiftungsvorstand zur Eintragung in das Firmenbuch anzumelden.
(2) Mit der Anmeldung zur Eintragung sind vorzulegen:

1. die Stiftungsurkunde in öffentlich beglaubigter Abschrift;
2. die öffentlich beglaubigte Erklärung sämtlicher Mitglieder des Stiftungsvorstands, daß sich das Stiftungsvermögen in ihrer freien Verfügung befindet;
3. hinsichtlich des gewidmeten Geldbetrages die Bestätigung eines Kreditinstitutes mit Sitz im Inland oder der Österreichischen Postsparkasse, daß der Geldbetrag auf ein Konto der Privatstiftung oder des Stiftungsvorstands eingezahlt ist und zu dessen freien Verfügung steht;
4. der Prüfungsbericht des Gründungsprüfers, wenn das Mindestvermögen nicht in Geld inländischer Währung aufgebracht ist.

§ 13. Eintragung in das Firmenbuch

(1) Privatstiftungen sind in das Firmenbuch einzutragen.
(2) Örtlich zuständig ist jenes Gericht (§ 120 Abs. 1 Z 1 JN), in dessen Sprengel die Privatstiftung ihren Sitz hat.
(3) § 3 FBG ist sinngemäß anzuwenden. Darüber hinaus sind einzutragen:

1. kurze Angabe des Stiftungszwecks;
2. das Datum der Stiftungsurkunde und jede Änderung dieser Urkunde;
3. gegebenenfalls das Datum einer Stiftungszusatzurkunde sowie das Datum einer Änderung;
4. gegebenenfalls Name und Geburtsdatum des Vorsitzenden, seiner Stellvertreter und der übrigen Mitglieder des Aufsichtsrats.

(4) Der Tod eines Stifters nach Abgabe der Stiftungserklärung hindert die Eintragung nicht. In diesem Fall ist § 8 Abs. 3 bis 5 entsprechend anzuwenden.

§ 14. Organe der Privatstiftung

(1) Organe der Privatstiftung sind der Stiftungsvorstand, der Stiftungsprüfer und gegebenenfalls der Aufsichtsrat.
(2) Die Stifter können weitere Organe zur Wahrung des Stiftungszwecks vorsehen.
(3) Kommt einem Organ gemäß Abs. 2 das Recht zu, den Stiftungsvorstand oder eines seiner Mitglieder abzuberufen, so ist für derartige Entscheidungen eine Mehrheit von mindestens drei Viertel der abgegebenen Stimmen erforderlich; hat das Organ weniger als vier Mitglieder, so ist Stimmeneinhelligkeit erforderlich.
(4) Soll in einem solchen Fall der Stiftungsvorstand oder eines seiner Mitglieder aus anderen als den in § 27 Abs. 2 Z 1 bis 3 angeführten Gründen abberufen werden, so darf Begünstigten, deren Angehörigen (§ 15 Abs. 2) und Personen, die von Begünstigten oder deren Angehörigen mit der Wahrnehmung ihrer Interessen im Organ nach Abs. 2 beauftragt wurden, bei dieser Entscheidung insgesamt nicht die Mehrheit der Stimmen zustehen.

§ 15. Stiftungsvorstand

(1) Der Stiftungsvorstand muss aus wenigstens drei Mitgliedern bestehen; zwei Mitglieder müssen ihren gewöhnlichen Aufenthalt in einem Mitgliedstaat der Europäischen Union oder in einem Vertragsstaat des Abkommens über die Schaffung eines Europäischen Wirtschaftsraumes, BGBl. Nr. 909/1993, haben.
(2) Ein Begünstigter, dessen Ehegatte, dessen Lebensgefährte sowie Personen, die mit dem Begünstigten in gerader Linie oder bis zum dritten Grad der Seitenlinie verwandt sind, sowie juristische Personen können nicht Mitglieder des Stiftungsvorstands sein.
(3) Ist ein Begünstigter eine juristische Person, an der eine natürliche Person im Sinn des § 244 Abs. 2 UGB beteiligt ist, so können diese natürliche Person, deren Ehegatte, deren Lebensgefährte sowie Personen, die mit der natürlichen Person in gerader Linie oder bis zum dritten Grad der Seitenlinie verwandt sind, nicht Mitglieder des Stiftungsvorstandes sein.
(3a) Abs. 2 und Abs. 3 sind auch auf Personen anzuwenden, die von Begünstigten, deren Angehörigen (Abs. 2) oder in Abs. 3 genannten ausgeschlossenen Personen mit der Wahrnehmung ihrer Interessen im Stiftungsvorstand beauftragt wurden.
(4) Der erste Stiftungsvorstand wird vom Stifter oder vom Stiftungskurator (§ 8 Abs. 3 Z 1) bestellt.
(5) Die jeweiligen Mitglieder des Stiftungsvorstands und ihre Vertretungsbefugnis sowie das Erlöschen oder eine Änderung ihrer Vertretungsbefugnis sind ohne Verzug zur Eintragung in das Firmenbuch anzumelden. Der Anmeldung ist der Nachweis der Bestellung oder der Änderung in öffentlich beglaubigter Form beizufügen. Zugleich haben die Mitglieder des Stiftungsvorstands ihre öffentlich beglaubigte Musterzeichnung vorzulegen.

§ 16. Zeichnung

Die Mitglieder des Stiftungsvorstands haben in der Weise zu zeichnen, daß sie dem Namen der Privatstiftung ihre Unterschrift beifügen.

§ 17. Aufgaben des Stiftungsvorstands, Vertretung der Privatstiftung

(1) Der Stiftungsvorstand verwaltet und vertritt die Privatstiftung und sorgt für die Erfüllung des Stiftungszwecks. Er ist verpflichtet, dabei die Bestimmungen der Stiftungserklärung einzuhalten.
(2) Jedes Mitglied des Stiftungsvorstands hat seine Aufgaben sparsam und mit der Sorgfalt eines gewissenhaften Geschäftsleiters zu erfüllen. Der Stiftungsvorstand darf Leistungen an Begünstigte zur Erfüllung des Stiftungszwecks nur dann und soweit vornehmen, wenn dadurch Ansprüche von Gläubigern der Privatstiftung nicht geschmälert werden.

(3) Wenn die Stiftungserklärung nichts anderes bestimmt, so sind sämtliche Mitglieder des Stiftungsvorstands nur gemeinschaftlich zur Abgabe von Willenserklärungen und zur Zeichnung für die Privatstiftung befugt. Der Stiftungsvorstand kann einzelne Mitglieder des Stiftungsvorstands zur Vornahme bestimmter Geschäfte oder bestimmter Arten von Geschäften ermächtigen. Ist eine Willenserklärung der Privatstiftung gegenüber abzugeben, so genügt die Abgabe gegenüber einem Mitglied des Stiftungsvorstands.
(4) Sitzungen des Stiftungsvorstands können in angemessener Frist vom Vorsitzenden, seinem Stellvertreter oder von zwei Dritteln der Mitglieder des Stiftungsvorstands einberufen werden.
(5) Wenn die Privatstiftung keinen Aufsichtsrat hat, bedürfen Rechtsgeschäfte der Privatstiftung mit einem Mitglied des Stiftungsvorstands der Genehmigung aller übrigen Mitglieder des Stiftungsvorstands und des Gerichts.

§ 18. Rechnungslegung

Der Stiftungsvorstand hat die Bücher der Privatstiftung zu führen; hiebei sind die §§ 189 bis 216, 222 bis 226 Abs. 1, 226 Abs. 3 bis 234 und 236 bis 239 HGB, der § 243 HGB über den Lagebericht sowie die §§ 244 bis 267 HGB über den Konzernabschluß und den Konzernlagebericht sinngemäß anzuwenden. Im Lagebericht ist auch auf die Erfüllung des Stiftungszwecks einzugehen.

§ 19. Vergütung der Mitglieder des Stiftungsvorstands

(1) Soweit in der Stiftungserklärung nichts anderes vorgesehen ist, ist den Mitgliedern des Stiftungsvorstands für ihre Tätigkeit eine mit ihren Aufgaben und mit der Lage der Privatstiftung in Einklang stehende Vergütung zu gewähren.
(2) Die Höhe der Vergütung ist, soweit in der Stiftungserklärung nichts anderes vorgesehen ist, auf Antrag eines Stiftungsorgans oder eines Organmitglieds vom Gericht zu bestimmen.

§ 20. Stiftungsprüfer

(1) Der Stiftungsprüfer ist vom Gericht, gegebenenfalls vom Aufsichtsrat zu bestellen.
(2) Zum Stiftungsprüfer dürfen nur Beeidete Wirtschaftsprüfer und Steuerberater oder Wirtschaftsprüfungs- und Steuerberatungsgesellschaften oder Beeidete Buchprüfer und Steuerberater oder Buchprüfungs- und Steuerberatungsgesellschaften bestellt werden.
(3) Der Stiftungsprüfer darf weder Begünstigter noch Mitglied eines anderen Stiftungsorgans, noch Arbeitnehmer der Privatstiftung, noch in einem Unternehmen beschäftigt sein, auf das die Privatstiftung maßgeblichen Einfluß nehmen kann, noch eine dieser Stellungen in den letzten drei Jahren innegehabt haben, noch zusammen mit einer ausgeschlossenen Person seinen Beruf ausüben, noch ein naher Angehöriger (§ 15 Abs. 2) einer ausgeschlossenen Person sein.
(4) Für die Vergütung des Stiftungsprüfers gilt § 270 Abs. 5 HGB sinngemäß.

§ 21. Prüfung

(1) Der Stiftungsprüfer hat den Jahresabschluß einschließlich der Buchführung und den Lagebericht innerhalb von drei Monaten ab Vorlage zu prüfen. Hinsichtlich Gegenstand und Umfang der Prüfung gilt § 269 Abs. 1 HGB, hinsichtlich des Auskunftsrechts § 272 HGB sinngemäß.
(2) Den Stiftungsprüfer trifft keine Verschwiegenheitspflicht gegenüber anderen Stiftungsorganen und gegenüber den in der Stiftungserklärung mit Prüfungsaufgaben betrauten Personen. Für die Verantwortlichkeit des Stiftungsprüfers gilt § 275 HGB sinngemäß.
(3) Die §§ 273 und 274 HGB über den Prüfungsbericht und den Bestätigungsvermerk sind sinngemäß anzuwenden. Der Prüfungsbericht

ist den übrigen Organen der Privatstiftung vorzulegen.

(4) Bei Meinungsverschiedenheiten zwischen dem Stiftungsprüfer und anderen Stiftungsorganen über die Auslegung und Anwendung von gesetzlichen Vorschriften sowie der Stiftungserklärung entscheidet auf Antrag eines Stiftungsorgans das Gericht.

§ 22. Aufsichtsrat

(1) Ein Aufsichtsrat ist zu bestellen, wenn

1. die Anzahl der Arbeitnehmer der Privatstiftung dreihundert übersteigt oder
2. die Privatstiftung inländische Kapitalgesellschaften oder inländische Genossenschaften einheitlich leitet (§ 15 Abs. 1 Aktiengesetz 1965) oder auf Grund einer unmittelbaren Beteiligung von mehr als 50 Prozent beherrscht und in beiden Fällen die Anzahl der Arbeitnehmer dieser Gesellschaften beziehungsweise Genossenschaften im Durchschnitt dreihundert übersteigt und sich die Tätigkeit der Privatstiftung nicht nur auf die Verwaltung von Unternehmensanteilen der beherrschten Unternehmen beschränkt.

(2) Der jeweilige Durchschnitt der Arbeitnehmeranzahl bestimmt sich nach den Arbeitnehmeranzahlen an den jeweiligen Monatsletzten innerhalb des vorangegangenen Kalenderjahres.

(3) Der Stiftungsvorstand hat im Fall des Abs. 1 nach Maßgabe der folgenden Bestimmungen jeweils zum 1. Jänner den Durchschnitt der Arbeitnehmeranzahl der im vorangegangenen Jahr beschäftigten Arbeitnehmer festzustellen. Übersteigt die Durchschnittszahl dreihundert, so hat er dies dem Gericht mitzuteilen; die nächste Feststellung der Arbeitnehmeranzahl ist jeweils drei Jahre nach dem im ersten Satz genannten Stichtag zum 1. Jänner durchzuführen. Eine Änderung der Arbeitnehmeranzahl innerhalb der jeweiligen drei Jahre ist auf die Notwendigkeit des Vorhandenseins eines Aufsichtsrats ohne Einfluß. Wird bei einer der Feststellungen ermittelt, daß die Durchschnittszahl dreihundert nicht übersteigt, so ist die nächste Feststellung jeweils zum 1. Jänner der folgenden Jahre bis zur Feststellung der Überschreitung der Zahl dreihundert zu wiederholen. Die vertretungsbefugten Organe der in Abs. 1 Z 2 genannten Gesellschaften bzw. Genossenschaften haben dem Stiftungsvorstand auf dessen Verlangen die für die Feststellung erforderlichen Auskünfte rechtzeitig zu erteilen.

(4) § 110 ArbVG gilt für Privatstiftungen sinngemäß wie für Gesellschaften mit beschränkter Haftung.

§ 23. Zusammensetzung des Aufsichtsrats

(1) Der Aufsichtsrat muß aus mindestens drei natürlichen Personen bestehen.

(2) Die Mitglieder des Aufsichtsrats und deren Angehörige (§ 15 Abs. 2) dürfen nicht zugleich dem Stiftungsvorstand angehören oder Stiftungsprüfer sein. Begünstigte oder deren Angehörige (§ 15 Abs. 2) dürfen nicht die Mehrheit der Aufsichtsratmitglieder stellen. Dasselbe gilt auch für Personen, die von Begünstigten oder deren Angehörigen (§ 15 Abs. 2) mit der Wahrnehmung ihrer Interessen im Aufsichtsrat beauftragt wurden.

(3) Mitglied des Aufsichtsrats kann nicht sein, wer in zehn Privatstiftungen Mitglied des Aufsichtsrats oder eines vergleichbaren Organs ist.

§ 24. Bestellung und Abberufung des Aufsichtsrats

(1) Der Aufsichtsrat wird vom Gericht bestellt, der erste Aufsichtsrat bei Errichtung der Privatstiftung vom Stifter oder vom Stiftungskurator (§ 8 Abs. 3 Z 1).

(2) Das Gericht hat den Aufsichtsrat abzuberufen, wenn die Privatstiftung nicht mehr aufsichtsratspflichtig ist.

(3) Jedes Mitglied des Aufsichtsrats kann sein Amt unter Einhaltung einer mindestens vierwöchigen Frist auch ohne wichtigen Grund mit

schriftlicher Anzeige an die Privatstiftung und das Gericht zurücklegen.

§ 25. Aufgaben des Aufsichtsrats Vertretung der Privatstiftung

(1) Der Aufsichtsrat hat die Geschäftsführung und die Gebarung der Privatstiftung zu überwachen. Für das Auskunfts- und Einsichtsrecht des Aufsichtsrats gilt § 95 Abs. 2 und 3, für die Zustimmung zu bestimmten Geschäften der Privatstiftung § 95 Abs. 5 Z 1, 2, 4 bis 6 Aktiengesetz 1965 sinngemäß.
(2) Der Aufgabenbereich des nach § 22 Abs. 1 Z 2 bestellten Aufsichtsrats ist auf Angelegenheiten der einheitlichen Leitung oder unmittelbaren Beherrschung inländischer Kapitalgesellschaften beziehungsweise inländischer Genossenschaften beschränkt.
(3) Der Aufsichtsrat vertritt die Privatstiftung bei der Vornahme von Rechtsgeschäften mit den Vorstandsmitgliedern.
(4) Die Stiftungserklärung kann den Zuständigkeitsbereich des Aufsichtsrats nach Abs. 1 bis 3 erweitern.
(5) Für die Einberufung des nach § 22 Abs. 1 bestellten Aufsichtsrats gilt § 94 Aktiengesetz 1965.

§ 26. Vergütung der Mitglieder des Aufsichtsrats

(1) Soweit in der Stiftungserklärung nichts anderes vorgesehen ist, ist den Mitgliedern des Aufsichtsrats für ihre Tätigkeit eine mit ihren Aufgaben und mit der Lage der Privatstiftung in Einklang stehende Vergütung zu gewähren.
(2) Die Höhe der Vergütung ist vom Gericht auf Antrag eines Stiftungsorgans oder eines Organmitglieds zu bestimmen.

§ 27. Gerichtliche Bestellung und Abberufung von Stiftungsorganen und deren Mitgliedern

(1) Soweit die nach Gesetz oder Stiftungserklärung vorgeschriebenen Mitglieder von Stiftungsorganen fehlen, hat sie das Gericht auf Antrag oder von Amts wegen zu bestellen.
(2) Das Gericht hat ein Mitglied eines Stiftungsorgans auf Antrag oder von Amts wegen abzuberufen, wenn dies die Stiftungserklärung vorsieht oder sonst ein wichtiger Grund vorliegt. Als wichtiger Grund gilt insbesondere

1. eine grobe Pflichtverletzung,
2. die Unfähigkeit zur ordnungsgemäßen Erfüllung der Aufgaben,
3. die Eröffnung eines Insolvenzverfahrens über das Vermögen des Mitglieds, die Abweisung eines solchen Insolvenzverfahrens mangels kostendeckenden Vermögens sowie die mehrfache erfolglose Exekution in dessen Vermögen.

§ 28. Innere Ordnung von Stiftungsorganen

Ein Stiftungsorgan, das aus mindestens drei Mitgliedern besteht,

1. wählt aus seiner Mitte einen Vorsitzenden und wenigstens einen Stellvertreter;
2. faßt, wenn die Stiftungserklärung nichts anderes vorsieht, unbeschadet des § 14 Abs. 3 und des § 35 Abs. 2 die Beschlüsse mit einfacher Mehrheit der Stimmen aller Mitglieder, wobei bei Stimmengleichheit die Stimme des Vorsitzenden den Ausschlag gibt;
3. kann Beschlüsse schriftlich fassen, wenn kein Mitglied widerspricht.

§ 29. Haftung der Mitglieder von Stiftungsorganen

Unbeschadet des § 21 Abs. 2 letzter Satz über die Haftung des Stiftungsprüfers haftet der Privatstiftung jedes Mitglied eines Stiftungsorgans für den aus seiner schuldhaften Pflichtverletzung entstandenen Schaden.

§ 30. Auskunftsanspruch des Begünstigten

(1) Ein Begünstigter kann von der Privatstiftung die Erteilung von Auskünften über die Erfüllung des Stiftungszwecks sowie die Einsichtnahme in den Jahresabschluß, den Lagebericht, den Prüfungsbericht, die Bücher, in die Stiftungsurkunde und in die Stiftungszusatzurkunde verlangen.
(2) Kommt die Privatstiftung diesem Verlangen in angemessener Frist nicht nach, so kann das Gericht auf Antrag des Begünstigten die Einsicht, gegebenenfalls durch einen Buchsachverständigen, anordnen. Für das Verfahren gelten die §§ 385 bis 389 ZPO sinngemäß.

§ 31. Sonderprüfung

(1) Jedes Stiftungsorgan und jedes seiner Mitglieder kann zur Wahrung des Stiftungszwecks bei Gericht die Anordnung einer Sonderprüfung beantragen.
(2) Das Gericht hat die Sonderprüfung anzuordnen, wenn glaubhaft gemacht wird, daß Unredlichkeiten oder grobe Verletzungen des Gesetzes oder der Stiftungserklärung vorgekommen sind.
(3) Die Bestellung eines Sonderprüfers kann auf Antrag von einer angemessenen Sicherheitsleistung abhängig gemacht werden. Auf Antrag entscheidet das Gericht je nach den Ergebnissen der Sonderprüfung, ob die Kosten vom Antragsteller oder von der Privatstiftung zu tragen oder verhältnismäßig aufzuteilen sind. Erweist sich der Antrag nach dem Ergebnis der Sonderprüfung als unbegründet und trifft die Antragsteller Vorsatz oder grobe Fahrlässigkeit, so haften sie der Privatstiftung für den aus der Sonderprüfung entstehenden Schaden als Gesamtschuldner.
(4) Im übrigen gelten für die Sonderprüfung und die Bestellung des Sonderprüfers § 20 Abs. 2 und 3 und § 21 Abs. 2. Hinsichtlich des Auskunftsrechts gilt § 272 HGB sinngemäß.
(5) Das Gericht hat auf Grund der Ergebnisse der Sonderprüfung festzustellen, ob die behaupteten Unredlichkeiten oder groben Verletzungen des Gesetzes oder der Stiftungserklärung vorgekommen sind, und für die erforderlichen Maßnahmen zur Wahrung des Stiftungszwecks Sorge zu tragen.

§ 32. Angaben in Geschäftsbriefen und Bestellscheinen

Für die Privatstiftung gilt § 14 HGB mit der Maßgabe, daß auch die für Zustellungen maßgebliche Anschrift der Privatstiftung und der Stiftungsvorstand anzugeben sind.

§ 33. Änderung der Stiftungserklärung

(1) Vor dem Entstehen einer Privatstiftung kann die Stiftungserklärung vom Stifter widerrufen oder abgeändert werden; wenn einer von mehreren Stiftern weggefallen ist, kann die Stiftungserklärung nicht widerrufen und nur unter Wahrung des Stiftungszwecks geändert werden. Ist der einzige oder letzte Stifter weggefallen, so kann der Stiftungsvorstand unter Wahrung des Stiftungszwecks Änderungen zur Berücksichtigung mittlerweile hervorgekommener Eintragungshindernisse und geänderter Verhältnisse vornehmen.
(2) Nach dem Entstehen einer Privatstiftung kann die Stiftungserklärung vom Stifter nur geändert werden, wenn er sich Änderungen vorbehalten hat. Ist eine Änderung wegen Wegfalls eines Stifters, mangels Einigkeit bei mehreren Stiftern oder deswegen nicht möglich, weil Änderungen nicht vorbehalten sind, so kann der Stiftungsvorstand unter Wahrung des Stiftungszwecks Änderungen der Stiftungserklärung zur Anpassung an geänderte Verhältnisse vornehmen. Die Änderung bedarf der Genehmigung des Gerichts.
(3) Der Stiftungsvorstand hat die Änderung der Stiftungsurkunde unter Anschluß einer öffentlich beglaubigten Abschrift des Änderungsbeschlusses und die Tatsache der Änderung der

Stiftungszusatzurkunde zur Eintragung in das Firmenbuch anzumelden. Die Änderung wird mit der Eintragung in das Firmenbuch wirksam.

§ 34. Widerruf der Privatstiftung

Eine Privatstiftung kann vom Stifter nur dann widerrufen werden, wenn er sich den Widerruf in der Stiftungserklärung vorbehalten hat. Einem Stifter, der eine juristische Person ist, kann ein Widerruf nicht vorbehalten werden.

§ 35. Auflösung

(1) Die Privatstiftung wird aufgelöst, sobald

1. die in der Stiftungserklärung vorgesehene Dauer abgelaufen ist;
2. über das Vermögen der Privatstiftung das Konkursverfahren eröffnet worden ist;
3. der Beschluss über die Nichteröffnung eines Insolvenzverfahrens mangels kostendeckenden Vermögens Rechtskraft erlangt hat;
4. der Stiftungsvorstand einen einstimmigen Auflösungsbeschluß gefaßt hat;
5. das Gericht die Auflösung beschlossen hat.

(2) Der Stiftungsvorstand hat einen einstimmigen Auflösungsbeschluß zu fassen, sobald

1. ihm ein zulässiger Widerruf des Stifters zugegangen ist;
2. der Stiftungszweck erreicht oder nicht mehr erreichbar ist;
3. eine nicht gemeinnützige Privatstiftung, deren überwiegender Zweck die Versorgung von natürlichen Personen ist, 100 Jahre gedauert hat, es sei denn, daß alle Letztbegünstigten einstimmig beschließen, die Privatstiftung für einen weiteren Zeitraum, längstens jedoch jeweils für 100 Jahre, fortzusetzen;
4. andere in der Stiftungserklärung dafür genannte Gründe gegeben sind.

(3) Kommt ein Beschluß nach Abs. 2 trotz Vorliegens eines Auflösungsgrundes nicht zustande, so kann jedes Mitglied eines Stiftungsorgans, jeder Begünstigte oder Letztbegünstigte, jeder Stifter und jede in der Stiftungserklärung dazu ermächtigte Person die Auflösung durch das Gericht beantragen. Das Gericht hat die Privatstiftung überdies aufzulösen, wenn sie gegen § 1 Abs. 2 verstößt und innerhalb angemessener Frist einer rechtskräftigen Unterlassungsanordnung nicht nachgekommen ist.

(4) Hat der Stiftungsvorstand einen einstimmigen Auflösungsbeschluß gefaßt, obwohl ein Auflösungsgrund nicht vorliegt, so kann jede der in Abs. 3 genannten Personen beim Gericht die Aufhebung des Beschlusses beantragen.

(5) In den Fällen des Abs. 1 Z 1 und 4 hat der Stiftungsvorstand die Auflösung der Privatstiftung zur Eintragung in das Firmenbuch anzumelden. Die Auflösung ist mit der Eintragung wirksam.

(6) Ist die Privatstiftung auf Grund eines Gerichtsbeschlusses aufgelöst, so hat das Gericht das Firmenbuchgericht zu benachrichtigen. Die Auflösung ist von Amts wegen in das Firmenbuch einzutragen.

§ 36. Abwicklung

(1) Der Stiftungsvorstand hat die Gläubiger der Privatstiftung unter Hinweis auf die Auflösung aufzufordern, ihre Ansprüche spätestens innerhalb eines Monats nach Veröffentlichung der Aufforderung anzumelden. Diese Aufforderung an die Gläubiger ist ohne Verzug im „Amtsblatt zur Wiener Zeitung“ zu veröffentlichen.

(2) § 213 Aktiengesetz 1965 über den Gläubigerschutz ist anzuwenden. Das verbleibende Vermögen der aufgelösten Privatstiftung ist dem Letztbegünstigten zu übertragen.

(3) Ist kein Letztbegünstigter vorhanden oder will der Letztbegünstigte das verbleibende Vermögen nicht übernehmen und ergibt sich

aus der Stiftungserklärung sonst keine Regelung, so fällt das verbleibende Vermögen der Republik Österreich anheim.
(4) Wird die Privatstiftung zufolge Widerrufs aufgelöst und ist in der Stiftungserklärung nichts anderes vorgesehen, so ist der Stifter Letztbegünstigter.
(5) Soweit in der Stiftungserklärung nichts anderes vorgesehen ist, teilen mehrere Letztbegünstigte zu gleichen Teilen.

§ 37. Löschung

(1) Ist die Abwicklung beendet und darüber Schlußrechnung gelegt, so hat der Stiftungsvorstand den Schluß der Abwicklung zur Eintragung in das Firmenbuch anzumelden. Der Schluß der Abwicklung ist einzutragen und die Privatstiftung zu löschen.
(2) Die Bücher und Schriften der Privatstiftung sind an einem vom Gericht bestimmten sicheren Ort zur Aufbewahrung auf sieben Jahre zu hinterlegen.
(3) Stellt sich nachträglich heraus, daß weitere Abwicklungsmaßnahmen nötig sind, so hat das Gericht hiefür den bisherigen Stiftungsvorstand oder einen Abwickler zu bestellen.

§ 38. Umwandlung

(1) Stiftungen, die nach dem Bundes-Stiftungs- und Fondsgesetz errichtet sind, können in Privatstiftungen umgewandelt werden. Auf Grund eines Umwandlungsbeschlusses, der jedenfalls die Angaben gemäß § 9 Abs. 1 zu enthalten hat, haben die Stiftungsorgane eine Stiftungserklärung abzugeben und den ersten Stiftungsvorstand, gegebenenfalls den ersten Aufsichtsrat zu bestellen.
(2) Mit dem Antrag auf Genehmigung der Umwandlung sind der Stiftungsbehörde die Stiftungserklärung und der Stiftungsvorstand bekanntzugeben. Die Stiftungsbehörde hat den Umwandlungsbeschluß zu genehmigen, wenn nicht wichtige Gründe gegen eine Umwandlung sprechen. Bei der Entscheidung ist darauf Bedacht zu nehmen, daß nach dem Inhalt der Stiftungserklärung dem Willen des Stifters und dem Zweck der Stiftung Rechnung getragen wird.
(3) Mit der Anmeldung zur Eintragung der Privatstiftung in das Firmenbuch (§ 12) hat der Stiftungsvorstand den rechtskräftigen Bescheid über die Genehmigung der Umwandlung und einen Prüfungsbericht im Sinn des § 11 vorzulegen.
(4) Mit der Eintragung im Firmenbuch besteht die Stiftung als Privatstiftung weiter. Der Beschluß über die Eintragung im Firmenbuch ist der Stiftungsbehörde zur Eintragung in das Register über Stiftungen und Fonds zuzustellen.

§ 39. Formerfordernis

(1) Stiftungserklärungen, deren Änderung durch den Stifter und Erklärungen des Stifters, die auf das Bestehen der Stiftung Einfluß haben, bedürfen der Beurkundung durch Notariatsakt, letztwillige Stiftungserklärungen (§ 8 Abs. 1) außerdem der Form einer letztwilligen Anordnung.
(2) Beschlüsse von Stiftungsorganen, die zu Eintragungen im Firmenbuch führen, sind von einem Notar in einer Niederschrift zu beurkunden.
(3) Der Anmeldung einer Änderung der Stiftungsurkunde zur Eintragung in das Firmenbuch ist der vollständige Wortlaut der geänderten Stiftungsurkunde beizufügen; er muß mit der Beurkundung eines Notars versehen sein, daß die geänderten Bestimmungen der Stiftungsurkunde mit dem Beschluß über ihre Änderung und die unveränderten Bestimmungen mit dem zuletzt zum Firmenbuch eingereichten vollständigen Wortlaut der Stiftungsurkunde übereinstimmen.

§ 40. Gericht, Verfahren

Über Angelegenheiten, die in diesem Bundesgesetz dem Gericht zugewiesen sind, verhandelt und entscheidet, sofern es sich nicht um Angelegenheiten handelt, die dem Prozeßgericht zugewiesen sind, der für den Sitz der Privatstiftung zuständige, zur Ausübung der Gerichtsbarkeit in Handelssachen berufene Gerichtshof erster Instanz im Verfahren außer Streitsachen.

§ 41. Strafbestimmung

Mit Freiheitsstrafe bis zu zwei Jahren oder mit Geldstrafe bis zu 360 Tagessätzen ist vom Gericht zu bestrafen, wer als Mitglied des Stiftungsvorstands oder des Aufsichtsrats, als Beauftragter oder Abwickler

1. in Darstellungen oder in Übersichten über den Vermögensstand der Privatstiftung, insbesondere in Jahresabschlüssen, die Verhältnisse der Privatstiftung unrichtig wiedergibt oder erhebliche Umstände verschweigt,
2. in Auskünften, die nach § 272 HGB einem Stiftungsprüfer oder die sonstigen Prüfern der Privatstiftung zu geben sind, erhebliche Umstände verschweigt, die Verhältnisse der Privatstiftung unrichtig wiedergibt oder sonst falsche Angaben macht oder
3. über die im Anhang (§§ 236 bis 239 HGB) oder im Lagebericht (§ 243 HGB) anzugebenden Tatsachen falsche Angaben macht oder erhebliche Umstände verschweigt.

[Anmerkung der Autoren: Die Strafbestimmung des § 41 PSG wird mit dem Strafrechtsänderungsgesetz 2015 (Stand 20. Juli 2015) im PSG aufgehoben. Stattdessen werden im StGB mit den neuen §§ 163a, 163b, 163c und 163d StGB einheitliche Straftatbstände geschaffen. Das neue Gesetz tritt voraussichtlich am 1. Jänner 2016 in Kraft.]

§ 42.

Wer die Mitteilungspflicht nach § 5 oder nach Art. XI Abs. 1b nicht oder nicht vollständig erfüllt, begeht eine Verwaltungsübertretung und ist mit Geldstrafe bis zu 20 000 Euro je verschwiegenem oder nicht vollständig mitgeteiltem Begünstigten zu bestrafen. Eine Verwaltungsübertretung liegt nicht vor, wenn die Tat den Tatbestand einer gerichtlich strafbaren Handlung bildet oder nach anderen Verwaltungsstrafbestimmungen mit strengerer Strafe bedroht ist.

Artikel II

(Anm.: Änderungen des Firmenbuchgesetzes, BGBl. Nr. 10/1991)

Artikel III

(Anm.: Änderungen des Rechtspflegergesetzes, BGBl. Nr. 560/1985)

Artikel IV

(Anm.: Änderungen des Gerichtsgebührengesetzes, BGBl. Nr. 501/1984)

Artikel V

(Anm.: Änderungen des Einkommensteuergesetzes, BGBl. Nr. 400/1988)

Artikel VI

(Anm.: Änderungen des Körperschaftsteuergesetzes, BGBl. Nr. 401/1988)

Artikel VII

(Anm.: Änderungen des Erbschafts- und Schenkungssteuergesetzes, BGBl. Nr. 141/1955)

Artikel VIII

Steuerliche Sondervorschriften für Privatstiftungen

(1) Zuwendungen von inländischem Vermögen an eine Privatstiftung sind von der Erb-

schafts- und Schenkungssteuer und der Grunderwerbsteuer befreit, wenn

1. das zugewendete Vermögen am 1. Mai 1993 nachweislich einer Stiftung, einer Anstalt, einem Trust oder einer vergleichbaren Vermögensmasse des ausländischen Rechts zuzurechnen war und
2. die Privatstiftung bis zum 31. Dezember 1995 nach § 13 des Privatstiftungsgesetzes zum Firmenbuch angemeldet wird.

(2) Zum inländischen Vermögen im Sinne des Abs. 1 gehören:

1. das inländische land- und forstwirtschaftliche Vermögen;
2. das inländische Betriebsvermögen;
3. das inländische Grundvermögen;
4. Nutzungsrechte an unter Z 1 bis 3 fallendem Vermögen;
5. Rechte, deren Übertragung an eine Eintragung in inländische Bücher geknüpft ist;
6. Forderungen, deren Schuldner Wohnsitz, gewöhnlichen Aufenthalt, Sitz oder Geschäftsleistung im Inland hat;
7. Beteiligungen an Körperschaften (§ 1 des Körperschaftsteuergesetzes 1988), die im Inland Sitz oder Geschäftsleitung haben;
8. Beteiligungen an Körperschaften (§ 1 des Körperschaftsteuergesetzes 1988), die im Inland weder Sitz noch Geschäftsleitung haben und

a) deren Vermögen nachweislich zu mindestens 75% aus Vermögen im Sinne der Z 1 bis 7 besteht, oder
b) die unmittelbar oder mittelbar an einer Körperschaft beteiligt sind, deren Vermögen nachweislich zu mindestens 75% aus Vermögen im Sinne der Z 1 bis 7 besteht.

Artikel IX

(Anm.: Änderung der Bundesabgabenordnung, BGBl. Nr. 194/1961)

Artikel X

Verweisungen

Soweit in diesem Bundesgesetz auf Bestimmungen anderer Bundesgesetze verwiesen wird, sind diese in der jeweils geltenden Fassung anzuwenden.

Artikel XI

Inkrafttreten, Vollziehungsklausel

(1) Dieses Bundesgesetz tritt mit 1. September 1993 in Kraft, Art. V Z 10 jedoch bereits mit 1. Juli.

(1a) § 1 Abs. 2 Z 3 und § 15 Abs. 3 in der Fassung des Handelsrechts-Änderungsgesetzes, BGBl. I Nr. 120/2005, treten mit 1. Jänner 2007 in Kraft.

(1b) § 5 und § 42 in der Fassung des Budgetbegleitgesetzes 2011, BGBl. I Nr. 111/2010, treten mit 1. April 2011 in Kraft. Die Namen aller zum 31. März 2011 bestehenden oder nach § 5 festgestellten Begünstigten sind dem für die Erhebung der Körperschaftsteuer der Privatstiftung zuständigen Finanzamt bis zum 30. Juni 2011 elektronisch mitzuteilen.

(2) Mit der Vollziehung der Art. V bis VIII dieses Bundesgesetzes ist der Bundesminister für Finanzen, hinsichtlich des Art. IX der Bundesminister für Finanzen im Einvernehmen mit dem Bundesminister für Justiz, hinsichtlich des Art. IV der Bundesminister für Justiz im Einvernehmen mit dem Bundesminister für Finanzen, hinsichtlich des Art. I § 38 der Bundesminister für Inneres im Einvernehmen mit dem Bundesminister für Justiz, hinsichtlich des Art. I § 22 Abs. 4 der Bundesminister für Arbeit und Soziales im Einvernehmen mit dem Bundesminister für Justiz, hinsichtlich des Art. X die jeweils betroffenen Bundesminister und im übrigen der Bundesminister für Justiz betraut.

Artikel 18

Übergangs- und Schlussbestimmungen
Personenbezogene Bezeichnungen

(Anm.: Zu § 15, BGBl. Nr. 694/1993)

§ 1. Bei allen personenbezogenen Bezeichnungen gilt die gewählte Form für beide Geschlechter.

(Anm.: Zu § 15, BGBl. Nr. 694/1993)

§ 4. Auf vor dem Inkrafttreten dieses Bundesgesetzes geschlossene Ehepakte sind die bisher geltenden Bestimmungen weiter anzuwenden.

AUSZÜGE

Auszug Allgemeines Bürgerliches Gesetzbuch (ABGB)

Einleitung.
Von den bürgerlichen Gesetzen überhaupt.

[§§ 1 bis 14]

Erster Theil.
Von dem Personen-Rechte.

[§§ 15 bis 284h]

Zweyter Theil des bürgerlichen Gesetzbuches.
Von dem Sachenrechte.

[§§ 285 bis 864a]

Erfordernisse eines gültigen Vertrages:
1) Fähigkeiten der Personen.

§ 865.

Kinder unter sieben Jahren und Personen über sieben Jahre, die den Gebrauch der Vernunft nicht haben, sind - außer in den Fällen des § 170 Abs. 3 - unfähig, ein Versprechen zu machen oder es anzunehmen. Andere Minderjährige oder Personen, denen ein Sachwalter bestellt ist, können zwar ein bloß zu ichrem Vorteil gemachtes Versprechen annehmen; wenn sie aber eine damit verknüpfte Last übernehmen oder selbst etwas versprechen, hängt - außer in den Fällen des § 170 Abs. 3 und des § 280 Abs. 2 - die Gültigkeit des Vertrages nach den in dem dritten und vierten Hauptstück des ersten Teiles gegebenen Vorschriften in der Regel von der Einwilligung des Vertreters oder zugleich des Gerichtes ab. Bis diese Einwilligung erfolgt, kann der andere Theil nicht zurücktreten, aber eine angemessene Frist zur Erklärung verlangen.

[§§ 867 bis 1341]

Dritter Theil des bürgerlichen Gesetzbuches.
Von den gemeinschaftlichen Bestimmungen der Personen- und Sachenrechte.

[§§ 1342 bis 1503]

Auszug
Aktiengesetz (AktG)

[Anmerkung der Autoren: Bei Verweisen des PSG auf das „AktG 1965“ (BGBl 98/1965) ist stets nicht das AktG in seiner Stammfassung 1965, sondern idF BGBl Nr 24/1985 gemeint.]

ERSTER TEIL
Allgemeine Vorschriften

[§§ 1 bis 14]

§ 15. Wesen des Konzerns und des Konzernunternehmens

(1) Sind rechtlich selbständige Unternehmen zu wirtschaftlichen Zwecken unter einheitlicher Leitung zusammengefaßt, so bilden sie einen Konzern; die einzelnen Unternehmen sind Konzernunternehmen.
(2) Steht ein rechtlich selbständiges Unternehmen auf Grund von Beteiligungen oder sonst unmittelbar oder mittelbar unter dem beherrschenden Einfluß eines anderen Unternehmens, so gelten das herrschende und das abhängige Unternehmen zusammen als Konzern und einzeln als Konzernunternehmen.

ZWEITER Teil
Gründung der Gesellschaft

[§§ 16 bis 26]

§ 27. Meinungsverschiedenheiten zwischen Gründern und Gründungsprüfern. Auslagen und Entlohnung der Gründungsprüfer

(1) Die Gründer sind verpflichtet, den Prüfern alle für die sorgfältige Erfüllung ihrer Prüfungspflicht erforderlichen Aufklärungen und Nachweise zu geben. Bei Meinungsverschiedenheiten zwischen den Gründern und den Gründungsprüfern über den Umfang der von den Gründern zu gewährenden Aufklärungen und Nachweise entscheidet das Gericht; die Entscheidung ist unanfechtbar. Solange sich die Gründer weigern, der Entscheidung nachzukommen, wird der Prüfungsbericht nicht erstattet.
(2) Die Gründungsprüfer haben Anspruch auf Ersatz der notwendigen baren Auslagen und auf angemessene Entlohnung für ihre Mühewaltung. Diese Beträge bestimmt das Gericht; gegen die Bestimmung kann Rekurs ergriffen werden, gegen die Entscheidung des Gerichts zweiter Instanz ist der Rekurs ausgeschlossen.

[§§ 28 bis 47]

DRITTER TEIL
Rechtsverhältnisse der Gesellschaft und der Gesellschafter

[§§ 47a bis 69]

VIERTER TEIL
Verfassung der Aktiengesellschaft

[§§ 70 bis 94]

§ 95. Aufgaben und Rechte des Aufsichtsrats

(1) Der Aufsichtsrat hat die Geschäftsführung zu überwachen.
(2) Der Aufsichtsrat kann vom Vorstand jederzeit einen Bericht über die Angelegenheiten der Gesellschaft einschließlich ihrer Beziehungen zu einem Konzernunternehmen verlangen. Auch ein einzelnes Mitglied kann einen Bericht, jedoch nur an den Aufsichtsrat als solchen, verlangen; lehnt der Vorstand die Berichterstattung ab, so kann der Bericht nur dann verlangt werden, wenn ein anderes Aufsichtsratsmitglied das Verlangen unterstützt. Der Vorsitzende des Aufsichtsrats kann einen Bericht auch ohne Unterstützung eines anderen Aufsichtsratsmitglieds verlangen.
(3) Der Aufsichtsrat kann die Bücher und Schriften der Gesellschaft sowie die Vermögensgegenstände, namentlich die Gesellschafts-

kasse und die Bestände an Wertpapieren und Waren, einsehen und prüfen, er kann damit auch einzelne Mitglieder oder für bestimmte Aufgaben besondere Sachverständige beauftragen.

(4) Der Aufsichtsrat hat eine Hauptversammlung einzuberufen, wenn das Wohl der Gesellschaft es erfordert.

(5) Maßnahmen der Geschäftsführung können dem Aufsichtsrat nicht übertragen werden. Folgende Geschäfte sollen jedoch nur mit Zustimmung des Aufsichtsrats vorgenommen werden:

1. **der Erwerb und die Veräußerung von Beteiligungen (§ 228 UGB) sowie der Erwerb, die Veräußerung und die Stillegung von Unternehmen und Betrieben;**
2. **der Erwerb, die Veräußerung und die Belastung von Liegenschaften, soweit dies nicht zum gewöhnlichen Geschäftsbetrieb gehört;**
3. die Errichtung und die Schließung von Zweigniederlassungen;
4. **Investitionen, die bestimmte Anschaffungskosten im einzelnen und insgesamt in einem Geschäftsjahr übersteigen;**
5. **die Aufnahme von Anleihen, Darlehen und Krediten, die einen bestimmten Betrag im einzelnen und insgesamt in einem Geschäftsjahr übersteigen;**
6. **die Gewährung von Darlehen und Krediten, soweit sie nicht zum gewöhnlichen Geschäftsbetrieb gehört;**
7. die Aufnahme und Aufgabe von Geschäftszweigen und Produktionsarten;
8. die Festlegung allgemeiner Grundsätze der Geschäftspolitik;
9. die Festlegung von Grundsätzen über die Gewährung von Gewinn- oder Umsatzbeteiligungen und Pensionszusagen an leitende Angestellte im Sinne des § 80 Abs. 1;
10. die Einräumung von Optionen auf Aktien der Gesellschaft an Arbeitnehmer und leitende Angestellte der Gesellschaft oder eines mit ihr verbundenen Unternehmens sowie an Mitglieder des Vorstands und des Aufsichtsrats von verbundenen Unternehmen;
11. die Erteilung der Prokura;
12. der Abschluss von Verträgen mit Mitgliedern des Aufsichtsrats, durch die sich diese außerhalb ihrer Tätigkeit im Aufsichtsrat gegenüber der Gesellschaft oder einem Tochterunternehmen (§ 228 Abs. 3 UGB) zu einer Leistung gegen ein nicht bloß geringfügiges Entgelt verpflichten. Dies gilt auch für Verträge mit Unternehmen, an denen ein Aufsichtsratsmitglied ein erhebliches wirtschaftliches Interesse hat;
13. die Übernahme einer leitenden Stellung (§ 80) in der Gesellschaft innerhalb von zwei Jahren nach Zeichnung des Bestätigungsvermerks durch den Abschlussprüfer, durch den Konzernabschlussprüfer, durch den Abschlussprüfer eines bedeutenden verbundenen Unternehmens oder durch den den jeweiligen Bestätigungsvermerk unterzeichnenden Wirtschaftsprüfer sowie eine für ihn tätige Person, die eine maßgeblich leitende Funktion bei der Prüfung ausgeübt hat, soweit dies nicht gemäß § 271c UGB untersagt ist;
14. Maßnahmen, mit denen der Vorstand von einer ihm gemäß § 102 Abs. 3 oder 4 erteilten Ermächtigung Gebrauch macht.

Zu den in den Z 1 und 2 genannten Geschäften kann die Satzung oder der Aufsichtsrat Betragsgrenzen festsetzen, zu den in den Z 4, 5 und 6 genannten Geschäften haben die Satzung oder der Aufsichtsrat eine Betragsgrenze festzusetzen. Die Satzung oder der Aufsichtsrat kann auch anordnen, daß bestimmte Arten von Geschäften nur mit Zustimmung des Aufsichtsrats vorgenommen werden sollen.

(6) Sollen Optionen, die mit eigenen Aktien oder mit Aktien von dritten nicht unter § 66 fallenden Personen bedient werden, Arbeitnehmern oder leitenden Angestellten der Gesellschaft oder eines mit ihr verbundenen Unternehmens eingeräumt werden, so hat der Vorstand, sollen sie Vorstandsmitgliedern der Gesellschaft oder eines verbundenen Unternehmens eingeräumt werden, so hat der Aufsichtsrat spätestens zwei Wochen vor Zustandekommen des Aufsichtsratsbeschlusses einen Bericht gemäß § 159 Abs. 2 Z 3 zu veröffentlichen.
(7) Die Aufsichtsratsmitglieder können ihre Obliegenheiten nicht durch andere ausüben lassen. Die Satzung kann aber zulassen, daß ein Aufsichtsratsmitglied ein anderes schriftlich mit seiner Vertretung bei einer einzelnen Sitzung betraut; ein so vertretenes Mitglied ist bei der Feststellung der Beschlußfähigkeit einer Sitzung (§ 92 Abs. 5) nicht mitzuzählen. Das Recht, den Vorsitz zu führen, kann nicht übertragen werden.

[§§ 96 bis 136]

SECHSTER TEIL
Satzungsänderung. Maßnahmen der Kapitalbeschaffung und Kapitalherabsetzung

[§§ 145 bis 194]

SIEBENTER TEIL
Anfechtbarkeit und Nichtigkeit der Hauptversammlungsbeschlüsse und der vom Vorstand festgestellten Jahresabschlüsse

[§§ 195 bis 202]

ACHTER TEIL
Auflösung und Nichtigkeit der Gesellschaft

[§§ 203 bis 212]

§ 213. Gläubigerschutz

(1) Das Vermögen darf nur verteilt werden, wenn ein Jahr seit dem Tag verstrichen ist, an dem der Aufruf der Gläubiger (§ 208) zum drittenmal veröffentlicht worden ist.
(2) Meldet sich ein bekannter Gläubiger nicht, so ist der geschuldete Betrag für ihn zu hinterlegen, wenn ein Recht zur Hinterlegung besteht.
(3) Kann eine Verbindlichkeit zurzeit nicht berichtigt werden oder ist sie streitig, so darf das Vermögen nur verteilt werden, wenn dem Gläubiger Sicherheit geleistet ist.

[§§ 214 bis 218]

NEUNTER TEIL
Verschmelzung

[§§ 219 bis 234]

ZEHNTER TEIL
Vermögensübertragung. Gewinngemeinschaft

[§§ 235 bis 238]

ELFTER TEIL
Umwandlung

[§§ 239 bis 253]

ZWÖLFTER TEIL

[§ 254]

DREIZEHNTER TEIL

[§§ 255 bis 258]

VIERZEHNTER TEIL
Sonderbestimmungen für öffentliche Verkehrsunternehmungen, Unternehmungen des Post- und Fernmeldewesens und gemeinnützige Bauvereinigungen

[§§ 259 bis 260]

FÜNFZEHNTER TEIL
Übergangs- und Schlußbestimmungen

[§§ 262 bis 273]

Auszug
Abschlussprüfungs-Qualitätssicherungsgesetz (A-QSG)

1. Hauptstück
System der externen Qualitätsprüfung und öffentliche Aufsicht

1. Abschnitt
Allgemeines

§ 1. Begriffsbestimmungen

Im Sinne dieses Bundesgesetzes sind bzw. ist

1. **„Abschlussprüfungen" Pflichtprüfungen nach österreichischem Recht,**
2. „Abschlussprüfer" alle natürlichen Personen, die Abschlussprüfungen vornehmen,
3. „Prüfungsgesellschaften" alle Unternehmen - gleich welcher Rechtsform -, die Abschlussprüfungen vornehmen, einschließlich des Sparkassen-Prüfungsverbandes, sowie die Revisionsverbände,
4. „Revisionsverbände" alle jene Vereine und Genossenschaften, die gemäß § 19 des Genossenschaftsrevisionsgesetzes 1997 (GenRevG 1997), BGBl. I Nr. 127/1997, als Revisionsverbände anerkannt wurden,
5. der „Sparkassen-Prüfungsverband" eine Körperschaft öffentlichen Rechts gemäß § 24 des Sparkassengesetzes (SpG), BGBl. Nr. 64/1979,
6. „Abschlussprüfer aus einem Drittstaat" alle natürlichen Personen, die Abschlussprüfungen nach dem Recht des Drittstaates von in einem Drittstaat eingetragenen Gesellschaften vornehmen und in Österreich im öffentlichen Register gemäß § 23 eingetragen sind und
7. „Prüfungsgesellschaften aus einem Drittstaat" alle Unternehmen - gleich welcher Rechtsform -, die Abschlussprüfungen nach dem Recht des Drittstaates von in einem Drittstaat eingetragenen Gesellschaften vornehmen und in Österreich im öffentlichen Register gemäß § 23 eingetragen sind.

[§§ 2 bis 24]

2. Hauptstück
Europäische und internationale Kooperation

[§§ 25 bis 25f]

3. Hauptstück
Finanzierung des Qualitätssicherungssystems, Strafbestimmungen und Schlussbestimmungen

[§§ 26 bis 32]

Auszug
Arbeitsverfassungsgesetz (ArbVG)

I. TEIL
Kollektive Rechtsgestaltung

[§§ 1 bis 32]

II. TEIL
Betriebsverfassung

[§§ 33 bis 109]

§ 110. Mitwirkung im Aufsichtsrat

(1) In Unternehmen, die in der Rechtsform einer Aktiengesellschaft geführt werden, entsendet der Zentralbetriebsrat oder, sofern nur ein Betrieb besteht, der Betriebsrat aus dem Kreise der Betriebsratsmitglieder, denen das aktive Wahlrecht zum Betriebsrat zusteht, für je zwei nach dem Aktiengesetz 1965, BGBl. Nr. 98/1965, oder der Satzung bestellte Aufsichtsratsmitglieder einen Arbeitnehmervertreter in den Aufsichtsrat. Ist die Zahl der nach dem Aktiengesetz 1965 oder der Satzung bestellten Aufsichtsratsmitglieder eine ungerade, ist ein weiterer Arbeitnehmervertreter zu entsenden.

(2) Die Mitglieder des Zentralbetriebsrates (Betriebsrates), die auf dem Vorschlag einer wahlwerbenden Gruppe gewählt wurden, haben das Recht, durch Mehrheitsbeschluß Arbeitnehmervertreter für die Entsendung in den Aufsichtsrat zu nominieren, sowie ihre Abberufung zu verlangen. Dieses Recht steht für so viele Arbeitnehmervertreter zu, wie es dem Verhältnis der Zahl der vorschlagsberechtigten Personen zur Gesamtzahl der Mitglieder des Zentralbetriebsrates (Betriebsrates) entspricht. Listenkoppelung ist zulässig. Bei Erstellung der Nominierungsvorschläge soll auf eine angemessene Vertretung der Gruppe der Arbeiter und Angestellten und der einzelnen Betriebe des Unternehmens Bedacht genommen werden. Der Zentralbetriebsrat (Betriebsrat) ist bei Entsendung und Abberufung der Arbeitnehmervertreter an die Vorschläge der zur Nominierung berechtigten Mitglieder gebunden. Soweit vom Vorschlagsrecht nicht innerhalb von drei Monaten Gebrauch gemacht wird, entsendet der Zentralbetriebsrat (Betriebsrat) die restlichen Arbeitnehmervertreter durch Mehrheitsbeschluß in den Aufsichtsrat.

(3) Die Arbeitnehmervertreter im Aufsichtsrat üben ihre Funktion ehrenamtlich aus; sie haben Anspruch auf Ersatz der angemessenen Barauslagen. Auf sie finden die Bestimmungen der §§ 86 Abs. 1, 87, 90 Abs. 1 zweiter Satz und Abs. 2 und 98 des Aktiengesetzes 1965, BGBl. Nr. 98/1965, keine Anwendung. § 95 Abs. 2 erster Satz Aktiengesetz 1965 findet mit der Maßgabe Anwendung, daß auch zwei Arbeitnehmervertreter im Aufsichtsrat jederzeit vom Vorstand einen Bericht über die Angelegenheiten der Gesellschaft einschließlich ihrer Beziehungen zu Konzernunternehmen verlangen können. Ein Beschluß des Aufsichtsrates über die Bestellung und Abberufung von Mitgliedern des Vorstandes bedarf, abgesehen von den allgemeinen Beschlußerfordernissen des Aktiengesetzes, zu seiner Wirksamkeit der Zustimmung der Mehrheit der nach dem Aktiengesetz 1965 oder der Satzung bestellten Mitglieder. Das gleiche gilt für die Wahl des Aufsichtsratsvorsitzenden und seines ersten Stellvertreters. Im übrigen haben die Arbeitnehmervertreter im Aufsichtsrat gleiche Rechte und Pflichten wie nach dem Aktiengesetz 1965 oder der Satzung bestellte Aufsichtsratsmitglieder. Ihre Mitgliedschaft endet mit der Mitgliedschaft zum Betriebsrat oder mit der Abberufung durch die entsendende Stelle. Die Arbeitnehmervertreter im Aufsichtsrat sind vom Zentralbetriebsrat abzuberufen und neu zu entsenden, wenn sich die Zahl der von der Hauptversammlung gewählten Aufsichtsratsmitglieder ändert.

(4) Die Arbeitnehmervertreter im Aufsichtsrat haben das Recht, für Ausschüsse des Auf-

sichtsrates Mitglieder mit Sitz und Stimme nach dem in Abs. 1 festgelegten Verhältnis namhaft zu machen. Dies gilt nicht für Ausschüsse, die die Beziehungen zwischen der Gesellschaft und Mitgliedern des Vorstandes behandeln.

(5) Die Abs. 1 bis 4 über die Vertretung der Arbeitnehmer im Aufsichtsrat von Aktiengesellschaften sind sinngemäß anzuwenden auf:

1. Gesellschaften mit beschränkter Haftung,
2. Versicherungsvereine auf Gegenseitigkeit,
3. die Österreichische Postsparkasse,
4. Genossenschaften, die dauernd mindestens 40 Arbeitnehmer beschäftigen, sowie
5. Sparkassen im Sinne des Sparkassengesetzes, BGBl. Nr. 64/1979, in der jeweils geltenden Fassung.

(6) An der Entsendung von Arbeitnehmervertretern in den Aufsichtsrat einer Aktiengesellschaft (Gesellschaft mit beschränkter Haftung, Genossenschaft), die

1. Aktiengesellschaften,
2. aufsichtsratspflichtige Gesellschaften mit beschränkter Haftung,
3. Gesellschaften mit beschränkter Haftung im Sinne des § 29 Abs. 2 Z 1 GmbHG,
4. aufsichtsratspflichtige Genossenschaften,
5. Europäische Gesellschaften,
6. Europäische Genossenschaften

einheitlich leitet (§ 15 Abs. 1 Aktiengesetz 1965) oder auf Grund einer unmittelbaren Beteiligung von mehr als 50 Prozent beherrscht, nehmen der Zentralbetriebsrat (Betriebsrat) des herrschenden Unternehmens und die Gesamtheit der Mitglieder aller in den beherrschten Unternehmen (Z 1 bis 4) bestellten Betriebsräte teil, sofern das herrschende Unternehmen höchstens halb so viele Arbeitnehmer beschäftigt als alle beherrschten Unternehmen zusammen. Der Zentralbetriebsrat (Betriebsrat) des herrschenden Unternehmens entsendet so viele Arbeitnehmervertreter, als dem Verhältnis der Zahl der im herrschenden Unternehmen beschäftigten Arbeitnehmer zur Zahl der in den beherrschten Unternehmen beschäftigten Arbeitnehmer entspricht, mindestens jedoch einen Arbeitnehmervertreter. Dieses Recht des Zentralbetriebsrates (Betriebsrates) des herrschenden Unternehmens, unabhängig vom Verhältnis der Zahl der im herrschenden Unternehmen beschäftigten Arbeitnehmer zur Zahl der in den beherrschten Unternehmen beschäftigten Arbeitnehmer einen Arbeitnehmervertreter zu entsenden, entfällt, wenn sich die Tätigkeit des herrschenden Unternehmens auf die Verwaltung von Unternehmensanteilen der beherrschten Unternehmen beschränkt. Die übrigen Arbeitnehmervertreter im Aufsichtsrat sind von der Gesamtheit der in den beherrschten Unternehmen (Z 1 bis 4) bestellten Betriebsräte aus dem Kreis der Betriebsratsmitglieder, denen das aktive Wahlrecht zum Betriebsrat zusteht, nach den Grundsätzen des Verhältniswahlrechtes geheim zu wählen; auf diese Wahl sind die Bestimmungen der §§ 51 Abs. 3, 54 Abs. 2, 56 Abs. 1, 57, 59, 60, 62 Z 2 bis 5, 64 Abs. 1 Z 1 bis 3 und Abs. 4, 65 Abs. 1 erster Satz und Abs. 2, 78 Abs. 4, 81 Abs. 1 zweiter Satz, Abs. 2 und Abs. 4 sowie 82 Abs. 1 erster Satz sinngemäß anzuwenden. Dieser Absatz gilt nicht für Banken (§ 1 Bankwesengesetz, BGBl. Nr. 532/1993) und Versicherungsunternehmungen.

(6a) Abs. 6 gilt auch für herrschende Unternehmen, in denen kein Betriebsrat zu errichten ist, wenn deren Tätigkeit sich nicht nur auf die Verwaltung von Unternehmensanteilen der beherrschten Unternehmen beschränkt. Die Arbeitnehmervertreter im Aufsichtsrat sind von der Gesamtheit der in den beherrschten Unternehmen bestellten Betriebsräte nach Maßgabe der Bestimmungen des Abs. 6 vorletzter Satz zu wählen.

(6b) Ist in einem Konzern im Sinne der Abs. 6 und 6a eine Konzernvertretung (§ 88a) errichtet, so hat diese die Arbeitnehmervertreter in den Aufsichtsrat des herrschenden Unternehmens zu entsenden. Die aus dem Zentralbetriebsrat (Betriebsrat) des herrschenden Unternehmens stammenden Konzernvertretungsmitglieder haben das Recht, so viele Arbeitnehmervertreter vorzuschlagen, wie dem Verhältnis der Zahl der im herrschenden Unternehmen beschäftigten Arbeitnehmer zur Zahl der in den beherrschten Unternehmen beschäftigten Arbeitnehmer entspricht, mindestens jedoch einen Arbeitnehmervertreter. Abs. 6 dritter Satz ist sinngemäß anzuwenden. Die übrigen Arbeitnehmervertreter werden von den aus den Zentralbetriebsräten (Betriebsräten) der beherrschten Unternehmen stammenden Konzernvertretungsmitgliedern vorgeschlagen. Für die Ausübung des Vorschlagsrechts innerhalb der jeweiligen Gruppe der Konzernvertretungsmitglieder gilt Abs. 2 sinngemäß.

(7) Ist in einer Gesellschaft mit beschränkter Haftung, die persönlich haftender Gesellschafter in einer Kommanditgesellschaft ist, nach Gesetz oder Gesellschaftsvertrag ein Aufsichtsrat zu bestellen, so sind die Arbeitnehmervertreter im Aufsichtsrat der Gesellschaft mit beschränkter Haftung von der Gesamtheit der Mitglieder aller in den Unternehmen der Gesellschaft mit beschränkter Haftung und der Kommanditgesellschaft errichteten Betriebsräte aus dem Kreise der Betriebsratsmitglied, denen das aktive Wahlrecht zum Betriebsrat zusteht, nach den Grundsätzen des Verhältniswahlrechtes geheim zu wählen. Die Bestimmungen der §§ 51 Abs. 3, 54 Abs. 2, 56 Abs. 1, 57, 59, 60, 62 Z 2 bis 5, 64 Abs. 1, Z 1 bis 3 und Abs. 4, 65 Abs. 1 erster Satz und Abs. 2, 78 Abs. 4, 81 Abs. 1 zweiter Satz, Abs. 2 und Abs. 4 sowie 82 Abs. 1 erster Satz sind sinngemäß anzuwenden.

(8) Die Mitwirkung von Arbeitnehmern im Stiftungsrat des Österreichischen Rundfunks richtet sich nach den Bestimmungen des ORF-Gesetzes.

(9) *(Anm.: aufgehoben durch Art. IV Abs. 1, BGBl. Nr. 321/1987)*

[§§ 111 bis 134b]

III. TEIL
Behörden und Verfahren

[§§ 141 bis 159]

IV. TEIL
Schluß- und Übergangsbestimmungen

[§§ 160 bis 170]

V. TEIL
Europäische Betriebsverfassung

[§§ 171 bis 207]

VI. TEIL
Beteiligung der Arbeitnehmer in der Europäischen Gesellschaft

[§§ 208 bis 253]

VII. TEIL
Beteiligung der Arbeitnehmer in der Europäischen Genossenschaft

[§§ 254 bis 257]

VIII. TEIL
Mitbestimmung der Arbeitnehmer bei einer grenzüberschreitenden Verschmelzung von Kapitalgesellschaften

[§§ 258. bis 264.]

Auszug

Bankwesengesetz (BWG)

I. Abschnitt
Allgemeine Bestimmungen

[§ 1]

§ 2.Begriffsbestimmungen

Im Sinne dieses Bundesgesetzes sind:

1. Geschäftsleiter:

a) Diejenigen natürlichen Personen, die nach dem Gesetz oder der Satzung zur Führung der Geschäfte, insbesondere zur Festlegung der Strategie, Ziele und der Gesamtpolitik, sowie zur organschaftlichen Vertretung des Kredit- oder Finazinstitutes nach außen vorgesehen sind;

b) bei Kreditgenossenschaften diejenigen natürlichen Personen, die vom Vorstand, dem Aufsichtsrat oder der Generalversammlung mit der Führung der Geschäfte, insbesondere der Festlegung der Strategie, Ziele und der Gesamtpolitik, betraut sowie als Geschäftsleiter namhaft gemacht wurden; zur Vertretung der Kreditgenossenschaft sind - unbeschadet einer Prokura (§ 48 UGB) oder Handlungsvollmacht (§ 54 UGB) - ausschließlich die Geschäftsleiter befugt; die Betrauung als Geschäftsleiter ist im Firmenbuch einzutragen;

c) bei Zweigstellen ausländischer Kredit- oder Finanzinstitute diejenigen natürlichen Personen, die zur Führung der Geschäfte und zur Vertretung der Zweigstelle nach außen vorgesehen sind; diese sind für die Einhaltung der in § 9 Abs. 7 genannten Bestimmungen durch Zweigstellen gemäß § 9 VStG verantwortlich;

1a. Leitungsorgan: das Organ oder die Organe eines Kreditinstituts in seiner beziehungsweise ihrer Geschäftsleitungs- und Aufsichtsfunktion, die nach innerstaatlichem Recht eines Mitgliedstaates bestellt werden, um die Strategie, Ziele und Gesamtpolitik des Instituts festzulegen und die Entscheidungen der Geschäftsleitung zu kontrollieren und zu überwachen. Zum Leitungsorgan gehören auch die Personen, die die Geschäfte des Instituts effektiv führen; sehen die Rechtsvorschriften eines Mitgliedstaates vor, dass das Leitungsorgan mehrere verschiedene Organe mit spezifischen Funktionen umfasst, so gelten die durch die Richtlinie 2013/36/EU vorgegebenen Anforderungen an das Leitungsorgan lediglich für diejenigen Mitglieder des Leitungsorgans, denen die Rechtsvorschriften des jeweiligen Mitgliedstaates die entsprechenden Befugnisse zuweisen;

1b. Höheres Management: diejenigen natürlichen Personen, die in einem Institut Führungsaufgaben wahrnehmen oder leitende Tätigkeiten ausüben und der Geschäftsleitung gegenüber für das Tagesgeschäft verantwortlich und rechenschaftspflichtig sind;

2. und 3. (Anm.: aufgehoben durch BGBl. I Nr. 184/2013)

4. Satzung: entsprechend der Rechtsform des Unternehmens die Satzung, der Gesellschafts- oder der Genossenschaftsvertrag;

5. Mitgliedstaat: jeder Staat, der dem Europäischen Wirtschaftsraum angehört;

5a. bis 7. (Anm.: aufgehoben durch BGBl. I Nr. 184/2013)

8. Drittland: jeder Staat, der nicht dem Europäischen Wirtschaftsraum angehört;

9. bis 12. (Anm.: aufgehoben durch BGBl. I Nr. 184/2013)

13. Ausländisches Kreditinstitut: wer außerhalb der Mitgliedstaaten nach den Vor-

schriften des Sitzstaates berechtigt ist, Geschäfte nach § 1 Abs. 1 zu betreiben;

14. Ausländisches Finanzinstitut: wer außerhalb der Mitgliedstaaten nach den Vorschriften des Sitzstaates berechtigt ist, Geschäfte nach § 1 Abs. 2 zu betreiben;

15. und 16. (Anm.: aufgehoben durch BGBl. I Nr. 184/2013)

17. Repräsentanz: eine Betriebsstelle, die einen rechtlich unselbständigen Teil eines nicht in Österreich zugelassenen Kreditinstitutes bildet und keine Geschäfte gemäß § 1 Abs. 1 betreibt;

18. bis 21. (Anm.: aufgehoben durch BGBl. I Nr. 141/2006)

22. Nichtbank: jeder, der weder Kreditinstitut noch ein in einem Mitgliedstaat oder Drittland zugelassenes CRR-Kreditinstitut, einschließlich deren Zweigstellen ist;

23. bis 25b. (Anm.: aufgehoben durch BGBl. I Nr. 184/2013)

26. Interner Ansatz: Ansatz oder Modell, das in den Art. 143 Abs. 1, 221, 225, 312 Abs. 2, 283, 363 und 259 Abs. 3 der Verordnung (EU) Nr. 575/2013 geregelt wird und dessen Anwendung durch ein Kreditinstitut eine Bewilligung voraussetzt;

27. Risiko einer übermäßigen Verschuldung: Risiko, das aus einer faktischen oder möglichen Verschuldung eines Kreditinstitutes für dessen Stabilität entsteht und das unvorhergesehene Korrekturen seines Geschäftsplanes erfordert, einschließlich der Veräußerung von Aktivposten aus einer Notlage heraus, was zu Verlusten oder Bewertungsanpassungen der verbleibenden Aktivposten führen könnte;

28. Modellrisiko: Möglicher Verlust aus den Konsequenzen von Entscheidungen, die auf den Ergebnissen von internen Ansätzen basieren und die auf Fehler in der Entwicklung, Umsetzung und Anwendung solcher Ansätze zurückgehen;

29. Wertpapierdienstleistung: eine Wertpapierdienstleistung oder Anlagetätigkeit gemäß § 1 Z 2 WAG 2007;

30. bis. 32. (Anm.: aufgehoben durch BGBl. I Nr. 184/2013)

33. anerkannte Clearingstelle: eine Einrichtung, die
   a) von einer staatlichen Stelle oder einer staatlich anerkannten Stelle geregelt und überwacht wird,
   b) für Mitglieder unmittelbar und für Nichtmitglieder über einen Clearing-Teilnehmer zugänglich ist,
   c) Geschäfte in Finanzdienstleistungen abwickelt und in diese Geschäfte selbst als Vertragspartner eintritt und die
   d) von ihren Abwicklungspartnern angemessene Einschüsse zur Risikoabdeckung verlangt;

34. Zentralverwahrer: juristische Person gemäß Art. 2 Abs. 1 Z 1 der Verordnung (EU) Nr. 909/2014 zur Verbesserung der Wertpapierlieferungen und -abrechnungen in der Europäischen Union und über Zentralverwahrer sowie zur Änderung der Richtlinien 98/26/EG und 2014/65/EU und der Verordnung (EU) Nr. 236/2012, ABl. Nr. L 257 vom 28.08.2014 S. 1;

34a. benanntes Kreditinstitut: Kreditinstitut, das von einem Zentralverwahrer gemäß Art. 54 Abs. 2 lit. b der Verordnung (EU) Nr. 909/2014 benannt ist;

35. Investmentfondsanteile: Anteile an einem Investmentfonds gemäß § 3 Abs. 2 Z 30 InvFG 2011;

36. und 37. (Anm.: aufgehoben durch BGBl. I Nr. 184/2013)

38. und 39. (Anm.: aufgehoben durch BGBl. I Nr. 141/2006)

40. Schuldtitel: Wertpapiere, die Forderungsrechte verbriefen, und hiervon abgeleitete Finanzinstrumente;
41. systemisches Risiko: Risiko einer Störung im Finanzsystem insgesamt oder von Teilen des Finanzsystems, die schwerwiegende negative Auswirkungen im Finanzsystem und in der Realwirtschaft nach sich ziehen kann;
42. bedeutendes Tochterunternehmen: Unternehmen, das eine Bilanzsumme von 5vH gemessen an der Kreditinstitutsgruppe hat und anhand der Kriterien Größe, Geschäftstruktur, Kundenkreis, Geschäftsart, örtlicher Tätigkeitsbereich, nachgeordnete Institute und dessen wichtiger Bedeutung für den österreichischen Finanzsektor unter Berücksichtigung von Finanzmarktstabilitätsgründen von der FMA als bedeutend eingestuft wird; die Einstufung eines Kreditinstituts als bedeutendes Tochterunternehmen für die Zwecke des Art. 13 der Verordnung (EU) Nr. 575/2013 ist von der FMA durch Bescheid festzustellen. Wird ein Kreditinstitut als bedeutendes Kreditinstitut eingestuft, hat die FMA eine Ausfertigung des Bescheides der zuständigen Behörde des EU-Mutterkreditinstitutes oder des übergeordneten Kreditinstitutes der EU-Mutterfinanzholdinggesellschaft zu übermitteln;
43. Kapitalpuffer-Anforderung für Systemrelevante Institute: die von Systemrelevanten Instituten zur Berechnung des individuellen oder konsolidierten Kapitalpuffers anzuwendende Kapitalpuffer-Anforderung, die gemäß § 23c Abs. 5 bestimmt wird;
44. Kapitalpuffer-Anforderung für Globale Systemrelevante Institute: Die von Globalen Systemrelevanten Instituten zur Berechnung des konsolidierten Kapitalpuffer anzuwendende Kapitalpuffer-Anforderung, die gemäß § 23b Abs. 6 bestimmt wird;

44a. Kapitalpuffer-Anforderung für den antizyklischen Kapitalpuffer: Kapitalpuffer-Anforderung, die gemäß § 23a Abs. 1 bestimmt wird;

44b. Kapitalpuffer-Anforderung für den Systemrisikopuffer: Kapitalpuffer-Anforderung, die gemäß § 23d Abs. 1 bestimmt wird;

45. kombinierte Kapitalpuffer-Anforderung: Summe der Kapitalpuffer-Anforderung für die Einhaltung des Kapitalerhaltungspuffers und gegebenenfalls der Kapitalpuffer-Anforderung für die Einhaltung des antizyklischen Kapitalpuffers, des Systemrisikopuffers und der Kapitalpuffer-anforderung für Systemrelevante Institute oder Globale Systemrelevante Institute unter Berücksichtigung von § 23b Abs. 7 bis 9 und § 23c Abs. 8;

46. und 47. (Anm.: aufgehoben durch BGBl. I Nr. 141/2006)

48. (Anm.: aufgehoben durch BGBl. I Nr. 184/2013)

49. Delta-Faktor: jener Faktor, der die voraussichtliche Änderung des Optionspreises im Verhältnis zu einer geringen Preisschwankung des zugrundeliegenden Instruments, jeweils bezogen auf Geldeinheiten, angibt;

50. bis 52. (Anm.: aufgehoben durch BGBl. I Nr. 141/2006)

53. (Anm.: aufgehoben durch BGBl. I Nr. 184/2013)

54. Gamma-Risiko: die Sensitivität des Deltafaktors gegenüber Preisänderungen des Basisinstruments;

55. Vega-Risiko: die Sensitivität des Optionspreises gegenüber Schwankungen der Volatilität des Basisinstruments;

56. bis 57e. (Anm.: aufgehoben durch

BGBl. I Nr. 184/2013)

58. *(Anm.: aufgehoben durch BGBl. I Nr. 107/2010)*

59. Abfertigungsbeiträge: die Beiträge gemäß §§ 6 und 7 des Betrieblichen Mitarbeiter- und Selbständigenvorsorgegesetzes - BMSVG, BGBl. I Nr. 100/2002, die der Betrieblichen Vorsorgekasse (BV-Kasse) tatsächlich zugeflossen sind, einschließlich allfälliger Verzugszinsen;

59a. Selbständigenvorsorgebeiträge: die Beitrage gemäß §§ 52 und 64 BMSVG, die der BV-Kasse tatsächlich zugeflossen sind, einschließlich allfälliger Verzugszinsen;

60. *bis 70. (Anm.: aufgehoben durch BGBl. I Nr. 184/2013)*

71. vertragliche Netting-Vereinbarungen: bilaterale Schuldumwandlungsverträge und sonstige bilaterale Aufrechnungsvereinbarungen; ein bilateraler Schuldumwandlungsvertrag liegt vor, wenn gegenseitige Forderungen und Verbindlichkeiten automatisch so zusammengefasst werden, dass sich bei jeder Schuldumwandlung ein einziger Nettobetrag ergibt und ein einziger rechtsverbindlicher neuer Vertrag geschaffen wird, der die früheren Verträge erlöschen lässt;

72. politisch exponierte Personen: diejenigen natürlichen Personen, die wichtige öffentliche Ämter ausüben und deren unmittelbare Familienmitglieder oder ihnen bekanntermaßen nahe stehende Personen; unbeschadet der im Rahmen der verstärkten Sorgfaltspflichten gegenüber Kunden auf risikobezogener Grundlage getroffenen Maßnahmen sind die Kredit- und Finanzinstitute jedoch nicht verpflichtet, eine Person, die seit mindestens einem Jahr keine wichtigen öffentlichen Ämter mehr ausübt, als politisch exponiert zu betrachten.

a) „Wichtige öffentliche Ämter“ hiebei sind die folgenden Funktionen:

aa) Staatschefs, Regierungschefs, Minister, stellvertretende Minister und Staatssekretäre;

bb) Parlamentsmitglieder;

cc) Mitglieder von obersten Gerichten, Verfassungsgerichten oder sonstigen hochrangigen Institutionen der Justiz, gegen deren Entscheidungen, von außergewöhnlichen Umständen abgesehen, kein Rechtsmittel eingelegt werden kann;

dd) Mitglieder der Rechnungshöfe oder der Vorstände von Zentralbanken;

ee) Botschafter, Geschäftsträger oder hochrangige Offiziere der Streitkräfte;

ff) Mitglieder der Verwaltungs-, Leitungs- oder Aufsichtsorgane staatlicher Unternehmen.

Sublit. aa bis ee gelten auch für Positionen auf Gemeinschaftsebene und für Positionen bei internationalen Organisationen.

b) Als „unmittelbare Familienmitglieder“ gelten:

aa) Ehepartner;

bb) der Partner, der nach einzelstaatlichem Recht dem Ehepartner gleichgestellt ist;

cc) die Kinder und deren Ehepartner oder Partner, die nach einzelstaatlichem Recht dem Ehepartner gleichgestellt sind;

dd) die Eltern.

c) Als „bekanntermaßen nahe stehende Personen“ gelten folgende Personen:

aa) jede natürliche Person, die bekanntermaßen mit einem Inhaber eines wichtigen öffentlichen Amtes gemeinsame wirtschaftliche Eigentümerin von Rechtspersonen, wie beispielsweise Stiftungen, oder von Trusts ist oder sonstige enge Geschäftsbeziehungen zum Inhaber eines wichtigen öffentlichen Amtes unterhält;

bb) jede natürliche Person, die alleinige wirtschaftliche Eigentümerin von Rechtspersonen, wie beispielsweise Stiftungen, oder von Trusts ist, die bekanntermaßen tatsächlich zum Nutzen des Inhabers eines wichtigen öffentlichen Amtes errichtet wurden;

73. Geschäftsbeziehung im Sinne der §§ 40ff: jede geschäftliche, berufliche oder kommerzielle Beziehung, die in Verbindung mit den gewerblichen Tätigkeiten der diesem Bundesgesetz unterliegenden Institute und Personen unterhalten wird und bei der bei Zustandekommen des Kontakts davon ausgegangen wird, dass sie von gewisser Dauer sein wird;

74. Bank-Mantelgesellschaft (shell bank): ein Kreditinstitut gemäß Z 23 oder ein gleichwertige Tätigkeiten ausübendes Institut, das in einem Land gegründet wurde, in dem es nicht physisch präsent ist, sodass eine echte Leitung und Verwaltung stattfinden könnte, und das keiner regulierten Finanzgruppe angeschlossen ist;

75. Wirtschaftlicher Eigentümer im Sinne der §§ 40ff: die natürlichen Personen, in deren Eigentum oder unter deren Kontrolle der Kunde letztlich steht. Der Begriff des wirtschaftlichen Eigentümers umfasst insbesondere:

a) bei Gesellschaften:

aa) die natürlichen Personen, in deren Eigentum oder unter deren Kontrolle eine Rechtsperson über das direkte oder indirekte Halten oder Kontrollieren eines ausreichenden Anteils von Aktien oder Stimmrechten jener Rechtsperson, einschließlich über Beteiligungen in Form von Inhaberaktien, letztlich steht, bei der es sich nicht um eine auf einem geregelten Markt notierte Gesellschaft handelt, die dem Gemeinschaftsrecht entsprechenden Offenlegungsanforderungen oder gleichwertigen internationalen Standards unterliegt;

ein Anteil von 25 % plus einer Aktie gilt als ausreichend, damit dieses Kriterium erfüllt wird;

bb) die natürlichen Personen, die auf andere Weise die Kontrolle über die Geschäftsleitung einer Rechtsperson ausüben;

b) bei Rechtspersonen, wie beispielsweise Stiftungen, und bei Trusts, die Gelder verwalten oder verteilen:

aa) sofern die künftigen Begünstigten bereits bestimmt wurden, jene natürlichen Personen, die die Begünstigten von 25% oder mehr der Zuwendungen eines Trusts oder einer Rechtsperson sind;

bb) sofern die Einzelpersonen, die Begünstigte des Trusts oder der Rechtsperson sind, noch nicht bestimmt wurden, die Gruppe von Personen, in deren Interesse hauptsächlich der Trust oder die Rechtsperson wirksam ist oder errichtet wurde;

cc) die natürlichen Personen, die eine Kontrolle über 25% oder mehr des Vermögens eines Trusts oder einer Rechtsperson ausüben;

76. (Anm.: aufgehoben durch BGBl. I Nr. 184/2013)

Beachte für folgende Bestimmung
zum Anwendungszeitraum vgl. § 107 Abs. 87 (BGBl. I Nr. 68/2015)

[§ 3]

II. Abschnitt
Konzession

[§§ 4 bis 8]

III. Abschnitt
Niederlassungs- und Dienstleistungsfreiheit

[§§ 9 bis 19]

IV. Abschnitt
Eigentümerbestimmungen und Bewilligungen

[§§ 20 bis 21b]

V. Abschnitt
Makroprudenzielle Aufsicht

[§§ 22 bis 24a]

VI. Abschnitt
Ordnungsnormen

[§§ 25 bis 30d]

VII. Abschnitt
Spareinlagen

[§§ 31 bis 32]

VIII. Abschnitt
Verbraucherbestimmungen

[§§ 34 bis 37]

IX. Abschnitt
Bankgeheimnis

[§ 38]

X. Abschnitt
Sorgfaltspflichten und Bekämpfung von Geldwäscherei und Terrorismusfinanzierung

[§§ 39 bis 39d]

§ 40. Sorgfaltspflichten zur Bekämpfung von Geldwäscherei und Terrorismusfinanzierung

(1) Die Kredit- und Finanzinstitute haben die Identität eines Kunden festzustellen und zu überprüfen:

1. vor Begründung einer dauernden Geschäftsbeziehung;

   Spareinlagengeschäfte nach § 31 Abs. 1 dieses Bundesgesetzes und Geschäfte nach § 12 Depotgesetz gelten stets als dauernde Geschäftsbeziehung;

2. vor Durchführung von allen nicht in den Rahmen einer dauernden Geschäftsbeziehung fallenden Transaktionen, deren Betrag sich auf mindestens 15 000 Euro oder Euro-Gegenwert beläuft, und zwar unabhängig davon, ob die Transaktion in einem einzigen Vorgang oder in mehreren Vorgängen, zwischen denen eine Verbindung offenkundig gegeben ist, getätigt wird; ist der Betrag vor Beginn der Transaktion nicht bekannt, so ist die Identität dann festzustellen, sobald der Betrag bekannt ist und festgestellt wird, dass er mindestens 15 000 Euro oder Euro-Gegenwert beträgt;

3. wenn der Verdacht oder der berechtigte Grund zu der Annahme besteht, dass der Kunde einer terroristischen Vereinigung (§ 278b StGB) angehört oder dass der Kunde objektiv an Transaktionen mitwirkt, die der Geldwäscherei (§ 165 StGB – unter Einbeziehung von Vermögensbestandteilen, die aus einer strafbaren Handlung des Täters selbst herrühren) oder der Terrorismusfinanzierung (§ 278d StGB) dienen;

4. nach dem 31. Oktober 2000 bei jeder Einzahlung auf Spareinlagen und nach dem 30. Juni 2002 auch bei jeder Auszahlung von Spareinlagen, wenn der ein- oder auszuzahlende Betrag mindestens 15 000 Euro oder Euro-Gegenwert beträgt;

5. bei Zweifeln an der Echtheit oder der Angemessenheit zuvor erhaltener Kundenidentifikationsdaten.

Die Identität eines Kunden ist durch persönliche Vorlage seines amtlichen Lichtbildausweises festzustellen. Als amtlicher Lichtbildausweis in diesem Sinn gelten von einer staatlichen Behörde ausgestellte Dokumente, die mit einem nicht austauschbaren erkennbaren Kopfbild der betreffenden Person versehen sind, und den Namen, das Geburtsdatum und die Unterschrift der Person sowie die ausstellende Behörde enthalten; bei Reisedokumenten von Fremden muss das vollständige Geburtsdatum dann nicht im Reisedokument enthalten sein, wenn dies dem Recht des ausstellenden Staates entspricht. Bei juristischen Personen und bei nicht eigenberechtigten natürlichen Personen ist die Identität der vertretungsbefugten natürlichen Person durch Vorlage ichres amtlichen Lichtbildausweises festzustellen und die Vertretungsbefugnis anhand geeigneter Bescheinigungen zu überprüfen. Die Feststellung der Identität der juristischen Person hat anhand von beweiskräftigen Urkunden zu erfolgen, die gemäß dem am Sitz der juristischen Personen landesüblichen Rechtsstandard verfügbar sind. Von den vorstehenden Bestimmungen darf nur in den Fällen gemäß Abs. 8 und § 40a abgewichen werden. Von den Kriterien des amtlichen Lichtbildausweises können einzelne Kriterien entfallen, wenn auf Grund des technischen Fortschritts andere gleichwertige Kriterien eingeführt werden, wie beispielsweise biometrische Daten, die den entfallenen Kriterien in ihrer Legitimationswirkung zumindest gleichwertig sind. Das Kriterium der Ausstellung durch eine staatliche Behörde muss jedoch immer gegeben sein.

(2) Die Kredit- und Finanzinstitute haben den Kunden aufzufordern, bekannt zu geben, ob er die Geschäftsbeziehung (Abs. 1 Z 1) oder die Transaktion (Abs. 1 Z 2) auf eigene oder fremde Rechnung bzw. im fremden Auftrag betreiben will; dieser hat der Aufforderung zu entsprechen und diesbezügliche Änderungen während aufrechter Geschäftsbeziehung von sich aus unverzüglich bekannt zu geben. Gibt der Kunde bekannt, dass er die Geschäftsbeziehung (Abs. 1 Z 1) oder die Transaktion (Abs. 1 Z 2) auf fremde Rechnung bzw. im fremden Auftrag betreiben will, so hat er dem Kredit- oder Finanzinstitut auch die Identität des Treugebers nachzuweisen und die Kredit- und Finanzinstitute haben die Identität des Treugebers festzustellen und zu überprüfen. Die Identität des Treuhänders ist gemäß Abs. 1 und zwar ausschließlich bei physischer Anwesenheit des Treuhänders festzustellen. Eine Identifizierung des Treuhänders durch Dritte ist ebenfalls ausgeschlossen. Die Feststellung und Überprüfung der Identität des Treugebers hat bei natürlichen Personen durch Vorlage des Originals oder einer Kopie des amtlichen Lichtbildausweises (Abs. 1) des Treugebers zu erfolgen, bei juristischen Personen durch beweiskräftige Urkunden gemäß Abs. 1. Der Treuhänder hat weiters eine schriftliche Erklärung gegenüber dem Kredit- oder Finanzinstitut abzugeben, dass er sich persönlich oder durch verlässliche Gewährspersonen von der Identität des Treugebers überzeugt hat. Verlässliche Gewährspersonen in diesem Sinn sind Gerichte und sonstige staatliche Behörden, Notare, Rechtsanwälte und Dritte im Sinne des Abs. 8. Bei besonderen Anderkonten von befugten Immobilienverwaltern für Eigentümergemeinschaften von Immobilien gilt als Treugeberidentitätsnachweis von Miteigentümern, die natürliche Personen sind, die Vorlage des Grundbuchsauszuges.

(2a) Kredit- und Finanzinstitute haben weiters

1. den Kunden aufzufordern die Identität des wirtschaftlichen Eigentümers des Kunden bekannt zu geben und dieser hat dieser Aufforderung zu entsprechen sowie haben sie risikobasierte und angemessene Maßnahmen zur Überprüfung von dessen Identität zu ergreifen, sodass sie davon überzeugt sind zu wissen, wer der wirtschaftliche Eigentümer ist; im Falle von juristischen Personen oder von Trusts schließt dies risikobasierte und angemessene Maßnahmen ein,

um die Eigentums- und die Kontrollstruktur des Kunden zu verstehen,

2. risikobasierte und angemessene Maßnahmen zu ergreifen, um Informationen über Zweck und Art der angestrebten Geschäftsbeziehung einzuholen,
3. risikobasierte und angemessene Maßnahmen zu ergreifen, um eine kontinuierliche Überwachung der Geschäftsbeziehung, einschließlich einer Überprüfung der im Verlauf der Geschäftsbeziehung abgewickelten Transaktionen, durchzuführen, um sicherzustellen, dass diese mit den Kenntnissen der Institute über den Kunden, seine Geschäftstätigkeit und sein Risikoprofil, einschließlich erforderlichenfalls der Herkunft der Geld- oder Finanzmittel, kohärent sind, und Gewähr zu leisten, dass die jeweiligen Dokumente, Daten oder Informationen stets aktualisiert werden.

(2b) Die Kredit- und Finanzinstitute haben ihr Geschäft anhand geeigneter Kriterien (insbesondere Produkte, Kunden, Komplexität der Transaktionen, Geschäft der Kunden, Geographie) einer Risikoanalyse betreffend ihres Risikos, für Zwecke der Geldwäscherei und Terrorismusfinanzierung missbraucht zu werden, zu unterziehen. Die Kredit- und Finanzinstitute müssen gegenüber der FMA nachweisen können, dass der Umfang der auf Grund der Analyse gesetzten Maßnahmen im Hinblick auf die Risiken der Geldwäscherei und der Terrorismusfinanzierung als angemessen anzusehen ist.

(2c) Abweichend von den Abs. 1, 2 und 2a ist die Eröffnung eines Bankkontos unter der Bedingung zulässig, dass ausreichend sichergestellt ist, dass Transaktionen von dem Kunden oder für den Kunden erst vorgenommen werden, nachdem eine vollständige Übereinstimmung mit Abs. 1, 2 und 2a zur Kundenidentifizierung und Erlangung der sonstigen erforderlichen Informationen über die Geschäftsbeziehung erreicht worden ist.

(2d) Für den Fall, dass die Kredit- und Finanzinstitute nicht in der Lage sind, die Abs. 1, 2 und 2a zur Kundenidentifizierung und Erlangung der sonstigen erforderlichen Informationen über die Geschäftsbeziehung einzuhalten, dürfen sie keine Transaktion abwickeln, keine Geschäftsbeziehung begründen oder sie müssen die Geschäftsbeziehung beenden; überdies ist eine Meldung über den Kunden an die Behörde (Geldwäschemeldestelle (§ 4 Abs. 2 des Bundeskriminalamt-Gesetzes, BGBl. I Nr. 22/2002)) in Übereinstimmung mit § 41 Abs. 1 in Erwägung zu ziehen.

(2e) Die Kredit- und Finanzinstitute haben die Sorgfaltspflichten gemäß §§ 40 ff zur Feststellung und Überprüfung der Kundenidentität nicht nur auf alle neuen Kunden, sondern zu geeigneter Zeit auch auf die bestehende Kundschaft auf risikoorientierter Grundlage anzuwenden.

(3) Die Kredit- und Finanzinstitute haben aufzubewahren:

1. Unterlagen, die einer Identifizierung nach Abs. 1, 2, 2a und 2e dienen, bis mindestens fünf Jahre nach Beendigung der Geschäftsbeziehung mit diesem Kunden;
2. von sämtlichen Transaktionen Belege und Aufzeichnungen bis mindestens fünf Jahre nach deren Durchführung,

wobei jeweils die genannten Fristen durch Verordnung der FMA auf bis zu fünfzehn Jahre verlängert werden können, soferne dies zur Bekämpfung der Geldwäscherei oder der Terrorismusfinanzierung notwendig erscheint.

(4) Die Kredit- und Finanzinstitute haben

1. zu veranlassen, dass in ihren Zweigstellen und den Tochterunternehmen in Drittländern Maßnahmen angewendet werden, die zumindest denen entsprechen, die in diesem Bundesgesetz im Hinblick auf die Sorgfaltspflichten gegenüber Kunden, die Meldepflichten, die Strategien und Verfahren, die Regelungen über den Geldwäschebeauftragen, die interne Revision und die

Aufbewahrung von Aufzeichnungen, jedoch nur insoweit, als die Bekämpfung der Geldwäscherei und der Terrorismusfinanzierung betroffen ist, festgelegt sind;

2. die FMA hiervon zu informieren, wenn die Anwendung der Maßnahmen gemäß Z 1 nach den Rechtsvorschriften des betreffenden Drittlands nicht zulässig ist, und außerdem andere Maßnahmen zu ergreifen, um dem Risiko der Geldwäsche oder der Terrorismusfinanzierung wirkungsvoll zu begegnen.

Die FMA hat die zuständigen Behörden der anderen Mitgliedstaaten, die Europäische Kommission sowie in dem Umfang, in dem es für die Zwecke der Richtlinie 2005/60/EG relevant ist und in Übereinstimmung mit den einschlägigen Bestimmungen der Verordnung (EU) Nr. 1093/2010, der Verordnung (EU) Nr. 1094/2010 und der Verordnung (EU) Nr. 1095/2010 die EBA, die Europäische Aufsichtsbehörde für das Versicherungswesen und die betriebliche Altersversorgung - EIOPA (Verordnung (EU) Nr. 1094/2010) und die Europäische Wertpapier- und Marktaufsichtsbehörde - ESMA (Verordnung (EU) Nr. 1095/2010) über Fälle zu unterrichten, in denen die Anwendung der nach Z 1 erforderlichen Maßnahmen nach den Rechtsvorschriften eines Drittlands nicht zulässig ist und eine Lösung im Rahmen eines abgestimmten Vorgehens angestrebt werden könnte.

(5) Die Entgegennahme und der Erwerb von Wertpapieren für

1. Wertpapierkonten (§ 11 Depotgesetz) und
2. Geschäftsbeziehungen gemäß § 12 Depotgesetz,

die vor dem 1. August 1996 eröffnet oder eingegangen worden sind, sind nur dann zulässig, wenn die Identität des Kunden zuvor festgehalten und Abs. 2 und 2a entsprochen wurde. Die Veräußerung von Wertpapieren und die Auszahlung von Guthaben und Erträgen von Wertpapierkonten (§ 11 DepotG) und aus Geschäftsbeziehungen gemäß § 12 DepotG darf nach dem 30. Juni 2002 nur dann erfolgen, wenn zuvor die Identität des Kunden festgehalten und Abs. 2 und Abs. 2a entsprochen wurde.

(6) Auf bestehende Sparkonten gemäß § 31 dürfen, sofern noch keine Identitätsfeststellung gemäß Abs. 1 erfolgt ist, weder Einzahlungen geleistet noch entgegengenommen werden. Ebenso dürfen keine Beträge aus Überweisungen auf solche Sparkonten, sofern noch keine Identitätsfeststellung gemäß Abs. 1 erfolgt ist, gutgeschrieben werden.

(7) Nach dem 30. Juni 2002 sind Sparkonten, für die noch keine Identitätsfeststellung gemäß Abs. 1 erfolgt ist, als besonders gekennzeichnete Konten zu führen. Ein- und Auszahlungen auf und von diesen Konten dürfen erst durchgeführt und Überweisungen erst gutgeschrieben werden, wenn die Identitätsfeststellung gemäß Abs. 1 erfolgt ist.

(8) Die Kredit- und Finanzinstitute dürfen zur Erfüllung der Pflichten nach § 40 Abs. 1, 2 und 2a Z 1 und 2 auf Dritte zurückgreifen, soweit ihnen nicht Hinweise vorliegen, die eine gleichwertige Erfüllung der genannten Pflichten bezweifeln lassen. Die endgültige Verantwortung für die Erfüllung dieser Pflichten verbleibt jedoch bei den Kredit- oder Finanzinstituten, die auf Dritte zurückgreifen. Als Dritte im Sinne dieses Absatzes gelten, sofern sie nicht ausschließlich über eine Berechtigung für die Durchführung des Wechselstubengeschäfts (§ 1 Abs. 1 Z 22) verfügen,

1. die in Art. 3 Z 1 und 2 der Richtlinie 2005/60/EG genannten Kredit- und Finanzinstitute sowie die in § 3 Z 4 ZaDiG genannten Zahlungsinstitute,
2. die in Art. 3 Z 1 und 2 der Richtlinie 2005/60/EG genannten Kredit- und Finanzinstitute sowie die in § 3 Z 4 ZaDiG genannten Zahlungsinstitute in einem Dritt-

land und

3. die in Art. 2 Abs. 1 Z 3 lit. a und b der Richtlinie 2005/60/EG genannten Personen,

je unter der Voraussetzung, dass sie einer gesetzlich anerkannten obligatorischen Registrierung hinsichtlich ihres Berufs unterliegen und Sorgfaltspflichten gegenüber Kunden und Pflichten zur Aufbewahrung von Unterlagen anwenden müssen, die den §§ 40ff entsprechen bzw. in der Richtlinie 2005/60/EG festgelegt sind oder diesen entsprechen, und einer Aufsicht gemäß Kapitel V Abschnitt 2 dieser Richtlinie unterliegen, was die Einhaltung der Anforderungen dieser Richtlinie betrifft, oder in einem Drittland ansässig sind, das Anforderungen vorschreibt, die denen in dieser Richtlinie entsprechen. Die FMA unterrichtet die zuständigen Behörden der anderen Mitgliedstaaten, die Europäische Kommission sowie in dem Umfang, in dem es für die Zwecke der Richtlinie 2005/60/EG relevant ist und in Übereinstimmung mit den einschlägigen Bestimmungen der Verordnung (EU) Nr. 1093/2010, der Verordnung (EU) Nr. 1094/2010 und der Verordnung (EU) Nr. 1095/2010 die EBA, die EIOPA und die ESMA über Fälle, in denen ein Drittland ihres Erachtens die vorgenannten Bedingungen erfüllt. Wenn die Europäische Kommission eine Entscheidung nach Art. 40 Abs. 4 der Richtlinie 2005/60/EG trifft, hat die Bundesregierung im Einvernehmen mit dem Hauptausschuss des Nationalrates durch Verordnung den Kredit- und Finanzinstituten, zur Erfüllung der Pflichten nach Abs. 1, 2 und 2a Z 1 und 2 zu untersagen auf Dritte aus dem betreffenden Drittland zurückzugreifen. Die Kredit- und Finanzinstitute haben zu veranlassen, dass die Dritten ihnen die zur Erfüllung der Pflichten nach Abs. 1, 2 und Abs. 2a Z 1 und 2 bzw. nach Art. 8 Abs. 1 lit. a bis c der Richtlinie 2005/60/EG erforderlichen Informationen unverzüglich zur Verfügung stellen. Weiters haben die Kredit- und Finanzinstitute zu veranlassen, dass die maßgeblichen Kopien der Daten hinsichtlich der Feststellung und Überprüfung der Identität des Kunden sowie andere maßgebliche Unterlagen über die Identität des Kunden oder des wirtschaftlichen Eigentümers von dem Dritten ihnen auf ihr Ersuchen unverzüglich weitergeleitet werden. Dieser Absatz gilt nicht für „Outsourcing"- oder Vertretungsverhältnisse, bei denen auf der Grundlage eines Vertrages der „Outsourcing"-Dienstleister oder Vertreter als Teil des zur Erfüllung der Pflichten nach Abs. 1, 2 und 2a Z 1 und 2 verpflichteten Kredit- oder Finanzinstituts anzusehen ist.

(9) (Anm.: aufgehoben durch BGBl. I Nr. 108/2007)

§ 40a. Vereinfachte Sorgfaltspflichten gegenüber Kunden

(1) Die Kredit- und Finanzinstitute können geringere Maßnahmen als die in § 40 Abs. 1 Z 1, 2 und 5 und Abs. 2 und 2a festgelegten Pflichten in den folgenden Fällen vorbehaltlich einer Beurteilung als geringes Risiko der Geldwäscherei und Terrorismusfinanzierung anwenden, wenn es sich bei dem Kunden um

1. ein Kredit- oder Finanzinstitut gemäß § 1 Abs. 1 und 2 bzw. gemäß Art. 3 der Richtlinie 2005/60/EG oder ein in einem Drittland ansässiges Kredit- oder Finanzinstitut, das dort gleichwertigen Pflichten wie den in der Richtlinie 2005/60/EG vorgesehenen Pflichten unterworfen ist und einer Aufsicht in Bezug auf deren Einhaltung unterliegt.
2. eine börsennotierte Gesellschaft, deren Wertpapiere zum Handel auf einem geregelten Markt in einem oder mehreren Mitgliedstaaten zugelassen sind, oder börsennotierte Gesellschaften aus Drittländern, die gemäß einer auf Grund des § 85 Abs. 10 BörseG durch die FMA zu erlassenden Verordnung Offenlegungsanforderungen unterliegen, die dem Unionsrecht entsprechen oder mit diesem vergleichbar sind,

3. inländische Behörden oder
4. Behörden oder öffentliche Einrichtungen,

a) wenn diese auf der Grundlage des Vertrags über die Arbeitsweise der Europäischen Union, der Verträge zur Gründung der Europäischen Gemeinschaften oder des Sekundärrechts der Union mit öffentlichen Aufgaben betraut wurden,
b) deren Identität öffentlich nachprüfbar und transparent ist und zweifelsfrei feststeht,
c) deren Tätigkeiten und Rechnungslegungspraktiken transparent sind, und
d) wenn diese entweder gegenüber einem Organ der Union oder den Behörden eines Mitgliedstaats rechenschaftspflichtig sind oder bei ihnen anderweitige Kontroll- und Gegenkontrollmechanismen zur Überprüfung ihrer Tätigkeit bestehen,

handelt.

(2) Abs. 1 findet auch Anwendung bei

1. Kunden in Bezug auf elektronisches Geld (E-Geld im Sinne von § 1 Abs. 1 E-Geldgesetz 2010), sofern der elektronisch auf dem Datenträger gespeicherte Betrag – falls der Datenträger nicht wieder aufgeladen werden kann – nicht mehr als 250 Euro oder bei Zahlungsvorgängen innerhalb Österreichs nicht mehr als 500 Euro beträgt oder sofern – falls der Datenträger wieder aufgeladen werden kann – sich der in einem Kalenderjahr insgesamt abgewickelte Betrag auf nicht mehr als 2 500 Euro beläuft, außer wenn ein Betrag von 1 000 Euro oder mehr in demselben Kalenderjahr auf Antrag des E-Geld-Inhabers gemäß §§ 18 und 19 E-Geldgesetz 2010 erstattet wird;
2. Schulsparen mit der Maßgabe, dass die Mitwirkung des gesetzlichen Vertreters bei der Identifizierung des Schülers nicht erforderlich ist, und dass, sofern nicht § 40 Abs. 1, 2 oder Abs. 2a zur Gänze angewendet werden,

a) bei Sparbüchern, die jeweils für den einzelnen Minderjährigen eröffnet werden, die Identifizierung durch den Schüler selbst im Beisein einer Lehrperson oder treuhändig durch eine Lehrperson erfolgen kann, wobei die Identifikationsdaten der Schüler anhand ihrer Schülerausweise, Kopien der Schülerausweise oder einer Liste mit den Namen, Geburtsdaten und Adressen der betreffenden Schüler vom Kreditinstitut festgestellt werden können;
b) bei Klassen-Sammelsparbüchern die Identifizierung der aus der Spareinlage berechtigten minderjährigen Schüler durch eine Lehrperson als Treuhänder anhand einer Liste mit den Namen, Geburtsdaten und Adressen der betreffenden Schüler erfolgen kann.

(3) Bei der Bewertung, inwieweit die in den Abs. 1, 2 und 4 genannten Kunden oder Produkte und Transaktionen ein geringes Risiko der Geldwäscherei oder der Terrorismusfinanzierung darstellen, ist von den Kredit- und Finanzinstituten der Tätigkeit dieser Kunden und der Art der Produkte und Transaktionen, bei denen mit erhöhter Wahrscheinlichkeit auf die Verwendung zum Zwecke der Geldwäscherei oder der Terrorismusfinanzierung geschlossen werden kann, besondere Aufmerksamkeit zu widmen. Die Kredit- und Finanzinstitute dürfen bei den in den Abs. 1, 2 und 4 genannten Kunden oder Produkten und Transaktionen nicht von einem geringen Risiko der Geldwäscherei oder der Terrorismusfinanzierung ausgehen, wenn die ihnen vorliegenden Informationen darauf schließen lassen, dass das Risiko der Geldwäscherei oder der Terrorismusfinanzierung möglicherweise nicht gering ist. Diesfalls sind die in diesem Paragraphen geregelten Erleichterungen nicht anzuwenden.

(4) Abs. 1 findet unter den nachfolgenden Voraussetzungen auch Anwendung bei Anderkonten, die von Rechtsanwälten oder Notaren einschließlich solchen aus Mitglied-

staaten oder aus Drittländern gehalten werden, sofern diese internationalen Standards entsprechenden Anforderungen bezüglich der Bekämpfung der Geldwäscherei oder der Terrorismusfinanzierung unterworfen sind und einer Aufsicht in Bezug auf deren Einhaltung unterliegen:

1. der Einzelnachweis der Identität jedes einzelnen Treugebers ist im Rahmen der Vertretung von größeren Miteigentumsgemeinschaften von wechselnder Zusammensetzung untunlich;
2. der Treuhänder gibt gegenüber dem Kreditinstitut die schriftliche Erklärung ab, dass er die Identifizierung seiner Klienten entsprechend § 40 Abs. 1, 2 und Abs. 2a Z 1 und 2 bzw. den Vorschriften der Richtlinie 2005/60/EG vorgenommen hat, dass er die entsprechenden Unterlagen aufbewahrt und diese auf Anforderung des Kreditinstitutes diesem vorlegen wird; dies gilt nicht für Klienten, bei denen die für sie durchgeführte jeweilige Einzeltransaktion oder deren Anteil an der sich aus Anderkonten gegenüber dem betreffenden Treuhänder ergebenden Forderung jeweils 15 000 Euro nicht erreicht;
3. der Treuhänder übermittelt dem Kredit- oder Finanzinstitut binnen zwei Monaten nach Ablauf eines jeden Kalenderjahres jeweils vollständige Listen der jedem Anderkonto zugeordneten Klienten; dies gilt nicht für Klienten, bei denen die für sie durchgeführte jeweilige Einzeltransaktion oder deren Anteil an der sich aus Anderkonten gegenüber dem betreffenden Treuhänder ergebenden Forderung insgesamt 15 000 Euro nicht erreicht;
4. der Treugeber hat seinen Sitz oder Wohnsitz nicht in einem Nicht-Kooperationsstaat und
5. es besteht kein Verdacht gemäß § 40 Abs. 1 Z 3.

(5) Die Kredit- und Finanzinstitute haben ausreichende Informationen aufzubewahren, um nachweisen zu können, dass die Voraussetzungen für die Anwendung der vereinfachten Sorgfaltspflichten vorliegen.

(6) Die Bundesregierung hat im Einvernehmen mit dem Hauptausschuss des Nationalrates durch Verordnung zu verfügen, dass die Erleichterungen gemäß Abs. 1, 2 oder 4 nicht mehr anzuwenden sind, wenn die Europäische Kommission eine Entscheidung nach Art. 40 Abs. 4 der Richtlinie 2005/60/EG trifft.

(7) Die FMA unterrichtet die zuständigen Behörden in den anderen Mitgliedstaaten, die Europäische Kommission sowie in dem Umfang, in dem es für die Zwecke der Richtlinie 2005/60/EG relevant ist und in Übereinstimmung mit den einschlägigen Bestimmungen der Verordnung (EU) Nr. 1093/2010, der Verordnung (EU) Nr. 1094/2010 und der Verordnung (EU) Nr. 1095/2010 die EBA, die EIOPA und die ESMA über Fälle, in denen ein Drittland ihres Erachtens die in den Abs. 1, 2 oder 4 festgelegten Bedingungen erfüllt.

§ 40b. Verstärkte Sorgfaltspflichten gegenüber Kunden

(1) Die Kredit- und Finanzinstitute haben in den Fällen, in denen ihrem Wesen nach ein erhöhtes Risiko der Geldwäscherei oder Terrorismusfinanzierung besteht, auf risikoorientierter Grundlage zusätzlich zu den Pflichten der § 40 Abs. 1, 2, 2a und 2e weitere angemessene Sorgfaltspflichten anzuwenden und die Geschäftsbeziehung einer verstärkten kontinuierlichen Überwachung zu unterziehen. Sie haben jedenfalls zusätzlich:

1. in den Fällen, in denen der Kunde oder die für ihn im Sinne des § 40 Abs. 1 vertretungsbefugte natürliche Person zur Feststellung der Identität nicht physisch anwesend ist und daher die persönliche Vorlage eines amtlichen Lichtbildausweises nicht möglich ist, spezifische und angemessene Maßnah-

men zu ergreifen, um das erhöhte Risiko auszugleichen; sie haben - außer bei Verdacht oder bei berechtigtem Grund zu der Annahme gemäß § 40 Abs. 1 Z 3, da in diesen Fällen jedenfalls der Geschäftskontakt zu unterbleiben hat - dafür zu sorgen, dass zumindest: entweder

a) die rechtsgeschäftliche Erklärung des Kunden entweder an Hand einer qualifizierten elektronischen Signatur gemäß § 2 Z 3a Signaturgesetz, BGBl. I Nr. 190/1999, vorliegt; oder, wenn dies nicht der Fall ist, dass die rechtsgeschäftliche Erklärung des Kredit- oder Finanzinstitutes schriftlich mit eingeschriebener Postzustellung an diejenige Kundenadresse abgegeben wird, die als Wohnsitz oder Sitz des Kunden angegeben worden ist,

b) ihnen Name, Geburtsdatum und Adresse des Kunden, bei juristischen Personen die Firma und der Sitz bekannt sind; bei juristischen Personen muss der Sitz zugleich der Sitz der zentralen Verwaltung sein, worüber der Kunde eine schriftliche Erklärung abzugeben hat. Weiters muss eine Kopie des amtlichen Lichtbildausweises des Kunden oder seines gesetzlichen Vertreters oder bei juristischen Personen des vertretungsbefugten Organs dem Kredit- oder Finanzinstitut vor dem Zeitpunkt des Vertragsabschlusses vorliegen, sofern nicht das Rechtsgeschäft elektronisch an Hand einer qualifizierten elektronischen Signatur abgeschlossen wird und

c) wenn der Sitz oder Wohnsitz außerhalb des EWR liegt, eine schriftliche Bestätigung eines anderen Kreditinstitutes, mit dem der Kunde eine dauernde Geschäftsverbindung hat, vorliegt, dass der Kunde im Sinne des § 40 Abs. 1, 2 und 2a

Z 1 und 2 bzw. Art. 8 Abs. 1 lit. a bis c der Richtlinie 2005/60/EG identifiziert wurde und dass die dauernde Geschäftsverbindung aufrecht ist. Hat das bestätigende Kreditinstitut seinen Sitz in einem Drittland, so muss dieses Drittland den Anforderungen der Art. 16 bis 18 der vorgenannten Richtlinie gleichwertige Anforderungen stellen. An Stelle einer Identifizierung und Bestätigung durch ein Kreditinstitut ist auch eine Identifizierung und schriftliche Bestätigung durch die österreichische Vertretungsbehörde im betreffenden Drittland oder einer anerkannten Beglaubigungsstelle zulässig

oder

d) die erste Zahlung im Rahmen der Transaktionen über ein Konto abgewickelt wird, das im Namen des Kunden bei einem Kreditinstitut im Sinne des § 40 Abs. 8 eröffnet wurde; diesfalls müssen ihnen jedoch jedenfalls Name, Geburtsdatum und Adresse des Kunden, bei juristischen Personen die Firma und der Sitz bekannt sein und ihnen Kopien von Dokumenten des Kunden vorliegen, aufgrund derer die Angaben des Kunden bzw. seiner vertretungsbefugten natürlichen Person glaubhaft nachvollzogen werden können. Anstelle dieser Kopien ist es ausreichend, wenn eine schriftliche Bestätigung des Kreditinstitutes vorliegt, über das die erste Zahlung abgewickelt werden soll, dass der Kunde im Sinne des § 40 Abs. 1, 2, 2a und 2e bzw. Art. 8 Abs. 1 lit. a bis c der Richtlinie 2005/60/EG identifiziert wurde;

2. in Bezug auf grenzüberschreitende Korrespondenzbankbeziehungen zu Korrespondenzbanken aus Drittländern, zu Korrespondenzbanken aus dem EWR jedoch vorbehaltlich einer Beurteilung als erhöhtes Risiko,

a) ausreichende Informationen über eine Korrespondenzbank zu sammeln, um die Art ihrer Geschäftstätigkeit in vollem Umfang zu verstehen und sich auf der Grundlage öffentlich verfügbarer Informationen von ihrem Ruf und der Qualität der

Beaufsichtigung überzeugen zu können,

b) sich von den Kontrollen zur Bekämpfung der Geldwäscherei und der Terrorismusfinanzierung zu überzeugen, die die Korrespondenzbank vornimmt,

c) die Zustimmung der Führungsebene einzuholen, bevor sie neue Korrespondenzbankbeziehungen eingehen,

d) die jeweiligen Verantwortlichkeiten eines jeden Instituts zu dokumentieren,

e) sich im Falle von „Durchlaufkonten" („payable through accounts") zu vergewissern, dass die Korrespondenzbank die Identität der Kunden überprüft hat, die direkten Zugang zu den Konten der Korrespondenzbank haben, und diese Kunden ferner einer kontinuierlichen Überwachung unterzogen hat und, dass die Korrespondenzbank in der Lage ist, auf Ersuchen des ersten Instituts entsprechende Daten in Bezug auf diese Sorgfaltspflichten gegenüber Kunden vorzulegen;

3. hinsichtlich Transaktionen oder Geschäftsbeziehungen mit Bezug zu politisch exponierten Personen von anderen Mitgliedstaaten oder von Drittländern, wobei diesen Personen solche gleichzuhalten sind, die erst im Laufe der Geschäftsbeziehung politisch exponierte Personen werden,

a) über angemessene, risikobasierte Verfahren zu verfügen, anhand derer bestimmt werden kann, ob es sich bei dem Kunden um eine politisch exponierte Person handelt oder nicht,

b) die Zustimmung der Führungsebene einzuholen, bevor sie Geschäftsbeziehungen mit diesen Kunden aufnehmen,

c) angemessene Maßnahmen zu ergreifen, mit denen die Herkunft des Vermögens und die Herkunft der Gelder bestimmt werden kann, die im Rahmen der Geschäftsbeziehung oder der Transaktion eingesetzt werden, und

d) die Geschäftsbeziehung einer verstärkten kontinuierlichen Überwachung zu unterziehen.

Die FMA kann darüber hinaus mit Zustimmung des Bundesministers für Finanzen durch Verordnung für weitere Fälle, bei denen ihrem Wesen nach ein erhöhtes Risiko der Geldwäscherei oder Terrorismusfinanzierung besteht, insbesondere im Zusammenhang mit Staaten, in denen laut glaubwürdiger Quelle ein erhöhtes Risiko der Geldwäscherei und der Terrorismusfinanzierung besteht, den Kredit- und Finanzinstituten die Verpflichtung auferlegen, zusätzlich zu den Pflichten des § 40 Abs. 1, 2, 2a und 2e weitere angemessene Sorgfaltspflichten anzuwenden und die Geschäftsbeziehung einer verstärkten kontinuierlichen Überwachung zu unterziehen.

(2) Die Kredit- und Finanzinstitute haben jede Transaktion besonders sorgfältig zu prüfen, deren Art ihres Erachtens besonders nahe legt, dass sie mit Geldwäscherei (§ 165 StGB – unter Einbeziehung von Vermögensbestandteilen, die aus einer strafbaren Handlung des Täters selbst herrühren) oder Terrorismusfinanzierung (§ 278d StGB) zusammenhängen könnte und erforderlichenfalls Maßnahmen zu ergreifen, um ihrer Nutzung für Zwecke der Geldwäscherei oder der Terrorismusfinanzierung vorzubeugen.

§ 40c. Erleichterungen bei bestimmten Überweisungen

(1) Die Verordnung (EG) Nr. 1781/2006 über die Übermittlung von Angaben zum Auftraggeber bei Geldtransfers findet keine Anwendung auf Inlandsgeldtransfers auf ein Konto eines Begünstigten, auf das Zahlungen für die Lieferung von Gütern oder Dienstleistungen vorgenommen werden können, wenn

1. der Zahlungsverkehrsdienstleister des Begünstigten den Verpflichtungen der Richtlinie 2005/60/EG unterliegt,
2. der Zahlungsverkehrsdienstleister des Be-

günstigten in der Lage ist, anhand einer kundenbezogenen Referenznummer über den Begünstigten den Geldtransfer bis zu der natürlichen oder juristischen Person zurückzuverfolgen, die mit dem Begünstigten eine Vereinbarung über die Lieferung von Gütern und Dienstleistungen getroffen hat, und

3. der überwiesene Betrag 1 000 Euro oder weniger beträgt.

(2) Art. 5 der Verordnung (EG) Nr. 1781/2006 über die Übermittlung von Angaben zum Auftraggeber bei Geldtransfers findet keine Anwendung auf die in Art. 18 der Verordnung (EG) Nr. 1781/2006 genannten Geldtransfers innerhalb Österreichs von Zahlungsverkehrsdienstleistern mit Sitz in Österreich über den Betrag von maximal 150 Euro an Einrichtungen und Vereine, die Tätigkeiten ohne Erwerbszweck für mildtätige, religiöse, kulturelle, erzieherische, soziale oder wissenschaftliche Zwecke oder zur Förderung gemeinsamer Zwecke ausüben. Als Begünstigte dieser Geldtransfers kommen nur Vereine oder sonstige Einrichtungen in Frage, die auf Grund gesetzlicher Vorschriften oder freiwillig ihren Rechnungsabschluss veröffentlichen und die im Besitz einer Bestätigung der Überprüfung der Ordnungsmäßigkeit der auf Grund des Vereinsgesetzes 2002 oder der sonst anzuwendenden gesetzlichen Vorschriften vorgeschriebenen Rechnungslegung durch einen Wirtschaftstreuhänder sind; bei Genossenschaften ist diese Bestätigung von einem Revisor gemäß § 1 Genossenschaftsrevisionsgesetz 1997 - GenRev 1997, BGBl. I Nr. 127/1997 - zu erteilen. Die Kammer der Wirtschaftstreuhänder hat das Vorliegen dieser Voraussetzungen zu bescheinigen.

(3) Die FMA hat quartalsweise eine Liste der Begünstigten zu veröffentlichen, an die Geldtransfers gemäß Abs. 2 vom Anwendungsbereich des Art. 5 der Verordnung (EG) Nr. 1781/2006 über die Übermittlung von Angaben zum Auftraggeber bei Geldtransfers ausgenommen sind. Die Liste ist auf Basis einer entsprechenden quartalsweisen Mitteilung der Kammer der Wirtschaftstreuhänder an die FMA zu erstellen und zu aktualisieren, bei welchen Vereinen oder sonstigen Einrichtungen die Voraussetzungen gemäß Abs. 2 zweiter Satz vorliegen. Diese Mitteilung der Kammer der Wirtschaftstreuhänder hat neben den Vereinen und sonstigen Einrichtungen die Namen der natürlichen Personen, die die Einrichtungen und Vereine letztlich kontrollieren, sowie Erläuterungen zur Aktualisierung zu enthalten. Die FMA hat auch die Europäische Kommission gemäß Art. 18 Abs. 2 der Verordnung (EG) Nr. 1781/2006 zu informieren.

§ 40d. Unzulässige Geschäftsbeziehungen

(1) Die Kreditinstitute haben die Aufnahme oder Fortführung einer Korrespondenzbankbeziehung mit einer Bank-Mantelgesellschaft (shell bank) gemäß § 2 Z 74 zu unterlassen und haben angemessene Maßnahmen zu ergreifen, um dafür zu sorgen, dass sie nicht eine Korrespondenzbankbeziehung mit einem Kreditinstitut eingehen oder fortführen, von dem bekannt ist, dass es zulässt, dass seine Konten von einer Bank-Mantelgesellschaft genutzt werden.

(2) Jedenfalls ist den Kredit- und Finanzinstituten das Führen anonymer Konten und die Entgegennahme anonymer Spareinlagen untersagt; § 40 Abs. 5 bis 7 sind anzuwenden.

§ 41. Meldepflichten

(1) Ergibt sich der Verdacht oder der berechtigte Grund zur Annahme,

1. dass eine versuchte, bevorstehende, laufende oder bereits erfolgte Transaktion im Zusammenhang mit Vermögensbestandteilen, die aus einer in § 165 StGB aufgezählten strafbaren Handlung herrühren (unter Einbeziehung von Vermögensbestandteilen, die aus einer strafbaren Handlung des Täters selbst herrühren), steht; oder
2. dass ein Vermögensbestandteil aus einer in

§ 165 StGB aufgezählten strafbaren Handlung herrührt (unter Einbeziehung von Vermögensbestandteilen, die aus einer strafbaren Handlung des Täters selbst herrühren), oder

3. dass der Kunde der Verpflichtung zur Offenlegung von Treuhandbeziehungen gemäß § 40 Abs. 2 zuwidergehandelt hat oder
4. dass die versuchte, bevorstehende, laufende oder bereits erfolgte Transaktion oder der Vermögensbestandteil im Zusammenhang mit einer kriminellen Vereinigung gemäß § 278 StGB, einer terroristischen Vereinigung gemäß § 278b StGB, einer terroristischen Straftat gemäß § 278c StGB oder der Terrorismusfinanzierung gemäß § 278d StGB steht,

so haben die Kredit- und Finanzinstitute die Behörde (Geldwäschemeldestelle (§ 4 Abs. 2 des Bundeskriminalamt-Gesetzes, BGBl. I Nr. 22/2002)) hievon unverzüglich in Kenntnis zu setzen und bis zur Klärung des Sachverhalts jede weitere Abwicklung der Transaktion zu unterlassen, es sei denn, dass die Gefahr besteht, dass die Verzögerung der Transaktion die Ermittlung des Sachverhalts erschwert oder verhindert. Im Zweifel dürfen Aufträge über Geldeingänge durchgeführt werden und sind Aufträge über Geldausgänge zu unterlassen. Die Kredit- und Finanzinstitute sind berechtigt, von der Behörde zu verlangen, dass diese entscheidet, ob gegen die unverzügliche Abwicklung einer Transaktion Bedenken bestehen; äußert sich die Behörde bis zum Ende des folgenden Bankarbeitstages nicht, so darf die Transaktion unverzüglich abgewickelt werden. Die Kredit- und Finanzinstitute haben jeder Tätigkeit besondere Aufmerksamkeit zu widmen, deren Art ihres Erachtens besonders nahe legt, dass sie mit Geldwäscherei oder Terrorismusfinanzierung zusammenhängen könnte, insbesondere komplexen oder unüblich großen Transaktionen und alle unüblichen Muster von Transaktionen ohne offensichtlichen wirtschaftlichen oder erkennbaren rechtmäßigen Zweck; ebenso haben sie soweit als möglich den Hintergrund und den Zweck dieser Tätigkeiten und Transaktionen zu prüfen und zwar insbesondere, wenn diese im Zusammenhang mit Staaten stehen, in denen laut glaubwürdiger Quelle ein erhöhtes Risiko der Geldwäscherei und der Terrorismusfinanzierung besteht (§ 40b Abs. 1). Darüber sind in geeigneter Weise schriftliche Aufzeichnungen zu erstellen und mindestens fünf Jahre nach der Prüfung aufzubewahren.

(1a) Die Kreditinstitute haben die Behörde (Abs. 1) unverzüglich von allen Anträgen auf Auszahlungen von Spareinlagen in Kenntnis zu setzen, wenn

1. die Anträge nach dem 30. Juni 2002 erfolgen und
2. für die Spareinlage noch keine Identitätsfeststellung gemäß § 40 Abs. 1 erfolgt ist und
3. die Auszahlung von einer Spareinlage erfolgen soll, deren Guthabensstand mindestens 15 000 Euro oder Euro-Gegenwert beträgt.

Auszahlungen von solchen Spareinlagen dürfen erst nach Ablauf von sieben Kalendertagen ab dem Auszahlungsantrag erfolgen, es sei denn, dass die Behörde (Abs. 1) gemäß Abs. 3 eine längere Frist anordnet.

(2) Die Kredit- und Finanzinstitute haben der Behörde (Abs. 1), unabhängig von einer Meldung gemäß Abs. 1, auf Verlangen unverzüglich alle Auskünfte zu erteilen, die dieser zur Verhinderung oder zur Verfolgung von Geldwäscherei oder von Terrorismusfinanzierung erforderlich scheinen.

(3) Die Behörde (Abs. 1) ist ermächtigt anzuordnen, daß eine laufende oder bevorstehende Transaktion, bei der der Verdacht oder der berechtigte Grund zu der Annahme besteht, dass sie der Geldwäscherei (§ 165 StGB - unter Einbeziehung von Vermögensbestandteilen, die aus einer strafbaren Handlung des Täters selbst herrühren) oder der Terrorismusfi-

nanzierung (§ 278d StGB) dient, unterbleibt oder vorläufig aufgeschoben wird und daß Aufträge des Kunden über Geldausgänge nur mit Zustimmung der Behörde duchgeführt *(Anm.: richtig: durchgeführt)* werden dürfen. Die Behörde hat den Kunden und die Staatsanwaltschaft ohne unnötigen Aufschub von der Anordnung zu verständigen. Die Verständigung des Kunden hat den Hinweis zu enthalten, dass er oder ein sonst Betroffener berechtigt sei, Beschwerde wegen Verletzung seiner Rechte an das Bundesverwaltungsgericht zu erheben.

(3a) Die Behörde hat die Anordnung nach Abs. 3 aufzuheben, sobald die Voraussetzungen für die Erlassung weggefallen sind oder die Staatsanwaltschaft erklärt, daß die Voraussetzungen für eine Beschlagnahme gemäß §§ 109 Z 2 und 115 Abs. 1 Z 3 StPO nicht bestehen. Die Anordnung tritt im übrigen außer Kraft,

1. wenn seit ihrer Erlassung sechs Monate vergangen sind;
2. sobald das Gericht über einen Antrag auf Beschlagnahme gemäß §§ 109 Z 2 und 115 Abs. 1 Z 3 StPO rechtskräftig entschieden hat.

(3b) Die Kredit- und Finanzinstitute haben alle Vorgänge, die der Wahrnehmung der Abs. 1 bis 3 dienen, gegenüber Kunden und Dritten geheim zu halten. Sobald eine Anordnung nach Abs. 3 ergangen ist, sind sie jedoch ermächtigt, den Kunden - jedoch nur auf dessen Nachfrage - zur Behörde (Abs. 1) zu verweisen; mit Zustimmung der Behörde sind sie außerdem ermächtigt, den Kunden selbst von der Anordnung zu informieren. Das Verbot gemäß diesem Absatz

1. bezieht sich nicht auf die Weitergabe von Informationen an die FMA, die Oesterreichische Nationalbank oder auf die Weitergabe von Informationen zu Zwecken der Strafverfolgung;
2. steht einer Informationsweitergabe zwischen den derselben Gruppe im Sinne von Art. 2 Z 12 der Richtlinie 2002/87/EG angehörenden Instituten aus Mitgliedstaaten oder aus Drittländern nicht entgegen, sofern sie die Bedingungen nach § 40a Abs. 1 erfüllen;
3. steht in Fällen, die sich auf denselben Kunden und dieselbe Transaktion beziehen, an der zwei oder mehr Institute beteiligt sind, einer Informationsweitergabe zwischen den betreffenden Instituten nicht entgegen, sofern sie in einem Mitgliedstaat oder in einem Drittland gelegen sind, in dem der Richtlinie 2005/60/EG gleichwertige Anforderungen gelten, und sofern sie aus derselben Berufskategorie stammen und für sie gleichwertige Verpflichtungen in Bezug auf das Berufsgeheimnis und den Schutz personenbezogener Daten gelten. Die ausgetauschten Informationen dürfen ausschließlich für die Zwecke der Verhinderung der Geldwäscherei und der Terrorismusfinanzierung verwendet werden.

Die FMA hat die zuständigen Behörden der anderen Mitgliedstaaten, die Europäische Kommission sowie in dem Umfang, in dem es für die Zwecke der Richtlinie 2005/60/EG relevant ist und in Übereinstimmung mit den einschlägigen Bestimmungen der Verordnung (EU) Nr. 1093/2010, der Verordnung (EU) Nr. 1094/2010 und der Verordnung (EU) Nr. 1095/2010 die EBA, die EIOPA und die ESMA über Fälle zu unterrichten, in denen ein Drittland ihres Erachtens die in den Z 2 oder 3 festgelegten Bedingungen erfüllt. Wenn die Europäische Kommission eine Entscheidung nach Art. 40 Abs. 4 der Richtlinie 2005/60/EG trifft, hat die Bundesregierung im Einvernehmen mit dem Hauptausschuss des Nationalrates durch Verordnung eine Informationsweitergabe zwischen den Kredit- und Finanzinstituten und Instituten und Personen aus dem betreffenden Drittland zu untersagen.

(4) Die Kredit- und Finanzinstitute haben

1. angemessene und geeignete Strategien und Verfahren für die Sorgfaltspflichten gegen-

über Kunden, Verdachtsmeldungen, die Aufbewahrung von Aufzeichnungen, die interne Kontrolle, die Risikobewertung, das Risikomanagement, die Gewährleistung der Einhaltung der einschlägigen Vorschriften und die Kommunikation einzuführen, um Transaktionen, die mit Geldwäscherei oder Terrorismusfinanzierung zusammenhängen, vorzubeugen und zu verhindern sowie geeignete Strategien zur Verhinderung des Missbrauchs von neuen Technologien für Zwecke der Geldwäscherei und der Terrorismusfinanzierung zu entwickeln;

2. die einschlägigen Strategien und Verfahren ihren Zweigstellen und Tochterunternehmen in Drittländern mitzuteilen;

3. durch geeignete Maßnahmen das mit der Abwicklung von Transaktionen befasste Personal mit den Bestimmungen, die der Verhinderung oder der Bekämpfung der Geldwäscherei oder der Terrorismusfinanzierung dienen, vertraut zu machen; diese Maßnahmen haben unter anderem die Teilnahme der zuständigen Angestellten an besonderen Fortbildungsprogrammen einzuschließen, damit diese lernen, möglicherweise mit Geldwäscherei oder Terrorismusfinanzierung zusammenhängende Transaktionen zu erkennen und sich in solchen Fällen richtig zu verhalten und im Übrigen bei der Auswahl des Personals auf Zuverlässigkeit in Bezug auf dessen Verbundenheit mit den rechtlichen Werten zu achten; ebenso ist vor der Wahl ihrer Aufsichtsräte auf deren Verbundenheit mit den rechtlichen Werten zu achten;

4. Systeme einzurichten, die es ihnen ermöglichen, auf Anfragen der Behörde (Abs. 1) oder der FMA, die diesen zur Verhinderung oder Verfolgung von Geldwäscherei oder Terrorismusfinanzierung erforderlich erscheinen, vollständig und rasch darüber Auskunft zu geben, ob sie mit bestimmten natürlichen oder juristischen Personen eine Geschäftsbeziehung unterhalten oder während der letzten fünf Jahre unterhalten haben, sowie über die Art dieser Geschäftsbeziehung;

5. der FMA jederzeit die Überprüfung der Wirksamkeit der Systeme zur Bekämpfung der Geldwäscherei oder der Terrorismusfinanzierung zu ermöglichen;

6. innerhalb ihres Unternehmens einen besonderen Beauftragten zur Sicherstellung der Einhaltung der §§ 40 ff zur Bekämpfung von Geldwäscherei und Terrorismusfinanzierung vorzusehen. Die Position des besonderen Beauftragten ist so einzurichten, dass dieser lediglich den Geschäftsleitern gegenüber verantwortlich ist und den Geschäftsleitern direkt - ohne Zwischenebenen - zu berichten hat. Weiters ist ihm freier Zugang zu sämtlichen Informationen, Daten, Aufzeichnungen und Systemen, die in irgend einem möglichen Zusammenhang mit Geldwäscherei und Terrorismusfinanzierung stehen könnten, sowie ausreichende Befugnisse einzuräumen. Kreditinstitute und Finanzinstitute haben durch entsprechende organisatorische Vorkehrungen sicherzustellen, dass die Aufgaben des besonderen Beauftragten jederzeit vor Ort erfüllt werden können.

Die Behörde (Abs. 1) hat den Kredit- und Finanzinstituten Zugang zu aktuellen Informationen über Methoden der Geldwäscherei und der Terrorismusfinanzierung und über Anhaltspunkte zu verschaffen, an denen sich verdächtige Transaktionen erkennen lassen. Ebenso sorgt sie dafür, dass eine zeitgerechte Rückmeldung in Bezug auf die Wirksamkeit von Verdachtsmeldungen bei Geldwäscherei oder Terrorismusfinanzierung und die daraufhin getroffenen Maßnahmen erfolgt, soweit dies praktikabel ist.

(5) Ergibt sich der FMA oder der Oesterreichischen Nationalbank bei Ausübung der Bankenaufsicht der Verdacht, daß eine Transakti-

on der Geldwäscherei oder der Terrorismusfinanzierung dient, so haben sie die Behörde (Abs. 1) hievon unverzüglich in Kenntnis zu setzen.

(6) (Anm.: aufgehoben durch BGBl. I Nr. 13/2014)

(7) Schadenersatzansprüche können aus dem Umstand, daß ein Kredit- oder Finanzinstitut oder ein dort Beschäftigter in fahrlässiger Unkenntnis, daß der Verdacht auf Geldwäscherei oder der Terrorismusfinanzierung oder der Verdacht auf ein Zuwiderhandeln im Sinne des § 40 Abs. 2 falsch war, eine Transaktion verspätet oder nicht durchgeführt hat, nicht erhoben werden.

(8) Zur Wahrnehmung der Aufgaben nach dieser Bestimmung ist die Behörde (Abs. 1) unbeschadet des Abs. 2 ermächtigt, von natürlichen und juristischen Personen sowie von sonstigen Einrichtungen mit Rechtspersönlichkeit die hiefür erforderlichen Daten zu ermitteln und zu verarbeiten. Weiters ist sie ermächtigt, personenbezogene Daten über den Kunden, die sie bei der Vollziehung von Bundes- oder Landesgesetzen ermittelt haben, zu verwenden und mit Stellen anderer Staaten auszutauschen, denen die Bekämpfung von Geldwäscherei und Terrorismusfinanzierung obliegt.

(9) Die FMA arbeitet für die Zwecke der Richtlinie 2005/60/EG in Übereinstimmung mit der Verordnung (EU) Nr. 1093/2010, der Verordnung (EU) Nr. 1094/2010 und der Verordnung (EU) Nr. 1095/2010 mit der EBA, der EIOPA und der ESMA zusammen und stellt diesen alle Informationen zur Verfügung, die zur Durchführung ihrer Aufgaben aufgrund der Richtlinie 2005/60/EG sowie der in diesem Absatz genannten Verordnungen erforderlich sind.

XI. Abschnitt
Interne Revision

[§ 42]

XII. Abschnitt
Rechnungslegung

[§§ 43 bis 65a]

XIII. Abschnitt
Bestimmungen über den Deckungsstock gemäß § 216 ABGB

[§§ 66 bis 68]

XIV. Abschnitt
Aufsicht

[§§ 69 bis 77c]

XV. Abschnitt
Moratorium und internationale Sanktionen

[§ 78]

XVI. Abschnitt
Oesterreichische Nationalbank

[§§ 79 bis 80]

XVII. Abschnitt
Geschäftsaufsicht und Insolvenzbestimmungen

[§§ 81 bis 91]

XVIII. Abschnitt
Strukturbestimmungen
[§ 92]

XIX. Abschnitt
Einlagensicherung und Anlegerentschädigung

[§§ 93 bis 93c]

XX. Abschnitt
Bezeichnungsschutz

[§ 94]

XXI. Abschnitt
Sparvereine und Werkssparkassen

[§ 95]

XXII. Abschnitt
Verfahrens- und Strafbestimmungen

[§§ 96 bis 101a]

XXIV. Abschnitt
Übergangs- und Schlußbestimmungen

[§§ 103 bis 108]

Auszug
Firmenbuchgesetz (FBG)

1. ABSCHNITT

[§§ 1 bis 2]

§ 3. Allgemeine Eintragungen

(1) Bei allen Rechtsträgern sind einzutragen:

1. die Firmenbuchnummer;
2. die Firma;
3. die Rechtsform;
4. der Sitz und die für Zustellungen maßgebliche Geschäftsanschrift; falls die Bezeichnung des Sitzes nicht mit dem Namen der politischen Gemeinde übereinstimmt, ist außerdem die politische Gemeinde, in der der Sitz liegt, anzugeben;

4a. der Umstand, dass eine für Zustellungen maßgebliche Geschäftsanschrift unbekannt ist;

5. eine kurze Bezeichnung des Geschäftszweigs nach eigener Angabe;
6. Zweigniederlassungen mit ihrem Ort, der für Zustellungen maßgeblichen Geschäftsanschrift und ihrer Firma, wenn sie vor der Firma der Hauptniederlassung abweicht;
7. der Tag der Feststellung der Satzung bzw. des Abschlusses des Gesellschaftsvertrags;
8. Name und Geburtsdatum des Einzelunternehmers, bei anderen Rechtsträgern ihrer vertretungsbefugten Personen sowie der Beginn und die Art ihrer Vertretungsbefugnis;
9. bei Prokuristen deren Name und Geburtsdatum sowie der Beginn und die Art ihrer Vertretungsbefugnis;
10. Vereinbarungen nach § 38 Abs. 4 UGB;
11. die Dauer des Unternehmens, wenn sie begrenzt ist;
12. bei Abwicklung (Liquidation) Name und Geburtsdatum der Abwickler (Liquidatoren) sowie der Beginn und die Art ihrer Vertretungsbefugnis;
13. die im Exekutions- und Insolvenzrecht zur Eintragung in das Firmenbuch vorgesehenen Verfügungsbeschränkungen, deren Aufhebung und die Namen der gesetzlichen Vertreter;
14. Eintragungen im Insolvenzverfahren gemäß § 77a Abs.1 IO;

14a. (Anm.: aufgehoben durch BGBl. I Nr. 58/2010)

15. Vorgänge, durch die ein Betrieb oder Teilbetrieb übertragen wird sowie deren Rechtsgrund; die Eintragungen sind sowohl beim Erwerber als auch beim Veräußerer vorzunehmen;
16. sonstige Eintragungen, die gesetzlich vorgesehen sind.

(2) Bei der Eintragung natürlicher Personen ist auch deren Anschrift ersichtlich zu machen.
(3) Wenn ein Rechtsträger dies beantragt, ist auch die Adresse seiner Internetseite einzutragen.

[§§ 4 bis 14]

2. ABSCHNITT
Verfahren

[§§ 15 bis 27]

3. ABSCHNITT
Bestimmungen für das ADV-Firmenbuch

[§§ 28 bis 36]

4. ABSCHNITT
Bestimmungen über die Löschung vermögensloser Gesellschaften

[§§ 39 bis 43]

Auszug

GmbH-Gesetz (GmbHG)

I. Hauptstück.
Organisatorische Bestimmungen.

[§§ 1 bis 21]

§ 22. (1) Die Geschäftsführer haben dafür zu sorgen, daß ein Rechnungswesen und ein internes Kontrollsystem geführt werden, die den Anforderungen des Unternehmens entsprechen.
(2) Jedem Gesellschafter sind ohne Verzug nach Aufstellung des Jahresabschlusses samt Lagebericht und des Konzernabschlusses samt Konzernlagebericht Abschriften zuzusenden. Er kann innerhalb von vierzehn Tagen vor der zur Prüfung des Jahresabschlusses berufenen Versammlung der Gesellschafter oder vor Ablauf der für die schriftliche Abstimmung festgesetzten Frist in die Bücher und Schriften der Gesellschaft Einsicht nehmen. Eine Bestimmung, daß den Gesellschaftern das Einsichtsrecht nicht zustehe, oder daß es innerhalb einer kürzeren Frist auszuüben oder sonstigen Beschränkungen unterworfen sei, darf in den Gesellschaftsvertrag nur aufgenommen werden, wenn ein Aufsichtsrat zu bestellen ist.
(3) Ist das Einsichtsrecht der Gesellschafter gemäß Abs. 2 ausgeschlossen, die hiefür bestehende gesetzliche Frist verkürzt oder sonstigen Beschränkungen unterworfen worden, so sind der Lagebericht, der Vorschlag der Geschäftsführer für die Gewinnverteilung, der Prüfungsbericht und der Konzernprüfungsbericht jedem Gesellschafter unverzüglich zuzusenden.

[§§ 23 bis 60]

II. Hauptstück.
Rechtsverhältnisse der Gesellschaft und der Gesellschafter.

[§§ 61 bis 83]

III. Hauptstück.
Auflösung.

[§§ 84 bis 101]

V. Hauptstück.
Behörden und Verfahren.

[§§ 102 bis 104]

VI. Hauptstück.
Ausländische Gesellschaften.

[§§ 107 bis 114]

VII. Hauptstück.
Konzerne.

[§ 115]

VIII. Hauptstück.
Strafbestimmungen, Schlußbestimmung.

[§§ 121 bis 127]

Auszug
Jurisdiktionsnorm (JN)

Erster Theil.
Von der Gerichtsbarkeit im allgemeinen.

[§§ 1. bis 47.]

Zweiter Theil.
Von der Gerichtsbarkeit in Streitsachen.

[§§ 49. bis 104a.]

Dritter Theil.
Von der Gerichtsbarkeit in Geschäften außer Streitsachen.

[§§ 105. bis 119.]

§ 120. Führung des Firmenbuchs; gesellschaftsrechtliche Angelegenheiten

(1) Die mit Handelssachen betrauten Gerichtshöfe erster Instanz sind sachlich zuständig

1. **zur Führung des Firmenbuchs;**
2. für die nach §§ 146 Abs. 2, 147, 157 Abs. 2, 166 Abs. 3, 183 Abs. 3, 270 Abs. 3 bis 5, 282 und 283 UGB vom Gericht zu erledigenden Angelegenheiten;
3. für die gemäß §§ 225c bis 225l AktG vom Gericht zu erledigenden Angelegenheiten;
4. für die nach dem SpaltG vom Gericht zu erledigenden Angelegenheiten;
5. für die nach dem UmwG vom Gericht zu erledigenden Angelegenheiten;
6. für die nach dem GesAusG vom Gericht zu erledigenden Angelegenheiten.

(2) Örtlich zuständig ist jenes Gericht (Abs. 1 Z 1, 2 und 6), in dessen Sprengel das Unternehmen seine Hauptniederlassung oder seinen Sitz hat. Dieses Gericht hat auch zu prüfen, ob eine Zweigniederlassung errichtet und ob § 29 UGB beachtet ist.

(3) Liegt die Hauptniederlassung oder der Sitz eines Unternehmens im Ausland, so richtet sich die örtliche Zuständigkeit nach dem Ort der inländischen Zweigniederlassung, bei mehreren inländischen Zweigniederlassungen nach dem Ort der frühesten inländischen Zweigniederlassung.

(4) Ist vor der Entscheidung ein anderes als das angerufene oder von Amts wegen eingeschrittene Gericht nach Abs. 2 oder 3 zuständig geworden, so ist die Sache an dieses zu überweisen.

(5) Eine Delegation aus Gründen der Zweckmäßigkeit ist unzulässig.

(5a) Örtlich zuständig ist jenes Gericht für die Angelegenheiten

1. gemäß Abs. 1 Z 3, in dessen Sprengel die übernehmende Gesellschaft ihren Sitz hat;
2. gemäß Abs. 1 Z 4, in dessen Sprengel die übertragende Gesellschaft ihren Sitz hat;
3. gemäß Abs. 1 Z 5, in dessen Sprengel die umzuwandelnde Kapitalgesellschaft ihren Sitz hat.

(6) Entsteht eine neue Gesellschaft durch Spaltung nach dem SpaltG, so ist für ihre erste Eintragung und für die Auskunftserteilung gemäß § 16 SpaltG das Gericht örtlich zuständig, in dessen Sprengel die übertragende Gesellschaft ihren Sitz hat. Ist nach dem UmwG bei einer Umwandlung ein Nachfolgerechtsträger in das Firmenbuch einzutragen, so ist für dessen Eintragung das Gericht örtlich zuständig, in dessen Sprengel die umzuwandelnde Kapitalgesellschaft ihren Sitz hat.

(7) Werden Gesellschaften verschmolzen, so ist sowohl für die Eintragung bei der übernehmenden Gesellschaft als auch bei der übertragenden Gesellschaft das Gericht zuständig, in dessen Sprengel die übernehmende Gesellschaft ihren Sitz hat. Wird eine Gesellschaft zur Aufnahme gespalten, so ist sowohl für die Eintragung bei der übertragenden Gesellschaft als auch bei der übernehmenden Gesellschaft das Gericht zuständig, in dessen Sprengel die übertragende Gesellschaft ihren Sitz hat.

[§§ 120a. bis 122.]

Auszug
Notariatsordnung (NO)

I. Hauptstück
Wirkungskreis der Notarinnen und Notare

[§§ 1 bis 5]

§ 5a.

Sieht das Gesetz vor, dass eine Privaturkunde vor einem Notar zu errichten ist, ohne ein Beglaubigungserfordernis zu verlangen, so hat der Notar die Identität der Partei an Hand eines amtlichen Lichtbildausweises zu überprüfen, die Partei umfassend über die mögliche Gestaltung der Urkunde und deren Rechtswirkungen zu belehren und sich zu vergewissern, dass die Partei die Tragweite und die Auswirkungen ihrer rechtsgeschäftlichen Verfügung verstanden hat. Zum Nachweis der Erfüllung dieser Pflicht ist die Urkunde auch vom Notar unter Hinweis auf diese Gesetzesstelle zu unterfertigen.

II. Hauptstück
Verleihung und Erlöschen des Amtes eines Notars, Urlaub

[§§ 6 bis 21]

III. Hauptstück
Gesellschaften

[§§ 22 bis 29]

IV. Hauptstück
Allgemeine Vorschriften über die Amtsführung der Notare

[§ 30]

§ 31.

(1) Der Notar hat seine Berufstätigkeit in der an seinem Amtssitz eröffneten Kanzlei (§ 18 Abs. 1) auszuüben. Außerhalb dieser Kanzlei darf er eine Berufstätigkeit ausüben, wenn es das Geschäft erfordert oder, in Fällen der Notwendigkeit, besonderen Dringlichkeit oder eines besonderen Vertrauensverhältnisses, von der Partei verlangt wird.
(2) Die Notariatskammer kann den Notar unter Berücksichtigung des Bedarfes der Bevölkerung verpflichten, außerhalb des Ortes seines Amtssitzes regelmäßig Amtstage abzuhalten.
(3) Der Notar ist berechtigt, einen im Ausland bestellten Notar auf dessen Ersuchen bei seinen Amtsgeschäften zu unterstützen und sich zu diesem Zweck in das Ausland zu begeben, soweit nicht die Vorschriften des betreffenden Staates entgegenstehen (kollegiale Hilfe). Er hat hiebei die ihm nach österreichischem Recht obliegenden Berufspflichten zu beachten. Ein im Ausland bestellter Notar darf nur auf Ersuchen eines inländischen Notars im Geltungsbereich dieses Gesetzes kollegiale Hilfe leisten; der erste Satz gilt entsprechend. Er hat hiebei die für einen österreichischen Notar geltenden Berufspflichten zu beachten.
(4) Der Notar hat seine Kanzlei durch ein Amtsschild zu bezeichnen, welches das österreichische Wappen, den Vor- und Zunamen des Notars mit einem Hinweis auf die Eigenschaft als öffentlicher Notar und im Fall einer Notar-Partnerschaft deren Firma zu enthalten hat. Die Namen anderer Personen dürfen auf dem Amtsschild nicht angeführt sein. Es darf aber von der Notariatskammer zugelassene Zusatzbezeichnungen und Bildzeichen enthalten.
(5) Der Notar ist verpflichtet, sich fortzubilden. Dies gilt insbesondere für jene Wissensgebiete, welche Gegenstand des Studiums (§ 6a) und der Notariatsprüfung (§ 20 NPG) sind.
(6) Dem Notar ist Werbung insoweit gestattet, als sie über seine berufliche Tätigkeit wahr und sachlich informiert und mit seinen Berufspflichten im Einklang steht.

[§§ 32 bis 36]

§ 36a.

(1) Der Notar ist im Hinblick auf die hier besonders hohe Gefahr der Geldwäscherei (§ 165 StGB) oder Terrorismusfinanzierung (§ 278d StGB) verpflichtet, alle Geschäfte besonders sorgfältig zu prüfen, bei denen er im Namen und auf Rechnung seiner Partei Finanz- oder Immobilientransaktionen durchführt oder für seine Partei an deren Planung oder Durchführung mitwirkt und die Folgendes betreffen:

1. den Kauf oder den Verkauf von Immobilien oder Unternehmen,
2. die Verwaltung von Geld, Wertpapieren oder sonstigen Vermögenswerten, die Eröffnung oder Verwaltung von Bank-, Spar- oder Wertpapierkonten oder
3. **die Gründung, den Betrieb oder die Verwaltung von Treuhandgesellschaften, Gesellschaften oder ähnlichen Strukturen, wie etwa Trusts oder Stiftungen, einschließlich der Beschaffung der zur Gründung, zum Betrieb oder zur Verwaltung von Gesellschaften erforderlichen Mittel.**

(2) Der Notar hat angemessene und geeignete Strategien und Verfahren zur Erfüllung der ihm im Rahmen der Bekämpfung von Geldwäscherei (§ 165 StGB) und Terrorismusfinanzierung (§ 278d StGB) auferlegten Sorgfaltspflichten in Ansehung von Parteien, Verdachtsmeldungen, der Aufbewahrung von Aufzeichnungen, interner Kontrolle, Risikobewertung und Risikomanagement sowie zur Sicherstellung der Einhaltung der einschlägigen Vorschriften und der Kommunikation innerhalb seiner Kanzlei einzuführen und aufrechtzuerhalten, um Transaktionen, die mit Geldwäscherei (§ 165 StGB) oder Terrorismusfinanzierung (§ 278d StGB) zusammenhängen, vorzubeugen und diese zu verhindern.

[§§ 36b bis 51]

V. Hauptstück
Besondere Vorschriften über die Amtsführung der Notare

[§§ 52 bis 109a]

VI. Hauptstück
Behandlung der aufzubewahrenden Acten und Führung der Verzeichnisse

[§§ 110 bis 116]

VII. Hauptstück
Notariatskandidaten, Notarsubstituten und Notariatssubstituten

[§§ 117 bis 123]

VIII. Hauptstück
Notariatskollegien, Notariatskammern, Österreichische Notariatskammer

[§§ 124 bis 142]

IX. Hauptstück
Aktenübernahme

[§§ 146 bis 148]

X. Hauptstück
Beaufsichtigung und Disciplinarbehandlung der Notare

[§§ 153 bis 185]

XI. Hauptstück
Strafbestimmungen

[§§ 186 bis 187]

XII. Hauptstück
Schiedsgerichtsbarkeit

[§ 188]

Auszug
Rechtsanwaltsordnung (RAO)

I. Abschnitt
Erfordernisse zur Ausübung der Rechtsanwaltschaft

[§§ 1 bis 7a]

II. Abschnitt
Rechte und Pflichten der Rechtsanwälte

[§ 8]

§ 8a.

(1) Der Rechtsanwalt ist im Hinblick auf die hier besonders hohe Gefahr der Geldwäscherei (§ 165 StGB) oder Terrorismusfinanzierung (§ 278d StGB) verpflichtet, alle Geschäfte besonders sorgfältig zu prüfen, bei denen er im Namen und auf Rechnung seiner Partei Finanz- oder Immobilientransaktionen durchführt oder für seine Partei an deren Planung oder Durchführung mitwirkt und die Folgendes betreffen:

1. den Kauf oder den Verkauf von Immobilien oder Unternehmen,
2. die Verwaltung von Geld, Wertpapieren oder sonstigen Vermögenswerten, die Eröffnung oder Verwaltung von Bank-, Spar- oder Wertpapierkonten oder
3. die Gründung, den Betrieb oder die Verwaltung von Treuhandgesellschaften, Gesellschaften oder ähnlichen Strukturen, wie etwa Trusts oder Stiftungen, einschließlich der Beschaffung der zur Gründung, zum Betrieb oder zur Verwaltung von Gesellschaften erforderlichen Mittel.

(2) Der Rechtsanwalt hat angemessene und geeignete Strategien und Verfahren zur Erfüllung der ihm im Rahmen der Bekämpfung von Geldwäscherei (§ 165 StGB) und Terrorismusfinanzierung (§ 278d StGB) auferlegten Sorgfaltspflichten in Ansehung von Parteien, Verdachtsmeldungen, der Aufbewahrung von Aufzeichnungen, interner Kontrolle, Risikobewertung und Risikomanagement sowie zur Sicherstellung der Einhaltung der einschlägigen Vorschriften und der Kommunikation innerhalb seiner Kanzlei einzuführen und aufrechtzuerhalten, um Transaktionen, die mit Geldwäscherei (§ 165 StGB) oder Terrorismusfinanzierung (§ 278d StGB) zusammenhängen, vorzubeugen und diese zu verhindern.

§ 8b.

(1) Bei Vorliegen eines der in § 8a Abs. 1 angeführten Geschäfte ist der Rechtsanwalt verpflichtet, die Identität seiner Partei und jene des wirtschaftlichen Eigentümers (§ 8d) festzustellen und zu prüfen:

1. bei Anknüpfung eines auf gewisse Dauer angelegten Auftragsverhältnisses (Geschäftsbeziehung) vor Annahme des Auftrags,
2. bei allen sonstigen Geschäften, bei denen die Auftragssumme (die Bemessungsgrundlage nach den Allgemeinen Honorar-Kriterien für Rechtsanwälte im Verein mit dem RATG) mindestens 15 000 Euro beträgt, und zwar unabhängig davon, ob das Geschäft in einem einzigen Vorgang oder in mehreren Vorgängen, zwischen denen eine Verbindung zu bestehen scheint, getätigt wird, vor Durchführung des Geschäfts; ist die Auftragssumme (die Höhe der Bemessungsgrundlage) zunächst nicht bekannt, so ist die Identität festzustellen, sobald absehbar ist oder fest steht, dass die Auftragssumme (die Höhe der Bemessungsgrundlage) voraussichtlich mindestens 15 000 Euro beträgt,
3. wenn er weiß, den Verdacht oder berechtigten Grund zu der Annahme hat, dass das Geschäft der Geldwäscherei (§ 165 StGB) oder der Terrorismusfinanzierung (§ 278d StGB) dient oder

4. wenn er Zweifel an der Echtheit oder Angemessenheit der erhaltenen Identitätsnachweise hat.

(2) Die Identität der Partei ist durch persönliche Vorlage eines amtlichen Lichtbildausweises oder, wo dies nicht möglich und die Vornahme einer Transaktion zur Sicherung der Verteidigungsrechte oder des Rechts auf effektive Rechtsdurchsetzung im Sinn des Art. 6 EMRK geboten ist, einen amtlich dokumentierten, in gleicher Weise beweiskräftigen Vorgang festzustellen. Als amtlicher Lichtbildausweis in diesem Sinne gelten von einer staatlichen Behörde ausgestellte Dokumente, die mit einem nicht austauschbaren, erkennbaren Kopfbild der betreffenden Person versehen sind und den Namen, die Unterschrift und, soweit dies nach dem Recht des ausstellenden Staates vorgesehen ist, auch das Geburtsdatum der Person sowie die ausstellende Behörde enthalten. Schreitet für die Partei ein Vertreter ein, so ist dessen Identität in gleicher Weise festzustellen. Die Vertretungsbefugnis ist anhand geeigneter Bescheinigungen zu überprüfen.

(3) Ist die Partei bei Anknüpfung der Geschäftsbeziehung oder Durchführung des Geschäfts nicht physisch anwesend (Ferngeschäft), so hat der Rechtsanwalt zusätzlich geeignete und beweiskräftige Maßnahmen zu ergreifen, um die Identität der Partei verlässlich festzustellen und zu prüfen und dafür zu sorgen, dass die erste Zahlung der Partei im Rahmen des Geschäfts über ein Konto abgewickelt wird, das im Namen des Kunden bei einem Kreditinstitut eröffnet wurde, das in den Anwendungsbereich der Richtlinie 2005/60/EG fällt.

(4) Der Rechtsanwalt hat risikobasierte und angemessene Maßnahmen zur Überprüfung der Identität des wirtschaftlichen Eigentümers zu setzen. Der Nachweis der Identität des jeweiligen Auftraggebers hat bei natürlichen Personen durch Vorlage des Originals oder einer Kopie des amtlichen Lichtbildausweises des jeweiligen Auftraggebers zu erfolgen, bei juristischen Personen durch beweiskräftige Urkunden.

(5) Der Rechtsanwalt hat die nach Abs. 2 bis 4 zur Feststellung der Identität vorgelegten Unterlagen soweit als möglich im Original aufzubewahren. Bei amtlichen Lichtbildausweisen und anderen Unterlagen, deren Aufbewahrung im Original nicht möglich oder nicht tunlich ist, sind Kopien anzufertigen und aufzubewahren.

(6) Der Rechtsanwalt hat auf der Grundlage einer risikobasierten Beurteilung Informationen über den Zweck und die angestrebte Art der Geschäftsbeziehung oder des Geschäfts einzuholen und die Geschäftsbeziehung laufend zu überwachen. Erhöhte Aufmerksamkeit hat der Rechtsanwalt besonders komplexen oder solchen Geschäftsbeziehungen und Geschäften zu widmen, die der Abwicklung besonders komplexer oder aufgrund ihrer Konstruktion ungewöhnlicher Transaktionen dienen sollen. Eine Verpflichtung zu erhöhter Aufmerksamkeit des Rechtsanwalts besteht ferner jedenfalls dann, wenn die Partei oder der wirtschaftliche Eigentümer den Sitz oder Wohnsitz in einem Staat hat, der in einer von der FMA gemäß § 40b Abs. 1 BWG zu erlassenden Verordnung als Staat angeführt ist, in dem laut glaubwürdiger Quelle ein erhöhtes Risiko der Geldwäscherei und der Terrorismusfinanzierung besteht. Die Überwachung schließt eine Überprüfung der im Verlauf der Geschäftsbeziehung abgewickelten Transaktionen mit ein, um sicherzustellen, dass diese mit den Kenntnissen des Rechtsanwalts über die Partei, deren Geschäftstätigkeit und Risikoprofil einschließlich erforderlichenfalls der Quelle der Mittel zusammenpassen. Der Rechtsanwalt hat dafür zu sorgen, dass die jeweiligen Dokumente, Daten oder Informationen stets aktualisiert werden.

(7) Ist der Rechtsanwalt nicht oder nicht mehr in der Lage, die Identität der Partei und jene des wirtschaftlichen Eigentümers festzustellen und zu prüfen oder Informationen über den

Zweck und die angestrebte Art der Geschäftsbeziehung einzuholen, darf das Auftragsverhältnis nicht begründet und die Transaktion nicht durchgeführt werden; eine bereits bestehende Geschäftsbeziehung ist zu beenden. Überdies ist eine Meldung an den Bundesminister für Inneres (Bundeskriminalamt, Geldwäschemeldestelle gemäß § 4 Abs. 2 Bundeskriminalamt-Gesetz) in Erwägung zu ziehen. Kommt die Partei mutwillig einem berechtigten Auskunftsverlangen des Rechtsanwalts im Rahmen seiner Identifizierungsverpflichtung nicht nach, so ist der Bundesminister für Inneres (Bundeskriminalamt, Geldwäschemeldestelle gemäß § 4 Abs. 2 Bundeskriminalamt-Gesetz) zu verständigen. § 8c Abs. 1 zweiter Satz gilt sinngemäß.

§ 8c.

(1) In den Fällen des § 8a Abs. 1 hat der Rechtsanwalt unverzüglich den Bundesminister für Inneres (Bundeskriminalamt, Geldwäschemeldestelle gemäß § 4 Abs. 2 Bundeskriminalamt-Gesetz) zu informieren, wenn er weiß, den Verdacht oder berechtigten Grund zu der Annahme hat, dass das Geschäft der Geldwäscherei (§ 165 StGB) oder der Terrorismusfinanzierung (§ 278d StGB) dient (Verdachtsmeldung). Der Rechtsanwalt ist aber nicht zur Verdachtsmeldung hinsichtlich solcher Tatsachen verpflichtet, die er von einer oder über eine Partei im Rahmen der Rechtsberatung oder im Zusammenhang mit ihrer Vertretung vor einem Gericht oder einer diesem vorgeschalteten Behörde oder Staatsanwaltschaft erfahren hat, es sei denn, dass die Partei für den Rechtsanwalt erkennbar die Rechtsberatung offenkundig zum Zweck der Geldwäscherei (§ 165 StGB) oder der Terrorismusfinanzierung (§ 278d StGB) in Anspruch nimmt.

(1a) Von einer Verdachtsmeldung oder einer Meldung an den Bundesminister für Inneres (Bundeskriminalamt, Geldwäschemeldestelle gemäß § 4 Abs. 2 Bundeskriminalamt-Gesetz) nach § 8b darf der Rechtsanwalt nur die zur Bekämpfung der Geldwäscherei und Terrorismusfinanzierung zuständigen Behörden, die Rechtsanwaltskammer und die Strafverfolgungsbehörden in Kenntnis setzen (Verbot der Informationsweitergabe). Die Weitergabe dieser Information innerhalb der Rechtsanwaltskanzlei sowie gegebenenfalls der Rechtsanwalts-Gesellschaft ist zulässig. Das Verbot der Informationsweitergabe steht Bemühungen des Rechtsanwalts nicht entgegen, die Partei davon abzuhalten, eine rechtswidrige Handlung zu begehen. Ist die Partei auch Auftraggeber eines anderen Rechtsanwalts aus einem Mitgliedstaat der Europäischen Union oder einem Drittland, in dem der Richtlinie 2005/60/EG gleichwertige Anforderungen sowie gleichwertige Verschwiegenheits- und Datenschutzpflichten gelten, oder ist ein solcher Rechtsanwalt sonst an der Transaktion der Partei beteiligt, so können Informationen, die sich auf diese Transaktion beziehen, zwischen den Rechtsanwälten weitergegeben werden. Die ausgetauschten Informationen dürfen jedoch ausschließlich zur Verhinderung der Geldwäscherei (§ 165 StGB) oder Terrorismusfinanzierung (§ 278d StGB) verwendet werden.

(2) Hat der Rechtsanwalt eine Verdachtsmeldung nach Abs. 1 zu erstatten, so darf er das Geschäft nicht vornehmen, bevor er den Bundesminister für Inneres (Bundeskriminalamt, Geldwäschemeldestelle gemäß § 4 Abs. 2 Bundeskriminalamt-Gesetz) benachrichtigt hat. Der Rechtsanwalt ist berechtigt, vom Bundesminister für Inneres (Bundeskriminalamt, Geldwäschemeldestelle gemäß § 4 Abs. 2 Bundeskriminalamt-Gesetz) zu verlangen, dass dieser entscheidet, ob gegen die unverzügliche Durchführung des Geschäfts Bedenken bestehen; äußert sich der Bundesminister für Inneres (Bundeskriminalamt, Geldwäschemeldestelle gemäß § 4 Abs. 2 Bundeskriminalamt-Gesetz) nicht bis zum Ende des folgenden Werktags, so darf das Geschäft unverzüglich durchgeführt werden. Falls der Verzicht auf

die Durchführung des Geschäfts aber nicht möglich ist oder durch einen solchen Verzicht die Ermittlung des Sachverhalts oder die Sicherstellung der Vermögenswerte erschwert oder verhindert würde, so hat der Rechtsanwalt dem Bundesminister für Inneres (Bundeskriminalamt, Geldwäschemeldestelle gemäß § 4 Abs. 2 Bundeskriminalamt-Gesetz) unmittelbar danach die nötige Information zu erteilen.

(3) Der Bundesminister für Inneres (Bundeskriminalamt, Geldwäschemeldestelle gemäß § 4 Abs. 2 Bundeskriminalamt-Gesetz) ist ermächtigt, anzuordnen, dass die Durchführung eines solchen Geschäfts zu unterbleiben hat oder vorläufig aufzuschieben ist. Der Bundesminister für Inneres (Bundeskriminalamt, Geldwäschemeldestelle gemäß § 4 Abs. 2 Bundeskriminalamt-Gesetz) hat den Rechtsanwalt, die Partei und die Staatsanwaltschaft ohne unnötigen Aufschub von der Anordnung zu verständigen. Mit der Verständigung des Rechtsanwalts gilt diese Anordnung als erlassen. Die Verständigung der Partei hat den Hinweis zu enthalten, dass sie oder ein sonst Betroffener berechtigt sei, Beschwerde wegen Verletzung ihrer Rechte an das Bundesverwaltungsgericht zu erheben; auf die in §§ 7 und 9 VwGVG enthaltenen Bestimmungen für solche Beschwerden ist hinzuweisen. Sobald die Partei von einer solchen Anordnung zu verständigen wäre, darf der Rechtsanwalt seine Partei jedenfalls davon in Kenntnis setzen.

(4) Der Bundesminister für Inneres (Bundeskriminalamt, Geldwäschemeldestelle gemäß § 4 Abs. 2 Bundeskriminalamt-Gesetz) hat die Anordnung nach Abs. 3 aufzuheben, sobald die Voraussetzungen für die Erlassung weggefallen sind oder die Staatsanwaltschaft erklärt, dass die Voraussetzungen für die Beschlagnahme nach § 115 Abs. 1 Z 3 StPO nicht bestehen. Die Anordnung tritt im Übrigen außer Kraft,

1. wenn seit ihrer Erlassung sechs Monate vergangen sind, oder
2. sobald das Gericht über einen Antrag auf Erlassung einer einstweiligen Verfügung nach § 144a StPO rechtskräftig entschieden hat.

(5) Zur Wahrnehmung der ihm nach Abs. 1 bis 4 sowie § 8b zukommenden Aufgaben ist der Bundesminister für Inneres (Bundeskriminalamt, Geldwäschemeldestelle gemäß § 4 Abs. 2 Bundeskriminalamt-Gesetz) ermächtigt, die hiefür erforderlichen Daten natürlicher und juristischer Personen sowie sonstiger Einrichtungen mit Rechtspersönlichkeit zu ermitteln, zu verarbeiten und mit Stellen anderer Staaten auszutauschen, denen die Bekämpfung von Geldwäscherei und Terrorismusfinanzierung obliegt.

§ 8d.

Wirtschaftliche Eigentümer sind die natürlichen Personen, in deren Eigentum oder unter deren Kontrolle die Partei letztlich steht oder in deren Auftrag sie handelt. Der Begriff des wirtschaftlichen Eigentümers umfasst insbesondere:

1. bei Gesellschaften:

a) die natürlichen Personen, in deren Eigentum oder unter deren Kontrolle eine Rechtsperson über das direkte oder indirekte Halten oder Kontrollieren eines ausreichenden Anteils von Aktien oder Stimmrechten jener Rechtsperson, einschließlich über Beteiligungen in Form von Inhaberaktien, letztlich steht, bei der es sich nicht um eine auf einem geregelten Markt notierte Gesellschaft handelt, die dem Gemeinschaftsrecht entsprechenden Offenlegungsanforderungen oder gleichwertigen internationalen Standards unterliegt;

   ein Anteil von 25 % plus einer Aktie gilt als ausreichend, damit dieses Kriterium erfüllt wird;

b) die natürlichen Personen, die auf andere Weise die Kontrolle über die Geschäftsleitung einer Rechtsperson ausüben;

2. bei Rechtspersonen, wie beispielsweise Stiftungen, und bei Trusts, die Gelder verwalten oder verteilen:

a) sofern die künftigen Begünstigten bereits bestimmt wurden, jene natürlichen Personen, die die Begünstigten von 25% oder mehr der Zuwendungen eines Trusts oder einer Rechtsperson sind;

b) sofern die Einzelpersonen, die Begünstigte des Trusts oder der Rechtsperson sind, noch nicht bestimmt wurden, die Gruppe von Personen, in deren Interesse hauptsächlich der Trust oder die Rechtsperson wirksam ist oder errichtet wurde;

c) die natürlichen Personen, die eine Kontrolle über 25% oder mehr des Vermögens eines Trusts oder einer Rechtsperson ausüben.

§ 8e.

(1) Ausgenommen im Fall des § 8b Abs. 1 Z 3 entfallen die in § 8b angeführten Pflichten zur Feststellung und Prüfung der Identität der Partei und jener des wirtschaftlichen Eigentümers, zur Einholung von Informationen über den Zweck und die angestrebte Art der Geschäftsbeziehung, zu deren Überwachung und zur Aktualisierung der Informationen, wenn die Partei

1. ein Kredit- oder Finanzinstitut ist, das in den Anwendungsbereich der Richtlinie 2005/60/EG fällt,

2. ein in einem Drittland ansässiges Kredit- oder Finanzinstitut ist, das dort Anforderungen unterworfen ist, die den in der Richtlinie 2005/60/EG vorgesehenen Anforderungen gleichwertig sind, und einer Aufsicht in Bezug auf deren Einhaltung unterliegt,

3. eine börsennotierte Gesellschaft ist, deren Wertpapiere zum Handel auf einem geregelten Markt gemäß § 2 Z 37 Bankwesengesetz in einem oder mehreren Mitgliedstaaten zugelassen sind, oder eine börsennotierte Gesellschaft aus Drittländern ist, die gemäß einer auf Basis der Verordnungsermächtigung gemäß § 85 Abs. 10 Börsegesetz durch die FMA zu erlassenden Verordnung Offenlegungsanforderungen unterliegt, die dem Gemeinschaftsrecht entsprechen oder mit diesem vergleichbar sind,

4. eine inländische Behörde ist oder

5. eine sonstige Behörde oder öffentliche Einrichtung ist,

a) die auf Grundlage des Vertrags über die Europäische Union, der Verträge zur Gründung der Europäischen Gemeinschaften oder des Sekundärrechts der Gemeinschaft mit öffentlichen Aufgaben betraut wurde und

b) deren Identität öffentlich nachprüfbar und transparent ist und zweifelsfrei feststeht und

c) deren Tätigkeiten und Rechnungslegungspraktiken transparent sind und

d) die gegenüber einem Organ der Gemeinschaft oder den Behörden eines Mitgliedstaats rechenschaftspflichtig ist oder in Ansehung derer anderweitige Kontroll- und Gegenkontrollmechanismen zur Überprüfung ihrer Tätigkeit bestehen, oder

6. eine sonstige juristische Person ist,

a) die in einem Mitgliedstaat ansässig ist, der ihre Tätigkeit den Bestimmungen der Richtlinie 2005/60/EG gemäß deren Art. 4 unterstellt hat, und die gemäß deren Art. 37 Abs. 3 der Aufsicht durch die zuständigen Behörden unterliegt, wobei die Nichteinhaltung der Anforderungen der Richtlinie wirksame, verhältnismäßige und abschreckende Sanktionen nach sich zieht, und

b) deren Identität öffentlich nachprüfbar und transparent ist und zweifelsfrei feststeht und

c) die nach einzelstaatlichem Recht für die Aufnahme des Finanzgeschäfts zwingend einer Genehmigung bedarf, welche bei mangelnder Zuverlässigkeit und fachlicher Eignung der die Geschäfte führenden natürlichen Personen oder der wirtschaftlichen Eigentümer verweigert werden kann und die einer umfassenden Aufsicht (einschließlich von eingehenden Prüfungen vor Ort) durch die zuständigen Behörden unterliegt, oder

7. eine Zweigniederlassung einer unter Z 6 fallenden Person ist, wenn und soweit der Mitgliedstaat auch die Tätigkeit dieser Zweigniederlassung den Bestimmungen der Richtlinie 2005/60/EG unterstellt hat.

(2) Der Rechtsanwalt hat aber jedenfalls ausreichende Informationen zu sammeln, um verlässlich feststellen zu können, dass die Ausnahmebestimmung auf die Partei Anwendung findet.

§ 8f.

(1) Bei Vorliegen eines der in § 8a Abs. 1 angeführten Geschäfte hat der Rechtsanwalt im Rahmen seiner Identifizierungspflicht zu prüfen, ob die Partei eine in einem anderen Mitgliedstaat oder in einem Drittstaat ansässige politisch exponierte Person im Sinne von Abs. 2 ist. Zu diesem Zweck muss er über angemessene, risikobasierte Verfahren verfügen, an Hand derer dies bestimmt werden kann.

(2) Politisch exponierte Personen sind

1. natürliche Personen, die folgende öffentliche Ämter auf nationaler Ebene, Gemeinschaftsebene oder internationaler Ebene ausüben oder innerhalb des letzten Jahres ausgeübt haben:

a) Staatschefs, Regierungschefs, Minister, stellvertretende Minister und Staatssekretäre,

b) Parlamentsmitglieder,

c) Mitglieder von obersten Gerichten, Verfassungsgerichten oder sonstigen hochrangigen Institutionen der Justiz, gegen deren Entscheidungen, von außergewöhnlichen Umständen abgesehen, kein Rechtsmittel eingelegt werden kann, es sei denn, sie nehmen nur mittlere oder niedrigere Funktionen wahr,

d) Mitglieder der Rechnungshöfe oder Vorstände von Zentralbanken, es sei denn, sie nehmen nur mittlere oder niedrigere Funktionen wahr,

e) Botschafter, Geschäftsträger und hochrangige Offiziere der Streitkräfte (insbesondere im Rang eines Generals oder Admirals), es sei denn, sie nehmen nur mittlere oder niedrigere Funktionen wahr, oder

f) Mitglieder der Verwaltungs-, Leitungs- oder Aufsichtsorgane staatlicher Unternehmen, es sei denn, sie nehmen nur mittlere oder niedrigere Funktionen wahr,

2. der Ehepartner oder die Ehepartnerin beziehungsweise bei Gleichstellung im einzelstaatlichen Recht der Lebensgefährte oder die Lebensgefährtin, die Kinder und deren Ehepartner oder Ehepartnerinnen beziehungsweise Lebengefährten oder Lebensgefährtinnen sowie die Eltern der in Z 1 genannten Person oder

3. natürliche Personen, die bekanntermaßen mit einer in Z 1 genannten Person gemeinsam wirtschaftlicher Eigentümer (§ 8d) von Rechtspersonen oder Rechtsvereinbarungen sind oder mit dieser Person sonstige enge Geschäftsbeziehungen unterhalten, sowie natürliche Personen, die alleinige wirtschaftliche Eigentümer (§ 8d) von Rechtspersonen oder Rechtsvereinbarungen sind, die bekanntermaßen tatsächlich zum Nutzen einer in Z 1 genannten Person errichtet wurden.

(3) Ein Auftragsverhältnis mit einer in einem anderen Mitgliedstaat oder in einem Drittstaat ansässigen politisch exponierten Person darf nur nach vorheriger Zustimmung des Rechtsanwalts (eines zur Geschäftsführung befugten

Rechtsanwalts der Rechtsanwaltsgesellschaft) eingegangen werden. Ist die Partei oder der wirtschaftliche Eigentümer eine in einem anderen Mitgliedstaat oder in einem Drittstaat ansässige, politisch exponierte Person, so hat der Rechtsanwalt angemessene Maßnahmen zu ergreifen, um die Herkunft der Mittel zu prüfen, die im Rahmen der Geschäftsbeziehung oder der Transaktion eingesetzt werden, und die Geschäftsbeziehung einer verstärkten fortlaufenden Überwachung zu unterziehen.

§ 9.

(1) Der Rechtsanwalt ist verpflichtet, die übernommenen Vertretungen dem Gesetz gemäß zu führen und die Rechte seiner Partei gegen jedermann mit Eifer, Treue und Gewissenhaftigkeit zu vertreten. Er ist befugt, alles, was er nach dem Gesetz zur Vertretung seiner Partei für dienlich erachtet, unumwunden vorzubringen, ihre Angriffs- und Verteidigungsmittel in jeder Weise zu gebrauchen, welche seinem Auftrag, seinem Gewissen und den Gesetzen nicht widerstreiten.

(1a) Der Rechtsanwalt ist entsprechend den technischen und organisatorischen Möglichkeiten und den Erfordernissen einer geordneten Rechtspflege nach Maßgabe von Richtlinien gemäß § 37 Z 6 verpflichtet, für die zur Wahrung, Verfolgung und Durchsetzung der ihm anvertrauten Interessen notwendigen Einrichtungen, insbesondere um sich im Verkehr mit Gerichten des elektronischen Rechtsverkehrs (§ 89a GOG) zu bedienen, Sorge zu tragen.

(2) Der Rechtsanwalt ist zur Verschwiegenheit über die ihm anvertrauten Angelegenheiten und die ihm sonst in seiner beruflichen Eigenschaft bekanntgewordenen Tatsachen, deren Geheimhaltung im Interesse seiner Partei gelegen ist, verpflichtet. Er hat in gerichtlichen und sonstigen behördlichen Verfahren nach Maßgabe der verfahrensrechtlichen Vorschriften das Recht auf diese Verschwiegenheit. Gleiches gilt für die Gesellschafter sowie die Mitglieder der durch Gesetz oder Gesellschaftsvertrag vorgesehenen Aufsichtsorgane einer Rechtsanwalts-Gesellschaft.

(3) Das Recht des Rechtsanwaltes auf Verschwiegenheit nach Abs. 2 zweiter Satz darf durch gerichtliche oder sonstige behördliche Maßnahmen, insbesondere durch Vernehmung von Hilfskräften des Rechtsanwaltes oder dadurch, daß die Herausgabe von Schriftstücken, Bild-, Ton- oder Datenträgern aufgetragen wird oder diese beschlagnahmt werden, nicht umgangen werden; besondere Regelungen zur Abgrenzung dieses Verbotes bleiben unberührt.

(4) Bei Vorliegen eines der im § 8a Abs. 1 angeführten Geschäfte hat der Rechtsanwalt dem Bundesminister für Inneres (Bundeskriminalamt, Geldwäschemeldestelle gemäß § 4 Abs. 2 Bundeskriminalamt-Gesetz) auf Anfrage über alle ihm bekannten Umstände Auskunft zu erteilen, soweit dies zur Klärung eines gegen die Partei gerichteten Verdachts auf Geldwäscherei (§ 165 StGB) oder Terrorismusfinanzierung (§ 278d StGB) erforderlich ist. Diese Verpflichtung entfällt unter den in § 8c Abs. 1 zweiter Satz genannten Voraussetzungen.

(5) Die gutgläubige Mitteilung an den Bundesminister für Inneres (Bundeskriminalamt, Geldwäschemeldestelle gemäß § 4 Abs. 2 Bundeskriminalamt-Gesetz) gemäß §§ 8b und 8c gilt nicht als Verletzung der Verschwiegenheitspflicht sowie anderer vertraglicher oder durch Rechts- und Verwaltungsvorschriften geregelter Bekanntmachungsbeschränkungen (Geheimhaltungspflichten) und zieht für den Rechtsanwalt keinerlei nachteilige Rechtsfolgen nach sich.

[§§ 9a bis 21g]

III. Abschnitt
Die Rechtsanwaltskammer und deren Ausschuß

[§§ 22 bis 33]

IV. Abschnitt
Erlöschung der Rechtsanwaltschaft

[§ 34]

V. Abschnitt
Österreichischer Rechtsanwaltskammertag

[§§ 35 bis 44]

VI. Abschnitt
Bestellung von Rechtsanwälten, besonders zur Verfahrenshilfe

[§§ 45 bis 46]

VII. Abschnitt
Pauschalvergütung
Alters-, Berufsunfähigkeits- und Hinterbliebenenversorgung

[§§ 47 bis 56a]

VIII. Abschnitt
Strafbestimmungen

[§§ 57 bis 58]

IX. Abschnitt
Schiedsgerichtsbarkeit

[§ 59]

Auszug

Richtlinien für die Ausübung des Rechtsanwaltsberufes und für die Überwachung der Pflichten des Rechtsanwaltes und des Rechtsanwaltsanwärters (RL-BA 1977)

Allgemeiner Teil

Artikel I - Der Rechtsanwalt und sein Beruf

[§§ 1 bis 9c]

Artikel II - Der Rechtsanwalt und seine Partei

§ 10.

Vornehmste Berufspflicht des Rechtsanwaltes ist die Treue zu seiner Partei. Interessen des Rechtsanwaltes und Rücksichten auf Kollegen haben im Widerstreit zurückzutreten.

[§§ 11 bis 17a]

Artikel III - Das Mitglied der Rechtsanwaltskammer und sein Stand

[§§ 18 bis 23a]

Besonderer Teil

Artikel IV - Die Rechtsanwaltspartnerschaft und andere berufliche Zusammenschlüsse

[§§ 24 bis 31]

Artikel V - Rechtsanwaltsanwärter

[§§ 32 bis 36]

Artikel VI - Substitutionsverkehr

[§§ 37 bis 39]

Artikel VII - Kanzleiführung

[§§ 42 bis 44]

Artikel VIII - Rechtsanwalt und Öffentlichkeit

[§§ 45 bis 47]

Artikel IX - Honorar

[§§ 50 bis 52]

Artikel X - Verfahrenshilfe

[§§ 56 bis 58]

Artikel XI - Mittlerweiliger Stellvertreter

[§§ 59 bis 62]

Artikel XII - Der Rechtsanwalt und Mediation

[§§ 63 bis 69]

Auszug

Strafgesetzbuch (StGB)

Allgemeiner Teil

[§§ 1 bis 74]

Besonderer Teil

[§§ 75 bis 153]

§ 153a. Geschenkannahme durch Machthaber

Wer für die Ausübung der ihm durch Gesetz, behördlichen Auftrag oder Rechtsgeschäft eingeräumten Befugnis, über fremdes Vermögen zu verfügen oder einen anderen zu verpflichten, einen nicht bloß geringfügigen Vermögensvorteil angenommen hat und pflichtwidrig nicht abführt, ist mit Freiheitsstrafe bis zu einem Jahr zu bestrafen.

[§§ 153b bis 321j]

Schlußteil

[§§ 322 bis 324]

Auszug
Unternehmensgesetzbuch (UGB)

ERSTES BUCH
Allgemeine Bestimmungen

ERSTER ABSCHNITT
Begriffe und Anwendungsbereich

[§§ 1 bis 6]

ZWEITER ABSCHNITT
Firmenbuch

[§§ 7 bis 13]

§ 14. Geschäftspapiere und Bestellscheine

(1) In das Firmenbuch eingetragene Unternehmer haben auf allen Geschäftsbriefen und Bestellscheinen, die auf Papier oder in sonstiger Weise an einen bestimmten Empfänger gerichtet sind, sowie auf ihren Webseiten die Firma, die Rechtsform, den Sitz und die Firmenbuchnummer des Unternehmers, gegebenenfalls den Hinweis, dass sich der Unternehmer in Liquidation befindet, sowie das Firmenbuchgericht anzugeben. Bei einer offenen Gesellschaft oder Kommanditgesellschaft, bei der kein unbeschränkt haftender Gesellschafter eine natürliche Person ist, sind diese Angaben auf den Geschäftsbriefen, Bestellscheinen und Webseiten der Gesellschaft auch über die unbeschränkt haftenden Gesellschafter zu machen. Einzelunternehmer haben auch ihren Namen anzugeben, wenn er sich von der Firma unterscheidet. Genossenschaften haben auch die Art ihrer Haftung anzugeben.
(2) Werden bei einer Kapitalgesellschaft auf Geschäftsbriefen, Bestellscheinen und Webseiten Angaben über das Kapital der Gesellschaft gemacht, so müssen in jedem Fall das Grund- und Stammkapital sowie bei der Aktiengesellschaft, wenn auf die Aktien der Ausgabebetrag nicht vollständig, bei der Gesellschaft mit beschränkter Haftung, wenn nicht alle in Geld zu leistenden Einlagen eingezahlt sind, der Gesamtbetrag der ausstehenden Einlagen angegeben werden.
(3) Auf Geschäftsbriefen, Bestellscheinen und Webseiten, die von einer inländischen Zweigniederlassung eines Unternehmers mit ausländischer Hauptniederlassung oder mit ausländischem Sitz benützt werden, sind außer den Angaben nach Abs. 1 und 2 die Firma, die Firmenbuchnummer der Zweigniederlassung und das Firmenbuchgericht anzugeben.
(4) Der Angaben nach Abs. 1 und 2 bedarf es nicht bei Mitteilungen oder Berichten, die im Rahmen einer bestehenden Geschäftsverbindung ergehen und für die üblicherweise Vordrucke verwendet werden, in denen lediglich die im Einzelfall erforderlichen besonderen Angaben eingefügt zu werden brauchen. Diese Regelung gilt nicht für Bestellscheine.
(5) Wer als Unternehmer diesen Verpflichtungen nicht nachkommt, ist dazu vom Firmenbuchgericht durch eine Zwangsstrafe anzuhalten.
§ 24 FBG findet sinngemäß Anwendung. Ist der Unternehmer keine natürliche Person, so richtet sich die Zwangsstrafe gegen die Mitglieder des vertretungsbefugten Organs, im Falle einer inländischen Zweigniederlassung eines Unternehmers mit ausländischer Hauptniederlassung oder mit ausländischem Sitz gegen die für diese vertretungsbefugten Personen.

[§§ 15 bis 16]

DRITTER ABSCHNITT
Firma

[§§ 17 bis 37]

VIERTER ABSCHNITT
Unternehmensübergang

[§§ 38 bis 40]

FÜNFTER ABSCHNITT
Prokura und Handlungsvollmacht

[§§ 48 bis 58]

ZWEITES BUCH
Offene Gesellschaft, Kommanditgesellschaft und stille Gesellschaft

ERSTER ABSCHNITT
Offene Gesellschaft

[§§ 105 bis 160]

ZWEITER ABSCHNITT
Kommanditgesellschaft

[§§ 161 bis 178]

DRITTER ABSCHNITT
Stille Gesellschaft

[§§ 179 bis 188]

DRITTES BUCH
Rechnungslegung

ERSTER ABSCHNITT
Allgemeine Vorschriften

ERSTER TITEL
Buchführung, Inventarerrichtung

§ 189. Anwendungsbereich

(1) Soweit in der Folge nichts anderes bestimmt wird, ist das Dritte Buch anzuwenden auf:

1. Kapitalgesellschaften und unternehmerisch tätige Personengesellschaften, bei denen kein unbeschränkt haftender Gesellschafter eine natürliche Person ist,
2. alle anderen mit Ausnahme der in Abs. 4 genannten Unternehmer, die hinsichtlich der einzelnen einheitlichen Betriebe jeweils mehr als 700 000 Euro Umsatzerlöse im Geschäftsjahr erzielen.

(2) Die Rechtsfolgen des Schwellenwertes (Abs. 1 Z 2) treten ein:

1. ab dem zweitfolgenden Geschäftsjahr, wenn der Schwellenwert in zwei aufeinanderfolgenden Geschäftsjahren überschritten wird;

   sie entfallen ab dem folgenden Geschäftsjahr, wenn er in zwei aufeinanderfolgenden Geschäftsjahren nicht mehr überschritten wird;
2. jedoch schon ab dem folgenden Geschäftsjahr, wenn der Schwellenwert um mindestens 300 000 Euro überschritten wird oder wenn bei Gesamt- oder bei Einzelrechtsnachfolge in den Betrieb oder Teilbetrieb eines Unternehmens der Rechtsvorgänger zur Rechnungslegung verpflichtet war, es sei denn, dass der Schwellenwert für den übernommenen Betrieb oder Teilbetrieb in den letzten zwei aufeinanderfolgenden Geschäftsjahren nicht erreicht wurde; sie entfallen ab dem folgenden Geschäftsjahr, wenn er bei Aufgabe eines Teilbetriebs um mindestens die Hälfte unterschritten wird.

(3) Rechnungslegungsrechtliche Sonderbestimmungen gehen der Anwendung dieses Gesetzes vor.

(4) Das Dritte Buch ist nicht anzuwenden auf Angehörige der freien Berufe, Land- und Forstwirte sowie Unternehmer, deren Einkünfte im Sinne des § 2 Abs. 4 Z 2 EStG 1988 im Überschuss der Einnahmen über die Werbungskosten liegen, auch wenn ihre Tätigkeit im Rahmen einer eingetragenen Personengesellschaft ausgeübt wird, es sei denn, dass es sich um eine Personengesellschaft im Sinn des Abs. 1 Z 1 handelt.

§ 190. Führung der Bücher

(1) Der Unternehmer hat Bücher zu führen und in diesen seine unternehmensbezogenen Geschäfte und die Lage seines Vermögens nach den Grundsätzen ordnungsmäßiger

Buchführung ersichtlich zu machen. Die Buchführung muss so beschaffen sein, dass sie einem sachverständigen Dritten innerhalb angemessener Zeit einen Überblick über die Geschäftsvorfälle und über die Lage des Unternehmens vermitteln kann. Die Geschäftsvorfälle müssen sich in ihrer Entstehung und Abwicklung verfolgen lassen.
(2) Bei der Führung der Bücher und bei den sonst erforderlichen Aufzeichnungen hat sich der Unternehmer einer lebenden Sprache zu bedienen. Werden Abkürzungen, Zahlen, Buchstaben oder Symbole verwendet, so muss im Einzelfall deren Bedeutung eindeutig festliegen.
(3) Die Eintragungen in Büchern und die sonst erforderlichen Aufzeichnungen müssen vollständig, richtig, zeitgerecht und geordnet vorgenommen werden.
(4) Eine Eintragung oder eine Aufzeichnung darf nicht in einer Weise verändert werden, dass der ursprüngliche Inhalt nicht mehr feststellbar ist. Auch darf durch eine Veränderung keine Ungewissheit darüber entstehen, ob eine Eintragung oder Aufzeichnung ursprünglich oder zu einem späteren Zeitpunkt gemacht wurde.
(5) Der Unternehmer kann zur ordnungsmäßigen Buchführung und zur Aufbewahrung seiner Geschäftsbriefe (§ 212 Abs. 1) Datenträger benützen. Hierbei muss die inhaltsgleiche, vollständige und geordnete, hinsichtlich der in § 212 Abs. 1 genannten Schriftstücke auch die urschriftgetreue Wiedergabe bis zum Ablauf der gesetzlichen Aufbewahrungsfristen jederzeit gewährleistet sein. Werden solche Schriftstücke auf elektronischem Weg übertragen, so muss ihre Lesbarkeit in geeigneter Form gesichert sein. Soweit die Schriftstücke nur auf Datenträgern vorliegen, entfällt das Erfordernis der urschriftgetreuen Wiedergabe.

§ 191. Inventar

(1) Der Unternehmer hat zu Beginn seines Unternehmens die diesem gewidmeten Vermögensgegenstände und Schulden genau zu verzeichnen und deren Wert anzugeben (Inventar).
(2) Er hat für den Schluß eines jeden Geschäftsjahrs ein solches Inventar aufzustellen.

§ 192. Inventurverfahren

(1) Die Vermögensgegenstände sind im Regelfall im Weg einer körperlichen Bestandsaufnahme zu erfassen.
(2) Bei der Inventur für den Schluß eines Geschäftsjahrs bedarf es einer körperlichen Bestandsaufnahme der Vermögensgegenstände für diesen Zeitpunkt nicht, soweit durch Anwendung eines den Grundsätzen ordnungsmäßiger Buchführung entsprechenden anderen Verfahrens gesichert ist, daß der Bestand der Vermögensgegenstände nach Art, Menge und Wert auch ohne die körperliche Bestandsaufnahme für diesen Zeitpunkt festgestellt werden kann.
(3) In dem Inventar für den Schluß eines Geschäftsjahrs müssen Vermögensgegenstände nicht verzeichnet werden, wenn

1. der Unternehmer ihren Bestand auf Grund einer körperlichen Bestandsaufnahme oder auf Grund eines gemäß Abs. 2 zulässigen anderen Verfahrens nach Art, Menge und Wert in einem besonderen Inventar verzeichnet hat, das für einen Tag innerhalb der letzten drei Monate vor oder der ersten beiden Monate nach dem Schluß des Geschäftsjahrs aufgestellt ist, und
2. auf Grund des besonderen Inventars durch Anwendung eines den Grundsätzen ordnungsmäßiger Buchführung entsprechenden Fortschreibungs- oder Rückrechnungsverfahrens gesichert ist, daß der am Schluß des Geschäftsjahrs vorhandene Bestand der Vermögensgegenstände für diesen Zeitpunkt ordnungsgemäß bewertet werden kann.

(4) Bei der Inventur darf der Bestand von Vermögensgegenständen nach Art, Menge und

Wert auch mit Hilfe anerkannter mathematischstatistischer Methoden auf Grund von Stichproben ermittelt werden. Das Verfahren muß den Grundsätzen ordnungsmäßiger Buchführung entsprechen. Der Aussagewert des auf diese Weise aufgestellten Inventars muß dem Aussagewert eines auf Grund einer körperlichen Bestandsaufnahme aufgestellten Inventars gleichkommen.

ZWEITER TITEL
Eröffnungsbilanz, Jahresabschluß

§ 193. Pflicht zur Aufstellung

(1) Der Unternehmer hat zu Beginn seines Unternehmens eine Eröffnungsbilanz nach den Grundsätzen ordnungsmäßiger Buchführung aufzustellen.
(2) Er hat sodann für den Schluß eines jeden Geschäftsjahrs in den ersten neun Monaten des Geschäftsjahrs für das vorangegangene Geschäftsjahr einen Jahresabschluß aufzustellen.
(3) Die Dauer des Geschäftsjahrs darf zwölf Monate nicht überschreiten.
(4) Der Jahresabschluß besteht aus der Bilanz und der Gewinn- und Verlustrechnung; er ist in Euro und in deutscher Sprache unbeschadet der volksgruppenrechtlichen Bestimmungen in der jeweils geltenden Fassung aufzustellen.

§ 194. Unterzeichnung

Der Jahresabschluß ist vom Unternehmer unter Beisetzung des Datums zu unterzeichnen. Sind mehrere unbeschränkt haftende Gesellschafter vorhanden, so haben sie alle zu unterzeichnen.

§ 195. Inhalt des Jahresabschlusses

Der Jahresabschluß hat den Grundsätzen ordnungsmäßiger Buchführung zu entsprechen. Er ist klar und übersichtlich aufzustellen. Er hat dem Unternehmer ein möglichst getreues Bild der Vermögens- und Ertragslage des Unternehmens zu vermitteln.

§ 196. Vollständigkeit, Verrechnungsverbot

(1) Der Jahresabschluß hat sämtliche Vermögensgegenstände, Rückstellungen, Verbindlichkeiten, Rechnungsabgrenzungsposten, Aufwendungen und Erträge zu enthalten, soweit gesetzlich nichts anderes bestimmt ist.
(2) Posten der Aktivseite dürfen nicht mit Posten der Passivseite, Aufwendungen dürfen nicht mit Erträgen, Grundstücksrechte nicht mit Grundstückslasten verrechnet werden.

§ 197. Bilanzierungsverbote

(1) Aufwendungen für die Gründung des Unternehmens und für die Beschaffung des Eigenkapitals dürfen nicht als Aktivposten in die Bilanz eingestellt werden.
(2) Für immaterielle Gegenstände des Anlagevermögens, die nicht entgeltlich erworben wurden, darf ein Aktivposten nicht angesetzt werden.

§ 198. Inhalt der Bilanz

(1) In der Bilanz sind das Anlage- und das Umlaufvermögen, das Eigenkapital, die unversteuerten Rücklagen, die Rückstellungen, die Verbindlichkeiten sowie die Rechnungsabgrenzungsposten gesondert auszuweisen und unter Bedachtnahme auf die Grundsätze des § 195 aufzugliedern.
(2) Als Anlagevermögen sind die Gegenstände auszuweisen, die bestimmt sind, dauernd dem Geschäftsbetrieb zu dienen.
(3) (Anm.: aufgehoben durch BGBl. I Nr. 140/2009)
(4) Als Umlaufvermögen sind die Gegenstände auszuweisen, die nicht bestimmt sind, dauernd dem Geschäftsbetrieb zu dienen.
(5) Als Rechnungsabgrenzungsposten sind auf der Aktivseite Ausgaben vor dem Abschluß-

stichtag auszuweisen, soweit sie Aufwand für eine bestimmte Zeit nach diesem Tag sind.

(6) Als Rechnungsabgrenzungsposten sind auf der Passivseite Einnahmen vor dem Abschlußstichtag auszuweisen, soweit sie Ertrag für eine bestimmte Zeit nach diesem Tag sind.

(7) Ist der Rückzahlungsbetrag einer Verbindlichkeit zum Zeitpunkt ihrer Begründung höher als der Ausgabebetrag, so darf der Unterschiedsbetrag in den Rechnungsabgrenzungsposten auf der Aktivseite aufgenommen und muß dann gesondert ausgewiesen werden. Der eingesetzte Betrag ist durch planmäßige jährliche Abschreibung zu tilgen.

(8) Für Rückstellungen gilt folgendes:

1. Rückstellungen sind für ungewisse Verbindlichkeiten und für drohende Verluste aus schwebenden Geschäften zu bilden, die am Abschlußstichtag wahrscheinlich oder sicher, aber hinsichtlich ihrer Höhe oder des Zeitpunkts ihres Eintritts unbestimmt sind.
2. Rückstellungen dürfen außerdem für ihrer Eigenart nach genau umschriebene, dem Geschäftsjahr oder einem früheren Geschäftsjahr zuzuordnende Aufwendungen gebildet werden, die am Abschlußstichtag wahrscheinlich oder sicher, aber hinsichtlich ihrer Höhe oder des Zeitpunkts ihres Eintritts unbestimmt sind. Derartige Rückstellungen sind zu bilden, soweit dies den Grundsätzen ordnungsmäßiger Buchführung entspricht.
3. Andere Rückstellungen als die gesetzlich vorgesehenen dürfen nicht gebildet werden. Eine Verpflichtung zur Rückstellungsbildung besteht nicht, soweit es sich um Beträge von untergeordneter Bedeutung handelt.
4. Rückstellungen sind insbesondere zu bilden für

a) Anwartschaften auf Abfertigungen,

b) laufende Pensionen und Anwartschaften auf Pensionen,

c) Kulanzen, nicht konsumierten Urlaub, Jubiläumsgelder, Heimfallasten und Produkthaftungsrisken,

d) auf Gesetz oder Verordnung beruhende Verpflichtungen zur Rücknahme und Verwertung von Erzeugnissen.

(9) Ist der dem Geschäftsjahr und früheren Geschäftsjahren zuzurechnende Steueraufwand zu niedrig, weil der nach den steuerrechtlichen Vorschriften zu versteuernde Gewinn niedriger als das unternehmensrechtliche Ergebnis ist, und gleicht sich der zu niedrige Steueraufwand in späteren Geschäftsjahren voraussichtlich aus, so ist in Höhe der voraussichtlichen Steuerbelastung nachfolgender Geschäftsjahre eine Rückstellung zu bilden und in der Bilanz gesondert auszuweisen oder im Anhang gesondert anzugeben. Soweit eine unversteuerte Rücklage (§ 205) ausgewiesen ist, bedarf es einer solchen Rückstellung nicht. Die Rückstellung ist aufzulösen, sobald die höhere Steuerbelastung eintritt oder mit ihr voraussichtlich nicht mehr zu rechnen ist.

(10) Ist der dem Geschäftsjahr und früheren Geschäftsjahren zuzurechnende Steueraufwand zu hoch, weil der nach den steuerrechtlichen Vorschriften zu versteuernde Gewinn höher als das unternehmensrechtliche Ergebnis ist, und gleicht sich der zu hohe Steueraufwand in späteren Geschäftsjahren voraussichtlich aus, so darf in Höhe der voraussichtlichen Steuerentlastung nachfolgender Geschäftsjahre ein Abgrenzungsposten auf der Aktivseite der Bilanz gebildet werden, der gesondert auszuweisen ist. Der Betrag ist aufzulösen, sobald die Steuerentlastung eintritt oder mit ihr voraussichtlich nicht mehr zu rechnen ist.

Beachte für folgende Bestimmung

Bezugszeitraum: ist erstmalig auf Geschäftsjahre anzuwenden, die nach dem 30. 6. 1996 beginnen; vgl. Art. XVII Abs. 2 EU-GesRÄG, BGBl. Nr. 304/1996.

§ 199. Haftungsverhältnisse

Unter der Bilanz sind Verbindlichkeiten aus der Begebung und Übertragung von Wechseln, Bürgschaften, Garantien sowie sonstigen vertraglichen Haftungsverhältnissen, soweit sie nicht auf der Passivseite auszuweisen sind, zu vermerken, auch wenn ihnen gleichwertige Rückgriffsforderungen gegenüberstehen.

§ 200. Inhalt der Gewinn- und Verlustrechnung

In der Gewinn- und Verlustrechnung sind die Erträge und Aufwendungen unter Bedachtnahme auf die Grundsätze des § 195 aufzugliedern. Der Jahresüberschuß (Jahresfehlbetrag) und der Bilanzgewinn (Bilanzverlust) sind gesondert auszuweisen.

DRITTER TITEL
Ansatz und Bewertung

§ 201. Allgemeine Grundsätze

(1) Die Bewertung hat den Grundsätzen ordnungsmäßiger Buchführung zu entsprechen.
(2) Insbesondere gilt folgendes:

1. Die auf den vorhergehenden Jahresabschluß angewendeten Bewertungsmethoden sind beizubehalten.
2. Bei der Bewertung ist von der Fortführung des Unternehmens auszugehen, solange dem nicht tatsächliche oder rechtliche Gründe entgegenstehen.
3. Die Vermögensgegenstände und Schulden sind zum Abschlußstichtag einzeln zu bewerten.
4. Der Grundsatz der Vorsicht ist einzuhalten, insbesondere sind
   a) nur die am Abschlußstichtag verwirklichten Gewinne auszuweisen,
   b) erkennbare Risken und drohende Verluste, die in dem Geschäftsjahr oder einem früheren Geschäftsjahr entstanden sind, zu berücksichtigen, selbst wenn die Umstände erst zwischen dem Abschlußstichtag und dem Tag der Aufstellung des Jahresabschlusses bekannt geworden sind,
   c) Wertminderungen unabhängig davon zu berücksichtigen, ob das Geschäftsjahr mit einem Gewinn oder einem Verlust abschließt.
5. Aufwendungen und Erträge des Geschäftsjahrs sind unabhängig vom Zeitpunkt der entsprechenden Zahlungen im Jahresabschluß zu berücksichtigen.
6. Die Eröffnungsbilanz des Geschäftsjahrs muß mit der Schlußbilanz des vorhergehenden Geschäftsjahrs übereinstimmen.

Ein Abweichen von diesen Grundsätzen ist nur bei Vorliegen besonderer Umstände zulässig.

§ 202. Bewertung von Einlagen und Zuwendungen sowie Entnahmen

(1) Einlagen und Zuwendungen sowie Entnahmen sind mit dem Wert anzusetzen, der ihnen im Zeitpunkt ihrer Leistung beizulegen ist, soweit sich nicht aus der Nutzungsmöglichkeit im Unternehmen ein geringerer Wert ergibt. Werden Betriebe oder Teilbetriebe eingelegt oder zugewendet, so gilt § 203 Abs. 5 sinngemäß.

(2) Bei Umgründungen (Verschmelzungen, Umwandlungen, Einbringungen, Zusammenschlüssen, Realteilungen und Spaltungen) gilt folgendes:

1. Abweichend von Abs. 1 dürfen die Buchwerte aus dem letzten Jahresabschluß oder einer Zwischenbilanz, die nach den auf den letzten Jahresabschluß angewandten Bilanzierungs- und Bewertungsmethoden zu erstellen ist, fortgeführt werden. Der Stichtag der zugrundegelegten Bilanz darf höchstens neun Monate vor der Anmeldung zum Firmenbuch liegen; ist eine Anmeldung zum

Firmenbuch nicht vorgesehen, so ist der Tag des Abschlusses der zugrundeliegenden Vereinbarung maßgeblich. War der Rechtsvorgänger (der Übertragende) zur Führung von Büchern nicht verpflichtet, dürfen die steuerrechtlichen Werte angesetzt werden.

2. Übersteigt der Gesamtbetrag der Gegenleistung die fortgeführten Werte nach Z 1, so darf der Unterschiedsbetrag unter die Posten des Anlagevermögens aufgenommen werden; der Gesamtbetrag der Gegenleistung ergibt sich aus dem Gesamtausgabebetrag der neuen Anteile, dem Buchwert eigener oder untergehender Anteile und den baren Zuzahlungen.
3. Jener Teil des Unterschiedsbetrags, der den Aktiven und Passiven des übertragenen Vermögens zugeordnet werden kann, ist als Umgründungsmehrwert gesondert auszuweisen; auf diesen Wert sind die für Vermögensgegenstände und Schulden geltenden Bestimmungen anzuwenden. Ein danach verbleibender Restbetrag darf als Firmenwert angesetzt werden.

§ 203. Wertansätze für Gegenstände des Anlagevermögens; Anschaffungs- und Herstellungskosten

(1) Gegenstände des Anlagevermögens sind mit den Anschaffungs- oder Herstellungskosten, vermindert um Abschreibungen gemäß § 204, anzusetzen.

(2) Anschaffungskosten sind die Aufwendungen, die geleistet werden, um einen Vermögensgegenstand zu erwerben und ihn in einen betriebsbereiten Zustand zu versetzen, soweit sie dem Vermögensgegenstand einzeln zugeordnet werden können. Zu den Anschaffungskosten gehören auch die Nebenkosten sowie die nachträglichen Anschaffungskosten. Anschaffungspreisminderungen sind abzusetzen.

(3) Herstellungskosten sind die Aufwendungen, die für die Herstellung eines Vermögensgegenstandes, seine Erweiterung oder für eine über seinen ursprünglichen Zustand hinausgehende wesentliche Verbesserung entstehen. Bei der Berechnung der Herstellungskosten dürfen auch angemessene Teile der Materialgemeinkosten und der Fertigungsgemeinkosten eingerechnet werden. Sind die Gemeinkosten durch offenbare Unterbeschäftigung überhöht, so dürfen nur die einer durchschnittlichen Beschäftigung entsprechenden Teile dieser Kosten eingerechnet werden. Aufwendungen für Sozialeinrichtungen des Betriebes, für freiwillige Sozialleistungen, für betriebliche Altersversorgung und Abfertigungen dürfen eingerechnet werden. Kosten der allgemeinen Verwaltung und des Vertriebes dürfen nicht in die Herstellungskosten einbezogen werden.

(4) Zinsen für Fremdkapital, das zur Finanzierung der Herstellung eines Vermögensgegenstands verwendet wird, dürfen im Rahmen der Herstellungskosten angesetzt werden, soweit sie auf den Zeitraum der Herstellung entfallen.

(5) Als Geschäfts(Firmen)wert ist der Unterschiedsbetrag anzusetzen, um den die Gegenleistung für die Übernahme eines Betriebes die Werte der einzelnen Vermögensgegenstände abzüglich der Schulden im Zeitpunkt der Übernahme übersteigt. Die Abschreibung des Geschäfts(Firmen)werts ist planmäßig auf die Geschäftsjahre, in denen er voraussichtlich genutzt wird, zu verteilen.

Beachte für folgende Bestimmung

Bezugszeitraum: Abs. 2 ist erstmalig auf Geschäftsjahre anzuwenden, die nach dem 30. 6. 1996 beginnen; vgl. Art. XVII Abs. 2 EU-GesRÄG, BGBl. Nr. 304/1996. Abs. 3 ist auf Geschäftsjahre, die nach dem 30. 6. 1996 beginnen, nicht mehr anzuwenden; vgl. Art. XVII Abs. 2 EU-GesRÄG, BGBl. Nr. 304/1996.

§ 204. Abschreibungen im Anlagevermögen

(1) Die Anschaffungs- oder Herstellungskosten sind bei den Gegenständen des Anlagevermögens, deren Nutzung zeitlich begrenzt ist, um

planmäßige Abschreibungen zu vermindern. Der Plan muß die Anschaffungs- oder Herstellungskosten auf die Geschäftsjahre verteilen, in denen der Vermögensgegenstand voraussichtlich wirtschaftlich genutzt werden kann.
(2) Gegenstände des Anlagevermögens sind bei voraussichtlich dauernder Wertminderung ohne Rücksicht darauf, ob ihre Nutzung zeitlich begrenzt ist, außerplanmäßig auf den niedrigeren Wert abzuschreiben, der ihnen am Abschlußstichtag unter Bedachtnahme auf die Nutzungsmöglichkeit im Unternehmen beizulegen ist. Bei Finanzanlagen dürfen solche Abschreibungen auch vorgenommen werden, wenn die Wertminderung voraussichtlich nicht von Dauer ist.
(3) (Anm.: aufgehoben durch BGBl. Nr. 304/1996)

Beachte für folgende Bestimmung
zum Bezugszeitraum vgl. § 906 Abs. 28 und 31

§ 205. Unversteuerte Rücklagen

(1) Sonderabschreibungen von Vermögensgegenständen des Anlagevermögens, die auf Grund steuerlicher Vorschriften vorgenommen worden sind (Bewertungsreserve), und sonstige unversteuerte Rücklagen sind unter Angabe der Vorschriften, nach denen sie gebildet sind, auf der Passivseite auszuweisen. Bei Vollabschreibung geringwertiger Vermögensgegenstände des Anlagevermögens ist nur dann entsprechend diesen Bestimmungen eine Rücklage zu bilden, wenn die Abschreibung betragsmäßig von wesentlichem Umfang ist.
(2) Die Bewertungsreserve ist insoweit aufzulösen, als die Vermögensgegenstände, für die sie gebildet wurde, aus dem Vermögen ausscheiden oder die steuerliche Wertminderung durch unternehmensrechtliche Abschreibungen zu ersetzen ist.

§ 206. Wertansätze für Gegenstände des Umlaufvermögens

(1) Gegenstände des Umlaufvermögens sind mit den Anschaffungs- oder Herstellungskosten, vermindert um Abschreibungen gemäß § 207, anzusetzen.
(2) Auf die Feststellung der Anschaffungs- und Herstellungskosten ist § 203 Abs. 2 bis 4 sinngemäß anzuwenden.
(3) Bei Aufträgen, deren Ausführung sich über mehr als zwölf Monate erstreckt, dürfen angemessene Teile der Verwaltungs- und Vertriebskosten angesetzt werden, falls eine verläßliche Kostenrechnung vorliegt und soweit aus der weiteren Auftragsabwicklung keine Verluste drohen.

§ 207. Abschreibungen auf Gegenstände des Umlaufvermögens

Bei Gegenständen des Umlaufvermögens sind Abschreibungen vorzunehmen, um diese mit dem Wert anzusetzen, der sich aus einem niedrigeren Börsenkurs oder Marktpreis am Abschlußstichtag ergibt. Ist ein Börsenkurs oder Marktpreis nicht festzustellen und übersteigen die Anschaffungs- oder Herstellungskosten den Wert, der dem Vermögensgegenstand am Abschlußstichtag beizulegen ist, so ist der Vermögensgegenstand auf diesen Wert abzuschreiben.

Beachte für folgende Bestimmung
Ist erstmalig auf Geschäftsjahre anzuwenden, die nach dem 30. 6. 1996 beginnen; vgl. Art. XVII Abs. 2 EU-GesRÄG, BGBl. Nr. 304/1996.
Abs 3: zum Bezugszeitraum vgl. § 906 Abs. 28

§ 208. Wertaufholung

(1) Wird bei einem Vermögensgegenstand eine Abschreibung gemäß § 204 Abs. 2 oder § 207 vorgenommen und stellt sich in einem späteren Geschäftsjahr heraus, daß die Gründe

dafür nicht mehr bestehen, so ist der Betrag dieser Abschreibung im Umfang der Werterhöhung unter Berücksichtigung der Abschreibungen, die inzwischen vorzunehmen gewesen wären, zuzuschreiben.
(2) Von der Zuschreibung gemäß Abs. 1 darf abgesehen werden, wenn ein niedrigerer Wertansatz bei der steuerrechtlichen Gewinnermittlung unter der Voraussetzung beibehalten werden kann, daß er auch im Jahresabschluß beibehalten wird.
(3) Im Anhang ist der Betrag der im Geschäftsjahr aus steuerrechtlichen Gründen unterlassenen Zuschreibungen anzugeben und hinreichend zu begründen. Ferner ist das Ausmaß erheblicher künftiger steuerlicher Belastungen, die sich aus einer solchen Bewertung ergeben, anzuführen.

§ 209. Bewertungsvereinfachungsverfahren

(1) Gegenstände des Sachanlagevermögens sowie Roh-, Hilfs- und Betriebsstoffe können, wenn sie regelmäßig ersetzt werden und ihr Gesamtwert von untergeordneter Bedeutung ist, mit einem gleichbleibenden Wert angesetzt werden, sofern ihr Bestand voraussichtlich in seiner Größe, seinem Wert und seiner Zusammensetzung nur geringen Veränderungen unterliegt. Jedoch ist mindestens alle fünf Jahre eine Bestandsaufnahme durchzuführen. Ergibt sich dabei eine wesentliche Änderung des mengenmäßigen Bestandes, so ist insoweit der Wert anzupassen.
(2) Gleichartige Gegenstände des Finanzanlage- und des Vorratsvermögens, Wertpapiere (Wertrechte) sowie andere gleichartige oder annähernd gleichwertige bewegliche Vermögensgegenstände können jeweils zu einer Gruppe zusammengefaßt und mit dem gewogenen Durchschnittswert angesetzt werden. Soweit es den Grundsätzen ordnungsmäßiger Buchführung entspricht, kann für den Wertansatz gleichartiger Vermögensgegenstände des Vorratsvermögens unterstellt werden, daß die zuerst oder zuletzt angeschafften oder hergestellten Vermögensgegenstände zuerst oder in einer sonstigen bestimmten Folge verbraucht oder veräußert worden sind.

§ 211. Wertansätze von Passivposten

(1) Verbindlichkeiten sind zu ihrem Rückzahlungsbetrag, Rentenverpflichtungen zum Barwert der zukünftigen Auszahlungen anzusetzen. Rückstellungen sind in der Höhe anzusetzen, die nach vernünftiger unternehmerischer Beurteilung notwendig ist. Im Rahmen der Bewertung ist auf den Grundsatz der Vorsicht (§ 201 Abs. 2 Z 4) Bedacht zu nehmen.
(2) Rückstellungen für laufende Pensionen und Anwartschaften auf Pensionen sowie ähnliche Verpflichtungen sind mit dem sich nach versicherungsmathematischen Grundsätzen ergebenden Betrag anzusetzen. Anwartschaften auf Abfertigungen sind entsprechend zu bewerten, wobei jedoch vereinfachend auch ein bestimmter Prozentsatz der fiktiven Ansprüche zum jeweiligen Bilanzstichtag angesetzt werden darf, sofern dagegen im Einzelfall keine erheblichen Bedenken bestehen.

VIERTER TITEL
Aufbewahrung und Vorlage von Unterlagen

§ 212. Aufbewahrungspflicht, Aufbewahrungsfrist

(1) Der Unternehmer hat seine Bücher, Inventare, Eröffnungsbilanzen, Jahresabschlüsse samt den Lageberichten, Konzernabschlüsse samt den Konzernlageberichten, empfangene Geschäftsbriefe, Abschriften der abgesendeten Geschäftsbriefe und Belege für Buchungen in den von ihm gemäß § 189 Abs. 1 zu führenden Büchern (Buchungsbelege) sieben Jahre lang geordnet aufzubewahren; darüber hinaus noch solange, als sie für ein anhängiges gerichtliches oder behördliches Verfahren, in dem der Unternehmer Parteistellung hat, von Bedeutung sind.

(2) Die Frist läuft vom Schluß des Kalenderjahrs an, für das die letzte Bucheintragung vorgenommen, das Inventar aufgestellt, die Eröffnungsbilanz und der Jahresabschluß festgestellt, der Konzernabschluß aufgestellt oder der Geschäftsbrief empfangen oder abgesendet worden ist.

§ 213.Vorlage im Rechtsstreit

(1) Im Laufe eines Rechtsstreits kann das Gericht auf Antrag oder von Amts wegen die Vorlage der Bücher einer Partei anordnen.
(2) Die Vorschriften der Zivilprozeßordnung über die Verpflichtung des Prozeßgegners zur Vorlage von Urkunden bleiben unberührt.

§ 214. Auszug bei Vorlage im Rechtsstreit

Werden in einem Rechtsstreit Bücher vorgelegt, so ist in sie, soweit sie den Streitpunkt betreffen, unter Zuziehung der Parteien Einsicht zu nehmen und geeignetenfalls ein Auszug davon anzufertigen. Der übrige Inhalt der Bücher ist dem Gericht insoweit offenzulegen, als es zur Prüfung ihrer ordnungsmäßigen Führung notwendig ist.

§ 215. Vorlage bei Vermögensauseinandersetzungen

Bei Vermögensauseinandersetzungen, insbesondere in Erbschafts-, Gütergemeinschafts- und Gesellschaftsteilungssachen, darf das Gericht die Vorlage der Bücher zur Kenntnisnahme von ihrem ganzen Inhalt anordnen.

§ 216. Vorlage von Unterlagen auf Datenträgern

Wer Eintragungen oder Aufbewahrungen in der Form des § 189 Abs. 3 vorgenommen hat muß, soweit er zur Einsichtgewährung verpflichtet ist, auf seine Kosten innerhalb angemessener Frist diejenigen Hilfsmittel zur Verfügung stellen, die notwendig sind, um die Unterlagen lesbar zu machen, und, soweit erforderlich, die benötigte Anzahl ohne Hilfsmittel lesbarer, dauerhafter Wiedergaben beibringen.

ZWEITER ABSCHNITT
Ergänzende Vorschriften für Kapitalgesellschaften

ERSTER TITEL
Größenklassen

[§ 221]

ZWEITER TITEL
Allgemeine Vorschriften über den Jahresabschluss, den Lagebericht sowie den Corporate Governance-Bericht und den Bericht über Zahlungen an staatliche Stellen

§ 222. Inhalt des Jahresabschlusses

(1) Die gesetzlichen Vertreter einer Kapitalgesellschaft haben in den ersten fünf Monaten des Geschäftsjahrs für das vorangegangene Geschäftsjahr den um den Anhang erweiterten Jahresabschluss, einen Lagebericht sowie gegebenenfalls (§ 243b) einen Corporate Governance-Bericht aufzustellen und den Mitgliedern des Aufsichtsrats vorzulegen. Der Jahresabschluss, der Lagebericht sowie der Corporate Governance-Bericht sind von sämtlichen gesetzlichen Vertretern zu unterzeichnen.
(2) Der Jahresabschluß hat ein möglichst getreues Bild der Vermögens-, Finanz- und Ertragslage des Unternehmens zu vermitteln. Wenn dies aus besonderen Umständen nicht gelingt, sind im Anhang die erforderlichen zusätzlichen Angaben zu machen.

§ 223. Allgemeine Grundsätze für die Gliederung

(1) Die einmal gewählte Form der Darstellung, insbesondere die Gliederung der aufeinanderfolgenden Bilanzen und Gewinn- und Verlust-

rechnungen, ist beizubehalten. Ein Abweichen von diesem Grundsatz ist nur unter Beachtung der im § 222 Abs. 2 umschriebenen Zielsetzung zulässig. Die Abweichungen sind im Anhang anzugeben und zu begründen.

(2) Im Jahresabschluß ist zu jedem Posten der entsprechende Betrag des vorangegangenen Geschäftsjahrs zumindest in vollen 1 000 Euro anzugeben; dies gilt auch für die gesondert anzumerkenden Posten. Sind die Beträge nicht vergleichbar, so ist dies im Anhang anzugeben und zu erläutern. Wird der Vorjahresbetrag angepaßt, so ist auch dies im Anhang anzugeben und zu erläutern.

(3) Betreibt eine Gesellschaft mehrere Geschäftszweige und bedingt dies die Gliederung des Jahresabschlusses nach verschiedenen Gliederungsvorschriften, so hat die Gesellschaft den Jahresabschluß nach der für den wirtschaftlich bedeutendsten Geschäftszweig vorgeschriebenen Gliederung aufzustellen und nach der für seine anderen Geschäftszweige jeweils vorgeschriebenen Gliederung zu ergänzen; dies ist zu begründen. Die Abweichung ist im Anhang anzugeben und zu begründen.

(4) Eine weitere Untergliederung der Posten ist zulässig; dabei ist jedoch die vorgeschriebene Gliederung zu beachten. Zusätzliche Posten dürfen hinzugefügt werden, wenn ihr Inhalt nicht von einem vorgeschriebenen Posten gedeckt wird. Die Aufnahme weiterer zusätzlicher Posten ist geboten, soweit es zur Erreichung der im § 222 Abs. 2 umschriebenen Zielsetzung erforderlich ist. Die Postenbezeichnungen sind auf die tatsächlichen Inhalte zu verkürzen.

(5) Fällt ein Vermögensgegenstand oder eine Verbindlichkeit unter mehrere Posten der Bilanz, so ist die Zugehörigkeit auch zu anderen Posten bei dem Posten, unter dem der Ausweis erfolgt ist, zu vermerken oder im Anhang anzugeben, wenn dies zur Aufstellung eines klaren und übersichtlichen Jahresabschlusses erforderlich ist.

(6) Die mit arabischen Zahlen versehenen Posten der Bilanz und die mit Buchstaben gekennzeichneten Posten der Gewinn- und Verlustrechnung können zusammengefaßt werden, wenn

1. sie einen Betrag enthalten, der für die Vermittlung eines möglichst getreuen Bildes der Vermögens-, Finanz- und Ertragslage der Gesellschaft nicht wesentlich ist, oder
2. dadurch die Klarheit der Darstellung verbessert wird; in diesem Fall müssen die zusammengefaßten Posten jedoch im Anhang ausgewiesen werden.

(7) Ein Posten der Bilanz oder der Gewinn- und Verlustrechnung, der keinen Betrag ausweist, braucht nicht angeführt zu werden, es sei denn, daß im vorangegangenen Geschäftsjahr unter diesem Posten ein Betrag ausgewiesen wurde.

(8) Gliederung und Bezeichnung der mit arabischen Zahlen versehenen Posten der Bilanz und der Gewinn- und Verlustrechnung sind zu ändern, wenn dies wegen Besonderheiten der Kapitalgesellschaft zur Aufstellung eines klaren und übersichtlichen Jahresabschlusses erforderlich ist. Der Bundesminister für Justiz kann im Einvernehmen mit dem in seinem Wirkungsbereich berührten Bundesminister verbindliche Formblätter durch Verordnung festlegen.

Beachte für folgende Bestimmung
Bezugszeitraum: Abs. 2 und 3 sind erstmalig auf Geschäftsjahre anzuwenden, die nach dem 30. 6. 1996 beginnen; vgl. Art. XVII Abs. 2 EU-GesRÄG, BGBl. Nr. 304/1996.

DRITTER TITEL
Bilanz

§ 224. Gliederung

(1) In der Bilanz sind, unbeschadet einer weiteren Gliederung, die in den Abs. 2 und 3 angeführten Posten gesondert und in der vorgeschriebenen Reihenfolge auszuweisen.

(2) Aktivseite:

A. Anlagevermögen:

I. Immaterielle Vermögensgegenstände:

1. Konzessionen, gewerbliche Schutzrechte und ähnliche Rechte und Vorteile sowie daraus abgeleitete Lizenzen;
2. Geschäfts(Firmen)wert;
3. geleistete Anzahlungen;

II. Sachanlagen:

1. Grundstücke, grundstücksgleiche Rechte und Bauten, einschließlich der Bauten auf fremdem Grund;
2. technische Anlagen und Maschinen;
3. andere Anlagen, Betriebs- und Geschäftsausstattung;
4. geleistete Anzahlungen und Anlagen in Bau;

III. Finanzanlagen:

1. Anteile an verbundenen Unternehmen;
2. Ausleihungen an verbundene Unternehmen;
3. Beteiligungen;
4. Ausleihungen an Unternehmen, mit denen ein Beteiligungsverhältnis besteht;
5. Wertpapiere (Wertrechte) des Anlagevermögens;
6. sonstige Ausleihungen.

B. Umlaufvermögen:

I. Vorräte:

1. Roh-, Hilfs- und Betriebsstoffe;
2. unfertige Erzeugnisse;
3. fertige Erzeugnisse und Waren;
4. noch nicht abrechenbare Leistungen;
5. geleistete Anzahlungen;

II. Forderungen und sonstige Vermögensgegenstände:

1. Forderungen aus Lieferungen und Leistungen;
2. Forderungen gegenüber verbundenen Unternehmen;
3. Forderungen gegenüber Unternehmen, mit denen ein Beteiligungsverhältnis besteht;
4. sonstige Forderungen und Vermögensgegenstände;

III. Wertpapiere und Anteile:

1. Anteile an verbundenen Unternehmen;
2. sonstige Wertpapiere und Anteile;

IV. Kassenbestand, Schecks, Guthaben bei Kreditinstituten.

C. Rechnungsabgrenzungsposten.

(3) Passivseite:

A. Eigenkapital:

I. Nennkapital (Grund-, Stammkapital);

II. Kapitalrücklagen:

1. gebundene;
2. nicht gebundene;

III. Gewinnrücklagen:

1. gesetzliche Rücklage;
2. satzungsmäßige Rücklagen;
3. andere Rücklagen (freie Rücklagen);

IV. Bilanzgewinn (Bilanzverlust), davon Gewinnvortrag/Verlustvortrag.

B. Unversteuerte Rücklagen:

1. Bewertungsreserve auf Grund von Sonderabschreibungen;
2. sonstige unversteuerte Rücklagen.

C. Rückstellungen:

1. Rückstellungen für Abfertigungen;
2. Rückstellungen für Pensionen;
3. Steuerrückstellungen;
4. sonstige Rückstellungen.

D. Verbindlichkeiten:

1. Anleihen, davon konvertibel;
2. Verbindlichkeiten gegenüber Kreditinstituten;
3. erhaltene Anzahlungen auf Bestellungen;
4. Verbindlichkeiten aus Lieferungen und Leistungen;
5. Verbindlichkeiten aus der Annahme gezo-

gener Wechsel und der Ausstellung eigener Wechsel;

6. Verbindlichkeiten gegenüber verbundenen Unternehmen;
7. Verbindlichkeiten gegenüber Unternehmen, mit denen ein Beteiligungsverhältnis besteht;
8. sonstige Verbindlichkeiten,

   davon aus Steuern,

   davon im Rahmen der sozialen Sicherheit.

E. Rechnungsabgrenzungsposten.

§ 225. Vorschriften zu einzelnen Posten der Bilanz

(1) Ist das Eigenkapital durch Verluste aufgebraucht, so lautet dieser Posten „negatives Eigenkapital". Im Anhang ist zu erläutern, ob eine Überschuldung im Sinne des Insolvenzrechts vorliegt.

(2) Forderungen und Verbindlichkeiten gegenüber verbundenen Unternehmen und gegenüber Unternehmen, mit denen ein Beteiligungsverhältnis besteht, sind in der Regel als solche jeweils gesondert auszuweisen. Werden sie unter anderen Posten ausgewiesen, so ist dies zu vermerken.

(3) Der Betrag der Forderungen mit einer Restlaufzeit von mehr als einem Jahr ist bei jedem gesondert ausgewiesenen Posten in der Bilanz anzumerken oder im Anhang anzugeben. Sind unter dem Posten „sonstige Forderungen und Vermögensgegenstände" Erträge enthalten, die erst nach dem Abschlußstichtag zahlungswirksam werden, so müssen diese Beträge, soweit sie wesentlich sind, im Anhang erläutert werden.

(4) Wechsel dürfen als Wertpapiere nur ausgewiesen werden, wenn dem Unternehmen nicht die der Ausstellung zugrunde liegende Forderung zusteht; anderenfalls ist bei Forderungen die wechselmäßige Verbriefung im Anhang anzugeben.

(5) Eigene Anteile, Anteile an herrschenden oder mit Mehrheit beteiligten Unternehmen sind je nach ihrer Zweckbestimmung im Anlagevermögen oder im Umlaufvermögen in einem gesonderten Posten „eigene Anteile, Anteile an herrschenden oder mit Mehrheit beteiligten Unternehmen" auszuweisen. In gleicher Höhe ist auf der Passivseite eine Rücklage gesondert auszuweisen. Diese Rücklage darf durch Umwidmung frei verfügbarer Kapital- und Gewinnrücklagen gebildet werden, soweit diese einen Verlustvortrag übersteigen. Sie ist insoweit aufzulösen, als diese Anteile aus dem Vermögen ausgeschieden werden oder für sie ein niedrigerer Betrag angesetzt wird.

(6) Der Betrag der Verbindlichkeiten mit einer Restlaufzeit bis zu einem Jahr ist bei jedem gesondert ausgewiesenen Posten in der Bilanz anzumerken oder im Anhang anzugeben. Erhaltene Anzahlungen auf Bestellungen sind, soweit Anzahlungen auf Vorräte nicht von einzelnen Posten der „Vorräte" offen abgesetzt werden, unter den Verbindlichkeiten gesondert auszuweisen. Sind unter dem Posten „sonstige Verbindlichkeiten" Aufwendungen enthalten, die erst nach dem Abschlußstichtag zahlungswirksam werden, so sind sie, wenn sie wesentlich sind, im Anhang zu erläutern.

(7) Bei Grundstücken ist der Grundwert in der Bilanz anzumerken oder im Anhang anzugeben.

§ 226. Entwicklung des Anlagevermögens, Pauschalwertberichtigung

(1) In der Bilanz oder im Anhang ist die Entwicklung der einzelnen Posten des Anlagevermögens darzustellen. Dabei sind, ausgehend von den gesamten Anschaffungs- und Herstellungskosten, die Zugänge, Abgänge, Umbuchungen und Zuschreibungen des Geschäftsjahrs sowie die Abschreibungen in ihrer gesamten Höhe gesondert aufzuführen. Die Abschreibungen des Geschäftsjahrs sind entweder in der Bilanz bei dem betreffenden

Posten zu vermerken oder im Anhang in einer der Gliederung des Anlagevermögens entsprechenden Aufgliederung anzugeben.

(2) Gewinne dürfen im Fall eines Abgrenzungspostens gemäß § 198 Abs. 10 nur ausgeschüttet werden, soweit die danach verbleibenden jederzeit auflösbaren Rücklagen zuzüglich eines Gewinnvortrags und abzüglich eines Verlustvortrags dem ausgewiesenen Betrag mindestens entsprechen.

(3) Werden Vermögensgegenstände des Anlagevermögens im Hinblick auf ihre Geringwertigkeit im Jahre ihrer Anschaffung oder Herstellung vollständig abgeschrieben und ist gemäß § 205 Abs. 1 diesbezüglich kein Ausweis einer unversteuerten Rücklage notwendig, dann dürfen diese Vermögensgegenstände als Abgang behandelt werden.

(4) Ein Geschäfts(Firmen)wert ist in die Darstellung der Entwicklung des Anlagevermögens aufzunehmen. Ein voll abgeschriebener Geschäfts(Firmen)wert ist als Abgang zu behandeln.

(5) Der Betrag einer Pauschalwertberichtigung zu Forderungen ist für den entsprechenden Posten der Bilanz im Anhang anzugeben. Einzelwertberichtigungen zum Umlaufvermögen sind vom entsprechenden Aktivposten abzusetzen.

§ 227. Ausleihungen

Forderungen mit einer Laufzeit von mindestens fünf Jahren sind jedenfalls als Ausleihungen auszuweisen. Ausleihungen mit einer Restlaufzeit bis zu einem Jahr sind im Anhang anzugeben.

Beachte für folgende Bestimmung zum Bezugszeitraum vgl. § 906 Abs. 28

§ 228. Beteiligungen, verbundene Unternehmen

(1) Beteiligungen sind Anteile an anderen Unternehmen, die bestimmt sind, dem eigenen Geschäftsbetrieb durch eine dauernde Verbindung zu diesen Unternehmen zu dienen. Dabei ist es unerheblich, ob die Anteile in Wertpapieren verbrieft sind oder nicht. Als Beteiligungen gelten im Zweifel Anteile an einer Kapitalgesellschaft oder an einer Genossenschaft, die insgesamt den fünften Teil des Nennkapitals dieser Gesellschaft erreichen.

(2) Die Beteiligung als unbeschränkt haftender Gesellschafter an einer unternehmerisch tätigen eingetragenen Personengesellschaft gilt stets als Beteiligung; für andere Beteiligungen an unternehmerisch tätigen eingetragenen Personengesellschaften gilt Abs. 1 sinngemäß.

(3) Verbundene Unternehmen im Sinne dieser Vorschriften sind solche Unternehmen, die nach den Vorschriften über die vollständige Zusammenfassung der Jahresabschlüsse verbundener Unternehmen (Vollkonsolidierung) in den Konzernabschluß eines Mutterunternehmens gemäß § 244 einzubeziehen sind, das als oberstes Mutterunternehmen den am wietestgehenden Konzernabschluß gemäß §§ 244 bis 267 aufzustellen hat, auch wenn die Aufstellung unterbleibt. Dies gilt sinngemäß, wenn das oberste Mutterunternehmen seinen Sitz im Ausland hat. Tochterunternehmen, die gemäß § 249 nicht einbezogen werden, sind ebenfalls verbundene Unternehmen.

§ 229. Eigenkapital

(1) Das Nennkapital ist auf der Passivseite mit dem Betrag der übernommenen Einlagen anzusetzen. Die nicht eingeforderten ausstehenden Einlagen sind von diesem Posten offen abzusetzen. Der eingeforderte, aber noch nicht eingezahlte Betrag ist unter den Forderungen gesondert auszuweisen und entsprechend zu bezeichnen. Werden Aktien zur Einziehung gemäß § 65 Abs. 1 Z 6 oder 8 AktG erworben, so kann der Nennbetrag oder, falls ein solcher nicht vorhanden ist, der rechnerische Wert dieser Aktien in der Vorspalte offen von dem Posten Nennkapital abgesetzt werden. Dies gilt auch dann, wenn der Erwerb nicht

zur Einziehung erfolgt ist, aber in dem Beschluß über den Rückkauf die spätere Veräußerung von einem Beschluß der Hauptversammlung abhängig gemacht worden ist. Im Fall der Absetzung des Nennbetrags oder des rechnerischen Wertes vom Nennkapital ist der Unterschiedsbetrag zwischen dem Nennbetrag oder dem rechnerischen Wert dieser Aktien und ihren Anschaffungskosten mit den nicht gebundenen Kapitalrücklagen und den freien Gewinnrücklagen (§ 224 Abs. 3 A. II Z 2 und III Z 3) zu verrechnen.

§ 192 Abs. 5 AktG ist anzuwenden.

(2) Als Kapitalrücklage sind auszuweisen:

1. der Betrag, der bei der ersten oder einer späteren Ausgabe von Anteilen für einen höheren Betrag als den Nennbetrag oder den dem anteiligen Betrag des Grundkapitals entsprechenden Betrag über diesen hinaus erzielt wird;
2. der Betrag, der bei der Ausgabe von Schuldverschreibungen für Wandlungsrechte und Optionsrechte zum Erwerb von Anteilen erzielt wird;
3. der Betrag von Zuzahlungen, die Gesellschafter gegen Gewährung eines Vorzugs für ihre Anteile leisten;
4. die Beträge, die bei der Kapitalherabsetzung gemäß den §§ 185, 192 Abs. 5 AktG und § 59 GmbHG zu binden sind;
5. der Betrag von sonstigen Zuzahlungen, die durch gesellschaftsrechtliche Verbindungen veranlaßt sind.

(3) Als Gewinnrücklagen dürfen nur Beträge ausgewiesen werden, die im Geschäftsjahr oder in einem früheren Geschäftsjahr aus dem Jahresüberschuß nach Berücksichtigung der Veränderung unversteuerter Rücklagen gebildet worden sind.

(4) Aktiengesellschaften und große Gesellschaften mit beschränkter Haftung (§ 221 Abs. 3) haben gebundene Rücklagen auszuweisen, die aus der gebundenen Kapitalrücklage und der gesetzlichen Rücklage bestehen.

(5) In die gebundene Kapitalrücklage sind die in Abs. 2 Z 1 bis 4 genannten Beträge einzustellen. Der Gesamtbetrag der gebundenen Teile der Kapitalrücklage ist in dieser gesondert auszuweisen.

(6) In die gesetzliche Rücklage ist ein Betrag einzustellen, der mindestens dem zwanzigsten Teil des um einen Verlustvortrag geminderten Jahresüberschusses nach Berücksichtigung der Veränderung unversteuerter Rücklagen entspricht, bis der Betrag der gebundenen Rücklagen insgesamt den zehnten oder den in der Satzung bestimmten höheren Teil des Nennkapitals erreicht hat.

(7) Die gebundenen Rücklagen dürfen nur zum Ausgleich eines ansonsten auszuweisenden Bilanzverlustes aufgelöst werden. Der Verwendung der gesetzlichen Rücklage steht nicht entgegen, dass freie, zum Ausgleich von Wertminderungen und zur Deckung von sonstigen Verlusten bestimmte Rücklagen vorhanden sind.

Beachte für folgende Bestimmung
zum Bezugszeitraum vgl. § 906 Abs. 28

§ 230. Ausweis unversteuerter Rücklagen

(1) Die Bewertungsreserve auf Grund steuerlicher Sonderabschreibungen ist entsprechend den Posten des Anlagevermögens aufzugliedern.

(2) In der Bilanz oder im Anhang sind die Zuweisung und die Auflösung entsprechend den Posten des Anlagevermögens gesondert anzuführen.

VIERTER TITEL
Gewinn- und Verlustrechnung

§ 231. Gliederung

(1) Die Gewinn- und Verlustrechnung ist in Staffelform nach dem Gesamtkostenverfahren oder dem Umsatzkostenverfahren aufzustellen. In ihr sind unbeschadet einer weiteren

Gliederung die nachstehend bezeichneten Posten in der angegebenen Reihenfolge gesondert auszuweisen, sofern nicht eine abweichende Gliederung vorgeschrieben ist.
(2) Bei Anwendung des Gesamtkostenverfahrens sind auszuweisen:

1. Umsatzerlöse;
2. Veränderung des Bestands an fertigen und unfertigen Erzeugnissen sowie an noch nicht abrechenbaren Leistungen;
3. andere aktivierte Eigenleistungen;
4. sonstige betriebliche Erträge:

a) Erträge aus dem Abgang vom und der Zuschreibung zum Anlagevermögen mit Ausnahme der Finanzanlagen;

b) Erträge aus der Auflösung von Rückstellungen,

c) übrige;

5. Aufwendungen für Material und sonstige bezogene Herstellungsleistungen:

a) Materialaufwand,

b) Aufwendungen für bezogene Leistungen;

6. Personalaufwand:

a) Löhne,

b) Gehälter,

c) Aufwendungen für Abfertigungen und Leistungen an betriebliche Mitarbeitervorsorgekassen,

d) Aufwendungen für Altersversorgung,

e) Aufwendungen für gesetzlich vorgeschriebene Sozialabgaben sowie vom Entgelt abhängige Abgaben und Pflichtbeiträge,

f) sonstige Sozialaufwendungen;

7. Abschreibungen:

a) auf immaterielle Gegenstände des Anlagevermögens und Sachanlagen,

b) auf Gegenstände des Umlaufvermögens, soweit diese die im Unternehmen üblichen Abschreibungen überschreiten;

8. sonstige betriebliche Aufwendungen:

a) Steuern, soweit sie nicht unter Z 21 fallen,

b) übrige;

9. Zwischensumme aus Z 1 bis 8;
10. Erträge aus Beteiligungen,

    davon aus verbundenen Unternehmen;
11. Erträge aus anderen Wertpapieren und Ausleihungen des Finanzanlagevermögens,

    davon aus verbundenen Unternehmen;
12. sonstige Zinsen und ähnliche Erträge,

    davon aus verbundenen Unternehmen;
13. Erträge aus dem Abgang von und der Zuschreibung zu Finanzanlagen und Wertpapieren des Umlaufvermögens;
14. Aufwendungen aus Finanzanlagen und aus Wertpapieren des Umlaufvermögens,

    davon sind gesondert auszuweisen:

a) Abschreibungen

b) Aufwendungen aus verbundenen Unternehmen;

15. Zinsen und ähnliche Aufwendungen, davon betreffend verbundene Unternehmen;
16. Zwischensumme aus Z 10 bis 15;
17. Ergebnis der gewöhnlichen Geschäftstätigkeit;
18. außerordentliche Erträge;
19. außerordentliche Aufwendungen;
20. außerordentliches Ergebnis;
21. Steuern vom Einkommen und vom Ertrag;
22. Jahresüberschuß/Jahresfehlbetrag;
23. Auflösung unversteuerter Rücklagen;
24. Auflösung von Kapitalrücklagen;
25. Auflösung von Gewinnrücklagen;
26. Zuweisung zu unversteuerten Rücklagen;
27. Zuweisung zu Gewinnrücklagen. Die Auf-

lösungen und Zuweisungen gemäß Z 23 bis 27 sind entsprechend den in der Bilanz ausgewiesenen Unterposten aufzugliedern;

28. Gewinnvortrag/Verlustvortrag aus dem Vorjahr;
29. Bilanzgewinn/Bilanzverlust.

(3) Bei Anwendung des Umsatzkostenverfahrens sind auszuweisen:

1. Umsatzerlöse;
2. Herstellungskosten der zur Erzielung der Umsatzerlöse erbrachten Leistungen;
3. Bruttoergebnis vom Umsatz;
4. sonstige betriebliche Erträge:
   a) Erträge aus dem Abgang vom und der Zuschreibung zum Anlagevermögen mit Ausnahme der Finanzanlagen,
   b) Erträge aus der Auflösung von Rückstellungen,
   c) übrige;
5. Vertriebskosten;
6. Verwaltungskosten;
7. sonstige betriebliche Aufwendungen;
8. Zwischensumme aus Z 1 bis 7;
9. Erträge aus Beteiligungen,
   davon aus verbundenen Unternehmen;
10. Erträge aus anderen Wertpapieren und Ausleihungen des Finanzanlagevermögens,
    davon aus verbundenen Unternehmen;
11. sonstige Zinsen und ähnliche Erträge,
    davon aus verbundenen Unternehmen;
12. Erträge aus dem Abgang von und der Zuschreibung zu Finanzanlagen und Wertpapieren des Umlaufvermögens;
13. Aufwendungen aus Finanzanlagen und aus Wertpapieren des Umlaufvermögens,
    davon sind gesondert auszuweisen:
    a) Abschreibungen
    b) Aufwendungen aus verbundenen Unternehmen;
14. Zinsen und ähnliche Aufwendungen, davon betreffend verbundene Unternehmen;
15. Zwischensumme aus Z 9 bis 14;
16. Ergebnis der gewöhnlichen Geschäftstätigkeit;
17. außerordentliche Erträge;
18. außerordentliche Aufwendungen;
19. außerordentliches Ergebnis;
20. Steuern vom Einkommen und vom Ertrag;
21. Jahresüberschuß/Jahresfehlbetrag;
22. Auflösung unversteuerter Rücklagen;
23. Auflösung von Kapitalrücklagen;
24. Auflösung von Gewinnrücklagen;
25. Zuweisung zu unversteuerten Rücklagen;
26. Zuweisung zu Gewinnrücklagen. Die Auflösungen und Zuweisungen gemäß Z 22 bis 26 sind entsprechend den in der Bilanz ausgewiesenen Unterposten aufzugliedern;
27. Gewinnvortrag/Verlustvortrag aus dem Vorjahr;
28. Bilanzgewinn/Bilanzverlust.

Beachte für folgende Bestimmung

Abs. 3 ist erstmalig auf Geschäftsjahre anzuwenden, die nach dem 30. 6. 1996 beginnen; vgl. Art. XVII Abs. 2 EU-GesRÄG, BGBl. Nr. 304/1996.

Abs. 1 und 4: zum Bezugszeitraum vgl. § 906 Abs. 28

§ 232. Vorschriften zu einzelnen Posten der Gewinn- und Verlustrechnung

(1) Als Umsatzerlöse sind die für die gewöhnliche Geschäftstätigkeit des Unternehmens typischen Erlöse aus dem Verkauf und der Nutzungsüberlassung von Erzeugnissen und Waren sowie aus Dienstleistungen nach Abzug

von Erlösschmälerungen und Umsatzsteuer auszuweisen.
(2) Als Bestandsveränderungen sind außer Änderungen der Menge auch solche des Wertes zu berücksichtigen; letztere jedoch nur, soweit sie nicht unter § 233 fallen.
(3) Ist die Gesellschaft vertraglich verpflichtet, ihren Gewinn oder Verlust ganz oder teilweise an andere Personen zu überrechnen, so ist der überrechnete Betrag unter entsprechender Bezeichnung vor dem Posten gemäß § 231 Abs. 2 Z 28 oder § 231 Abs. 3 Z 27 gesondert auszuweisen.
(4) In der Gewinn- und Verlustrechnung oder im Anhang sind die gemäß § 205 Abs. 1 notwendigen Zuführungen zu unversteuerten Rücklagen sowie die Erträge aus deren Auflösung unter Hinweis auf die maßgebliche steuerliche Rechtsgrundlage gesondert anzuführen. Umgliederungen innerhalb der unversteuerten Rücklagen dürfen verrechnet werden.
(5) Außerplanmäßige Abschreibungen gemäß § 204 Abs. 2 sind gesondert auszuweisen.

Beachte für folgende Bestimmung
1. Ist erstmalig auf Geschäftsjahre anzuwenden, die nach dem 30. 6. 1996 beginnen; vgl. Art. XVII Abs. 2 EU-GesRÄG, BGBl. Nr. 304/1996.
2. Zum Bezugszeitraum vgl. § 906 Abs. 28.

§ 233. Außerordentliche Erträge und Aufwendungen

Unter den Posten „außerordentliche Erträge" (§ 231 Abs. 2 Z 18 und Abs. 3 Z 17) und „außerordentliche Aufwendungen" (§ 231 Abs. 2 Z 19 und Abs. 3 Z 18) sind Erträge und Aufwendungen auszuweisen, die außerhalb der gewöhnlichen Geschäftstätigkeit des Unternehmens anfallen. Sind diese Beträge für die Beurteilung der Ertragslage nicht von untergeordneter Bedeutung, so sind sie hinsichtlich ihres Betrages und ihrer Art im Anhang zu erläutern. Dies gilt auch für Erträge und Aufwendungen, die einem anderen Geschäftsjahr zuzurechnen sind.

§ 234. Steuern

Im Posten „Steuern vom Einkommen und vom Ertrag" sind die Beträge auszuweisen, die das Unternehmen als Steuerschuldner vom Einkommen und Ertrag zu entrichten hat. Dabei sind Erträge aus Steuergutschriften sowie aus der Auflösung von nicht bestimmungsgemäß verwendeten Rückstellungen gesondert auszuweisen, soweit sie für die Beurteilung der Ertragslage nicht von untergeordneter Bedeutung sind.

Beachte für folgende Bestimmung
Bezugszeitraum: ist erstmalig auf Geschäftsjahre anzuwenden, die nach dem 30. 6. 1996 beginnen (vgl. Art. XVII Abs. 2 EU-GesRÄG, BGBl. Nr. 304/1996)
Z 3 vgl. Art. XVII Abs. 3 Z 2 EU-GesRÄG, BGBl. Nr. 304/1996

[§ 235]

FÜNFTER TITEL
Anhang und Lagebericht

§ 236. Erläuterung der Bilanz und der Gewinn- und Verlustrechnung

Im Anhang sind die Bilanz und die Gewinn- und Verlustrechnung sowie die darauf angewandten Bilanzierungs- und Bewertungsmethoden so zu erläutern, daß ein möglichst getreues Bild der Vermögens-, Finanz- und Ertragslage des Unternehmens vermittelt wird. Insbesondere sind anzugeben:

1. Abweichungen von Bilanzierungs- und Bewertungsmethoden; diese sind zu begründen und ihr Einfluß auf die Vermögens-, Finanz- und Ertragslage ist gesondert darzustellen;
2. bei Inanspruchnahme von § 203 Abs. 4

der insgesamt nach dieser Bestimmung aktivierte Betrag;

3. die Gründe für die gewählte Abschreibungsdauer und Abschreibungsmethode gemäß § 203 Abs. 5 letzter Satz;
4. bei Inanspruchnahme von § 206 Abs. 3 der im Geschäftsjahr und der insgesamt über die Herstellungskosten hinaus angesetzte Betrag.

Beachte für folgende Bestimmung
zum Bezugszeitraum vgl. § 906 Abs. 18

§ 237. Ergänzende Angaben zur Erläuterung der Bilanz und der Gewinn- und Verlustrechnung

Im Anhang sind ferner anzugeben:

1. zu den in der Bilanz ausgewiesenen Verbindlichkeiten

a) der Gesamtbetrag der Verbindlichkeiten mit einer Restlaufzeit von mehr als fünf Jahren,

b) der Gesamtbetrag der Verbindlichkeiten mit einer Restlaufzeit von mehr als einem Jahr,

c) der Gesamtbetrag der Verbindlichkeiten, für die dingliche Sicherheiten bestellt sind, unter Angabe von Art und Form der Sicherheiten;

die in lit. a bis c verlangten Angaben sind jeweils für jeden Posten der Verbindlichkeiten nach dem vorgeschriebenen Gliederungsschema zu machen, sofern sich diese Angaben nicht aus der Bilanz ergeben;

2. die Grundlagen für die Umrechnung in Euro, sofern der Jahresabschluß Posten enthält, denen Beträge zugrunde liegen, die auf fremde Währung lauten oder ursprünglich auf fremde Währung gelautet haben;
3. die gemäß § 199 ausgewiesenen Haftungsverhältnisse unter Angabe der Pfandrechte und sonstigen dinglichen Sicherheiten;

diese Haftungsverhältnisse sind aufzugliedern und zu erläutern; Haftungen gegenüber verbundenen Unternehmen sind jeweils gesondert anzugeben;

4. bei Anwendung des Umsatzkostenverfahrens (§ 231 Abs. 3)

a) der Materialaufwand und Aufwendungen für bezogene Leistungen des Geschäftsjahrs gemäß § 231 Abs. 2 Z 5,

b) der Personalaufwand des Geschäftsjahrs, gegliedert gemäß § 231 Abs. 2 Z 6;

5. wesentliche Verluste aus dem Abgang von Vermögensgegenständen des Anlagevermögens;
6. zum in der Gewinn- und Verlustrechnung ausgewiesenen Posten „Steuern vom Einkommen und vom Ertrag"

a) die Auswirkung der Veränderung der unversteuerten Rücklagen auf den Posten „Steuern vom Einkommen und vom Ertrag" des Geschäftsjahrs,

b) in welchem Umfang die Steuern vom Einkommen und vom Ertrag das Ergebnis der gewöhnlichen Geschäftstätigkeit und das außerordentliche Ergebnis belasten,

c) der gemäß § 198 Abs. 10 aktivierbare Betrag, wenn er in der Bilanz nicht gesondert ausgewiesen wird;

7. Rückstellungen, die in der Bilanz nicht gesondert ausgewiesen werden, wenn sie einen erheblichen Umfang haben; diese Rückstellungen sind zu erläutern;
8. der Gesamtbetrag der sonstigen finanziellen Verpflichtungen, die nicht in der Bilanz ausgewiesen und auch nicht gemäß § 199 anzugeben sind, sofern diese Angabe für die Beurteilung der Finanzlage wesentlich ist, davon sind gesondert aus-

zuweisen

a) Verpflichtungen gegenüber verbundenen Unternehmen,

b) Verpflichtungen aus der Nutzung von in der Bilanz nicht ausgewiesenen Sachanlagen (§ 224 Abs. 2 A II), wobei der Betrag der Verpflichtungen des folgenden Geschäftsjahrs und der Gesamtbetrag der folgenden fünf Jahre anzugeben ist;

8a. Art, Zweck und finanzielle Auswirkungen der nicht in der Bilanz ausgewiesenen und auch nicht gemäß Z 8 oder § 199 anzugebenden Geschäfte, sofern die Risiken und Vorteile, die aus solchen Geschäften entstehen, wesentlich sind und die Offenlegung derartiger Risiken und Vorteile für die Beurteilung der Finanzlage der Gesellschaft notwendig ist;

8b. Geschäfte der Gesellschaft mit nahe stehenden Unternehmen und Personen im Sinn der gemäß der Verordnung (EG) Nr. 1606/2002 übernommenen internationalen Rechnungslegungsstandards, einschließlich Angaben zu deren Wertumfang, zu der Art der Beziehung mit den nahe stehenden Unternehmen und Personen sowie weiterer Angaben zu den Geschäften, die für die Beurteilung der Finanzlage der Gesellschaft notwendig sind, sofern diese Geschäfte wesentlich und unter marktunüblichen Bedingungen abgeschlossen worden sind. Angaben über Einzelgeschäfte können nach Geschäftsarten zusammengefasst werden, sofern für die Beurteilung der Auswirkungen dieser Geschäfte auf die Finanzlage der Gesellschaft keine getrennten Angaben benötigt werden. Geschäfte zwischen verbundenen Unternehmen im Sinn des § 228 Abs. 3 sind ausgenommen, wenn die an den Geschäften beteiligten Tochterunternehmen unmittelbar oder mittelbar in hundertprozentigem Anteilsbesitz ihres Mutterunternehmens stehen;

9. die Aufgliederung der Umsatzerlöse nach Tätigkeitsbereichen sowie nach geographisch bestimmten Märkten, soweit sich, unter Berücksichtigung der Organisation des Verkaufs von für die gewöhnliche Geschäftstätigkeit des Unternehmens typischen Erzeugnissen und der für die gewöhnliche Geschäftstätigkeit des Unternehmens typischen Dienstleistungen, die Tätigkeitsbereiche und geographisch bestimmten Märkte untereinander erheblich unterscheiden; die Umsatzerlöse brauchen jedoch nicht aufgegliedert zu werden, soweit die Aufgliederung nach vernünftiger unternehmerischer Beurteilung geeignet ist, dem Unternehmen oder einem Unternehmen, von dem das Unternehmen mindestens den fünften Teil der Anteile besitzt einen erheblichen Nachteil zuzufügen; die Anwendung dieser Ausnahme ist im Anhang anzugeben;

10. der in der Bilanz nicht gesondert ausgewiesene Betrag der Einlagen von stillen Gesellschaftern;

11. bei der Anwendung einer Bewertungsmethode gemäß § 209 Abs. 2 die Unterschiedsbeträge für die jeweilige Gruppe, wenn die Bewertung im Vergleich zu einer Bewertung auf der Grundlage des letzten vor dem Abschlußstichtag bekannten Börsenkurses oder Marktpreises einen erheblichen Unterschied aufweist;

12. Name und Sitz des Mutterunternehmens der Gesellschaft, das den Konzernabschluß für den größten Kreis von Unternehmen aufstellt, und ihres Mutterunternehmens, das den Konzernabschluß für den kleinsten Kreis von Unternehmen aufstellt, sowie im Fall der Offenlegung der von diesen Mutterunternehmen aufgestellten Konzernabschlüsse der Ort, wo diese erhältlich sind;

13. die im Posten § 231 Abs. 2 Z 6 lit. c enthaltenen Aufwendungen für Abferti-

gungen oder ein Hinweis, dass der Posten nur mehr aus Leistungen an betriebliche Mitarbeitervorsorgekassen besteht;

14. die auf das Geschäftsjahr entfallenden Aufwendungen für den Abschlussprüfer, aufgeschlüsselt nach den Aufwendungen für die Prüfung des Jahresabschlusses, für andere Bestätigungsleistungen, für Steuerberatungsleistungen und für sonstige Leistungen. Diese Angabe kann unterbleiben, wenn das Unternehmen in einen Konzernabschluss einbezogen und eine derartige Information darin enthalten ist.

§ 237a. Anhangangaben zu Finanzinstrumenten

(1) Im Anhang sind weiters anzugeben:

1. für jede Kategorie derivativer Finanzinstrumente:

a) Art und Umfang der Finanzinstrumente,

b) der beizulegende Zeitwert der betreffenden Finanzinstrumente, soweit sich dieser gemäß Abs. 3 verlässlich ermitteln lässt, unter Angabe der angewandten Bewertungsmethode sowie eines gegebenenfalls vorhandenen Buchwertes und des Bilanzpostens, in welchem der Buchwert erfasst ist;

2. für zum Finanzanlagevermögen gehörende Finanzinstrumente, die über ihrem beizulegenden Zeitwert ausgewiesen werden, wenn eine außerplanmäßige Abschreibung gemäß § 204 Abs. 2 zweiter Satz unterblieben ist:

a) der Buchwert und der beizulegende Zeitwert der einzelnen Vermögensgegenstände oder angemessener Gruppierungen sowie

b) die Gründe für das Unterlassen einer Abschreibung gemäß § 204 Abs. 2 und jene Anhaltspunkte, die darauf hindeuten, dass die Wertminderung voraussichtlich nicht von Dauer ist.

(2) Als derivative Finanzinstrumente gelten auch Verträge über den Erwerb oder die Veräußerung von Waren, bei denen jede der Vertragsparteien zur Abgeltung in bar oder durch ein anderes Finanzinstrument berechtigt ist, es sei denn, der Vertrag wurde geschlossen, um einen für den Erwerb, die Veräußerung oder den eigenen Gebrauch erwarteten Bedarf abzusichern, sofern diese Zweckwidmung von Anfang an bestand und nach wie vor besteht und der Vertrag mit der Lieferung der Ware als erfüllt gilt.

(3) Der beizulegende Zeitwert entspricht dem Marktwert, sofern ein solcher feststellbar ist. Hat ein Finanzinstrument keinen Marktwert, so ist der beizulegende Zeitwert, sofern dies möglich ist, aus den Marktwerten der einzelnen Bestandteile des Finanzinstruments oder aus dem Marktwert eines gleichartigen Finanzinstruments abzuleiten, anderenfalls mit Hilfe allgemein anerkannter Bewertungsmodelle und -methoden zu bestimmen, sofern diese eine angemessene Annäherung an den Marktwert gewährleisten. Bei der Anwendung allgemein anerkannter Bewertungsmodelle und -methoden sind die zentralen Annahmen anzugeben, die jeweils der Bestimmung des beizulegenden Zeitwertes zugrunde gelegt wurden.

Beachte für folgende Bestimmung
Z 2 und 4 sind erstmalig auf Geschäftsjahre anzuwenden, die nach dem 30. 6. 1996 beginnen (vgl. Art. XVII Abs. 2 EU-GesRÄG, BGBl. Nr. 304/1996)

§ 238. Weitere Angaben im Anhang

Im Anhang sind auch anzugeben:

1. in der Bilanz ausgewiesene immaterielle Vermögensgegenstände, die von einem verbundenen Unternehmen oder von einem Gesellschafter, dessen Anteil den zehnten Teil des Nennkapitals erreicht, erworben wurden;

2. Namen und Sitz anderer Unternehmen, von denen das Unternehmen oder für dessen Rechnung eine andere Person mindestens den fünften Teil der Anteile besitzt; außerdem sind die Höhe des Anteils am Kapital, das Eigenkapital und das Ergebnis des letzten Geschäftsjahrs dieser Unternehmen anzugeben, für das ein Jahresabschluß vorliegt; § 244 Abs. 4 und 5 über die Berechnung der Anteile ist entsprechend anzuwenden, gleichgültig unter welchem Posten diese ausgewiesen sind;

   ferner Name, Sitz und Rechtsform der Unternehmen, deren unbeschränkt haftender Gesellschafter die Gesellschaft ist;
3. die Beziehungen zu verbundenen Unternehmen; hiebei ist auch über Verträge zu berichten, die die Gesellschaft verpflichten, ihren Gewinn oder Verlust ganz oder teilweise an andere Personen zu überrechnen oder einen solchen von anderen Personen zu übernehmen;
4. die im § 231 Abs. 2 Z 10 und Abs. 3 Z 9 enthaltenen Erträge sowie die im § 231 Abs. 2 Z 14 und Abs. 3 Z 13 enthaltenen Aufwendungen aus Gewinngemeinschaften.

§ 239. Pflichtangaben über Organe und Arbeitnehmer

(1) Der Anhang hat über Organe und Arbeitnehmer insbesondere anzuführen:

1. die durchschnittliche Zahl der Arbeitnehmer während des Geschäftsjahrs und die Aufgliederung der durchschnittlichen Zahl der Arbeitnehmer getrennt nach Arbeitern und Angestellten;
2. die Beträge der den Mitgliedern des Vorstands und des Aufsichtsrats unter Bezeichnung der der einzelnen Einrichtung gewährten Vorschüsse und Kredite unter Angabe der Zinsen, der wesentlichen Bedingungen und der gegebenenfalls im Geschäftsjahr zurückgezahlten Beträge sowie die zugunsten dieser Personen eingegangenen Haftungsverhältnisse;
3. die Aufwendungen für Abfertigungen und Pensionen, getrennt nach solchen für Vorstandsmitglieder und leitende Angestellte gemäß § 80 Abs. 1 AktG 1965 und für andere Arbeitnehmer;
4. die Bezüge der Mitglieder des Vorstands, des Aufsichtsrats oder ähnlicher Einrichtungen gesondert für jede Personengruppe, und zwar:

a) die für die Tätigkeit im Geschäftsjahr gewährten Gesamtbezüge (Gehälter, Gewinnbeteiligungen, Aufwandsentschädigungen, Versicherungsentgelte, Provisionen und Nebenleistungen jeder Art). In die Gesamtbezüge sind auch Bezüge einzurechnen, die nicht ausgezahlt, sondern in Ansprüche anderer Art umgewandelt oder zur Erhöhung anderer Ansprüche verwendet werden. Erhalten Mitglieder des Vorstands von verbundenen Unternehmen für ihre Tätigkeit für das Unternehmen oder für ihre Tätigkeit als gesetzliche Vertreter oder Angestellte des verbundenen Unternehmens Bezüge, so sind diese Bezüge gesondert anzugeben;

b) die Gesamtbezüge (Abfindungen, Ruhegehälter, Hinterbliebenenbezüge und Leistungen verwandter Art) der früheren Mitglieder der bezeichneten Organe und ihrer Hinterbliebenen; lit. a ist entsprechend anzuwenden.

5. a) Anzahl und Aufteilung der insgesamt und der im Geschäftsjahr eingeräumten Optionen auf Arbeitnehmer und leitende Angestellte sowie auf die namentlich anzuführenden Organmitglieder; anzugeben sind die jeweils beziehbare Anzahl an Aktien sowie der Ausübungspreis oder die Grundlagen oder die Formel

seiner Berechnung, die Laufzeit sowie zeitliche Ausübungsfenster, die Übertragbarkeit der Optionen, eine allfällige Behaltefrist für bezogene Aktien und die Art der Bedienung der Optionen;

b) Anzahl, Aufteilung und Ausübungspreis der im Geschäftsjahr ausgeübten Optionen auf Arbeitnehmer und leitende Angestellte sowie auf die namentlich anzuführenden Organmitglieder;

c) bei börsenotierten Gesellschaften überdies den jeweiligen Schätzwert (allenfalls Bandbreite des Schätzwerts) der eingeräumten Optionen zum Bilanzstichtag sowie den Wert der im Geschäftsjahr ausgeübten Optionen zum Zeitpunkt der Ausübung.

(2) Im Anhang sind alle im Geschäftsjahr tätigen Mitglieder des Vorstands und des Aufsichtsrats, auch wenn sie im Geschäftsjahr oder später ausgeschieden sind, mit dem Familiennamen und mindestens einem ausgeschriebenen Vornamen anzugeben. Der Vorsitzende des Aufsichtsrats, seine Stellvertreter und ein etwaiger Vorsitzender des Vorstands sind als solche zu bezeichnen.

[§§ 240 bis 242]

§ 243. Lagebericht

(1) Im Lagebericht sind der Geschäftsverlauf, einschließlich des Geschäftsergebnisses, und die Lage des Unternehmens so darzustellen, dass ein möglichst getreues Bild der Vermögens-, Finanz- und Ertragslage vermittelt wird, und die wesentlichen Risiken und Ungewissheiten, denen das Unternehmen ausgesetzt ist, zu beschreiben.

(2) Der Lagebericht hat eine ausgewogene und umfassende, dem Umfang und der Komplexität der Geschäftstätigkeit angemessene Analyse des Geschäftsverlaufs, einschließlich des Geschäftsergebnisses, und der Lage des Unternehmens zu enthalten. Abhängig von der Größe des Unternehmens und von der Komplexität des Geschäftsbetriebs hat die Analyse auf die für die jeweilige Geschäftstätigkeit wichtigsten finanziellen Leistungsindikatoren einzugehen und sie unter Bezugnahme auf die im Jahresabschluss ausgewiesenen Beträge und Angaben zu erläutern.

(3) Der Lagebericht hat auch einzugehen auf

1. Vorgänge von besonderer Bedeutung, die nach dem Schluss des Geschäftsjahrs eingetreten sind;
2. die voraussichtliche Entwicklung des Unternehmens;
3. den Bereich Forschung und Entwicklung;
4. bestehende Zweigniederlassungen der Gesellschaft;
5. die Verwendung von Finanzinstrumenten, sofern dies für die Beurteilung der Vermögens-, Finanz- und Ertragslage von Bedeutung ist; diesfalls sind anzugeben

a) die Risikomanagementziele und -methoden, einschließlich der Methoden zur Absicherung aller wichtigen Arten geplanter Transaktionen, die im Rahmen der Bilanzierung von Sicherungsgeschäften angewandt werden, und

b) bestehende Preisänderungs-, Ausfall-, Liquiditäts- und Cashflow-Risiken.

(4) Kleine Gesellschaften mit beschränkter Haftung (§ 221 Abs. 1) brauchen den Lagebericht nicht aufzustellen.

(5) Für große Kapitalgesellschaften umfasst die Analyse nach Abs. 2 letzter Satz auch die wichtigsten nichtfinanziellen Leistungsindikatoren, einschließlich Informationen über Umwelt- und Arbeitnehmerbelange. Abs. 3 bleibt unberührt.

Beachte für folgende Bestimmung
zum Bezugszeitraum vgl. § 906 Abs. 18

[§§ 243a bis 243b]

DRITTER ABSCHNITT
Konzernabschluss, Konzernlagebericht, konsolidierter Corporate Governance-Bericht und konsolidierter Bericht über Zahlungen an staatliche Stellen

ERSTER TITEL
Anwendungsbereich

§ 244. Pflicht zur Aufstellung

(1) Stehen Unternehmen unter der einheitlichen Leitung einer Kapitalgesellschaft (Mutterunternehmen) mit Sitz im Inland und gehört dem Mutterunternehmen eine Beteiligung gemäß § 228 an dem oder den anderen unter der einheitlichen Leitung stehenden Unternehmen (Tochterunternehmen), so haben die gesetzlichen Vertreter des Mutterunternehmens einen Konzernabschluß und einen Konzernlagebericht aufzustellen sowie dem Aufsichtsrat und der Hauptversammlung (Generalversammlung) des Mutterunternehmens innerhalb der für die Vorlage des Jahresabschlusses geltenden Fristen vorzulegen. Der Konzernabschluß und der Konzernlagebericht sind von sämtlichen gesetzlichen Vertretern zu unterzeichnen und der Hauptversammlung zusammen mit dem Jahresabschluß des Mutterunternehmens vorzulegen.

(2) Eine Kapitalgesellschaft mit Sitz im Inland ist stets zur Aufstellung eines Konzernabschlusses und eines Konzernlageberichtes verpflichtet (Mutterunternehmen), wenn ihr bei einem Unternehmen (Tochterunternehmen)

1. die Mehrheit der Stimmrechte der Gesellschafter zusteht,
2. das Recht zusteht, die Mehrheit der Mitglieder des Verwaltungs-, Leitungs- oder Aufsichtsorgans zu bestellen oder abzuberufen, und sie gleichzeitig Gesellschafter ist oder
3. das Recht zusteht, einen beherrschenden Einfluß auszuüben, oder
4. auf Grund eines Vertrages mit einem oder mehreren Gesellschaftern des Tochterunternehmens das Recht zur Entscheidung zusteht, wie Stimmrechte der Gesellschafter, soweit sie mit ihren eigenen Stimmrechten zur Erreichung der Mehrheit aller Stimmen erforderlich sind, bei Bestellung oder Abberufung der Mehrheit der Mitglieder des Leitungs- oder eines Aufsichtsorgans auszuüben sind.

(3) Ist bei einer unternehmerisch tätigen eingetragenen Personengesellschaft kein unbeschränkt haftender Gesellschafter eine natürliche Person, so unterliegt die Personengesellschaft hinsichtlich der in den §§ 244 bis 267 geregelten Tatbestände den der Rechtsform ihres unbeschränkt haftenden Gesellschafters entsprechenden Rechtsvorschriften; ist dieser keine Kapitalgesellschaft, so gelten die Vorschriften für Gesellschaften mit beschränkter Haftung.

(4) Als Rechte, die einem Mutterunternehmen zustehen, gelten auch die einem Tochterunternehmen zustehenden Rechte und die für Rechnung des Mutterunternehmens oder der Tochterunternehmen anderer Personen zustehenden Rechte. Abzuziehen sind die Rechte, die

1. mit Anteilen verbunden sind, die von dem Mutterunternehmen oder vom Tochterunternehmen für Rechnung einer anderen Person gehalten werden, oder
2. mit Anteilen verbunden sind, die als Sicherheit gehalten werden, sofern diese Rechte nach Weisung des Sicherungsgebers oder in dessen Interesse auszuüben sind.

(5) Bei Ermittlung der Mehrheit der Stimmrechte sind von der Zahl aller Stimmrechte die Stimmrechte aus eigenen Anteilen abzuziehen, die dem Tochterunternehmen selbst, einem seiner Tochterunternehmen oder einer anderen Person für Rechnung dieser Unternehmen gehören.

(6) Beteiligungen im Sinn des Abs. 1 müssen bei Kapitalgesellschaften und Genossenschaf-

ten den fünften Teil des Nennkapitals erreichen.

(7) Bei Meinungsverschiedenheiten über das Vorliegen einer Verpflichtung zur Aufstellung des Konzernabschlusses und des Konzernlageberichts entscheidet der für den Sitz des Unternehmens zuständige, zur Ausübung der Gerichtsbarkeit in Handelssachen berufene Gerichtshof erster Instanz im Verfahren außer Streitsachen. Vom Mutter- als auch vom Tochterunternehmen sind antragsberechtigt: jedes Vorstands- und Aufsichtsratsmitglied, der Abschlußprüfer und eine Minderheit, deren Anteile den zwanzigsten Teil des Nennkapitals oder den anteiligen Betrag von 700 000 Euro erreichen. Diese Regelung gilt sinngemäß für unternehmerisch tätige eingetragene Personengesellschaften.

§ 245. Befreiende Konzernabschlüsse und Konzernlageberichte

(1) Tochterunternehmen, die in Österreich ihren Sitz haben und in einen Konzernabschluß samt Konzernlagebericht einbezogen sind, der nach österreichischen oder diesen gleichwertigen ausländischen Vorschriften aufgestellt und geprüft worden ist, haben nur dann einen Teilkonzernabschluß aufzustellen, wenn dies spätestens sechs Monate vor Ablauf des Konzerngeschäftsjahres vom Aufsichtsrat oder von einer Minderheit, deren Anteile den zehnten Teil des Nennkapitals oder den anteiligen Betrag von 1 400 000 Euro erreichen, verlangt wird; ist eine inländische Tochtergesellschaft nur in einen ausländischen Konzernabschluß einbezogen, so können Anteilsberechtigte, die über den zwanzigsten Teil des Nennkapitals oder den Nennbetrag von anteiligen Betrag von 700 000 Euro verfügen, das Verlangen stellen.

(2) Ist nach ausländischem Recht ein Zwischenabschluß im Sinne des § 252 Abs. 2 nicht aufzustellen, so ist dennoch der ausländische Konzernabschluß gleichwertig, wenn der Abschlußstichtag um höchstens drei Monate vor dem Stichtag des Konzernabschlusses liegt.

(3) Bei Wegfall der Befreiung gemäß Abs. 1 gilt § 246 Abs. 2 sinngemäß.

(4) Der Bundesminister für Justiz wird ermächtigt, durch Verordnung festzustellen, ob die in einem anderen Staat geltenden Vorschriften für die Konzernabschlüsse und Konzernlageberichte gleichwertig sind, welche Voraussetzungen im Ausland aufgestellte Konzernabschlüsse und Konzernlageberichte erfüllen müssen und wie die Befähigung von Abschlußprüfern beschaffen sein muß, damit der Konzernabschluß nach Abs. 1 gleichwertig ist. Erforderlichenfalls sind zusätzliche Angaben und Erläuterungen zum Konzernabschluß vorzuschreiben, um die Gleichwertigkeit dieser Konzernabschlüsse und Konzernlageberichte mit solchen nach diesem Gesetz herzustellen.

(5) Die Befreiung nach Abs. 1 darf nicht in Anspruch genommen werden, wenn von dem zu befreienden Tochterunternehmen Aktien oder andere von ihm ausgegebene Wertpapiere an einem geregelten Markt im Sinne des § 1 Abs. 2 BörseG oder an einem anerkannten, für das Publikum offenen, ordnungsgemäß funktionierenden Wertpapiermarkt in einem Vollmitgliedstaat der OECD zum Handel zugelassen sind.

Beachte für folgende Bestimmung
zum Bezugszeitraum vgl. § 906 Abs. 18

§ 245a. Konzernabschlüsse nach international anerkannten Rechnungslegungsgrundsätzen

(1) Ein Mutterunternehmen, das nach Art. 4 der Verordnung (EG) Nr. 1606/2002 betreffend die Anwendung internationaler Rechnungslegungsstandards dazu verpflichtet ist, den Konzernabschluss nach den internationalen Rechnungslegungsstandards aufzustellen, die nach Art. 3 der Verordnung übernommen wurden, hat dabei § 193 Abs. 4 zweiter Halbsatz und § 194 sowie von den Vorschriften des zweiten bis neunten Titels § 247 Abs. 3,

§ 265 Abs. 2 bis 4, § 266 Z 2a, 4, 5, 7 und 11 sowie § 267 anzuwenden.

(2) Ein Mutterunternehmen, das nicht unter Abs. 1 fällt, kann den Konzernabschluss nach den Rechnungslegungsvorschriften in Abs. 1 aufstellen.

(3) Ein Mutterunternehmen, das einen Konzernabschluss nach den in Abs. 1 bezeichneten Rechnungslegungsstandards aufstellt, hat bei der Offenlegung ausdrücklich darauf hinzuweisen, dass es sich um einen nach den in Abs. 1 bezeichneten Rechnungslegungsstandards aufgestellten Konzernabschluss und Konzernlagebericht handelt.

Beachte für folgende Bestimmung
zum Bezugszeitraum vgl. § 906 Abs. 18

§ 246. Größenabhängige Befreiungen

(1) Ein Mutterunternehmen ist von der Pflicht, einen Konzernabschluß und einen Konzernlagebericht aufzustellen, befreit, wenn

1. am Abschlußstichtag seines Jahresabschlusses und am vorhergehenden Abschlußstichtag

   mindestens zwei der drei nachstehenden Merkmale zutreffen:

a) Die Bilanzsummen in den Bilanzen des Mutterunternehmens und der Tochterunternehmen, die in den Konzernabschluß einzubeziehen wären, übersteigen insgesamt nicht 21 Millionen Euro.

b) Die Umsatzerlöse des Mutterunternehmens und der Tochterunternehmen, die in den Konzernabschluß einzubeziehen wären, übersteigen in den zwölf Monaten vor dem Abschlußstichtag insgesamt nicht 42 Millionen Euro.

c) Das Mutterunternehmen und die Tochterunternehmen, die in den Konzernabschluß einzubeziehen wären, haben in den zwölf Monaten vor dem Abschlußstichtag im Jahresdurchschnitt nicht mehr als 250 Arbeitnehmer beschäftigt; oder

2. am Abschlußstichtag eines von ihm aufzustellenden Konzernabschlusses und am vorhergehenden Abschlußstichtag mindestens zwei der drei nachstehenden Merkmale zutreffen:

a) Die Bilanzsumme übersteigt nicht 17,5 Millionen Euro.

b) Die Umsatzerlöse in den zwölf Monaten vor dem Abschlußstichtag übersteigen nicht 35 Millionen Euro.

c) Das Mutterunternehmen und die in den Konzernabschluß einbezogenen Tochterunternehmen haben in den zwölf Monaten vor dem Abschlußstichtag im Jahresdurchschnitt nicht mehr als 250 Arbeitnehmer beschäftigt.

(2) Die Rechtsfolgen der Merkmale gemäß Abs. 1 Z 1 und 2 treten, wenn diese Merkmale an den Abschlußstichtagen von zwei aufeinanderfolgenden Geschäftsjahren zutreffen, ab dem folgenden Geschäftsjahr ein.

(3) Abs. 1 ist nicht anzuwenden, wenn am Abschlussstichtag Aktien oder andere von dem Mutterunternehmen oder einem in den Konzernabschluss des Mutterunternehmens einbezogenen Tochterunternehmen ausgegebene Wertpapiere an einem geregelten Markt im Sinne des § 1 Abs. 2 BörseG oder an einem anerkannten, für das Publikum offenen, ordnungsgemäß funktionierenden Wertpapiermarkt in einem Vollmitgliedstaat der OECD zum Handel zugelassen sind.

(4) § 221 Abs. 7 gilt sinngemäß für die in Abs. 1 Z 1 und 2 angeführten Merkmale.

ZWEITER TITEL
Umfang der einzubeziehenden Unternehmen (Konsolidierungskreis)

§ 247. Einzubeziehende Unternehmen, Vorlage- und Auskunftspflichten

(1) In den Konzernabschluß sind das Mutterunternehmen und alle Tochterunternehmen ohne Rücksicht auf den Sitz der Tochterunternehmen einzubeziehen, sofern die Einbeziehung nicht gemäß § 249 unterbleibt.
(2) Hat sich die Zusammensetzung der in den Konzernabschluß einbezogenen Unternehmen im Laufe des Geschäftsjahrs wesentlich geändert, so sind in den Konzernabschluß Angaben aufzunehmen, die es ermöglichen, die aufeinanderfolgenden Konzernabschlüsse sinnvoll zu vergleichen. Dieser Verpflichtung kann auch dadurch entsprochen werden, daß die entsprechenden Beträge des vorhergehenden Konzernabschlusses an die Änderung angepaßt werden.
(3) Die Tochterunternehmen haben dem Mutterunternehmen ihre Jahresabschlüsse, Lageberichte, Konzernabschlüsse, Konzernlageberichte und, wenn eine Prüfung des Jahresabschlusses oder des Konzernabschlusses stattgefunden hat, die Prüfungsberichte sowie, wenn ein Zwischenabschluß aufzustellen ist, einen auf den Stichtag des Konzernabschlusses aufgestellten Abschluß unverzüglich einzureichen. Das Mutterunternehmen kann von jedem Tochterunternehmen alle Aufklärungen und Nachweise verlangen, welche die Aufstellung des Konzernabschlusses und des Konzernlageberichts erfordert.

§ 249. Verzicht auf die Einbeziehung

(1) Ein Tochterunternehmen braucht in den Konzernabschluß nicht einbezogen zu werden, wenn

1. erhebliche und andauernde Beschränkungen die Ausübung der Rechte des Mutterunternehmens in bezug auf das Vermögen oder die Geschäftsführung dieses Unternehmens nachhaltig beeinträchtigen oder
2. die für die Aufstellung des Konzernabschlusses erforderlichen Angaben nicht ohne unverhältnismäßige Verzögerungen oder ohne unverhältnismäßig hohe Kosten zu erhalten sind, wobei auf die Größe des Unternehmens Bedacht zu nehmen ist.

(2) Ein Tochterunternehmen braucht in den Konzernabschluß nicht einbezogen zu werden, wenn es für die Verpflichtung, ein möglichst getreues Bild der Vermögens-, Finanz- und Ertragslage des Konzerns zu vermitteln, von untergeordneter Bedeutung ist. Entsprechen mehrere Tochterunternehmen diesen Voraussetzungen, so sind diese Unternehmen in den Konzernabschluß einzubeziehen, wenn sie zusammen nicht von untergeordneter Bedeutung sind. Für ein Mutterunternehmen, das ausschließlich Tochterunternehmen hat, die für sich und zusammengenommen von untergeordneter Bedeutung sind, entfällt die Pflicht zur Aufstellung eines Konzernabschlusses und Konzernlageberichts.
(3) Die Anwendung der Abs. 1 und 2 ist im Konzernanhang, falls kein Konzernanhang aufzustellen ist, im Anhang des Jahresabschlusses der Muttergesellschaft anzugeben und zu begründen.

DRITTER TITEL
Inhalt und Form des Konzernabschlusses

§ 250. Inhalt

(1) Der Konzernabschluss besteht aus der Konzernbilanz, der Konzern-Gewinn- und Verlustrechnung, dem Konzernanhang, der Konzernkapitalflussrechnung und einer Darstellung der Komponenten des Eigenkapitals und ihrer Entwicklung. Er kann um die Segmentberichterstattung erweitert werden.
(2) Der Konzernabschluß hat den Grundsätzen ordnungsmäßiger Buchführung zu entsprechen. Er ist klar und übersichtlich aufzustellen. Er hat ein möglichst getreues Bild der Vermögens-, Finanz- und Ertragslage des Konzerns zu vermitteln. Wenn dies aus besonderen Umständen nicht gelingt, sind im Konzernanhang die erforderlichen zusätzlichen Angaben zu machen.

(3) Im Konzernabschluß ist die Vermögens-, Finanz- und Ertragslage der einbezogenen Unternehmen so darzustellen, als ob diese Unternehmen insgesamt ein einziges Unternehmen wären. Die auf den vorhergehenden Konzernabschluß angewandten Zusammenfassungs(Konsolidierungs)methoden sind beizubehalten. Ein Abweichen von diesem Grundsatz ist nur bei Vorliegen besonderer Umstände zulässig; der Grund und die Auswirkungen auf die Vermögens-, Finanz- und Ertragslage sind im Konzernanhang darzustellen.

Beachte für folgende Bestimmung
Tritt mit 1. Jänner 1995 in Kraft, sofern das Mutterunternehmen ein Kreditinstitut oder ein Versicherungsunternehmen ist (vgl. Art. XVII, BGBl. Nr. 532/1993 idF BGBl. Nr. 652/1994).

§ 251. Anzuwendende Vorschriften; Erleichterungen

(1) Auf den Konzernabschluß sind, soweit seine Eigenart keine Abweichung bedingt oder in den folgenden Vorschriften nichts anderes bestimmt ist, § 193 Abs. 3, §§ 194 bis 211,223 bis 235 über den Jahresabschluß und die für die Rechtsform und den Geschäftszweig der in den Konzernabschluß einbezogenen Unternehmen mit dem Sitz im Geltungsbereich dieses Gesetzes geltenden Vorschriften entsprechend anzuwenden.
(2) In der Gliederung der Konzernbilanz dürfen die Vorräte in einem Posten zusammengefaßt werden, wenn deren Aufgliederung wegen besonderer Umstände mit einem unverhältnismäßigen Aufwand verbunden wäre.
(3) Der Konzernanhang und der Anhang des Jahresabschlusses des Mutterunternehmens dürfen zusammengefaßt werden. In diesem Falle müssen der Konzernabschluß und der Jahresabschluß des Mutterunternehmens gemeinsam offengelegt und dürfen auch die Prüfungsberichte und die Bestätigungsvermerke zusammengefaßt werden.

§ 252. Stichtag für die Aufstellung

(1) Der Konzernabschluß ist auf den Stichtag des Jahresabschlusses des Mutterunternehmens oder auf den hievon abweichenden Stichtag der Jahresabschlüsse der bedeutendsten oder der Mehrzahl der in den Konzernabschluß einbezogenen Unternehmen aufzustellen; die Abweichung vom Abschlußstichtag des Mutterunternehmens ist im Konzernanhang anzugeben und zu begründen.
(2) Die Jahresabschlüsse der in den Konzernabschluß einbezogenen Unternehmen sollen auf den Stichtag des Konzernabschlusses aufgestellt werden. Liegt der Abschlußstichtag eines Unternehmens um mehr als drei Monate vor oder nach dem Stichtag des Konzernabschlusses, so ist dieses Unternehmen auf Grund eines auf den Stichtag und den Zeitraum des Konzernabschlusses aufgestellten Zwischenabschlusses in den Konzernabschluß einzubeziehen.
(3) Wird bei abweichenden Abschlußstichtagen ein Unternehmen nicht auf der Grundlage eines auf den Stichtag und den Zeitraum des Konzernabschlusses aufgestellten Zwischenabschlusses einbezogen, so sind Vorgänge von besonderer Bedeutung für die Vermögens-, Finanz- und Ertragslage eines in den Konzernabschluß einbezogenen Unternehmens, die zwischen dem Abschlußstichtag dieses Unternehmens und dem Abschlußstichtag des Konzernabschlusses eingetreten sind, in der Konzernbilanz und der Konzern-Gewinn- und Verlustrechnung zu berücksichtigen oder im Konzernanhang anzugeben.

Beachte für folgende Bestimmung
1. Tritt mit 1. Jänner 1995 in Kraft, sofern das Mutterunternehmen ein Kreditinstitut oder ein Versicherungsunternehmen ist (vgl. Art. XVII, BGBl. Nr. 532/1993 idF BGBl. Nr. 652/1994).
2. Abs. 3: zum Bezugszeitraum vgl. § 906 Abs. 28

VIERTER TITEL
Vollständige Zusammenfassung der Jahresabschlüsse verbundener Unternehmen (Vollkonsolidierung)

§ 253. Grundsätze, Vollständigkeitsgebot

(1) In dem Konzernabschluß ist der Jahresabschluß des Mutterunternehmens mit den Jahresabschlüssen der Tochterunternehmen zusammenzufassen. An die Stelle der dem Mutterunternehmen gehörenden Anteile an den einbezogenen Tochterunternehmen treten die Vermögensgegenstände, unversteuerten Rücklagen, Rückstellungen, Verbindlichkeiten und Rechnungsabgrenzungsposten der Tochterunternehmen, soweit sie nach dem Recht des Mutterunternehmens bilanzierbar sind und die Eigenart des Konzernabschlusses keine Abweichungen bedingt oder in den folgenden Vorschriften nichts anderes bestimmt ist.
(2) Die Vermögensgegenstände, unversteuerten Rücklagen, Rückstellungen, Verbindlichkeiten und Rechnungsabgrenzungsposten sowie die Erträge und Aufwendungen der in den Konzernabschluß einbezogenen Unternehmen sind unabhängig von ihrer Berücksichtigung in den Jahresabschlüssen dieser Unternehmen vollständig aufzunehmen, soweit nach dem Recht des Mutterunternehmens nicht ein Bilanzierungsverbot oder ein Bilanzierungswahlrecht besteht. Nach dem Recht des Mutterunternehmens zulässige Bilanzierungswahlrechte dürfen im Konzernabschluß unabhängig von ihrer Ausübung in den Jahresabschlüssen der in den Konzernabschluß einbezogenen Unternehmen ausgeübt werden.
(3) Die unversteuerten Rücklagen gemäß § 205 dürfen nach Abzug der Steuerabgrenzung als Gewinnrücklagen ausgewiesen werden.

Beachte für folgende Bestimmung
Tritt mit 1. Jänner 1995 in Kraft, sofern das Mutterunternehmen ein Kreditinstitut oder ein Versicherungsunternehmen ist (vgl. Art. XVII, BGBl. Nr. 532/1993 idF BGBl. Nr. 652/1994).

§ 254. Zusammenfassung von Eigenkapital und Beteiligungen (Kapitalkonsolidierung)

(1) Der Wertansatz der dem Mutterunternehmen gehörenden Anteile an einem in den Konzernabschluß einbezogenen Tochterunternehmen wird mit dem auf diese Anteile entfallenden Betrag des Eigenkapitals des Tochterunternehmens verrechnet. Das Eigenkapital ist anzusetzen

1. entweder mit dem Betrag, der dem Buchwert der in den Konzernabschluß aufzunehmen den Vermögensgegenstände, unversteuerten Rücklagen, Rückstellungen, Verbindlichkeiten und Rechnungsabgrenzungsposten, gegebenenfalls nach Anpassung der Wertansätze gemäß § 260 Abs. 2, entspricht oder
2. mit dem Betrag, der dem Wert der in den Konzernabschluß aufzunehmenden Vermögensgegenstände, unversteuerten Rücklagen, Rückstellungen, Verbindlichkeiten und Rechnungsabgrenzungsposten entspricht, der diesen an dem für die Verrechnung gemäß Abs. 2 gewählten Zeitpunkt beizulegen ist.

Bei Ansatz mit dem Buchwert gemäß Z 1 ist ein sich ergebender Unterschiedsbetrag den Wertansätzen von in der Konzernbilanz anzusetzenden Vermögensgegenständen und Schulden des jeweiligen Tochterunternehmens insoweit zuzuschreiben oder mit diesen zu verrechnen, als deren Wert höher oder niedriger ist als der bisherige Wertansatz. Bei Ansatz mit den Werten gemäß Z 2 darf das anteilige Eigenkapital nicht mit einem Betrag angesetzt werden, der die Anschaffungskosten des Mutterunternehmens für die Anteile an dem einbezogenen Tochterunternehmen überschreitet. Die angewandte Methode ist im

Konzernanhang anzugeben.

(2) Die Verrechnung gemäß Abs. 1 wird auf der Grundlage der Wertansätze zum Zeitpunkt des Erwerbs der Anteile oder der erstmaligen Einbeziehung des Tochterunternehmens in den Konzernabschluß oder, beim Erwerb der Anteile zu verschiedenen Zeitpunkten, zu dem Zeitpunkt, zu dem das Unternehmen Tochterunternehmen geworden ist, durchgeführt. Der gewählte Zeitpunkt ist im Konzernanhang anzugeben.

(3) Ein bei der Verrechnung gemäß Abs. 1 Z 2 entstehender oder ein nach Zuschreibung oder Verrechnung gemäß Abs. 1 dritter Satz verbleibender Unterschiedsbetrag ist in der Konzernbilanz, wenn er auf der Aktivseite entsteht, als Geschäfts(Firmen)wert und, wenn er auf der Passivseite steht, als Unterschiedsbetrag aus der Zusammenfassung von Eigenkapital und Beteiligungen (Kapitalkonsolidierung) auszuweisen. Dieser Posten und wesentliche Änderungen gegenüber dem Vorjahr sind im Anhang zu erläutern. Werden Unterschiedsbeträge der Aktivseite mit solchen der Passivseite verrechnet, so sind die verrechneten Beträge im Anhang anzugeben.

(4) Anteile an dem Mutterunternehmen, die diesem oder einem in den Konzernabschluß einbezogenen Tochterunternehmen gehören, sind in der Konzernbilanz als eigene Anteile im Umlaufvermögen gesondert auszuweisen.

Beachte für folgende Bestimmung
Tritt mit 1. Jänner 1995 in Kraft, sofern das Mutterunternehmen ein Kreditinstitut oder ein Versicherungsunternehmen ist (vgl. Art. XVII, BGBl. Nr. 532/1993 idF BGBl. Nr. 652/1994).

§ 255. Zusammenfassung von Forderungen und Schulden verbundener Unternehmen (Schuldenkonsolidierung)

(1) Ausleihungen und andere Forderungen, Rückstellungen und Verbindlichkeiten aus Beziehungen zwischen den in den Konzernabschluß einbezogenen Unternehmen sowie entsprechende Rechnungsabgrenzungsposten sind wegzulassen.

(2) Abs. 1 braucht nicht angewendet zu werden, wenn die wegzulassenden Beträge für die Vermittlung eines möglichst getreuen Bildes der Vermögens-, Finanz- und Ertragslage des Konzerns von nur untergeordneter Bedeutung sind.

Beachte für folgende Bestimmung
Tritt mit 1. Jänner 1995 in Kraft, sofern das Mutterunternehmen ein Kreditinstitut oder ein Versicherungsunternehmen ist (vgl. Art. XVII, BGBl. Nr. 532/1993 idF BGBl. Nr. 652/1994).

§ 256. Behandlung der Zwischenergebnisse

(1) In den Konzernabschluß zu übernehmende Vermögensgegenstände, die ganz oder teilweise auf Lieferungen oder Leistungen zwischen in den Konzernabschluß einbezogenen Unternehmen beruhen, sind in der Konzernbilanz mit dem Betrag anzusetzen, zu dem sie in der auf den Stichtag des Konzernabschlusses aufgestellten Bilanz dieses Unternehmens anzusetzen wären, wenn die in den Konzernabschluß einbezogenen Unternehmen auch rechtlich ein einziges Unternehmen bildeten.

(2) Abs. 1 braucht nicht angewendet zu werden,

1. wenn die Lieferung oder Leistung zu üblichen Marktbedingungen vorgenommen worden ist und die Ermittlung des gemäß Abs. 1 vorgeschriebenen Wertansatzes einen unverhältnismäßig hohen Aufwand erfordert, oder
2. wenn die Behandlung der Zwischenergebnisse gemäß Abs. 1 für die Vermittlung eines möglichst getreuen Bildes der Vermögens-, Finanz- und Ertragslage des Konzerns von nur untergeordneter Bedeutung ist.

Die Anwendung der Z 1 ist im Konzernanhang anzugeben und, wenn der Einfluß auf die Vermögens-, Finanz- und Ertragslage des Konzerns wesentlich ist, zu erläutern.

Beachte für folgende Bestimmung
Abs. 1 Z 1 und 2 sind erstmalig auf Geschäftsjahre anzuwenden, die nach dem 30. 6. 1996 beginnen (vgl. Art. XVII Abs. 2 EU-GesRÄG, BGBl. Nr. 304/1996).

§ 257. Zusammenfassung von Aufwendungen und Erträgen verbundener Unternehmen (Aufwands- und Ertragskonsolidierung)

(1) In der Konzern-Gewinn- und Verlustrechnung sind

1. bei den Umsatzerlösen die Erlöse aus Lieferungen und Leistungen zwischen den in den Konzernabschluß einbezogenen Unternehmen mit den auf sie entfallenden Aufwendungen zu verrechnen, soweit sie nicht als Erhöhung des Bestands an fertigen und unfertigen Erzeugnissen oder als andere aktivierte Eigenleistungen auszuweisen sind,
2. andere Erträge aus Lieferungen und Leistungen zwischen den in den Konzernabschluß einbezogenen Unternehmen mit den auf sie entfallenden Aufwendungen zu verrechnen, soweit sie nicht als andere aktivierte Eigenleistungen auszuweisen sind.

(2) Aufwendungen und Erträge brauchen gemäß Abs. 1 nicht weggelassen zu werden, wenn die wegzulassenden Beträge für die Vermittlung eines möglichst getreuen Bildes der Vermögens-, Finanz- und Ertragslage des Konzerns von nur untergeordneter Bedeutung sind.

Beachte für folgende Bestimmung
Erster Satz ist erstmalig auf Geschäftsjahre anzuwenden, die nach dem 30. 6. 1996 beginnen (vgl. Art. XVII Abs. 2 EU-GesRÄG, BGBl. Nr. 304/1996).

§ 258. Steuerabgrenzung

Ist das im Konzernabschluß ausgewiesene Jahresergebnis auf Grund von Maßnahmen, die nach den Vorschriften des dritten Abschnitts durchgeführt worden sind, niedriger oder höher als die Summe der Einzelergebnisse der in den Konzernabschluß einbezogenen Unternehmen, so ist der sich für das Geschäftsjahr und frühere Geschäftsjahre ergebende Steueraufwand, wenn er im Verhältnis zum Jahresergebnis zu hoch ist, durch Bildung eines Abgrenzungspostens auf der Aktivseite oder, wenn er im Verhältnis zum Jahresergebnis zu niedrig ist, durch Bildung einer Rückstellung anzupassen, soweit sich der zu hohe oder der zu niedrige Steueraufwand in späteren Geschäftsjahren voraussichtlich ausgleicht. Der Posten ist in der Konzernbilanz oder im Konzernanhang gesondert anzugeben. Die Steuerabgrenzung braucht nicht vorgenommen zu werden, wenn sie für die Vermittlung eines möglichst getreuen Bildes der Vermögens-, Finanz- und Ertragslage des Konzerns von nur untergeordneter Bedeutung ist.

Beachte für folgende Bestimmung
Tritt mit 1. Jänner 1995 in Kraft, sofern das Mutterunternehmen ein Kreditinstitut oder ein Versicherungsunternehmen ist (vgl. Art. XVII, BGBl. Nr. 532/1993 idF BGBl. Nr. 652/1994).

§ 259. Anteile anderer Gesellschafter

(1) In der Konzernbilanz ist für die nicht dem Mutterunternehmen oder einem einbezogenen Tochterunternehmen gehörenden Anteile an den in den Konzernabschluß einbezogenen Tochterunternehmen ein Ausgleichsposten für die Anteile der anderen Gesellschafter in Höhe ihres Anteils am Eigenkapital unter entsprechender Bezeichnung innerhalb des Eigenkapitals gesondert auszuweisen. In den Ausgleichsposten sind auch die Beträge einzubeziehen, die bei Anwendung der bei der

Zusammenfassung von Eigenkapital und Beteiligungen (Kapitalkonsolidierung) angewandten Methoden gemäß § 254 Abs. 1 Z 2 dem Anteil der anderen Gesellschafter am Eigenkapital entsprechen.

(2) In der Konzern-Gewinn- und Verlustrechnung ist der im Jahresergebnis enthaltene, anderen Gesellschaftern zustehende Gewinn und der auf sie entfallende Verlust nach dem Posten „Jahresüberschuß/Jahresfehlbetrag" unter entsprechender Bezeichnung gesondert auszuweisen.

FÜNFTER TITEL
Bewertungsvorschriften

§ 260. Einheitliche Bewertung

(1) Die in den Konzernabschluß gemäß § 253 Abs. 2 übernommenen Vermögensgegenstände und Schulden der in den Konzernabschluß einbezogenen Unternehmen sind nach den auf den Jahresabschluß des Mutterunternehmens anwendbaren Bewertungsmethoden einheitlich zu bewerten; zulässige Bewertungswahlrechte können im Konzernabschluß unabhängig von ihrer Ausübung in den Jahresabschlüssen der in den Konzernabschluß einbezogenen Unternehmen ausgeübt werden. Abweichungen von den auf den Jahresabschluß des Mutterunternehmens angewandten Bewertungsmethoden sind im Konzernanhang anzugeben und zu begründen.

(2) Sind in den Konzernabschluß aufzunehmende Vermögensgegenstände oder Schulden des Mutterunternehmens oder der Tochterunternehmen in den Jahresabschlüssen dieser Unternehmen nach Methoden bewertet worden, die sich von denen unterscheiden, die auf den Konzernabschluß anzuwenden sind oder die von den gesetzlichen Vertretern des Mutterunternehmens in Ausübung von Bewertungswahlrechten auf den Konzernabschluß angewendet werden, so sind die abweichend bewerteten Vermögensgegenstände oder Schulden nach den auf den Konzernabschluß angewandten Bewertungsmethoden neu zu bewerten und mit den neuen Wertansätzen in den Konzernabschluß zu übernehmen. Wertansätze, die auf Sondervorschriften für Kreditinstitute oder Versicherungsunternehmen beruhen, sind beizubehalten; auf die Anwendung dieser Ausnahme ist im Konzernanhang hinzuweisen. Eine einheitliche Bewertung nach dem ersten Satz braucht nicht vorgenommen zu werden, wenn ihre Auswirkungen für die Vermittlung eines möglichst getreuen Bildes der Vermögens-, Finanz- und Ertragslage des Konzerns von nur untergeordneter Bedeutung sind. Darüber hinaus ist ein Abweichen bei Vorliegen besonderer Umstände zulässig; der Grund und die Auswirkungen auf die Vermögens-, Finanz- und Ertragslage sind im Konzernanhang darzustellen.

(3) (Anm.: aufgehoben durch BGBl. I Nr. 161/2004)

§ 261. Behandlung des Unterschiedsbetrags

(1) Ein gemäß § 254 Abs. 3 auszuweisender Unterschiedsbetrag ist in jedem Geschäftsjahr zu mindestens einem Fünftel durch Abschreibungen zu tilgen. Die Abschreibung des Unterschiedsbetrags kann auch - soweit er einem erworbenen Geschäfts(Firmen)wert im Sinne des § 203 entspricht - planmäßig auf die Geschäftsjahre, in denen er voraussichtlich genutzt wird, verteilt werden.

(2) Ein gemäß § 254 Abs. 3 auf der Passivseite auszuweisender Unterschiedsbetrag darf ergebniswirksam aufgelöst werden, soweit

1. eine zum Zeitpunkt des Erwerbs der Anteile oder der erstmaligen Zusammenfassung der Jahresabschlüsse verbundener Unternehmen (Konsolidierung) erwartete ungünstige Entwicklung der künftigen Ertragslage des Unternehmens eingetreten ist oder zu diesem Zeitpunkt erwartete Aufwendungen zu berücksichtigen sind oder
2. am Abschlußstichtag feststeht, daß er einem verwirklichten Gewinn entspricht; in diesem

Fall darf der Unterschiedsbetrag auch in die Rücklagen eingestellt werden.

Beachte für folgende Bestimmung
Tritt mit 1. Jänner 1995 in Kraft, sofern das Mutterunternehmen ein Kreditinstitut oder ein Versicherungsunternehmen ist (vgl. Art. XVII, BGBl. Nr. 532/1993 idF BGBl. Nr. 652/1994).

SECHSTER TITEL
Anteilmäßige Zusammenfassung der Jahresabschlüsse verbundener Unternehmen (anteilmäßige Konsolidierung)

§ 262. Begriff

(1) Führt ein in einen Konzernabschluß einbezogenes Mutter- oder Tochterunternehmen ein anderes Unternehmen gemeinsam mit einem oder mehreren nicht in den Konzernabschluß einbezogenen Unternehmen, so darf das andere Unternehmen in den Konzernabschluß entsprechend den Anteilen am Kapital einbezogen werden, die dem Mutter- oder dem Tochterunternehmen gehören.
(2) Auf die anteilmäßige Zusammenfassung der Jahresabschlüsse verbundener Unternehmen (anteilmäßige Konsolidierung) sind die §§ 250 bis 258, 260 und 261 entsprechend anzuwenden.

SIEBENTER TITEL
Assoziierte Unternehmen

§ 263. Befreiung

(1) Wird von einem in den Konzernabschluß einbezogenen Unternehmen ein maßgeblicher Einfluß auf die Geschäfts- und Finanzpolitik eines nicht einbezogenen Unternehmens, an dem das Unternehmen entsprechend § 244 Abs. 6 beteiligt ist, ausgeübt (angeschlossenes oder assoziiertes Unternehmen), so ist diese Beteiligung in der Konzernbilanz unter einem besonderen Posten mit entsprechender Bezeichnung auszuweisen.
(2) Auf eine Beteiligung an einem angeschlossenen (assoziierten) Unternehmen brauchen Abs. 1 und § 264 nicht angewendet zu werden, wenn die Beteiligung für die Vermittlung eines möglichst getreuen Bildes der Vermögens-, Finanz- und Ertragslage des Konzerns von nur untergeordneter Bedeutung ist.

Beachte für folgende Bestimmung
Tritt mit 1. Jänner 1995 in Kraft, sofern das Mutterunternehmen ein Kreditinstitut oder ein Versicherungsunternehmen ist (vgl. Art. XVII, BGBl. Nr. 532/1993 idF BGBl. Nr. 652/1994).

§ 264. Wertansatz der Beteiligung und Behandlung des Unterschiedsbetrags

(1) Eine Beteiligung an einem angeschlossenen (assoziierten) Unternehmen ist in der Konzernbilanz

1. entweder mit dem Buchwert oder
2. mit dem Betrag, der dem anteiligen Eigenkapital des angeschlossenen (assoziierten) Unternehmens entspricht, anzusetzen. Bei Ansatz mit dem Buchwert gemäß Z 1 ist der Unterschiedsbetrag zwischen diesem Wert und dem anteiligen Eigenkapital des angeschlossenen (assoziierten) Unternehmens bei erstmaliger Anwendung in der Konzernbilanz zu vermerken oder im Konzernanhang anzugeben. Bei Ansatz mit dem anteiligen Eigenkapital gemäß Z 2 ist das Eigenkapital mit dem Betrag anzusetzen, der sich ergibt, wenn die Vermögensgegenstände, unversteuerten Rücklagen, Rückstellungen, Verbindlichkeiten und Rechnungsabgrenzungsposten des angeschlossenen (assoziierten) Unternehmens mit dem Wert angesetzt werden, der ihnen an dem gemäß Abs. 3 gewählten Zeitpunkt beizulegen ist, jedoch darf dieser Betrag die Anschaffungskosten für die Anteile an dem

angeschlossenen (assoziierten) Unternehmen nicht überschreiten; der Unterschiedsbetrag zwischen diesem Wertansatz und dem Buchwert der Beteiligung ist bei erstmaliger Anwendung in der Konzernbilanz gesondert auszuweisen oder im Konzernanhang anzugeben. Die angewandte Methode ist im Konzernanhang anzugeben.

(2) Der Unterschiedsbetrag gemäß Abs. 1 zweiter Satz ist den Wertansätzen von Vermögensgegenständen und Schulden des angeschlossenen (assoziierten) Unternehmens insoweit zuzuordnen, als deren Wert höher oder niedriger ist als der bisherige Wertansatz. Der nach dem ersten Satz zugeordnete oder der sich gemäß Abs. 1 Z 2 ergebende Betrag ist entsprechend der Behandlung der Wertansätze dieser Vermögensgegenstände und Schulden im Jahresabschluß des angeschlossenen (assoziierten) Unternehmens im Konzernabschluß fortzuführen, abzuschreiben oder aufzulösen. Auf einen nach Zuordnung nach dem ersten Satz verbleibenden Unterschiedsbetrag und einen Unterschiedsbetrag gemäß Abs. 1 dritter Satz zweiter Halbsatz ist § 261 entsprechend anzuwenden.

(3) Der Wertansatz der Beteiligung und die Unterschiedsbeträge werden auf der Grundlage der Wertansätze zum Zeitpunkt des Erwerbs der Anteile oder der erstmaligen Einbeziehung des angeschlossenen (assoziierten) Unternehmens in den Konzernabschluß oder beim Erwerb der Anteile zu verschiedenen Zeitpunkten zu dem Zeitpunkt, zu dem das Unternehmen angeschlossenes (assoziiertes) Unternehmen geworden ist, ermittelt. Der gewählte Zeitpunkt ist im Konzernanhang anzugeben.

(4) Der gemäß Abs. 1 ermittelte Wertansatz einer Beteiligung ist in den Folgejahren um den Betrag der Eigenkapitalveränderungen, die den dem Mutterunternehmen gehörenden Anteilen am Kapital des angeschlossenen (assoziierten) Unternehmens entsprechen, zu erhöhen oder zu vermindern; auf die Beteiligung entfallende Gewinnausschüttungen sind abzusetzen. In der Konzern-Gewinn- und Verlustrechnung ist das auf angeschlossene (assoziierte) Beteiligungen entfallende Ergebnis unter einem gesonderten Posten auszuweisen.

(5) Wendet das angeschlossene (assoziierte) Unternehmen in seinem Jahresabschluß vom Konzernabschluß abweichende Bewertungsmethoden an, so können abweichend bewertete Vermögensgegenstände oder Schulden für die Zwecke der Abs. 1 bis 4 nach den auf den Konzernabschluß angewandten Bewertungsmethoden bewertet werden. Wird die Bewertung nicht angepaßt, so ist dies im Konzernanhang anzugeben. § 256 über die Behandlung der Zwischenergebnisse ist entsprechend anzuwenden, soweit die für die Beurteilung maßgeblichen Sachverhalte bekannt oder zugänglich sind. Die Zwischenergebnisse dürfen auch anteilig entsprechend den dem Mutterunternehmen gehörenden Anteilen am Kapital des angeschlossenen (assoziierten) Unternehmens weggelassen werden.

(6) Es ist jeweils der letzte Jahresabschluß des angeschlossenen (assoziierten) Unternehmens zu Grunde zu legen. Stellt das angeschlossene (assoziierte) Unternehmen einen Konzernabschluß auf, so ist von diesem und nicht vom Jahresabschluß des angeschlossenen (assoziierten) Unternehmens auszugehen.

ACHTER TITEL
Konzernanhang

§ 265. Erläuterung der Konzernbilanz und der Konzern-Gewinn- und Verlustrechnung, Angaben zum Beteiligungsbesitz

(1) Im Konzernanhang sind die Konzernbilanz und die Konzern-Gewinn- und Verlustrechnung sowie die darauf angewandten Bilanzierungs- und Bewertungsmethoden so zu erläutern, daß ein möglichst getreues Bild der Vermögens-, Finanz- und Ertragslage des Konzerns vermittelt wird. Insbesondere sind anzugeben:

1. die auf die Posten der Konzernbilanz und der Konzern-Gewinn- und Verlustrechnung angewandten Bilanzierungs- und Bewertungsmethoden;
2. die Grundlagen für die Umrechnung in Euro, sofern der Konzernabschluß Posten enthält, denen Beträge zugrunde liegen, die auf fremde Währung lauten oder ursprünglich auf fremde Währung lauteten;
3. Änderungen der Bilanzierungs-, Bewertungs- und Zusammenfassungs(Konsolidierungs)methoden; diese sind zu begründen und ihr Einfluß auf die Vermögens-, Finanz- und Ertragslage des Konzerns ist gesondert darzustellen.

(2) Im Konzernanhang sind ferner anzugeben:

1. Name und Sitz der in den Konzernabschluß einbezogenen Unternehmen, der Anteil am Kapital der Tochterunternehmen, der dem Mutterunternehmen und den in den Konzernabschluß einbezogenen Tochterunternehmen gehört oder für Rechnung dieser Unternehmen von einer anderen Person gehalten wird, sowie der zur Einbeziehung in den Konzernabschluß verpflichtende Sachverhalt, sofern die Einbeziehung nicht auf einer der Kapitalbeteiligung entsprechenden Mehrheit der Stimmrechte beruht. Diese Angaben sind auch für Tochterunternehmen zu machen, die gemäß § 249 nicht einbezogen worden sind;
2. Name und Sitz der angeschlossenen (assoziierten) Unternehmen, der Anteil am Kapital der angeschlossenen (assoziierten) Unternehmen, der dem Mutterunternehmen und den in den Konzernabschluß einbezogenen Tochter unternehmen gehört oder für Rechnung dieser Unternehmen von einer anderen Person gehalten wird. Die Anwendung des § 263 Abs. 2 ist jeweils anzugeben und zu begründen;
3. Name und Sitz der Unternehmen, die gemäß § 262 nur anteilmäßig in den Konzernabschluß einbezogen worden sind, der Tatbestand, aus dem sich die Anwendung dieser Vorschrift ergibt, sowie der Anteil am Kapital dieser Unternehmen, der dem Mutterunternehmen und den in den Konzernabschluß einbezogenen Tochterunternehmen gehört oder für Rechnung dieser Unternehmen von einer anderen Person gehalten wird;
4. Name und Sitz anderer als der unter den Z 1 bis 3 bezeichneten Unternehmen, bei denen das Mutterunternehmen, ein Tochterunternehmen oder für Rechnung eines dieser Unternehmen eine andere Person mindestens den fünften Teil der Anteile besitzt, unter Angabe des Anteils am Kapital sowie der Höhe des Eigenkapitals und des Ergebnisses des letzten Geschäftsjahrs, für das ein Abschluß aufgestellt worden ist. Diese Angaben brauchen nicht gemacht zu werden, wenn sie für die Vermittlung eines möglichst getreuen Bildes der Vermögens-, Finanz- und Ertragslage des Konzerns von untergeordneter Bedeutung sind. Das Eigenkapital und das Ergebnis brauchen nicht angegeben zu werden, wenn das in Anteilsbesitz stehende Unternehmen seinen Jahresabschluß nicht offenzulegen hat und das Mutterunternehmen, das Tochterunternehmen oder die andere Person weniger als die Hälfte der Anteile an diesem Unternehmen besitzt.

(3) Die in Abs. 2 verlangten Angaben können insoweit unterlassen werden, soweit die Angaben nach vernünftiger unternehmerischer Beurteilung geeignet sind, dem Mutterunternehmen, einem Tochterunternehmen oder einem anderen in Abs. 2 bezeichneten Unternehmen einen erheblichen Nachteil zuzufügen. Die Anwendung der Ausnahmeregelung ist im Konzernanhang anzugeben.

(4) Die Angaben gemäß Abs. 2 dürfen statt im Anhang auch in einer Aufstellung des Anteilsbesitzes gesondert gemacht werden. Die Aufstellung ist Bestandteil des Anhangs. Auf die

besondere Aufstellung des Anteilsbesitzes und den Ort ihrer Hinterlegung ist im Anhang hinzuweisen.

Beachte für folgende Bestimmung
zum Bezugszeitraum vgl. § 906 Abs. 18

§ 266. Weitere Angaben

Im Konzernanhang sind ferner anzugeben:

1. zu den in der Konzernbilanz ausgewiesenen Verbindlichkeiten
   a) der Gesamtbetrag der Verbindlichkeiten mit einer Restlaufzeit von mehr als fünf Jahren,
   b) der Gesamtbetrag der Verbindlichkeiten, mit einer Restlaufzeit von mehr als einem Jahr,
   c) der Gesamtbetrag der Verbindlichkeiten, für die von den in den Konzernabschluß einbezogenen Unternehmen dingliche Sicherheiten bestellt sind, unter Angabe von Art und Form der Sicherheiten;

   die in lit. a bis c verlangten Angaben sind jeweils für jeden Posten der Verbindlichkeiten nach dem vorgeschriebenen Gliederungsschema zu machen, sofern sich diese Angaben nicht aus der Konzernbilanz ergeben;
2. der Gesamtbetrag der sonstigen finanziellen Verpflichtungen, die nicht in der Konzernbilanz aufscheinen oder nicht gemäß § 251 Abs. 1 in Verbindung mit § 199 und § 237 Z 3 anzugeben sind, sofern diese Angabe für die Beurteilung der Finanzlage des Konzerns wesentlich ist, davon sind gesondert anzugeben
   a) Verpflichtungen gegenüber Tochterunternehmen, die nicht in den Konzernabschluß einbezogen werden,
   b) Verpflichtungen aus der Nutzung von in der Konzernbilanz nicht ausgewiesenen Sachanlagen, wobei der Betrag der Verpflichtungen des folgenden Geschäftsjahrs und der Gesamtbetrag der folgenden fünf Jahre gesondert anzugeben ist;

2a. Art, Zweck und finanzielle Auswirkungen der nicht in der Konzernbilanz ausgewiesenen und auch nicht gemäß Z 2 oder § 251 Abs. 1 in Verbindung mit § 199 und § 237 Z 3 anzugebenden Geschäfte, sofern die Risiken und Vorteile, die aus solchen Geschäften entstehen, wesentlich sind und die Offenlegung derartiger Risiken und Vorteile für die Beurteilung der Finanzlage des Konzerns notwendig ist;

2b. nicht konsolidierte Geschäfte des Mutterunternehmens oder anderer in den Konzernabschluss einbezogener Unternehmen mit nahe stehenden Unternehmen und Personen im Sinn der gemäß der Verordnung (EG) Nr. 1606/2002 übernommenen internationalen Rechnungslegungsstandards, einschließlich Angaben zu deren Wertumfang, zu der Art der Beziehung mit den nahe stehenden Unternehmen und Personen sowie weiterer Angaben zu den Geschäften, die für die Beurteilung der Finanzlage des Konzerns notwendig sind, sofern diese Geschäfte wesentlich und unter marktunüblichen Bedingungen abgeschlossen worden sind. Angaben über Einzelgeschäfte können nach Geschäftsarten zusammengefasst werden, sofern für die Beurteilung der Auswirkungen dieser Geschäfte auf die Finanzlage des Konzerns keine getrennten Angaben benötigt werden;

3. die Aufgliederung der Umsatzerlöse nach Tätigkeitsbereichen sowie nach geographisch bestimmten Märkten, soweit sich, unter Berücksichtigung der Organisation des Verkaufs von für die gewöhnliche Geschäftstätigkeit des Konzerns typischen Erzeugnissen und von für die gewöhnliche Geschäftstätigkeit typischen Dienstleistungen, die Tätigkeitsbereiche und geograph-

isch bestimmten Märkte untereinander erheblich unterscheiden; die Umsatzerlöse brauchen jedoch nicht aufgegliedert zu werden, soweit die Aufgliederung nach vernünftiger unternehmerischer Beurteilung geeignet ist, dem Unternehmen oder einem Unternehmen, von dem das Unternehmen mindestens den fünften Teil der Anteile besitzt einen erheblichen Nachteil zuzufügen; die Anwendung dieser Ausnahme ist im Konzernanhang anzugeben;

4. die durchschnittliche Zahl der Arbeitnehmer der in den Konzernabschluß einbezogenen Unternehmen während des Geschäftsjahrs, getrennt nach Arbeitern und Angestellten, sowie der in dem Geschäftsjahr verursachte Personalaufwand, sofern er nicht gesondert in der Konzern-Gewinn- und Verlustrechnung ausgewiesen ist; die durchschnittliche Zahl der Arbeitnehmer von gemäß § 262 nur anteilmäßig einbezogenen Unternehmen ist gesondert anzugeben;

5. die Beträge der den Mitgliedern des Vorstands, des Aufsichtsrats oder ähnlicher Einrichtungen gesondert für jede Personengruppe vom Mutterunternehmen und den Tochterunternehmen gewährten Vorschüsse und Kredite unter Angabe der Zinsen, der wesentlichen Bedingungen und der gegebenenfalls im Geschäftsjahr zurückgezahlten Beträge sowie die zugunsten dieser Personen eingegangenen Haftungsverhältnisse;

6. die Aufwendungen für Abfertigungen und Pensionen an die Beschäftigten des Mutterunternehmens und der Tochterunternehmen getrennt nach solchen für Vorstandsmitglieder und leitende Angestellte gemäß § 80 Abs. 1 AktG 1965 und für andere Arbeitnehmer;

7. die Bezüge für die Mitglieder des Vorstands, des Aufsichtsrats oder ähnlicher Einrichtungen gesondert für jede Personengruppe, und zwar:

a) die für die Wahrnehmung ihrer Aufgaben im Mutterunternehmen und den Tochter unternehmen im Geschäftsjahr gewährten Gesamtbezüge (Gehälter, Gewinnbeteiligungen, Aufwandsentschädigungen, Versicherungsentgelte, Provisionen und Nebenleistungen jeder Art). In die Gesamtbezüge sind auch Bezüge einzurechnen, die nicht ausgezahlt,sondern in Ansprüche anderer Art umgewandelt oder zur Erhöhung anderer Ansprüche verwendet werden. Außer den Bezügen für das Geschäftsjahr sind die weiteren Bezüge anzugeben, die im Geschäftsjahr gewährt, bisher aber in keinem Konzernabschluß angegeben worden sind;

b) die für die Wahrnehmung ihrer Aufgaben im Mutterunternehmen und den Tochterunternehmen im Geschäftsjahr gewährten Gesamtbezüge (Abfindungen, Ruhegehälter, Hinterbliebenenbezüge und Leistungen verwandter Art) der früheren Mitglieder der bezeichneten Organe und ihrer Hinterbliebenen; lit. a ist entsprechend anzuwenden.

Betrifft diese Aufschlüsselung weniger als drei Personen, so kann sie unterbleiben.

8. der Bestand an Anteilen an dem Mutterunternehmen, die das Mutterunternehmen oder ein Tochterunternehmen oder ein anderer für Rechnung eines in den Konzernabschluß einbezogenen Unternehmens erworben oder als Pfand genommen hat; dabei sind die Zahl dieser Anteile, der auf sie entfallende Betrag des Grundkapitals sowie ihr Anteil am Grundkapital anzugeben;

9. für jede Kategorie derivativer Finanzinstrumente, wobei § 237a Abs. 2 anzuwenden ist:

a) Art und Umfang der Finanzinstrumente,

b) der beizulegende Zeitwert der betreffenden Finanzinstrumente, soweit sich dieser gemäß § 237a Abs. 3 verlässlich ermitteln lässt, unter Angabe der angewandten Bewertungsmethode sowie eines gegebenenfalls vorhandenen Buchwertes und des Bilanzpostens, in welchem der Buchwert erfasst ist;

10. für zum Finanzanlagevermögen gehörende Finanzinstrumente, die gemäß § 237a Abs. 1 Z 2 über ihrem beizulegenden Zeitwert ausgewiesen werden, wenn eine außerplanmäßige Abschreibung gemäß § 204 Abs. 2 zweiter Satz unterblieben ist, wobei § 237a Abs. 2 und 3 entsprechend anzuwenden sind:

a) Buchwert und beizulegender Zeitwert der einzelnen Vermögensgegenstände oder angemessener Gruppierungen,

b) die Gründe für das Unterlassen einer Abschreibung gemäß § 204 Abs. 2 und jene Anhaltspunkte, die darauf hindeuten, dass die Wertminderung voraussichtlich nicht von Dauer ist;

11. die auf das Geschäftsjahr entfallenden Aufwendungen für den Konzernabschlussprüfer, aufgeschlüsselt nach den Aufwendungen für die Prüfung des Konzernabschlusses, für andere Bestätigungsleistungen, für Steuerberatungsleistungen und für sonstige Leistungen.

Beachte für folgende Bestimmung
Überschrift: zum Bezugszeitraum vgl. § 906 Abs. 18

NEUNTER TITEL
Konzernlagebericht, konsolidierter Corporate Governance-Bericht

§ 267. Begriff

(1) Im Konzernlagebericht sind der Geschäftsverlauf, einschließlich des Geschäftsergebnisses, und die Lage des Konzerns so darzustellen, dass ein möglichst getreues Bild der Vermögens-, Finanz- und Ertragslage vermittelt wird, und die wesentlichen Risiken und Ungewissheiten, denen der Konzern ausgesetzt ist, zu beschreiben.

(2) Der Konzernlagebericht hat eine ausgewogene und umfassende, dem Umfang und der Komplexität der Geschäftstätigkeit angemessene Analyse des Geschäftsverlaufs, einschließlich des Geschäftsergebnisses, und der Lage des Konzerns zu enthalten. Abhängig von der Größe des Konzerns und von der Komplexität des Geschäftsbetriebs der einbezogenen Unternehmen hat die Analyse auf die für die jeweilige Geschäftstätigkeit wichtigsten finanziellen und nichtfinanziellen Leistungsindikatoren, einschließlich Informationen über Umwelt- und Arbeitnehmerbelange, einzugehen und sie unter Bezugnahme auf die im Konzernabschluss ausgewiesenen Beträge und Angaben zu erläutern.

(3) Der Konzernlagebericht hat auch einzugehen auf

1. Vorgänge von besonderer Bedeutung, die nach dem Schluss des Konzerngeschäftsjahrs eingetreten sind;

2. die voraussichtliche Entwicklung des Konzerns;

3. den Bereich Forschung und Entwicklung des Konzerns;

4. die Verwendung von Finanzinstrumenten, sofern dies für die Beurteilung der Vermögens-, Finanz- und Ertragslage von Bedeutung ist; diesfalls sind anzugeben

a) die Risikomanagementziele und -methoden, einschließlich der Methoden zur Absicherung aller wichtigen Arten geplanter Transaktionen, die im Rahmen der Bilanzierung von Sicherungsgeschäften angewandt werden, und

b) bestehende Preisänderungs-, Ausfall-, Liquiditäts- und Cashflow-Risiken.

(3a) Bei einem Mutterunternehmen, dessen Aktien zum Handel auf einem geregelten

Markt im Sinn des § 1 Abs. 2 BörseG zugelassen sind oder das ausschließlich andere Wertpapiere als Aktien auf einem solchen Markt emittiert und dessen Aktien mit Wissen der Gesellschaft über ein multilaterales Handelssystem im Sinne des § 1 Z 9 WAG 2007 gehandelt werden, hat der Konzernlagebericht auch die Angaben nach § 243a Abs. 1 zu enthalten.

(3b) Bei einem Mutterunternehmen, dessen Aktien oder andere von ihm ausgegebene Wertpapiere zum Handel auf einem geregelten Markt im Sinn des § 1 Abs. 2 BörseG zugelassen sind, hat der Konzernlagebericht auch die Angaben nach § 243a Abs. 2 zu enthalten. Diese haben sich auf das interne Kontroll- und das Risikomanagementsystem des Konzerns im Zusammenhang mit der Aufstellung des Konzernabschlusses zu beziehen.

(4) § 251 Abs. 3 über die Zusammenfassung von Konzernanhang und Anhang ist entsprechend anzuwenden.

Beachte für folgende Bestimmung
zum Bezugszeitraum vgl. § 906 Abs. 18 und 38

VIERTER ABSCHNITT
Vorschriften über die Prüfung, Offenlegung, Veröffentlichung und Zwangsstrafen

ERSTER TITEL
Abschlußprüfung

[§ 268.]

§ 269. Gegenstand und Umfang der Prüfung

(1) In die Prüfung des Jahresabschlusses ist die Buchführung einzubeziehen. Die Prüfung des Jahresabschlusses und des Konzernabschlusses hat sich darauf zu erstrecken, ob die gesetzlichen Vorschriften und ergänzende Bestimmungen des Gesellschaftsvertrags oder der Satzung beachtet worden sind. Der Lagebericht und der Konzernlagebericht sind darauf zu prüfen, ob der Lagebericht mit dem Jahresabschluß und der Konzernlagebericht mit dem Konzernabschluß in Einklang stehen und ob die sonstigen Angaben im Lagebericht nicht eine falsche Vorstellung von der Lage des Unternehmens und im Konzernlagebericht von der Lage des Konzerns erwecken. Gegenstand der Abschlussprüfung ist auch, ob der Corporate Governance-Bericht (§ 243b) aufgestellt worden ist.

(2) Der Abschlussprüfer des Konzernabschlusses trägt die volle Verantwortung für den Bestätigungsvermerk zum Konzernabschluss. Er hat auch die im Konzernabschluss zusammengefassten Jahresabschlüsse daraufhin zu prüfen, ob sie den Grundsätzen ordnungsmäßiger Buchführung entsprechen und ob die für die Übernahme in den Konzernabschluss maßgeblichen Vorschriften beachtet worden sind. Wenn in den Konzernabschluss einbezogene Unternehmen von anderen Abschlussprüfern geprüft werden, hat der Konzernabschlussprüfer deren Tätigkeit in geeigneter Weise zu überwachen, soweit dies für die Prüfung des Konzernabschlusses maßgeblich ist.

Beachte für folgende Bestimmung
Zum Bezugszeitraum vgl. § 906 Abs. 18.

[§ 269a.]

§ 270. Bestellung und Abberufung des Abschlußprüfers

(1) Der Abschlussprüfer des Jahresabschlusses wird von den Gesellschaftern gewählt; den Abschlussprüfer des Konzernabschlusses wählen die Gesellschafter des Mutterunternehmens. Wenn ein Aufsichtsrat besteht, hat dieser einen Vorschlag für die Wahl des Abschlussprüfers zu erstatten. Die Aufsichtsratsmitglieder sind zur Teilnahme an der Hauptversammlung (Generalversammlung), die über die Bestellung des Abschlussprüfers zu entscheiden hat, einzuladen. Der Abschlussprüfer soll jeweils vor Ablauf des Geschäftsjahrs ge-

wählt werden, auf das sich seine Prüfungstätigkeit erstreckt. Der Aufsichtsrat hat unverzüglich nach der Wahl mit dem gewählten Prüfer den Vertrag über die Durchführung der Abschlussprüfung abzuschließen und das Entgelt zu vereinbaren. Falls kein Aufsichtsrat besteht, wird die Gesellschaft durch ihre gesetzlichen Vertreter vertreten. Das Entgelt hat in einem angemessenen Verhältnis zu den Aufgaben des Prüfers und dem voraussichtlichen Umfang der Prüfung zu stehen. Der Prüfungsvertrag und die Höhe des vereinbarten Entgelts dürfen an keinerlei Voraussetzungen oder Bedingungen geknüpft werden und nicht davon abhängen, ob der Prüfer neben der Prüfungstätigkeit zusätzliche Leistungen für die geprüfte Gesellschaft erbringt.

(1a) Ein Wirtschaftsprüfer oder eine Wirtschaftsprüfungsgesellschaft, der oder die in einen Wahlvorschlag aufgenommen werden soll, hat vor Erstattung dieses Wahlvorschlags durch den Aufsichtsrat beziehungsweise vor der Wahl durch die Gesellschafter eine nach Leistungskategorien gegliederte Aufstellung über das für das vorangegangene Geschäftsjahr von der Gesellschaft erhaltene Entgelt vorzulegen und über seine (ihre) Einbeziehung in ein gesetzliches Qualitätssicherungssystem zu berichten. Darüber hinaus hat er (sie) alle Umstände darzulegen und zu dokumentieren, die seine (ihre) Befangenheit oder Ausgeschlossenheit begründen könnten sowie jene Schutzmaßnahmen, die getroffen worden sind, um eine unabhängige und unbefangene Prüfung sicherzustellen. Sofern aufgrund gesetzlicher Verpflichtung ein Prüfungsausschuss besteht, ist diesem schriftlich zu berichten.

(2) Als Abschlußprüfer des Konzernabschlusses gilt, wenn kein anderer Prüfer bestellt wird, der Prüfer als bestellt, der für die Prüfung des in den Konzernabschluß einbezogenen Jahresabschlusses des Mutterunternehmens bestellt worden ist, wenn er die Voraussetzungen gemäß § 268 Abs. 4 erfüllt. Erfolgt die Einbeziehung auf Grund eines Zwischenabschlusses, so gilt, wenn kein anderer Prüfer bestellt wird, der Prüfer als bestellt, der für die Prüfung des letzten vor dem Konzernabschlußstichtag aufgestellten Jahresabschlusses des Mutterunternehmens bestellt worden ist.

(3) Auf Antrag der gesetzlichen Vertreter, des Aufsichtsrats oder von Gesellschaftern, deren Anteile zusammen den zwanzigsten Teil des Nennkapitals oder den anteiligen Betrag von 350 000 Euro erreichen, hat der zur Ausübung der Gerichtsbarkeit in Handelssachen berufene Gerichtshof erster Instanz im Verfahren außer Streitsachen nach Anhörung der Beteiligten und des gewählten Prüfers einen anderen Abschlussprüfer zu bestellen, wenn dies aus einem in der Person des gewählten Prüfers liegenden wichtigen Grund geboten erscheint, insbesondere wenn ein Ausschlussgrund vorliegt oder sonst die Besorgnis einer Befangenheit besteht. Der Antrag ist binnen einem Monat nach dem Tag der Wahl des Abschlussprüfers zu stellen; Gesellschafter können den Antrag nur stellen, wenn sie gegen die Wahl des Abschlussprüfers bei der Beschlussfassung Widerspruch erklärt haben. Wird ein Ausschluss- oder Befangenheitsgrund erst nach der Wahl bekannt oder tritt er erst nach der Wahl ein, ist der Antrag binnen einem Monat nach dem Tag zu stellen, an dem der Antragsberechtigte Kenntnis davon erlangt hat oder ohne grobe Fahrlässigkeit hätte erlangen können. Stellen Aktionäre den Antrag, so haben sie glaubhaft zu machen, dass sie seit mindestens drei Monaten vor dem Tag der Hauptversammlung Inhaber der Aktien sind. Zur Glaubhaftmachung genügt eine eidesstättige Erklärung vor einem Notar. Unterliegt die Gesellschaft einer staatlichen Aufsicht, so kann auch die Aufsichtsbehörde den Antrag stellen. Der Antrag kann nach Erteilung des Bestätigungsvermerks, im Fall einer Nachtragsprüfung nach § 268 Abs. 3 nach Ergänzung des Bestätigungsvermerks, nicht mehr gestellt werden. Wegen eines Verstoßes gegen §§ 271 Abs. 1 bis 5, 271a oder 271b kann weder eine Nichtigkeits- noch eine Anfechtungsklage erhoben werden.

(4) Ist der Abschlußprüfer bis zum Ablauf des Geschäftsjahrs nicht gewählt worden, so hat der für den Sitz des Mutterunternehmens zuständige, zur Ausübung der Gerichtsbarkeit in Handelssachen berufene Gerichtshof erster Instanz im Verfahren außer Streitsachen auf Antrag der gesetzlichen Vertreter, mindestens zweier Mitglieder des Aufsichtsrats oder eines Gesellschafters den Abschlußprüfer zu bestellen. Gleiches gilt, wenn ein gewählter Abschlußprüfer den Abschluss des Prüfungsvertrags abgelehnt hat, weggefallen ist oder am rechtzeitigen Abschluß der Prüfung verhindert ist und ein anderer Abschlußprüfer nicht gewählt worden ist. Die gesetzlichen Vertreter sind verpflichtet, den Antrag zu stellen. Die Bestellung des Abschlußprüfers ist unanfechtbar.

(5) Der vom Gericht bestellte Abschlußprüfer hat Anspruch auf Ersatz der notwendigen baren Auslagen und auf angemessene Entlohnung für seine Tätigkeit.

(6) Der Abschlußprüfer kann den Prüfungsvertrag nur aus wichtigem Grund kündigen. Als wichtiger Grund ist es nicht anzusehen, wenn Meinungsverschiedenheiten zwischen Gesellschaft und Abschlußprüfer bestehen. Die Kündigung bedarf der Schriftform und ist zu begründen. Der Abschlußprüfer hat über das Ergebnis seiner bisherigen Prüfung zu berichten. § 273 ist entsprechend anzuwenden. Die zu prüfende Gesellschaft kann den Prüfungsvertrag nicht kündigen. Liegt auf Seiten des Prüfers ein wichtiger Grund vor, der seine Abberufung rechtfertigt, so ist Abs. 3 entsprechend anzuwenden.

(7) Kündigt der Abschlußprüfer den Prüfungsvertrag gemäß Abs. 6, so ist ein Abschlußprüfer von den Gesellschaftern unverzüglich zu wählen. Der bisherige Abschlußprüfer hat seinen Bericht unverzüglich dem Vorstand und den Mitgliedern des Aufsichtsrats vorzulegen.

Beachte für folgende Bestimmung

Zum Bezugszeitraum vgl. § 906 Abs. 18.

§ 271. Befangenheit und Ausgeschlossenheit

(1) Ein Wirtschaftsprüfer darf die Abschlussprüfung nicht durchführen, wenn Gründe, insbesondere Beziehungen geschäftlicher, finanzieller oder persönlicher Art, vorliegen, nach denen die Besorgnis der Befangenheit besteht.

(2) Ein Wirtschaftsprüfer ist als Abschlussprüfer ausgeschlossen, wenn er

1. Anteile an der zu prüfenden Gesellschaft oder an einem Unternehmen besitzt, das mit dieser Gesellschaft verbunden ist oder an dieser mindestens 20 von Hundert der Anteile besitzt, oder auf Erwerb, Verwaltung und Veräußerung derartiger Anteile maßgeblichen Einfluss hat;

2. gesetzlicher Vertreter oder Mitglied des Aufsichtsrats oder Arbeitnehmer der zu prüfenden Gesellschaft oder eines Unternehmens ist, das mit dieser Gesellschaft verbunden ist oder an dieser mindestens 20 von Hundert der Anteile besitzt, oder diese Tatbestände innerhalb von 24 Monaten vor dem Beginn des zu prüfenden Geschäftsjahrs erfüllt hat;

3. über keine Bescheinigung gemäß § 15 A-QSG verfügt;

4. bei der zu prüfenden Gesellschaft oder für die zu prüfende Gesellschaft in dem zu prüfenden Geschäftsjahr oder bis zur Erteilung des Bestätigungsvermerks

a) bei der Führung der Bücher oder der Aufstellung des zu prüfenden Jahresabschlusses über die Prüfungstätigkeit hinaus mitgewirkt hat,

b) bei der internen Revision mitgewirkt hat,

c) Managementaufgaben übernommen hat oder in das Treffen von Entscheidungen, insbesondere über die Auswahl der gesetzlichen Vertreter oder der im Bereich der Rechnungslegung leitenden Angestellten, einbezogen war,

d) Bewertungsleistungen oder versicherungs-

mathematische Dienstleistungen erbracht hat, die sich auf den zu prüfenden Jahresabschluss nicht nur unwesentlich auswirken;

5. gesetzlicher Vertreter, Mitglied des Aufsichtsrats oder Gesellschafter einer juristischen Person oder einer Personengesellschaft, Arbeitnehmer einer natürlichen oder juristischen Person oder einer Personengesellschaft ist, sofern die natürliche oder juristische Person, die Personengesellschaft oder einer ihrer Gesellschafter gemäß Z 4 nicht Abschlussprüfer der zu prüfenden Gesellschaft sein darf;
6. bei der Prüfung eine Person beschäftigt, die gemäß Z 1, 2, 4 oder 5 nicht Abschlussprüfer sein darf;
7. in den letzten fünf Jahren jeweils mindestens 30 von Hundert der Gesamteinnahmen aus seiner beruflichen Tätigkeit aus der Prüfung und Beratung der zu prüfenden Gesellschaft oder von mit dieser verbundenen Unternehmen oder von Unternehmen, an denen die zu prüfende Gesellschaft mindestens 20 von Hundert der Anteile besitzt, bezogen hat, wenn dies auch im laufenden Geschäftsjahr zu erwarten ist.

(3) Ein Wirtschaftsprüfer ist als Abschlussprüfer ferner ausgeschlossen, wenn er seinen Beruf zusammen mit einer gemäß Abs. 2 Z 1, 2, 4, 5, 6 oder 7 ausgeschlossenen Person ausübt oder gemeinsam mit dieser im Rahmen gemeinsamer Berufsausübung die Voraussetzung des Abs. 2 Z 7 erfüllt.

(4) Eine Wirtschaftsprüfungsgesellschaft gilt bei der Abschlussprüfung als befangen, wenn der den Bestätigungsvermerk unterzeichnende Wirtschaftsprüfer oder eine für ihn tätige Person, die eine maßgeblich leitende Funktion bei der Prüfung ausübt, nach Abs. 1 befangen ist. Eine Wirtschaftsprüfungsgesellschaft ist von der Abschlussprüfung ausgeschlossen, wenn sie selbst, einer ihrer gesetzlichen Vertreter, ein Gesellschafter, ein mit ihr verbundenes Unternehmen oder eine von ihr bei der Prüfung beschäftigte Person nach Abs. 2 Z 1, 2, 4, 5, 6 oder 7 ausgeschlossen ist, oder einer ihrer Gesellschafter an einer ausgeschlossenen Gesellschaft beteiligt ist, oder jemand, der zumindest mittelbar an der Wirtschaftsprüfungsgesellschaft beteiligt ist, auch an einer ausgeschlossenen Gesellschaft mit mehr als fünf von Hundert zumindest mittelbar beteiligt ist. Eine Wirtschaftsprüfungsgesellschaft ist ferner ausgeschlossen, wenn sie über keine Bescheinigung gemäß § 15 A-QSG verfügt.

(5) Die Abs. 1 bis 4 sind auf den Konzernabschlussprüfer sinngemäß anzuwenden.

(6) Weiß der Abschlussprüfer, dass er ausgeschlossen oder befangen ist, so gebührt ihm für dennoch erbrachte Leistungen kein Entgelt. Dies gilt auch, wenn er seine Ausgeschlossenheit erkennen hätte müssen oder wenn er grob fahrlässig seine Befangenheit nicht erkannt hat.

§ 271a. Ausschlussgründe in besonderen Fällen

(1) Ein Wirtschaftsprüfer ist als Abschlussprüfer einer Gesellschaft im Sinn des § 221 Abs. 3 zweiter Satz sowie einer großen Gesellschaft, bei der das Fünffache eines der in Euro ausgedrückten Größenmerkmale einer großen Gesellschaft (§ 221 Abs. 3 erster Satz in Verbindung mit Abs. 4 bis 6) überschritten wird, neben den in § 271 Abs. 2 genannten Gründen ausgeschlossen, wenn er

1. in den letzten fünf Jahren jeweils mindestens 15 von Hundert der Gesamteinnahmen aus seiner beruflichen Tätigkeit aus der Prüfung und Beratung der zu prüfenden Gesellschaft oder von mit dieser verbundenen Unternehmen oder von Unternehmen, an denen die zu prüfende Gesellschaft mindestens 20 von Hundert der Anteile besitzt, bezogen hat, wenn dies auch im laufenden Geschäftsjahr zu erwarten ist;
2. in dem zu prüfenden Geschäftsjahr über die

Prüfungstätigkeit hinaus für die zu prüfende Gesellschaft Rechts- oder Steuerberatungsleistungen erbracht hat, die über das Aufzeigen von Gestaltungsalternativen hinausgehen und die sich auf den Jahresabschluss nicht nur unwesentlich auswirken;

3. in dem zu prüfenden Geschäftsjahr für die zu prüfende Gesellschaft bei der Entwicklung, Installation und Einführung von Rechnungslegungsinformationssystemen mitgewirkt hat;
4. einen Bestätigungsvermerk gemäß § 274 über die Prüfung des Jahresabschlusses der Gesellschaft bereits in fünf Fällen gezeichnet hat; dies gilt nicht nach einer Unterbrechung der Prüfungstätigkeit für zumindest zwei aufeinander folgende Geschäftsjahre.

(2) Ein Wirtschaftsprüfer ist als Abschlussprüfer einer in Abs. 1 genannten Gesellschaft neben den in § 271 Abs. 2 und 3 genannten Gründen ferner ausgeschlossen, wenn er seinen Beruf zusammen mit einer gemäß Abs. 1 Z 2 oder 3 ausgeschlossenen Person ausübt oder gemeinsam mit dieser im Rahmen gemeinsamer Berufsausübung die Voraussetzung des Abs. 1 Z 1 erfüllt.

(3) Eine Wirtschaftsprüfungsgesellschaft ist von der Abschlussprüfung einer in Abs. 1 genannten Gesellschaft neben den in § 271 Abs. 4 genannten Gründen ausgeschlossen, wenn sie selbst, einer ihrer gesetzlichen Vertreter, ein Gesellschafter, ein mit ihr verbundenes Unternehmen oder eine von ihr bei der Prüfung beschäftigte Person nach Abs. 1 ausgeschlossen ist, oder einer ihrer Gesellschafter an einer ausgeschlossenen Gesellschaft beteiligt ist, oder jemand, der zumindest mittelbar an der Wirtschaftsprüfungsgesellschaft beteiligt ist, auch an einer ausgeschlossenen Gesellschaft mit mehr als fünf von Hundert zumindest mittelbar beteiligt ist. Abs. 1 Z 4 findet dabei mit der Maßgabe Anwendung, dass von der Prüfung der den Bestätigungsvermerk unterzeichnende Wirtschaftsprüfer nach Abs. 1 Z 4 ausgeschlossen wäre; dies gilt sinngemäß für eine für ihn tätige Person, die eine maßgeblich leitende Funktion bei der Prüfung ausübt.

(4) Die Abs. 1 bis 3 sind auf den Konzernabschlussprüfer sinngemäß anzuwenden. Ausgeschlossen sind darüber hinaus Personen, die gemäß Abs. 1 Z 4 von der Prüfung eines bedeutenden verbundenen Unternehmens ausgeschlossen sind, sowie Wirtschaftsprüfungsgesellschaften, die gemäß Abs. 3 in Verbindung mit Abs. 1 Z 4 von der Prüfung eines bedeutenden verbundenen Unternehmens ausgeschlossen sind.

§ 271b. Befangenheit und Ausgeschlossenheit im Netzwerk

(1) Ein Netzwerk liegt vor, wenn Personen bei ihrer Berufsausübung zur Verfolgung gemeinsamer wirtschaftlicher Interessen für eine gewisse Dauer zusammenwirken.

(2) Ein Abschlussprüfer ist befangen, wenn bei einem Mitglied seines Netzwerks die Voraussetzungen des § 271 Abs. 1, Abs. 2 Z 1, 2, 5 oder 6, oder des § 271a Abs. 1 Z 3 vorliegen, sofern nicht durch Schutzmaßnahmen sichergestellt ist, dass das Netzwerkmitglied auf das Ergebnis der Abschlussprüfung keinen Einfluss nehmen kann. Er ist ausgeschlossen, wenn bei einem Mitglied seines Netzwerks die Voraussetzungen des § 271 Abs. 2 Z 4 oder des § 271a Abs. 1 Z 2 vorliegen. Ist das Netzwerkmitglied keine natürliche Person, so sind § 271 Abs. 4 zweiter Satz und § 271a Abs. 3 sinngemäß anzuwenden.

(3) Abs. 2 ist auf den Konzernabschlussprüfer sinngemäß anzuwenden.

[§§ 271c]

§ 272. Vorlagepflicht, Auskunftsrecht

(1) Die gesetzlichen Vertreter der Gesellschaft haben dem Abschlußprüfer den Jahresabschluß und den Lagebericht unverzüglich nach der Aufstellung vorzulegen. Sie haben ihm zu

gestatten, die Bücher und Schriften der Gesellschaft sowie die Vermögensgegenstände und Schulden zu prüfen.
(2) Der Abschlußprüfer kann von den gesetzlichen Vertretern alle Aufklärungen und Nachweise verlangen, die er für eine sorgfältige Prüfung als notwendig ansieht. Er hat diese Rechte sowie die gemäß Abs. 1 auch schon vor Aufstellung des Jahresabschlusses. Soweit er es für eine sorgfältige Prüfung als notwendig ansieht, hat der Abschlußprüfer diese Rechte auch gegenüber Mutter- und Tochterunternehmen.
(3) Die gesetzlichen Vertreter einer Gesellschaft, die einen Konzernabschluß aufzustellen hat, haben dem Abschlußprüfer des Konzernabschlusses den Konzernabschluß, den Konzernlagebericht, die Jahresabschlüsse, Lageberichte und, wenn eine Prüfung stattgefunden hat, die Prüfungsberichte des Mutterunternehmens und der Tochterunternehmen vorzulegen. Der Abschlußprüfer hat die Rechte gemäß Abs. 1 und Abs. 2 bei dem Mutterunternehmen und den Tochterunternehmen, die Rechte gemäß Abs. 2 auch gegenüber den Abschlußprüfern des Mutterunternehmens und der Tochterunternehmen.

Beachte für folgende Bestimmung
Zum Bezugszeitraum vgl. § 906 Abs. 18.

§ 273. Prüfungsbericht

(1) Der Abschlussprüfer hat über das Ergebnis der Prüfung schriftlich zu berichten. Im Bericht ist insbesondere festzustellen, ob die Buchführung, der Jahresabschluss, der Lagebericht, der Konzernabschluss und der Konzernlagebericht den gesetzlichen Vorschriften entsprechen und der Corporate Governance-Bericht (§ 243b) aufgestellt worden ist sowie ob die gesetzlichen Vertreter die verlangten Aufklärungen und Nachweise erbracht haben. Im Prüfungsbericht zum Konzernabschluss ist auch festzustellen, ob die für die Übernahme in den Konzernabschluss maßgeblichen Vorschriften beachtet worden sind. Die Posten des Jahresabschlusses sind aufzugliedern und zu erläutern. Nachteilige Veränderungen der Vermögens-, Finanz- und Ertragslage gegenüber dem Vorjahr und Verluste, die das Jahresergebnis nicht unwesentlich beeinflusst haben, sind anzuführen und zu erläutern. Werden Tatsachen nach Abs. 2 und 3 nicht festgestellt, so ist dies im Bericht ausdrücklich festzuhalten.
(2) Stellt der Abschlussprüfer bei Wahrnehmung seiner Aufgaben Tatsachen fest, die den Bestand des geprüften Unternehmens oder Konzerns gefährden oder seine Entwicklung wesentlich beeinträchtigen können oder die schwerwiegende Verstöße der gesetzlichen Vertreter oder von Arbeitnehmern gegen Gesetz, Gesellschaftsvertrag oder Satzung erkennen lassen, so hat er darüber unverzüglich zu berichten. Darüber hinaus hat er unverzüglich über wesentliche Schwächen bei der internen Kontrolle des Rechnungslegungsprozesses zu berichten.
(3) Der Abschlussprüfer hat auch unverzüglich zu berichten, wenn bei der Prüfung des Jahresabschlusses das Vorliegen der Voraussetzungen für die Vermutung eines Reorganisationsbedarfs (§ 22 Abs. 1 Z 1 URG) festgestellt wird; im Bericht sind in diesem Fall die Eigenmittelquote (§ 23 URG) und die fiktive Schuldentilgungsdauer (§ 24 URG) anzugeben.
(4) Der Abschlussprüfer hat diese Berichte zu unterzeichnen und den gesetzlichen Vertretern sowie den Mitgliedern des Aufsichtsrats vorzulegen. Ist bei einem unbeschränkt haftenden Gesellschafter einer unternehmerisch tätigen eingetragenen Personengesellschaft im Sinn des § 221 Abs. 5 ein Aufsichtsrat eingerichtet, so hat der Abschlussprüfer den Bericht hinsichtlich der Personengesellschaft auch den Mitgliedern dieses Aufsichtsrats vorzulegen.

Beachte für folgende Bestimmung
zum Bezugszeitraum vgl. § 906 Abs. 18

§ 274. Bestätigungsvermerk

(1) Der Abschlussprüfer hat das Ergebnis seiner Prüfung in einem Bestätigungsvermerk zum Jahresabschluss oder Konzernabschluss zusammenzufassen. Der Bestätigungsvermerk umfasst

1. eine Einleitung, die zumindest angibt, welcher Jahresabschluss beziehungsweise Konzernabschluss Gegenstand der gesetzlichen Abschlussprüfung ist und nach welchen Rechnungslegungsgrundsätzen er aufgestellt wurde,
2. eine Beschreibung der Art und des Umfanges der gesetzlichen Abschlussprüfung, die zumindest Angaben über die Prüfungsgrundsätze enthält, nach denen die Prüfung durchgeführt wurde, sowie
3. ein Prüfungsurteil, das zweifelsfrei ergibt, ob

a) ein uneingeschränkter Bestätigungsvermerk erteilt,

b) ein eingeschränkter Bestätigungsvermerk erteilt,

c) der Bestätigungsvermerk auf Grund von Einwendungen versagt oder

d) der Bestätigungsvermerk deshalb versagt wird, weil der Abschlussprüfer nicht in der Lage ist, ein Prüfungsurteil abzugeben.

(2) In einem uneingeschränkten Bestätigungsvermerk (Abs. 1 Z 3 lit. a) hat der Abschlussprüfer zu erklären, dass die von ihm nach § 269 durchgeführte Prüfung zu keinen Einwendungen geführt hat und dass der geprüfte Jahres- oder Konzernabschluss auf Grund der bei der Prüfung gewonnenen Erkenntnisse des Abschlussprüfers den gesetzlichen Vorschriften entspricht und unter Beachtung der Grundsätze ordnungsmäßiger Buchführung oder sonstiger maßgeblicher Rechnungslegungsgrundsätze ein möglichst getreues Bild der Vermögens-, Finanz- und Ertragslage des Unternehmens oder des Konzerns vermittelt. Der uneingeschränkte Bestätigungsvermerk ist in geeigneter Weise zu ergänzen, wenn zusätzliche Bemerkungen erforderlich erscheinen, um einen falschen Eindruck über den Inhalt der Prüfung und die Tragweite des Bestätigungsvermerks zu vermeiden.

(3) Sind Einwendungen zu erheben, so hat der Abschlussprüfer seine Erklärung nach Abs. 2 erster Satz einzuschränken (Abs. 1 Z 3 lit. b) oder den Bestätigungsvermerk zu versagen (Abs. 1 Z 3 lit. c). Die Versagung ist in einen Vermerk, der nicht als Bestätigungsvermerk zu bezeichnen ist, aufzunehmen. Die Einschränkung oder Versagung ist zu begründen. Ein eingeschränkter Bestätigungsvermerk darf nur erteilt werden, wenn der geprüfte Abschluss unter Beachtung der vom Abschlussprüfer vorgenommenen, in ihrer Tragweite erkennbaren Einschränkung ein im Wesentlichen getreues Bild der Vermögens-, Finanz- und Ertragslage vermittelt.

(4) Der Bestätigungsvermerk ist auch dann zu versagen, wenn der Abschlussprüfer nach Ausschöpfung aller angemessenen Möglichkeiten zur Klärung des Sachverhalts nicht in der Lage ist, ein Prüfungsurteil abzugeben (Abs. 1 Z 3 lit. d).

(5) Der Bestätigungsvermerk hat auch eine Aussage darüber zu enthalten, ob der Lagebericht oder der Konzernlagebericht nach dem Urteil des Abschlussprüfers mit dem Jahresabschluss oder mit dem Konzernabschluss in Einklang steht und ob die Angaben nach § 243a zutreffen.

(6) Der Abschlussprüfer hat den Bestätigungsvermerk oder den Vermerk über seine Versagung unter Angabe von Ort und Tag zu unterzeichnen. Der Bestätigungsvermerk oder der Vermerk über seine Versagung ist auch in den Prüfungsbericht aufzunehmen.

Beachte für folgende Bestimmung
Zum Bezugszeitraum vgl. § 906 Abs. 18.

§ 275. Verantwortlichkeit des Abschlußprüfers

(1) Der Abschlussprüfer, seine Gehilfen und die bei der Prüfung mitwirkenden gesetzlichen Vertreter einer Prüfungsgesellschaft sind zur Verschwiegenheit verpflichtet. Sie dürfen nicht unbefugt Geschäfts- und Betriebsgeheimnisse verwerten, die sie bei ihrer Tätigkeit erfahren haben. Wer vorsätzlich oder fahrlässig seine Pflichten verletzt, ist der Gesellschaft und, wenn ein verbundenes Unternehmen geschädigt worden ist, auch diesem zum Ersatz des daraus entstehenden Schadens verpflichtet. Mehrere Personen haften als Gesamtschuldner. Der Abschlussprüfer hat dem nachfolgenden Abschlussprüfer auf schriftliches Verlangen Zugang zu den relevanten Informationen über das geprüfte Unternehmen zu gewähren.
(2) Der Abschlussprüfer ist zur gewissenhaften und unparteiischen Prüfung verpflichtet. Verletzt er vorsätzlich oder fahrlässig diese Pflicht, so ist er der Gesellschaft und, wenn ein verbundenes Unternehmen geschädigt worden ist, auch diesem zum Ersatz des daraus entstehenden Schadens verpflichtet. Mehrere Abschlussprüfer haften als Gesamtschuldner. Die Ersatzpflicht ist bei Fahrlässigkeit bei der Prüfung einer kleinen oder mittelgroßen Gesellschaft (§ 221 Abs. 2) mit zwei Millionen Euro, bei Prüfung einer großen Gesellschaft (§ 221 Abs. 3) mit vier Millionen Euro, bei Prüfung einer großen Gesellschaft, bei der das Fünffache eines der in Euro ausgedrückten Größenmerkmale einer großen Gesellschaft überschritten wird, mit acht Millionen Euro und bei Prüfung einer großen Gesellschaft, bei der das Zehnfache eines der in Euro ausgedrückten Größenmerkmale einer großen Gesellschaft überschritten wird, mit zwölf Millionen Euro beschränkt; § 221 Abs. 4 bis 6 gilt sinngemäß. Diese Beschränkungen für eine Prüfung gelten auch, wenn an ihr mehrere Abschlussprüfer beteiligt gewesen oder mehrere zum Ersatz verpflichtende Handlungen begangen worden sind, und ohne Rücksicht darauf, ob andere Beteiligte vorsätzlich gehandelt haben. Sie gelten jedoch nicht für den Abschlussprüfer, der in Kenntnis oder in grob fahrlässiger Unkenntnis seiner Befangenheit oder Ausgeschlossenheit gehandelt hat.
(3) Die Verpflichtung zur Verschwiegenheit besteht, wenn eine Prüfungsgesellschaft Abschlußprüfer ist, auch gegenüber dem Aufsichtsrat der Prüfungsgesellschaft und dessen Mitgliedern.
(4) Die Ersatzpflicht nach diesen Vorschriften kann durch Vertrag weder ausgeschlossen noch beschränkt werden.
(5) Die Ansprüche aus diesen Vorschriften verjähren in fünf Jahren.

[§§ 276 bis 283]

VIERTES BUCH
Unternehmensbezogene Geschäfte

ERSTER ABSCHNITT
Allgemeine Vorschriften

[§§ 343 bis 372]

ZWEITER ABSCHNITT
Warenkauf

[§§ 373 bis 381]

DRITTER ABSCHNITT
Kommissionsgeschäft

[§§ 383 bis 405]

VIERTER ABSCHNITT
Speditionsgeschäft

[§§ 407 bis 414]

FÜNFTER ABSCHNITT
Lagergeschäft

[§§ 416 bis 424]

SECHSTER ABSCHNITT
Frachtgeschäft

[§§ 425 bis 451]

SIEBENTER ABSCHNITT
Investitionsersatz

[§ 454]

ACHTER ABSCHNITT
Zahlungsverzug

[§§ 455 bis 460]

FÜNFTES BUCH
Seehandel

ERSTER ABSCHNITT
Allgemeine Vorschriften

[§§ 476 bis 483]

ZWEITER ABSCHNITT
Reeder und Reederei

[§§ 484 bis 488]

DRITTER ABSCHNITT
Schiffer

[§§ 511 bis 555]

VIERTER ABSCHNITT
Frachtgeschäft zur Beförderung von Gütern
[§§ 556 bis 663b]

FÜNFTER ABSCHNITT
Frachtgeschäft zur Beförderung von Reisenden

[§§ 664 bis 678]

SIEBENTER ABSCHNITT
Haverei

[§§ 700 bis 739a]

ACHTER ABSCHNITT
Bergung und Hilfsleistung in Seenot

[§§ 740 bis 753]

NEUNTER ABSCHNITT
Schiffsgläubiger

[§§ 754 bis 777]

ZEHNTER ABSCHNITT
Versicherung gegen die Gefahren der Seeschiffahrt

[§§ 778 bis 900]

ELFTER ABSCHNITT
Verjährung

[§§ 901 bis 909]

Auszug
Wertpapieraufsichtsgesetz (WAG)

1. Hauptstück

[§§ 1 bis 14]

2. Hauptstück
Organisatorische Anforderungen

[§§ 15 bis 57]

11. Abschnitt
Professionelle Kunden und geeignete Gegenparteien

§ 58. Professionelle Kunden

(1) Ein professioneller Kunde ist ein Kunde, der über ausreichende Erfahrungen, Kenntnisse und Sachverstand verfügt, um seine Anlageentscheidungen selbst treffen und die damit verbundenen Risiken angemessen beurteilen zu können. Als professionelle Kunden gelten die in Abs. 2 genannten Rechtspersönlichkeiten sowie jene Kunden, die gemäß § 59 auf Antrag als professionelle Kunden behandelt werden.

(2) Professionelle Kunden in Bezug auf alle Wertpapierdienstleistungen und Finanzinstrumente sind jedenfalls:

1. die nachstehenden Rechtspersönlichkeiten, sofern sie im Inland, in einem Mitgliedstaat oder in einem Drittstaat eine Zulassung erhalten haben oder beaufsichtigt werden, um auf Finanzmärkten tätig werden zu können:

a) Kreditinstitute,

b) Wertpapierfirmen,

c) sonstige zugelassene oder beaufsichtigte Finanzinstitute,

d) Versicherungsgesellschaften,

e) Organismen für Veranlagungen gemäß § 1 Abs. 1 Z 3 KMG, in- oder ausländische Kapitalanlagefonds, in- oder ausländische Immobilienfonds oder ähnliche Einrichtungen, die Vermögenswerte mit Risikostreuung zusammenfassen, sowie ihre jeweiligen Verwaltungsgesellschaften,

f) Pensionsfonds und ihre Verwaltungsgesellschaften,

g) Warenhändler und Warenderivate-Händler,

h) Lokale Firmen im Sinne von § 2 Z 14,

i) sonstige institutionelle Anleger;

2. andere als in Z 1 genannte große Unternehmen, die auf Unternehmensebene mindestens zwei der nachfolgenden Eigenschaften aufweisen:

a) eine Bilanzsumme in der Höhe von mindestens 20 Millionen Euro,

b) einen Nettoumsatz in der Höhe von mindestens 40 Millionen Euro,

c) Eigenmittel in der Höhe von mindestens 2 Millionen Euro;

3. Zentralstaaten, Länder, Regionalregierungen der Mitgliedstaaten und Drittländer, sowie Stellen der staatlichen Schuldenverwaltung;

4. Zentralbanken gemäß Art. 4 Abs. 1 Nummer 46 der Verordnung (EU) Nr. 575/2013 sowie internationale und supranationale Einrichtungen, wie insbesondere die Weltbank, der Internationale Währungsfonds, die Europäische Investitionsbank und andere vergleichbare internationale Organisationen;

5. andere institutionelle Anleger, deren Haupttätigkeit in der Anlage in Finanzinstrumenten besteht, einschließlich Einrichtungen, die die wertpapiermäßige Verbriefung von Verbindlichkeiten und andere Finanzierungsgeschäfte betreiben.

(3) Der Rechtsträger hat vor Erbringung jeglicher Dienstleistungen gegenüber einem in

Abs. 2 genannten Unternehmen darauf hinzuweisen, dass es aufgrund der vorliegenden Informationen als professioneller Kunde eingestuft und behandelt wird, sofern der Rechtsträger und das betreffende Unternehmen nichts Anderes vereinbaren. Weiters hat ein Rechtsträger professionelle Kunden über die Möglichkeit zur Änderung der Einstufung gemäß Abs. 4 zu informieren.

(4) Ein Rechtsträger kann mit einem professionellen Kunden gemäß Abs. 2 auf dessen Wunsch vereinbaren, dass dieser als Privatkunde eingestuft wird. Die Vereinbarung zur Einstufung des professionellen Kunden als Privatkunde bedarf der Schriftform. In dieser Vereinbarung ist ausdrücklich festzulegen, für welche Wertpapierdienstleistungen, Wertpapiernebendienstleistungen oder Finanzinstrumente die Einstufung als Privatkunde gilt. Ein Rechtsträger ist berechtigt, auch ohne ausdrücklichen Wunsch des professionellen Kunden diesen als Privatkunden zu behandeln.

§ 59.

(1) Andere als die in § 58 genannten Kunden, einschließlich Körperschaften öffentlichen Rechts und Privatkunden, können bei dem Rechtsträger die Einstufung und Behandlung als professionelle Kunden im Sinne von § 58 Abs. 1 beantragen. Auf diese Kunden finden dann die für Privatkunden geltenden Schutzbestimmungen keine Anwendung mehr.

(2) Die Einstufung und Behandlung eines Kunden im Sinne von Abs. 1 als professioneller Kunde ist nur zulässig, wenn

1. der Kunde dem Rechtsträger schriftlich mitteilt, dass er generell oder in Bezug auf eine bestimmte Wertpapierdienstleistung oder ein bestimmtes Wertpapiergeschäft oder in Bezug auf eine bestimmte Art von Geschäft oder Produkt als professioneller Kunde behandelt werden möchte;
2. der Rechtsträger den Kunden schriftlich klar darauf hinweist, welches Schutzniveau und welche Anlegerentschädigungsrechte er gegebenenfalls durch die Einstufung als professioneller Kunde verliert;
3. der Kunde schriftlich in einem vom jeweiligen Vertrag getrennten Dokument bestätigt, dass er sich der Folgen des Verlustes dieses Schutzniveaus bewusst ist;
4. der Rechtsträger sich durch eine angemessene Beurteilung des Sachverstands, der Erfahrungen und der Kenntnisse des Kunden davon vergewissert hat, dass dieser in Anbetracht der Art der geplanten Geschäfte oder Dienstleistungen nach vernünftigem Ermessen in der Lage ist, seine Anlageentscheidungen selbst zu treffen und die damit einhergehenden Risiken versteht, und
5. auf Grund der Beurteilung gemäß Z 4 mindestens zwei der folgenden Kriterien erfüllt sind:

a) Der Kunde hat an dem relevanten Markt innerhalb der letzten vier vorhergehenden Quartale durchschnittlich pro Quartal zehn Geschäfte von erheblichem Umfang getätigt,

b) das Finanzinstrument-Portfolio des Kunden einschließlich seiner Bankguthaben übersteigt den Wert von 500 000 Euro,

c) der Kunde ist oder war mindestens ein Jahr lang in einer beruflichen Position im Finanzsektor tätig, die Kenntnisse über die geplanten Geschäfte oder Dienstleistungen voraussetzt.

(3) Der Rechtsträger hat zweckmäßige schriftliche Leitlinien festzulegen und Verfahren einzuführen, anhand deren die Kunden eingestuft werden. Der Rechtsträger hat durch angemessene Vorkehrungen sicherzustellen, dass ein Kunde, der als professioneller Kunde behandelt werden möchte, die Kriterien gemäß Abs. 2 Z 4 und 5 erfüllt, bevor einem Antrag im Sinne von Abs. 1 stattgegeben wird; dabei darf nicht davon ausgegangen werden, dass dieser Kunde über Marktkenntnisse und -

erfahrungen verfügt, die denen der professionellen Kunden nach § 58 Abs. 2 vergleichbar sind.

(4) Ein professioneller Kunde hat den Rechtsträger über alle Änderungen zu informieren, die seine Einstufung beeinflussen könnten. Der Rechtsträger hat geeignete Maßnahmen zu ergreifen, wenn der Kunde nicht mehr die Voraussetzungen für die Einstufung als professioneller Kunde erfüllt.

[§§ 60 bis 63]

3. Hauptstück

[§§ 64 bis 72]

4. Hauptstück

[§§ 73 bis 101]

5. Hauptstück
Übergangs- und Schlussbestimmungen

[§§ 102 bis 108]

Auszug
Wirtschaftstreuhandberufs-Ausübungsrichtlinie (WT-ARL)

1. Abschnitt
Standesgemäßes Verhalten

[§§ 1 bis 13]

3. Abschnitt
Befangenheit - Interessenkollision

§ 21. Befangenheit

(1) Berufsberechtigte haben bei Ausübung ihrer Tätigkeit jede Bindung oder Handlung zu vermeiden, die ihre berufliche Entscheidungsfreiheit und Unbefangenheit gefährdet oder gefährden könnte.
(2) Berufsberechtigte sind befangen, wenn Umstände vorliegen, die es nach objektiver Prüfung und Beurteilung rechtfertigen, die Unbefangenheit in Zweifel zu ziehen. Dabei genügt der Anschein der Voreingenommenheit oder die Besorgnis, dass bei Ausübung der Tätigkeit andere als rein sachliche Überlegungen eine Rolle spielen könnten.

[§§ 22 bis 23]

4. Abschnitt
Mediation

[§§ 24 bis 30]

5. Abschnitt
Schutz vor der Ausnützung durch die organisierte Kriminalität

[§ 31]

6. Abschnitt
Maßnahmen zur Verhinderung der Geldwäsche und der

[§§ 32 bis 40]

7. Abschnitt
Schlussbestimmungen

[§§ 44 bis 45]

Auszug

Wirtschaftstreuhandberufsgesetz (WTBG)

1. Teil: Berufsrecht
1. Hauptstück: Wirtschaftstreuhandberufe – Berechtigungsumfang

[§§ 1 bis 7]

2. Hauptstück: Natürliche Personen

[§§ 8 bis 10]

§ 11. Vermögensschaden-Haftpflichtversicherung

(1) Berufsberechtigte sind verpflichtet, für Schäden aus ihrer Tätigkeit eine Vermögensschaden-Haftpflichtversicherung bei einem zum Betrieb in Österreich berechtigten Versicherer abzuschließen und für die gesamte Dauer des Bestehens ihrer Berufsberechtigung aufrechtzuerhalten.

(2) Die Versicherungspflicht gilt nicht für Tätigkeiten, wenn und insoweit für diese Tätigkeiten ein anderer Berufsberechtigter mit einer Vermögensschaden-Haftpflichtversicherung dem betreffenden Klienten gegenüber kraft gesetzlicher Schadenersatzbestimmung haftet und in dieser Versicherung die Haftung der betreffenden schadenstiftenden Person oder Gesellschaft für denselben Versicherungsfall mitgedeckt ist.

(3) Die Versicherungssumme dieser Versicherung darf nicht geringer sein als 72 673 Euro für jeden einzelnen Versicherungsfall. Bei Vereinbarung einer betragsmäßigen Obergrenze für alle Versicherungsfälle eines Jahres und für allenfalls vereinbarte Selbstbehalte gilt § 158c des Versicherungsvertragsgesetzes 1958, BGBl. Nr. 2/1959.

(4) Ist der Versicherungspflichtige Versicherter in einer Versicherung für fremde Rechnung, wird nur dann der Versicherungspflicht entsprochen, wenn nur er über die seinen Versicherungsschutz betreffenden Rechte aus dem Versicherungsvertrag verfügen kann und ihm für jeden Versicherungsfall zumindest die gesetzliche Mindestversicherungssumme zur Verfügung steht. Deckungsausschlußgründe, die nicht in seiner Person gelegen sind, können in diesem Fall nicht eingewendet werden.

(5) Die Versicherer sind verpflichtet, der Kammer der Wirtschaftstreuhänder unaufgefordert und umgehend jeden Umstand zu melden, der eine Beendigung oder Einschränkung des Versicherungsschutzes oder eine Abweichung von der ursprünglichen Versicherungsbestätigung bedeutet oder bedeuten kann, und auf Verlangen der Kammer der Wirtschaftstreuhänder über solche Umstände Auskunft zu erteilen.

[§§ 12 bis 64]

3. Hauptstück: Gesellschaften

[§§ 65 bis 81]

4. Hauptstück: Rechte und Pflichten
1. Abschnitt: Allgemeine Bestimmungen
Allgemeines

§ 82.

(1) Berufsberechtigte sind verpflichtet, ihren Beruf gewissenhaft, sorgfältig, eigenverantwortlich und unabhängig und unter Beachtung der in diesem Hauptstück und der in der Richtlinie gemäß § 83 enthaltenen Bestimmungen auszuüben.

(2) Wird ein Berufsberechtigter als Mediator tätig, so hat er auch dabei die ihn als Berufsberechtigten treffenden Berufspflichten einzuhalten. Besondere Regelungen für Mediatoren nach anderen Rechtsvorschriften werden dadurch nicht berührt.

[§§ 83 bis 87]

§ 88. Aufträge und Bevollmächtigung

(1) Berufsberechtigte sind verpflichtet, die Übernahme eines Auftrages abzulehnen, der sie bei Ausübung ihrer Tätigkeit an Weisungen fachlicher Art des Auftraggebers binden würde. Die Annahme von Aufträgen durch Berufsberechtigte, die sowohl dem Grunde als auch der Höhe nach im Deckungsumfang ihrer Vermögensschaden-Haftpflichtversicherung nicht enthalten sind, ist unzulässig. Die Kammer der Wirtschaftstreuhänder ist berechtigt, alle oder bestimmte Deckungsumfänge der Vermögensschaden-Haftpflichtversicherungen des Berufsberechtigten zu prüfen und das Ergebnis der Qualitätskontrollbehörde mitzuteilen. Bei hinreichenden Bedenken oder im Fall eines Auskunftsersuchens der Qualitätskontrollbehörde hat die Kammer der Wirtschaftstreuhänder eine solche Prüfung ohne unnötigen Verzug durchzuführen. Der Berufsberechtigte hat der Kammer der Wirtschaftstreuhänder alle für die Prüfung erforderlichen Informationen und Unterlagen zur Verfügung zu stellen.

(2) Berufsberechtigte sind darüber hinaus verpflichtet, Prüfungs- oder Sachverständigenaufträge abzulehnen, wenn

1. sie von dem zu Prüfenden oder dem Auftraggeber oder, falls der Auftraggeber ein Dritter ist, auch von diesem persönlich und wirtschaftlich nicht unabhängig sind oder
2. einer der Beteiligten mittelbaren oder unmittelbaren Einfluß auf die Führung der Geschäfte des anderen hat oder
3. Ausschließungsgründe im Sinne des § 20 Jurisdiktionsnorm, RGBl. Nr. 111/1895, vorliegen oder
4. Befangenheitsgründe im Sinne des § 19 Z 2 der Jurisdiktionsnorm, RGBl. Nr. 111/1895, vorliegen oder
5. sie als Prüfer tätig werden sollen und sie selbst die zu prüfenden Bücher geführt oder den zu prüfenden Abschluß erstellt haben.

(3) Wirtschaftstreuhänder dürfen eine Vertretungsvollmacht nur annehmen, wenn nicht ein anderer Wirtschaftstreuhänder zur Vertretung bevollmächtigt ist.

(4) Berufsberechtigte sind berechtigt, einen bereits übernommenen Auftrag zurückzulegen, wenn ein wichtiger Grund vorliegt. Wichtige Gründe sind insbesondere

1. die sich nachträglich ergebende Unerfüllbarkeit des Auftrages oder
2. die Verhinderung durch eine Krankheit oder
3. die sich nachträglich ergebende Feststellung, daß der Auftraggeber bewußt unrichtige oder unvollständige Unterlagen zur Verfügung gestellt hat.

(5) Berufsberechtigte sind berechtigt, die ihnen erteilten Auskünfte und übergebenen Unterlagen des Auftraggebers, insbesondere Zahlenangaben, als richtig und vollständig anzusehen. Prüfungsaufträge und andere Aufträge, die zur Unparteilichkeit und Unabhängigkeit verpflichten, dürfen nur nach gewissenhafter Erhebung des Zutreffens der zu bestätigenden Tatsachen und Umstände ausgeführt werden.

(6) Berufsberechtigte sind verpflichtet, die übernommenen Angelegenheiten, Aufgaben, Vertretungen und Verteidigungen gesetzmäßig zu führen und die Rechte des Auftraggebers gegen jedermann mit Treue und Nachdruck zu verfolgen. Sie sind im Rahmen ihrer Aufträge befugt, alle ihren Auftraggebern zur Verfügung stehenden gesetzmäßigen Angriffs- und Verteidigungsmittel zu gebrauchen.

(7) Gesellschaften, die einen Wirtschaftstreuhandberuf ausüben, haben für jeden von ihnen übernommenen Auftrag mindestens eine natürliche Person, welche die für die Erledigung entsprechende Berufsberechtigung besitzt, zu bestimmen. Der Name des für die Erledigung bestimmten Berufsberechtigten ist dem Auftraggeber schriftlich bekanntzugeben.

(8) Personen, die für einen Berufsberechtigten in welchem Rechtsverhältnis auch immer tätig sind, dürfen während, innerhalb und anläßlich der Beendigung dieser Tätigkeit nur mit Zustimmung des Berufsberechtigten

1. Aufträge oder Bevollmächtigungen von dessen Klienten selbst übernehmen oder
2. dessen Klienten anderen Berufsberechtigten zuführen.

(9) Beruft sich ein Berufsberechtigter im beruflichen Verkehr auf die ihm erteilte Bevollmächtigung, so ersetzt diese Berufung den urkundlichen Nachweis.

(10) Vereinbarungen in Allgemeinen Geschäftsbedingungen über einen generellen Haftungsausschluß sind unzulässig.

(11) Honorare für Abschlussprüfungen und die Prüfungsverträge dürfen nicht von der Erbringung zusätzlicher Leistungen für das geprüfte Unternehmen beeinflusst oder bestimmt und an keinerlei Bedingungen geknüpft werden. Das Honorar hat in einem angemessenen Verhältnis zu den Aufgaben und dem voraussichtlichen Umfang der Abschlussprüfung zu stehen.

[§§ 89 bis 98]

2. Abschnitt: Maßnahmen zur Verhinderung der Geldwäsche und der Terrorismusfinanzierung

§ 98a. Allgemeines

(1) Die Bestimmungen dieses Abschnittes setzen für den Bereich der Wirtschaftstreuhandberufe um:

1. die Richtlinie 2005/60/EG zur Verhinderung der Nutzung des Finanzsystems zum Zwecke der Geldwäsche und der Terrorismusfinanzierung, ABl. Nr. L 309 vom 25.11.2009, S. 15 (im Folgenden: 3. Geldwäsche-RL) und
2. die Empfehlungen der Arbeitsgruppe „Financial Action Task Force" (FATF) auf dem Gebiet der Geldwäsche und der Terrorismusfinanzierung, insoweit diese über die 3. Geldwäsche-RL hinausgehende Anforderungen aufstellen.

(2) Zuständige Behörde für Meldungen im Sinne dieses Abschnittes ist die Geldwäschemeldestelle (§ 4 Abs. 2 des Bundeskriminalamt-Gesetzes, BGBl. I Nr. 22/2002).

(3) Berufsberechtigte sind verpflichtet, Sorgfaltspflichten gemäß den Bestimmungen dieses Abschnittes zu setzen:

1. Bei Begründung einer Geschäftsbeziehung oder
2. bei Abwicklung gelegentlicher Transaktionen in Höhe von 15 000 Euro oder mehr, und zwar unabhängig davon, ob die Transaktion in einem einzigen Vorgang oder in mehreren Vorgängen, zwischen denen eine Verbindung zu bestehen scheint, getätigt wird, oder
3. bei Verdacht auf Geldwäsche oder Terrorismusfinanzierung oder
4. bei Zweifel an der Echtheit oder der Richtigkeit oder der Angemessenheit von Kundenidentifikationsdaten.

(4) Von der Begründung einer Geschäftsbeziehung im Sinne dieses Abschnittes ist auszugehen, wenn über eine kostenlose Erstberatung hinaus weitere Dienste oder Aufträge erfolgen.

(5) In den Fällen des Abs. 3 Z 3 und Z 4 sind die Sorgfaltspflichten ungeachtet etwaiger Ausnahmeregelungen, Befreiungen oder Schwellenwerte zu setzen.

§ 98b. Sorgfaltspflichten

(1) Die Sorgfaltspflichten umfassen jedenfalls:

1. die Feststellung und Überprüfung der Identität des Auftraggebers auf der Grundlage von Dokumenten, Daten und Informationen, die von einer glaubwürdigen

und unabhängigen Quelle stammen, wobei die Vorlage eines aktuellen amtlichen Lichtbildausweises zur Identitätsfeststellung ausreicht,

1a. bei Handeln des Auftraggebers als Vertreter eines Dritten die Überprüfung der Vertretungsbefugnis des Vertreters,

2. die Identifizierungspflicht betreffend den wirtschaftlichen Eigentümer,

3. die Vorlage beweiskräftiger aktueller Dokumente wie beispielsweise ein Firmenbuchauszug, wenn der Auftraggeber ein Unternehmen, eine Gesellschaft oder eine sonstige juristische Person ist, wobei jedenfalls amtliche Lichtbildausweise der vertretungsbefugten Personen der Gesellschaft in vertretungsbefugter Zusammensetzung vorzulegen sind,

4. die Überprüfung der Identität des wirtschaftlichen Eigentümers unter Ergreifung risikobasierter und angemessener Maßnahmen, wobei die Maßnahmen insbesondere die Eigentums- und Kontrollstruktur des Auftraggebers verständlich machen sollen,

5. die Einholung von Informationen über Zweck und angestrebte Art der Geschäftsbeziehung,

6. das Ergreifen risikobasierter und angemessener Maßnahmen, um eine kontinuierliche Überwachung der Geschäftsbeziehung, einschließlich einer Überprüfung der im Verlauf der Geschäftsbeziehung abgewickelten Transaktionen, durchzuführen, um sicherzustellen, dass diese mit den Kenntnissen der über den Auftraggeber, seine Geschäftstätigkeit und sein Risikoprofil, einschließlich erforderlichenfalls der Herkunft der Geld- oder Finanzmittel, kohärent sind, und Gewähr zu leisten, dass die jeweiligen Dokumente, Daten oder Informationen stets aktualisiert werden,

7. die Durchführung von Verfahren zur Feststellung, ob es sich bei dem Auftraggeber um eine politisch exponierte Person im Sinne des § 98d Abs. 1 Z 3 handelt und

8. eine erhöhte und besondere Aufmerksamkeit insbesondere auf jenen Tätigkeiten und Transaktionen, deren Art es besonders nahe legen, dass sie mit Geldwäsche oder Terrorismusfinanzierung zusammenhängen könnten, insbesondere komplexe oder unüblich große Transaktionen sowie alle unüblichen Muster von Transaktionen ohne offensichtlichen wirtschaftlichen oder erkennbaren rechtmäßigen Zweck. In solchen Fällen ist soweit wie möglich der Hintergrund und der Zweck solcher Transaktionen zu prüfen und die Ergebnisse schriftlich aufzuzeichnen und für die zuständigen Behörden aufzubewahren.

(2) Wirtschaftlicher Eigentümer sind die natürlichen Personen, in deren Eigentum oder unter deren Kontrolle der Auftraggeber steht, oder die natürliche Person, in deren Auftrag eine Transaktion oder Tätigkeit ausgeführt wird. Dies umfasst:

1) bei Gesellschaften:

a) natürliche Personen, in deren Eigentum oder unter deren Kontrolle eine Rechtsperson über das direkte oder indirekte Halten oder Kontrollieren eines Anteils von mindestens 25vH plus einer Aktie an Aktien oder Stimmrechten einschließlich Beteiligungen in Form von Inhaberaktien steht, sofern es sich nicht um eine auf einem geregelten Markt notierte Gesellschaft handelt, die dem Gemeinschaftsrecht entsprechenden Offenlegungsanforderungen bzw. gleichwertigen internationalen Standards unterliegt, oder

b) natürliche Personen, die auf andere Weise die Kontrolle über die Geschäftsleitung einer Rechtsperson ausüben, oder

2) bei Rechtspersonen, wie beispielsweise

Stiftungen, und bei rechtsgeschäftlichen Vereinbarungen, wie beispielsweise Treuhandschaften, die Gelder verwalten oder verteilen:

a) natürliche Personen - sofern die künftigen Begünstigten bereits bestimmt wurden - die Begünstigte von 25vH oder mehr des Vermögens einer Rechtsperson oder rechtsgeschäftlichen Vereinbarung sind, oder

b) die Gruppe von Personen - sofern die Einzelpersonen, die Begünstigte der Rechtsperson oder rechtsgeschäftlichen Vereinbarung sind, noch nicht bestimmt wurden - in deren Interesse hauptsächlich die Rechtsperson oder rechtsgeschäftliche Vereinbarung wirksam ist oder errichtet wurde, oder

c) natürliche Personen, die eine Kontrolle über 25vH oder mehr des Vermögens einer Rechtsperson oder rechtsgeschäftlichen Vereinbarung ausüben.

(3) Der Umfang der in Abs. 1 Z 4 und 6 angeführten Sorgfaltspflichten hat auf einer dem gesamthaft erkennbaren Risiko der Geschäftsbeziehung entsprechenden Grundlage zu erfolgen. Hiebei sind Art des Auftraggebers, der Geschäftsbeziehung, der erbrachten Dienstleistung oder der Transaktion in Hinblick auf die Risiken der Geldwäsche und der Terrorismusfinanzierung in angemessener Weise zu berücksichtigen.

(4) Eine Feststellung und Überprüfung der Identität des Auftraggebers gemäß Abs. 1 Z 1 und 2 hat vor der Begründung einer Geschäftsbeziehung oder der Abwicklung einer Transaktion zu erfolgen. Dies kann während der Begründung einer Geschäftsbeziehung abgeschlossen werden, wenn es

1. zur Vermeidung einer Unterbrechung des normalen Geschäftsablaufes erforderlich ist und
2. ein geringes Risiko der Geldwäsche oder der Terrorismusfinanzierung besteht. In diesem Fall sind die diesbezüglichen Verfahren unverzüglich nach dem ersten Kontakt abzuschließen.

(5) Ist die Einhaltung der in Abs. 1 angeführten Sorgfaltspflichten nicht möglich, darf eine Geschäftsbeziehung nicht begründet bzw. eine Transaktion nicht abgewickelt werden. Bestehende Geschäftsbeziehungen sind in diesem Fall zu beenden. Zudem hat eine Meldung an die Behörde zu erfolgen.

(6) Abs. 5 ist im Rahmen einer Beurteilung der Rechtslage des Auftraggebers oder im Rahmen einer Tätigkeit als Verteidiger oder Vertreter des Auftraggebers in oder im Zusammenhang mit einem Gerichts- oder sonstigen behördlichen Verfahren, einschließlich der Beratung über das Betreiben oder Vermeiden eines Verfahrens, nicht anzuwenden.

§ 98c. Vereinfachte Sorgfaltspflichten

Berufsberechtigte können geringere Maßnahmen als die in § 98b Abs. 1 Z 3, 4 und 5 festgelegten Pflichten in den folgenden Fällen vorbehaltlich einer Beurteilung als geringes Risiko der Geldwäsche und Terrorismusfinanzierung anwenden, wenn es sich bei dem Auftraggeber handelt um:

1. ein Kredit- oder Finanzinstitut gemäß § 1 Abs. 1 und 2 bzw. gemäß Art. 3 der 3. Geldwäsche-RL oder ein in einem Drittland ansässiges Kredit- oder Finanzinstitut handelt, das dort gleichwertigen Pflichten wie den in der 3. Geldwäsche-RL vorgesehenen Pflichten unterworfen ist und einer Aufsicht in Bezug auf deren Einhaltung unterliegt, oder
2. eine börsennotierte Gesellschaft, deren Wertpapiere zum Handel auf einem geregelten Markt in einem oder mehreren Mitgliedstaaten zugelassen sind, oder börsennotierte Gesellschaften aus Drittländern, die gemäß einer auf Grund des § 85 Abs. 10 des Börsegesetzes 1989, BGBl.

Nr. 555, durch die Finanzmarktaufsicht zu erlassenden Verordnung Offenlegungsanforderungen unterliegen, die dem Gemeinschaftsrecht entsprechen oder mit diesem vergleichbar sind, oder

3. inländische Behörden oder

4. Behörden oder öffentliche Einrichtungen,

a) wenn diese auf der Grundlage des Vertrags über die Europäische Union, der Verträge zur Gründung der Europäischen Gemeinschaften oder des Sekundärrechts der Gemeinschaft mit öffentlichen Aufgaben betraut wurden,

b) deren Identität öffentlich nachprüfbar und transparent ist und zweifelsfrei feststeht,

c) deren Tätigkeiten und Rechnungslegungspraktiken transparent sind, und

d) wenn diese entweder gegenüber einem Organ der Gemeinschaft oder den Behörden eines Mitgliedstaats rechenschaftspflichtig sind oder bei ihnen anderweitige Kontroll- und Gegenkontrollmechanismen zur Überprüfung ihrer Tätigkeit bestehen.

§ 98d. Verstärkte Sorgfaltspflichten

(1) Für Geschäftsbeziehungen, bei welchen ihrem Wesen nach ein erhöhtes Risiko der Geldwäsche oder der Terrorismusfinanzierung bestehen kann, sind zusätzlich zu den in den §§ 98b und 98c genannten Sorgfaltspflichten verstärkte Sorgfaltspflichten anzuwenden und die Geschäftsbeziehung einer verstärkten kontinuierlichen Überwachung zu unterziehen. Diese sind auf Grundlage einer risikoorientierten Beurteilung festzulegen. Insbesondere in den folgenden Fällen sind verstärkte Sorgfaltspflichten anzuwenden:

1. War der Auftraggeber zur Feststellung der Identität nicht anwesend (Ferngeschäft), sind spezifische und angemessene Maßnahmen zu ergreifen, indem sie beispielsweise eine oder mehrere der folgenden Maßnahmen anwenden:

a) Ein Auftragsschreiben wird an die angegebene Adresse des Auftraggebers mit eingeschriebener Briefsendung zugestellt. Der Auftraggeber ist aufzufordern,

aa) dem rückzuübermittelnden Auftragsschreiben eine leserliche Kopie eines amtlichen Lichtbildausweises beizulegen, anhand derer die Daten des Auftraggebers überprüft werden können und

bb) eine schriftliche Bestätigung einer verlässlichen Gewährspersonen über die Richtigkeit der übermittelten Kopie beizulegen. Verlässliche Gewährspersonen in diesem Sinn sind Gerichte und sonstige staatliche Behörden, Notare, Rechtsanwälte und Kreditinstitute, sofern sie nicht ihren amtlichen Wirkungsbereich, Sitz oder Wohnsitz in einem Nicht-Kooperationsstaat haben,

b) anlässlich des Einleitens der Transaktion erfolgt die erste Zahlung über ein Konto, das im Namen des Auftraggebers bei einem Kreditinstitut im Sinne des § 40 Abs. 8 des Bankwesengesetzes, BGBl. Nr. 532/1993, eröffnet wurde; diesfalls müssen ihnen jedoch jedenfalls Name, Geburtsdatum und Adresse des Auftraggebers, bei juristischen Personen die Firma und der Sitz bekannt sein und ihnen Kopien von Dokumenten des Auftraggebers vorliegen, aufgrund derer die Angaben des Auftraggebers bzw. seiner vertretungsbefugten natürlichen Person glaubhaft nachvollzogen werden können. Anstelle dieser Kopien ist es ausreichend, wenn eine schriftliche Bestätigung des Kreditinstitutes vorliegt, über das die erste Zahlung abgewickelt werden soll, dass der Auftraggeber im Sinne des § 40 Abs. 1, 2, 2a und 2e des Bankwesengesetzes, BGBl. Nr. 532/1993, oder Art. 8 Abs. 1 lit. a bis c der 3. Geldwäsche-RL identifiziert wurde, oder

c) die Identität wird durch eine qualifizierte elektronische Signatur gemäß § 2 Z 3a des Signaturgesetzes, BGBl. I Nr. 190/1999, nachgewiesen.

2. Hinsichtlich Transaktionen oder Geschäftsbeziehungen mit Bezug zu politisch exponierten Personen von anderen Mitgliedstaaten oder von Drittländern, wobei diesen Personen solche gleichzuhalten sind, die erst im Laufe der Geschäftsbeziehung politisch exponierte Personen werden, sind folgende Maßnahmen zu ergreifen:

a) Einhaltung angemessener und risikobasierter Verfahren zur Bestimmung, ob es sich bei dem Auftraggeber um eine politisch exponierte Person handelt,

b) Aufnahme der Geschäftsbeziehung durch den Berufsberechtigten selbst bzw. im Falle von Gesellschaften durch Berufsberechtigte in vertretungsbefugter Zusammensetzung,

c) Ergreifung angemessener Maßnahmen zur Bestimmung der Herkunft - sowohl mittelbar als auch unmittelbar - des Vermögens und der Gelder, die im Rahmen der Geschäftsbeziehung oder der Transaktion eingesetzt werden,

d) Unterziehen der Geschäftsbeziehung unter eine verstärkte laufende Überwachung und

e) Einholung der Zustimmung der Führungsebene, bevor Geschäftsbeziehungen mit politisch exponierten Personen aufgenommen werden können.

3. Politisch exponierte Personen sind: diejenigen natürlichen Personen, die wichtige öffentliche Ämter ausüben und deren unmittelbare Familienmitglieder oder ihnen bekanntermaßen nahe stehende Personen; unbeschadet der im Rahmen der verstärkten Sorgfaltspflichten gegenüber Auftraggeber auf risikobezogener Grundlage getroffenen Maßnahmen sind die Berufsberechtigten jedoch nicht verpflichtet, eine Person, die seit mindestens einem Jahr keine wichtigen öffentlichen Ämter mehr ausübt, als politisch exponiert zu betrachten.

a) „Wichtige öffentliche Ämter" hiebei sind die folgenden Funktionen:

aa) Staatschefs, Regierungschefs, Minister, stellvertretende Minister und Staatssekretäre;

bb) Parlamentsmitglieder;

cc) Mitglieder von obersten Gerichten, Verfassungsgerichten oder sonstigen hochrangigen Institutionen der Justiz, gegen deren Entscheidungen, von außergewöhnlichen Umständen abgesehen, kein Rechtsmittel eingelegt werden kann;

dd) Mitglieder der Rechnungshöfe oder der Vorstände von Zentralbanken;

ee) Botschafter, Geschäftsträger oder hochrangige Offiziere der Streitkräfte;

ff) Mitglieder der Verwaltungs-, Leitungs- oder Aufsichtsorgane staatlicher Unternehmen.

Sublit. aa bis ee gelten auch für Positionen auf Gemeinschaftsebene und für Positionen bei internationalen Organisationen.

b) Als „unmittelbare Familienmitglieder" gelten:

aa) Ehepartner;

bb) der Partner, der nach einzelstaatlichem Recht dem Ehepartner gleichgestellt ist;

cc) die Kinder und deren Ehepartner oder Partner, die nach einzelstaatlichem Recht dem Ehepartner gleichgestellt sind;

dd) die Eltern.

c) Als „bekanntermaßen nahe stehende Personen" gelten folgende Personen:

aa) jede natürliche Person, die bekanntermaßen mit einem Inhaber eines wichtigen öffentlichen Amtes gemeinsame wirtschaftliche Eigentümerin von Rechtspersonen, wie beispielsweise Stiftungen, oder von Trusts ist oder sonstige enge Geschäftsbeziehungen zum Inhaber eines wichtigen öffentlichen Amtes unterhält;

bb) jede natürliche Person, die alleinige wirtschaftliche Eigentümerin von Rechtspersonen, wie beispielsweise Stiftungen, oder von Trusts ist, die bekanntermaßen tatsächlich zum Nutzen des Inhabers eines wichtigen öffentlichen Amtes errichtet wurden.

(2) Jenen Leistungen und Transaktionen, die die Anonymität begünstigen könnten, ist eine besondere Aufmerksamkeit zu widmen und sind in Bezug auf diese erforderlichenfalls Maßnahmen zu ergreifen.

§ 98e. Erhöhtes Risiko - Nicht FATF konforme Länder

(1) Der Bundesminister für Wirtschaft, Jugend und Familie kann durch Verordnung bezogen auf Arten von Kunden, Geschäftsbeziehungen oder Transaktionen weitere Fälle festlegen, bei denen ihrem Wesen nach ein erhöhtes Risiko der Geldwäsche oder Terrorismusfinanzierung besteht, insbesondere im Zusammenhang mit Staaten, in denen laut glaubwürdiger Quelle ein erhöhtes Risiko der Geldwäsche und der Terrorismusfinanzierung anzunehmen ist, und für diese den Berufsberechtigten zusätzlich zu den Pflichten dieses Abschnittes weitere angemessene Sorgfaltspflichten vorschreiben und die Berufsberechtigten verpflichten, diese Geschäftsbeziehung einer verstärkten kontinuierlichen Überwachung zu unterziehen.

(2) Berufsberechtigte sind verpflichtet, auf Geschäftsbeziehungen und Transaktionen mit Personen aus und in Ländern, welche die FATF-Empfehlungen nur unzureichend umgesetzt haben, besonderes Augenmerk zu legen und jedenfalls die verstärkten Sorgfaltspflichten gemäß § 98d anzuwenden. Ist bei solchen Geschäftsbeziehungen oder Transaktionen kein offensichtlicher wirtschaftlicher oder erkennbarer rechtmäßiger Zweck feststellbar, haben die Berufsberechtigten soweit wie möglich den Hintergrund und den Zweck solcher Geschäftsbeziehungen und Transaktionen zu Prüfen und die Ergebnisse schriftlich aufzuzeichnen. Die Aufzeichnungen sind im Sinne von § 98i für die zuständigen Behörden aufzubewahren.

§ 98f. Ausführung durch Dritte

(1) Hinsichtlich der in § 98b Abs. 1 Z 1 bis 3 aufgezählten Sorgfaltspflichten kann auf die Erfüllung dieser Pflichten durch Dritte zurückgegriffen werden. Die endgültige Verantwortung für die Erfüllung dieser Pflichten verbleibt jedoch bei jenem Berufsberechtigten, der auf einen oder mehrere Dritte zurückgreift.

(2) Um auf eine Erfüllung der Sorgfaltspflichten durch Dritte zurückgreifen zu können, haben diese folgende Voraussetzungen zu erfüllen:

1. Sie unterliegen einer gesetzlich anerkannten obligatorischen Registrierung ihres Berufes,
2. sie sind verpflichtet, den in der 3. Gelwäsche-RL vorgeschriebenen Anforderungen zu entsprechen und
3. der Berufsberechtigte erhält unverzüglich die zur Erfüllung der nach den §§ 98b bis 98d normierten Sorgfaltspflichten erforderlichen Informationen, zumindest in Form von Kopien der zugrunde liegenden Dokumente.

§ 98g. Meldepflichten

(1) Berufsberechtigte sind verpflichtet, die Behörde von sich aus umgehend zu informieren, wenn

1. sie wissen, den Verdacht oder berechtigten Grund zu der Annahme haben, dass eine versuchte, bevorstehende, laufende oder be-

reits erfolgte Transaktion im Zusammenhang mit Vermögensbestandteilen, die aus einer in § 165 des Strafgesetzbuches, BGBl. Nr. 60/1974, aufgezählten strafbaren Handlung unter Einbeziehung von Vermögensbestandteilen, die aus einer strafbaren Handlung des Täters selbst, herrühren, steht, oder

2. sie wissen, den Verdacht oder berechtigten Grund zu der Annahme haben, dass ein Vermögensbestandteil aus einer in § 165 des Strafgesetzbuches, aufgezählten strafbaren Handlung unter Einbeziehung von Vermögensbestandteilen, die aus einer strafbaren Handlung des Täters selbst, herrühren, oder

3. sie wissen, den Verdacht oder berechtigten Grund zu der Annahme haben, dass die versuchte, bevorstehende, laufende oder bereits erfolgte Transaktion oder der Vermögensbestandteil im Zusammenhang mit einer kriminellen Vereinigung gemäß § 278 des Strafgesetzbuches oder einer terroristischen Vereinigung gemäß § 278b des Strafgesetzbuches oder einer terroristischen Vereinigung gemäß § 278c des Strafgesetzbuches oder der Terrorismusfinanzierung gemäß § 278d des Strafgesetzbuches, BGBl. Nr. 60/1974, steht, oder

4. ein Kunde einem Verlangen im Zusammenhang mit der Identifizierung des wirtschaftlich Berechtigten nicht entspricht.

(2) Berufsberechtigte haben bis zur Klärung des Sachverhalts und Äußerung durch die Behörde jede weitere Abwicklung einer Transaktion oder die Durchführung von Aufträgen, von denen sie vermuten, wissen, den Verdacht haben oder den berechtigten Grund zur Annahme haben, dass sie mit einer Geldwäsche oder einer Terrorismusfinanzierung zusammenhängen oder einer solchen dienen, zu unterlassen und diesen Umstand der Behörde gemäß Abs.1 zu melden. Darüber sind in geeigneter Weise Aufzeichnungen zu erstellen und mindestens fünf Jahre nach der Prüfung aufzubewahren.

(3) Die Berufsberechtigten sind berechtigt, von der Behörde zu verlangen, dass diese entscheidet, ob gegen die unverzügliche Durchführung von Aufträgen Bedenken bestehen. Äußert sich die zuständige Behörde bis zum Ende des folgenden Werktages nicht, so darf der Auftrag unverzüglich durchgeführt werden.

(4) Falls der Verzicht auf die Durchführung des Geschäfts aber nicht möglich ist oder durch einen solchen Verzicht die Ermittlung des Sachverhalts oder die Sicherstellung der Vermögenswerte erschwert oder verhindert würde, so hat der Berufsberechtigte dem Bundeskriminalamt unmittelbar danach die nötige Information zu erteilen.

(5) Die Berufsberechtigten sowie deren leitendes Personal und deren Angestellte haben der zuständigen Behörde in allen Fällen auf Verlangen Auskünfte zu erteilen, die dieser zur Verhinderung oder zur Verfolgung von Geldwäsche erforderlich scheinen. Die Übermittlung kann durch speziell vom Berufsberechtigten beauftragte Personen erfolgen. Zur Wahrnehmung dieser Aufgaben ist die zuständige Behörde ermächtigt, von natürlichen und juristischen Personen und sonstigen Einrichtungen mit Rechtspersönlichkeit die hierfür erforderlichen Daten zu ermitteln und zu verarbeiten. Die zuständige Behörde ist ferner ermächtigt, personenbezogene Daten über Auftraggeber, die sie bei Vollziehung von Bundes- oder Landesgesetzen ermittelt haben, zu verwenden und mit Stellen anderer Staaten auszutauschen, denen die Bekämpfung von Geldwäsche und Terrorismusfinanzierung obliegt.

(6) Die Meldepflicht ist für Berufsberechtigte nicht anzuwenden, wenn es sich um Informationen handelt, die

1. diese von einem oder über einen ihrer Klienten im Rahmen der Beurteilung der Rechtslage für diesen erhalten oder erlangen oder

2. diese im Rahmen ihrer Tätigkeit als Verteidiger oder Vertreter dieses Klienten in einem Gerichts- oder sonstigem behördlichen Verfahren oder
3. betreffend ein solches, einschließlich einer Beratung über das Betreiben oder Vermeidens eines derartigen Verfahrens, vor oder nach einem derartigen Verfahren bzw. während eines derartigen Verfahrens erhalten oder erlangen.

(7) Die Meldepflicht bleibt allerdings bestehen, wenn die Berufsberechtigten wissen, dass der Mandant ihre Rechtsberatung bewusst für den Zweck der Geldwäsche oder Terrorismusfinanzierung in Anspruch nimmt.

(8) Eine im guten Glauben erfolgte Meldung an die Behörde stellt keine Verletzung von vertraglich oder durch Rechts- oder Verwaltungsvorschriften, insbesondere der in § 91 geregelten Beschränkungen der Informationsweitergabe dar. Eine Haftung des Berufsberechtigten oder dessen leitendes Personal oder deren Angestellten kann darin nicht begründet werden.

§ 98h. Verbot der Informationsweitergabe

(1) Berufsberechtigte sowie deren leitendes Personal und deren Angestellte haben die Erstattung einer Meldung an die Behörde und alle damit im Zusammenhang stehenden Vorgänge gegenüber dem Auftraggeber und Dritten geheim zu halten.

(2) Das Verbot gemäß Abs. 1 steht einer Informationsweitergabe an ausländische Berufsberechtigte in Mitgliedstaaten oder in Drittländern, in denen der 3. Geldwäsche-RL gleichwertige Anforderungen gelten, nicht entgegen, wenn diese in derselben Gesellschaft oder im Rahmen eines Netzwerkes tätig sind. Unter Netzwerk ist dabei eine umfassendere Struktur zu verstehen, der diese Berufsberechtigten angehören, die über gemeinsame Eigentümer oder eine gemeinsame Leitung oder über eine gemeinsame Kontrolle in Bezug auf die Einhaltung der Vorschriften zur Verhinderung der Geldwäsche und der Terrorismusfinanzierung verfügt.

(3) Informationen dürfen ausschließlich zum Zwecke der Verhinderung der Geldwäsche und der Terrorismusfinanzierung an andere, auch ausländische, Berufsberechtigte weitergegeben werden, sofern es sich um denselben Auftraggeber und dieselbe Transaktion handelt, an der diese Berufsberechtigten beteiligt sind. Im Falle der Informationsweitergabe an einen ausländischen Berufsberechtigten darf dies nur unter der Voraussetzung erfolgen, dass dieser der 3. Geldwäsche-RL gleichwertigen Anforderungen unterliegt und dieser auch gleichwertigen Verpflichtungen in Bezug auf die berufliche Verschwiegenheitspflicht (§ 91 WTBG) und den Schutz personenbezogener Daten unterliegt.

(4) Das Bemühen, einen Auftraggeber davon abzuhalten, eine rechtswidrige Handlung zu begehen, gilt nicht als Informationsweitergabe im Sinne des Abs. 1.

§ 98i. Aufbewahrungspflichten

Berufsberechtigte haben aufzubewahren:

1. Unterlagen, die einer Identifizierung dienen, zumindest fünf Jahre nach dem letzten Geschäftsfall mit dem Auftraggeber und
2. von sämtlichen Transaktionen und Geschäftsbeziehungen Belege und Aufzeichnungen, zumindest fünf Jahre nach deren Durchführung.

§ 98j. Innerorganisatorische Maßnahmen

(1) Berufsberechtigte müssen zur Verhinderung von Geldwäsche und Terrorismusfinanzierung geeignete Maßnahmen treffen. Sie haben insbesondere

1. angemessene und geeignete Strategien und Verfahren einzuführen für:

a) Die Einhaltung der Sorgfaltspflichten

gegenüber Kunden,

b) Verdachtsmeldungen,

c) die Aufbewahrung von Aufzeichnungen,

d) die Risikobewertung und das Risikomanagement in Bezug auf Geschäftsbeziehungen und Transaktionen und

e) geeignete Kontroll- und Informationssysteme in ihren Kanzleien sowie

2. das in ihrer Kanzlei befasste Personal

a) mit den Bestimmungen, die der Verhinderung und der Bekämpfung der Geldwäsche und der Terrorismusfinanzierung dienen, nachweislich vertraut zu machen und

b) in besonderen Fortbildungsprogrammen zu schulen.

(2) In Gesellschaften ist ein gesetzlicher Vertreter als Beauftragter für Fragen der Geldwäsche und Terrorismusfinanzierung einzurichten. Dieser ist für die Einhaltung der Bestimmungen des Abs. 1 verantwortlich.

(3) Bereits bei Einstellung von Personal ist dieses einer Überprüfung im Hinblick auf Geldwäsche und Terrorismusfinanzierung zu unterziehen.

5. Hauptstück: Suspendierung - Endigung - Verwertung

[§§ 99 bis 115]

6. Hauptstück: Verwaltungsübertretungen

[§§ 116 bis 117]

2. Teil: Disziplinarrecht
1. Hauptstück: Allgemeine Bestimmungen - Berufsvergehen

[§§ 118 bis 120]

2. Hauptstück: Disziplinarverfahren

[§§ 121 bis 144]

3. Teil: Berufliche Vertretung - Kammer der Wirtschaftstreuhänder
1. Hauptstück: Allgemeines

[§§ 145 bis 177]

2. Hauptstück: Wahlen

[§§ 178 bis 226]

4. Teil: Schlussbestimmungen

[§§ 227 bis 234]

Auszug
Zivilprozessordnung (ZPO)

Erster Theil
Allgemeine Bestimmungen

Erster Abschnitt
Parteien

[§§ 1 bis 73b]

Zweiter Abschnitt
Verfahren

[§§ 74 bis 170]

Dritter Abschnitt
Mündliche Verhandlung

[§§ 171 bis 225]

Zweiter Theil
Verfahren vor den Gerichtshöfen erster Instanz

Erster Abschnitt
Verfahren bis zum Urtheile

[§§ 226 bis 383]

Achter Titel
Sicherung von Beweisen

[§ 384]

§ 385.

(1) Die antragstellende Partei hat die Thatsachen, über welche die Beweisaufnahme erfolgen soll, sowie die Beweismittel unter Benennung der zu vernehmenden Zeugen und der allenfalls vorgeschlagenen Sachverständigen anzugeben. Die Gründe, die den Antrag nach § 384 Abs. 1 oder 2 rechtfertigen, sind von der antragstellenden Partei darzulegen.

(2) Die antragstellende Partei hat ferner den Gegner zu benennen. Hievon kann nur dann abgesehen werden, wenn sich aus den von der Partei dargelegten Umständen ergibt, dass sie nach Lage der Sache außerstande ist, den Gegner zu bezeichnen.

§ 386.

(1) Über den Antrag ist ohne vorhergehende mündliche Verhandlung durch Beschluss zu entscheiden. Vor der Entscheidung ist jedoch, sofern nicht Gefahr am Verzuge ist, der Gegner zu vernehmen, falls derselbe bekannt und seine Zustimmung nicht bereits nachgewiesen ist. Der antragstellenden Partei kann vor der Entscheidung aufgetragen werden, die Umstände glaubhaft zu machen, welche die Sicherung des Beweises nothwendig machen.
(2) Zur Entscheidung ist bei Gerichtshöfen der Vorsteher des Gerichtshofes oder der Vorsitzende des Senates berufen, welchem die Rechtssache zugewiesen ist. Er fällt die Entscheidung als Einzelrichter.
(3) In dem dem Antrage stattgebenden Beschlusse hat das Gericht die Thatsachen, über welche die Beweisaufnahme erfolgen soll, sowie die Beweismittel unter Benennung der zu vernehmenden Zeugen und unter Bestellung der Sachverständigen zu bezeichnen. Zugleich sind die zum Vollzuge der Beweisaufnahme nöthigen Anordnungen zu treffen. Für den unbekannten Gegner kann das Gericht zur Wahrnehmung seiner Rechte bei der Beweisaufnahme einen Curator bestellen.
(4) Der Beschluss, welcher dem Antrage stattgibt, kann durch ein Rechtsmittel nicht angefochten werden.

§ 387.

(1) Der Gegner ist unter Zustellung des Beschlusses und, falls er über den Antrag nicht früher gehört wurde, auch eines Exemplars des von der antragstellenden Partei überreichten Schriftsatzes oder einer Abschrift des über

ihren Antrag aufgenommenen Protokolles zu der für die Beweisaufnahme bestimmten Tagsatzung zu laden.
(2) In dringenden Fällen kann jedoch noch vor Zustellung des Beschlusses an den bekannten Gegner mit der Beweisaufnahme begonnen werden. Die Bewilligung hiezu kann auf Antrag gleichzeitig mit der Entscheidung über den Antrag auf Zulassung der Beweisaufnahme ertheilt werden. Gegen die Gewährung oder Verweigerung dieser Bewilligung ist ein Rechtsmittel unzulässig.

§ 388.

(1) Die Beweisaufnahme erfolgt nach den Vorschriften des zweiten, vierten, fünften und sechsten Titels dieses Abschnittes.
(2) Das die Beweisaufnahme betreffende Protokoll wird bei dem Gerichte verwahrt, welches die Beweisaufnahme angeordnet hat. Wenn der Rechtsstreit bei einem anderen Gerichte anhängig ist oder anhängig wird, ist das Protokoll dem Processgerichte auf dessen Ersuchen oder auf Antrag einer der Parteien zu übersenden.
(3) Die Kosten der Beweisaufnahme werden von der antragstellenden Partei bestritten, unbeschadet eines ihr zustehenden Ersatzanspruches. Dem Gegner sind die nothwendigen Kosten für seine Betheiligung bei der Beweisaufnahme unbeschadet der Entscheidung in der Hauptsache zu ersetzen.

§ 389.

(1) Jede Partei kann im Verlaufe des Rechtsstreites die zur Sicherung eines Beweises erfolgte Beweisaufnahme benützen.
(2) Welcher Einfluss der Einwendung einzuräumen sei, dass die Beweisaufnahme nicht nach den Bestimmungen stattgefunden hat, welche für eine im Laufe des Processes erfolgende Beweisaufnahme gelten, oder dass der Gegner von der Beweisaufnahme nicht oder nicht rechtzeitig verständigt wurde, hat das erkennende Gericht nach §. 272 zu würdigen.
(3) Im Verlaufe des Rechtsstreites kann eine Ergänzung oder Wiederholung der Beweisaufnahme angeordnet werden.

Zweiter Abschnitt
Urtheile und Beschlüsse

[§§ 390 bis 430]

Dritter Theil

Verfahren vor den Bezirksgerichten

[§§ 431 bis 460]

Vierter Theil
Rechtsmittel

Erster Abschnitt
Berufung

[§§ 461 bis 513]

Dritter Abschnitt
Recurs

[§§ 514 bis 528a]

Vierter Abschnitt
Parteiantrag auf Prüfung der Gesetzmäßigkeit von Verordnungen und Kundmachungen über die Wiederverlautbarung eines Gesetzes (Staatsvertrages), der Verfassungsmäßigkeit von Gesetzen und der Rechtmäßigkeit von Staatsverträgen

[§§ 528b bis 528a]

Fünfter Theil
Nichtigkeits- und Wiederaufnahmsklage

[§§ 528 bis 547]

Sechster Theil
Besondere Arten des Verfahrens

Erster Abschnitt
Europäisches Bagatellverfahren

[§§ 548 bis 554]

Zweiter Abschnitt
Verfahren in Wechselstreitigkeiten

[§§ 555 bis 559]

Dritter Abschnitt
Verfahren bei Streitigkeiten aus dem Bestandvertrage

[§§ 560 bis 576]

Vierter Abschnitt
Schiedsverfahren

[§§ 577 bis 618]

RV PSG 1132 BlgNR XVIII GP

Zum § 1 (Begriff):

Abs. 1:

Die Privatrechtsstiftung wird durch Auflistung der wesentlichen Merkmale definiert. Zugleich umschreibt die Bestimmung den sachlichen Anwendungsbereich des Gesetzes.

Die Privatrechtsstiftung muß einen „erlaubten Zweck" haben. Gegenüber der (herkömmlichen) Stiftung ist der Zweckbereich wesentlich erweitert: die Privatrechtsstiftung kann rein private Zwecke, sogar die Selbstbegünstigung des Stifters zum Zweck haben. Irgendein Zweck jedoch muß vom Stifter vorgegeben sein. Eine Stiftung ohne Zweck ist unzulässig. Der Zweck muß unmittelbar nach außen gerichtet sein, die bloße Verwaltung des eigenen Vermögens ist daher kein Zweck im Sinne des Gesetzes. Der Zweck muß sich im Rahmen des Erlaubten bewegen, darf also nicht unsittlich oder gesetzwidrig sein (s. dazu auch die Erläuterungen zu § 9 Abs. 1).

Der Zweck wird vom Stifter bestimmt. Damit dieses Wesensmerkmal der Privatrechtsstiftung erfüllt ist, wird es ausreichen, wenn er den Zweck allgemein umschreibt. Eine detaillierte Zielvorgabe und Vorgabe des Weges zur Zielerreichung ist nicht erforderlich. Der Stifter kann dem Stiftungsvorstand einen Handlungs- und Entscheidungsspielraum überlassen. Dies wird in manchen Fällen sogar notwendig und zweckmäßig sein, um der Privatrechtsstiftung eine gewisse Beweglichkeit zu belassen.

Die Stiftung muß gewidmetes Vermögen haben; das heißt, es muß ihr schon bei der Errichtung ein Vermögen gewidmet worden sein. Hätte sie kein Vermögen, so wäre sie auch kein Vermögensträger im Sinn der Bestimmung. Wird sie vermögenslos, so wird sie ihren Zweck nicht (mehr) erreichen können, was zur Auflösung führt (§ 35 Abs. 2 Z 1). Ob die Privatrechtsstiftung zur Erhaltung des Vermögens verpflichtet ist, hängt vom Stifterwillen ab, der in der Stiftungserklärung zum Ausdruck kommt (s. besonders § 9 Abs. 2 Z 11). Auch „verbrauchende" Privatrechtsstiftungen sind denkbar, bei denen das Stiftungsvermögen (und nicht nur Erträgnisse) an Begünstigte ausgeschüttet werden. Dem Gläubigerschutz dient besonders in solchen Fällen § 17 Abs. 2 zweiter Satz.

Der Stiftungszweck wird durch Nutzung, Verwaltung und Verwertung des Vermögens verfolgt. Dadurch soll zum Ausdruck gebracht werden, daß die Privatrechtsstiftung anders als eine Handelsgesellschaft grundsätzlich nicht als „werbendes Unternehmen" auftreten kann. Unter Nutzung, Verwaltung und Verwertung des Vermögens wird in erster Linie die Verwendung von Erträgnissen aus dem Vermögen zu verstehen sein.

Die Rechtspersönlichkeit erlangt die Privatrechtsstiftung mit der Eintragung im Firmenbuch (§ 7 Abs. 1). Sie kann daher Rechtsgeschäfte abschließen, klagen und geklagt werden. Die Privatrechtsstiftung ist auf Grund ihrer Form nicht Kaufmann. Sie wird jedoch wie ein Kaufmann zu behandeln sein, wenn sie etwa - unzulässigerweise - gewerbsmäßig tätig ist oder ein Nebengewerbe betreibt, das zur Kaufmannseigenschaft führt.

Der Sitz im Inland ist ebenfalls als Wesensmerkmal angeführt. Verlegt die Privatrechtsstiftung ihren Sitz ins Ausland, so ist dieses Wesensmerkmal nicht mehr gegeben, sie ist aufzulösen (§ 10 Abs. 2 FBG).

Die Privatrechtsstiftung kann auf bestimmte oder unbestimmte Dauer errichtet werden. Regelmäßig wird sie jedoch nicht für bloß kurze Zeit errichtet werden, sondern auf eine zumindest gewisse Dauer angelegt sein. Dies hindert den Stifter nicht, schon von vornherein einen bestimmten Endpunkt der Privatrechtsstiftung festzusetzen. Dieser Endpunkt muß nicht kalendermäßig bestimmt sein. Die Auflösung der Stiftung (unter Umständen auch durch Widerruf durch den Stifter) ist in § 35 geregelt.

Reine Versorgungsstiftungen, die nicht als gemeinnützig anzusehen sind, sind grundsätzlich auf hundert Jahre beschränkt (§ 35 Abs. 2 Z 3), auch wenn die Privatrechtsstiftung vom Stifter auf unbestimmte Zeit errichtet worden ist. Mit dieser Besonderheit bei Versorgungsstiftungen soll dem Gedanken Rechnung getragen werden, daß die Beziehung des Stifters zu zeitlich weit entfernten Nachkommen der dem Stifter nahestehenden Personen, die das Motiv für die Stiftung war, nicht mehr vorhanden sein wird und andererseits eine im Ergebnis dem Fideikomiß ähnliche Versteinerung von Vermögensmassen nicht erwünscht ist.

Abs. 2:

Die gewerbsmäßige, vor allem auf Gewinn gerichtete, Tätigkeit ist für Stiftungen nicht typisch. Vielmehr unterscheiden sie sich besonders dadurch von Handelsgesellschaften, daß sie keine gewerbsmäßige Tätigkeit ausüben. Da hinter der Privatrechtsstiftung keine Eigentümer stehen, die das Risiko ihrer Tätigkeit tragen, ist es angebracht, der Privatrechtsstiftung eine solche - ohnehin untypische - gewerbsmäßige Tätigkeit, aber auch die Geschäftsführung in einer Handelsgesellschaft oder die Beteiligung als persönlich haftender Gesellschafter in einer Personenhandelsgesellschaft zu untersagen.

Der Privatrechtsstiftung soll jedoch die Ausübung von Nebentätigkeiten, wie sie in Lehre und Rechtsprechung anerkannt werden, insbesondere in der Land- und Forstwirtschaft nicht vorbehalten bleiben. Ob eine solche Nebentätigkeit vorliegt, ist nach ihrem Umfang, ihrem Zusammenhang mit dem Stiftungszweck und mit dem der Privatrechtsstiftung zur Verfügung stehenden Vermögen zu beurteilen. Eine Privatrechtsstiftung, die Gemälde der Öffentlichkeit zugänglich macht, soll berechtigt sein, Postkarten dieser Gemälde zu verkaufen.

Zum § 3 (Stifter, Zustiftung):

Abs. 1:

Es können sich auch mehrere Personen zusammenschließen - zum Beispiel in einer Gesellschaft bürgerlichen Rechts - und eine Stiftung errichten.

Durch die Wendung „natürliche oder juristische Personen“, sollen Personenhandelsgesellschaften oder Erwerbsgesellschaften als Stifter nicht ausgeschlossen werden.

Bei einer Stiftermehrheit muß nicht jeder der Stifter zum Stiftungsvermögen beitragen. Stifter ist, wer als solcher bei Errichtung der Stiftung auftritt und auf dessen Willen die Stiftung beruht. Der Stiftung muß nur insgesamt von den Stiftern ein Vermögen gewidmet sein.

Eine Privatrechtsstiftung von Todes wegen kann nur eine natürliche Person zum Stifter haben. Eine Stiftermehrheit würde hier erhebliche rechtliche Probleme mit sich bringen (verschiedener Todeszeitpunkt der Stifter und damit notwendige Übergangsbestimmungen usw.) Da auch kein Bedarf nach Privatrechtsstiftungen von Todes wegen durch mehrere Stifter besteht, wurde diese Möglichkeit ausgeschlossen.

Abs. 2:

Rechte, die das Gesetz dem Stifter besonders einräumt, sind die Abgabe der Stiftungserklärung, das Recht zur Gestaltung der Privatrechtsstiftung und zu Änderungen der Stiftungserklärung (§ 33 Abs. 1 und 2).

Außerdem kann sich der Stifter den Widerruf vorbehalten.

Mehrere Stifter üben die ihnen zustehenden Rechte gemeinsam aus. Kommt es zu keiner Willensübereinstimmung, so unterbleibt die Ausübung des Rechts. Die Stiftungserklärung kann jedoch Stimmerfordernisse, etwa nach den Anteilen des gestifteten Vermögens, vorsehen.

Abs. 3:

Es würde dem Wesen der Stiftung widersprechen, könnten andere Personen als der Stifter, auch wenn es sich um Rechtsnachfolger handelt, auf die Privatrechtsstiftung gestaltend einwirken. Daher gehen Gestaltungsrechte des Stifters nicht auf die Rechtsnachfolger über.

Abs. 4:

Die „Zustiftung" ist die unentgeltliche Widmung von Vermögen an eine bereits bestehende Privatrechtsstiftung. Da der Zustifter nicht die Stellung eines Stifters erlangt und die Privatrechtsstiftung der Zuwendung zustimmen muß, unterscheidet sich eine solche Zustiftung nicht von einer Schenkung. Der Zustifter kann Bedingungen, etwa hinsichtlich der Verwendung des zugestifteten Vermögens stellen. Die Privatrechtsstiftung wird eine solche bedingte Zustiftung aber nur dann annehmen können, wenn die Bedingung der Stiftungserklärung nicht widerspricht. Eine Zweckbindung der Zustiftung muß mit dem Zweck der Privatrechtsstiftung gleichlaufen. So wird eine Privatrechtsstiftung mit dem Ziel der Förderung der Wissenschaft eine Zustiftung unter der Bedingung, daß das zugestiftete Vermögen zur Förderung der Kunst verwendet wird, nicht ohne Änderung der Stiftungserklärung annehmen können.

Zum § 5 (Begünstigter):

Der Entwurf verwendet an mehreren Stellen den Begriff des „Begünstigten" (zB § 9 Abs. 1 und 2, § 15 Abs. 2 und 3, § 20, § 23 Abs. 3). Dies macht eine Umschreibung des Begriffs zweckmäßig. In manchen Fällen werden in der Stiftungserklärung eine oder mehrere Personen als Begünstigte individualisiert oder (ohne daß eine weitere Entscheidung erforderlich ist) auf Grund objektiv feststellbarer Tatsachen individualisierbar sein. In diesen Fällen ist die Feststellung des Begünstigten nicht weiter problematisch.

Begünstigte können aber auch so allgemein umschrieben sein, daß die Individualisierung des Begünstigten im Einzelfall einer konkretisierenden Entscheidung bedarf. In diesem Fall sind jene Personen Begünstigte im Sinne des Gesetzes, die von der dazu vom Stifter bestimmten Stelle als Begünstigte festgesetzt werden. Wenn nach der Begünstigtenregelung eine solche konkretisierende Entscheidung (Feststellung) erforderlich ist, muß der Stifter eine Stelle bezeichnen, der diese Aufgabe zukommt (§ 9 Abs. 1 Z 3). Diese Stelle kann, muß aber kein Stiftungsorgan sein. Wird die Stelle nicht tätig, so hat der Stiftungsvorstand den Begünstigten festzustellen.

Die von der Stelle bezeichnete Person ist unabhängig davon Begünstigter, ob sie tatsächlich die Voraussetzungen der Begünstigtenregelung in der Stiftungsurkunde erfüllt. Der Stiftungsvorstand kann einer Entscheidung der vom Stifter eingerichteten Stelle, die nicht im Einklang mit dem Stiftungszweck steht, trotz seiner Pflichtenbindung nach § 17 Abs. 1 nicht entgegentreten. Hat der Stifter die Auswahl einer anderen Stelle übertragen (die nicht Stiftungsorgan ist) und dem Stiftungsvorstand keine Kontrollrechte eingeräumt, so muß es als Stifterwille angesehen werden, daß die Stelle unabhängig und unanfechtbar entscheidet. Dies findet aber seine Grenze, wo ganz offensichtlich die Entscheidung der Stelle mit dem Stiftungszweck unvereinbar ist. Ist dies der Fall, so ist so vorzugehen, als hätte die Stelle überhaupt nicht entschieden; der Stiftungsvorstand hat die Entscheidung zu treffen.

Eine förmliche Entscheidung ist nicht gefordert. Wenn einer Person von der Privatrechtsstiftung in Erfüllung des Stiftungszwecks ein Betrag überwiesen wird, so ist diese Person dadurch Begünstigter geworden, weil der Überweisung eine, wenn auch konkludente, feststellende Entscheidung vorangegangen ist.

Für wie lange die Begünstigtenstellung nach der Entscheidung andauert, hängt vom Stiftungszweck (Willen des Stifters) und auch von der feststellenden Entscheidung selbst ab. Wenn nach der Stiftungserklärung etwa einmalige Stipendien an Studenten vergeben werden sollen, wird der einmalig Begünstigte dadurch nicht für immer Begünstigtenstellung erlangen.

Der Begünstigte hat einen klagbaren Anspruch gegen die Privatrechtsstiftung nur, wenn ihm die Stiftungserklärung einen solchen einräumt.

Zum § 9 (Stiftungserklärung) :

Die Stiftungserklärung ist die Rechtsgrundlage der Privatrechtsstiftung, der Satzung oder dem Gesellschaftsvertrag einer Handelsgesellschaft vergleichbar. In der Stiftungserklärung kommt der Stifterwille zum Ausdruck. Die Gestaltungsfreiheit des Stifters ist durch das Gesetz eingeschränkt. Wenn eine Bestimmung keinen Vorbehalt für eine Regelung in der Stiftungserklärung enthält, kann diese nichts Entgegenstehendes anordnen. Die Stiftungserklärung darf auch keine Regelungen enthalten, die zur Umgehung solcher zwingender Bestimmungen führen.

Abs. 1:

Die in Abs. 1 aufgezählten Regelungsgegenstände bilden den notwendigen Inhalt einer Stiftungserklärung. Fehlt eine der aufgezählten Regelungen, so handelt es sich nicht um eine Stiftungserklärung im Sinn des Gesetzes; sie wäre keine Grundlage für die Eintragung einer Privatrechtsstiftung.

Mit der Widmung des Vermögens verpflichtet sich der Stifter, der Privatrechtsstiftung das Vermögen zuzuwenden. Das gewidmete Vermögen ist genau abgrenzbar zu bezeichnen. Soll das gewidmete Vermögen nicht zur Gänze offengelegt werden, so kann der Stifter weiteres Vermögen in der Stiftungszusatzurkunde angeben (§ 9 Abs. 2 Z 11) oder Vermögen „zustiften“.

Der Stiftungszweck ist ein wesentliches Merkmal der Privatrechtsstiftung. Es ist dem Stifter überlassen, den Stiftungszweck allgemein oder konkret zu umschreiben. Eine allgemeine oder konkrete Begünstigtenregelung, aus der sich der Stiftungszweck ergibt, genügt.

Die Bestimmung des Begünstigten steht in der Regel in engem Zusammenhang mit dem Stiftungszweck. Der Stifter muß den Begünstigten nicht konkret oder nach objektiven Merkmalen individualisierbar bezeichnen, es genügt eine allgemeine Umschreibung, auch nach nicht objektivierbaren Wertungen. In solchen Fällen muß der Stifter jedoch eine Regelung für die Konkretisierung des Begünstigten treffen und eine Stelle bezeichnen, der die Feststellung des Begünstigten obliegt. Der Stifter könnte etwa als auswählende Stelle ein Kollegium von Ordinarien berufen, das unter mehreren Studenten den „Besten“ auszuwählen hat. Es ist dem Stifter unbenommen, für diesen Fall auch ein eigenes Stiftungsorgan einzurichten oder diese Aufgabe dem Stiftungsvorstand zu übertragen. Das Stiftungsorgan müßte sich erforderlichenfalls fachmännisch beraten lassen.

Bei Privatrechtsstiftungen, die nicht einzelne Personen, sondern die Allgemeinheit begünstigen wollen, zB wenn eine Gemäldesammlung der Öffentlichkeit zugänglich gemacht werden soll, ist eine Auswahl unter mehreren Begünstigten gar nicht möglich, daher kann bei diesen Privatrechtsstiftungen von der Einrichtung einer solchen Stelle abgesehen werden. Bei „gemischten“ Privatrechtsstiftungen, die teilweise einzelne und teilweise die Allgemeinheit begünstigen wollen, ist die Stelle nur für die „Einzelbegünstigten“, soweit diese nicht ohnehin „bezeichnet“ sind, zu berufen.

Abs. 2:

In Abs. 2 sind nicht abschließend Regelungen aufgelistet, die in der Stiftungserklärung nicht enthalten sein müssen, aber enthalten sein können. Dabei sind die ersten acht Punkte wegen ihrer Bedeutung für den Rechtsverkehr solche, die nicht in der Stiftungszusatzurkunde (§ 10) enthalten sein dürfen.

Bei der Regelung über die Bestellung und Abberufung sowie Funktionsdauer und Vertretungsbefugnis der Stiftungsorgane ist dem Stifter weitgehend freie Hand gelassen; er muß jedoch die zwingenden Bestimmungen über Bestellung, Zusammensetzung, Unvereinbarkeit, Abberufung einhalten.

Zum § 14 (Organe der Privatrechtsstiftung) :

Wie jede juristische Person kann auch die Privatrechtsstiftung nur durch Organe tätig werden. Als Geschäftsführungs- und Vertretungsorgan ist der Stiftungsvorstand vorgesehen. Aus gesellschaftsrechtlicher Sicht stellt der Umstand, daß auch der Stiftungsprüfer Organ ist, eine Besonderheit dar. Damit wird dem Vorstand ein Kontrollorgan zur Seite gestellt. In besonderen Fällen ist ein Aufsichtsrat als weiteres Kontrollorgan vorgesehen (§ 22).

Der Stifter kann nach Abs. 2 weitere Organe einsetzen. Ihre Aufgabe muß in der Wahrung des Stiftungszwecks liegen und kann nicht auf direkte Umsetzung des Stiftungszwecks ausgedehnt werden. Diesen Organen kann daher keine Vertretungsmacht eingeräumt werden; sie können nur Kontroll- oder Beratungsorgane sein.

Die Aufgaben der Stiftungsorgane sind zwingend umschrieben. Die Stiftungserklärung darf, soweit nicht ein ausdrücklicher Vorbehalt besteht, den betreffenden Bestimmungen nicht derogieren oder durch andere Regelungen, etwa durch die vollständige Bindung des Stiftungsvorstands an die Zustimmung anderer Organe, die im Gesetz vorgezeichnete Struktur der Privatrechtsstiftung und die Aufgabenverteilung zwischen den Organen unterlaufen.

Für alle Organe gelten die §§ 27 bis 29; darüber hinaus haben Stiftungsorgane besondere Befugnisse, eine Sonderprüfung (§ 31 Abs. 1) oder nach § 19 Abs. 2 und § 26 Abs. 2 die Vergütungsfestsetzung zu beantragen.

Zum § 15 (Stiftungsvorstand) :

Abs. 1:

Durch die - nicht durch die Stiftungserklärung abdingbaren - Vorschriften über die Zusammensetzung des Stiftungsvorstands soll ein möglichst effektives, professionelles und zugleich sich selbst kontrollierendes Ausführungsorgan der Privatrechtsstiftung geschaffen werden. Ein Mitglied des Stiftungsvorstands muß im Inland zur berufsmäßigen Parteienvertretung befugt sein, also ein Rechtsanwalt, Notar, Beeideter Wirtschaftsprüfer und Steuerberater oder ein Beeideter Buchprüfer und Steuerberater sein. Das Erfordernis des gewöhnlichen Aufenthalts im Inland zumindest zweier Vorstandsmitglieder zielt ebenfalls auf die Effektivität des Stiftungsvorstands ab.

Abs. 2:

Um die Objektivität des Stiftungsvorstands bei der Vollziehung der Begünstigtenregelung zu wahren und Kollisionen zu vermeiden, sind der Begünstigte und gewisse ihm nahestehende Personen von einer Mitgliedschaft im Stiftungsvorstand ausgeschlossen, nicht aber der Stifter selbst, wenn er nicht zugleich Begünstigter ist. Will der Stifter dem Begünstigten eine besondere Funktion in der Privatrechtsstiftung einräumen, so kann er - was in der internationalen Praxis oft getan wird - einen „Beirat" mit kontrollierender oder sogar bis zu einem gewissen Grad auch weisungsgebender Funktion einrichten (siehe Erläuterungen zu § 14 Abs. 2).

Von einem solchen weiteren Organ (§ 14 Abs. 2) wären Begünstigte nicht ausgeschlossen.

Abs. 3:

Damit der Ausschlußtatbestand des Abs. 2 nicht umgangen werden kann, sind juristische Personen, an denen Begünstigte in bestimmtem Umfang beteiligt sind, von einer Funktion im Stiftungsvorstand ausgeschlossen.

Abs. 4:

Die Bestimmung über die gerichtliche Bestellung des Stiftungsvorstands nach § 27 Abs. 1 setzt das Bestehen der Privatrechtsstiftung voraus und gilt daher nicht für den ersten Stiftungsvorstand (das ist der Stiftungsvorstand, der vor der Eintragung der Privatrechtsstiftung in das Firmenbuch tätig wird). Dieser ist vom Stifter oder, wenn dieser gestorben ist, gegebenenfalls vom Stiftungskurator zu bestellen. Die Stiftungserklärung kann die Bestellung von Mitgliedern des Stiftungsvorstands durch andere Stellen oder Stiftungsorgane vorsehen. Dies gilt jedoch nicht für die Bestellung des ersten Stiftungsvorstands.

Mit der gerichtlichen Bestellung einer Person zum Mitglied des Stiftungsvorstands ist nicht zugleich das Innenverhältnis zur Privatrechtsstiftung geregelt. Dazu siehe die Erläuterungen zu § 17 Abs. 5.

Zum § 16 (Zeichnung):

Die Bestimmung entspricht § 72 Aktiengesetz 1965 und § 18 Abs. 2 GmbHG.

Zum § 17 (Aufgaben des Stiftungsvorstands, Vertretung der Privatrechtsstiftung) :

Abs. 1:

Da der Stiftungsvorstand das Ausführungsorgan der Privatrechtsstiftung ist und diese ihrer Natur nach vom Stifterwillen getragen ist, ist es selbstverständlich, daß die Tätigkeit des Stiftungsvorstands vom Stifterwillen, das heißt von der Stiftungserklärung geleitet sein muß und der Stiftungsvorstand verpflichtet ist, die Stiftungserklärung einzuhalten und für die Erfüllung des Stiftungszwecks Sorge zu tragen. Die Privatrechtsstiftung ist ab ihrer Eintragung ein vom Stifter losgelöstes Rechtssubjekt, so daß die Verpflichtung des Stiftungsvorstands dieser, nicht aber gegenüber dem Stifter besteht.

Abs. 2:

An die Mitglieder des Stiftungsvorstands werden wie nach § 84 Abs. 1 Aktiengesetz 1965 an die Vorstandsmitglieder der Aktiengesellschaft erhöhte Sorgfaltsanforderungen gestellt. Sie haben gegenüber der Privatrechtsstiftung die Sorgfalt eines gewissenhaften Geschäftsleiters aufzubringen.

Die ausdrückliche Verpflichtung des Stiftungsvorstands, keine Leistungen an Begünstigte zu erbringen, wenn dadurch die Ansprüche von Gläubigern der Privatrechtsstiftung gefährdet würden, besteht ebenfalls gegenüber der Privatrechtsstiftung. Zugleich ist diese Bestimmung aber ein Schutzgesetz im Sinn des § 1311 ABGB, dessen Verletzung zu einem direkten Schadenersatzanspruch der Gläubiger gegen Mitglieder des Stiftungsvorstands führen kann. Dieser Gläubigerschutzbestimmung kann durch die Stiftungserklärung nicht derogiert werden.

Abs. 3:

Abs. 3 entspricht § 71 Abs. 2 Aktiengesetz 1965.

Abs. 5:

Als Rechtsgeschäfte der Privatrechtsstiftung mit einem Mitglied des Stiftungsvorstands kommen vor allem die Anstellungsverträge in Betracht. Hier besteht beim betroffenen Mitglied des Stiftungsvorstands eine Kollision. Aber auch die übrigen Mitglieder des Stiftungsvorstands sind möglicherweise nicht ganz unbefangen, weil das betreffende Mitglied des Stiftungsvorstands seinerseits über ihren Anstellungsvertrag befindet. Daher genügt die Genehmigung aller übrigen Mitglieder des Stiftungsvorstands (unabhängig von der sonst geltenden Vertretungsregelung) nicht; das Rechtsgeschäft bedarf zusätzlich der Genehmigung des Gerichts (§ 40). Wenn die Privatrechtsstiftung einen Aufsichtsrat hat, so obliegt diesem die Vertretung der Privatrechtsstiftung bei Rechtsgeschäften mit Vorstandsmitgliedern (§ 25 Abs. 3).

Zum § 18 (Rechnungslegung):

Die §§ 189 bis 216, 222 bis 226 Abs. 1, 226 Abs. 3 bis 234, 236 bis 239 und 243 HGB, auf die verwiesen wird, betreffen die Buchführung, die Inventarerrichtung, die Eröffnungsbilanz und den Jahresabschluß sowie Vorschriften über die Bewertung, die Bilanzgliederung, die Gewinn- und Verlustrechnung und den Lagebericht, die §§ 244 bis 267 HGB den Konzernabschluß und den Konzernlagebericht. Diese Bestimmungen, die auf Kaufleute und Unternehmen zugeschnitten sind, sind sinngemäß anzuwenden. So ist als „Kaufmann" im Sinn der genannten Bestimmungen die Privatrechtsstiftung anzusehen; an die Stelle des „Handelsgewerbes" tritt die Tätigkeit der Privatrechtsstiftung, an die Stelle des Eigenkapitals das Stiftungsvermögen. Gesellschafter gibt es in der Privatrechtsstiftung nicht, ebensowenig einen Firmenwert oder Aktien. Darauf bezügliche Bestimmungen sind nicht anwendbar.

Im Lagebericht ist auf die Erfüllung des Stiftungszwecks einzugehen. Es ist also darzustellen, wie der Stiftungszweck im abgelaufenen Geschäftsjahr erfüllt worden ist und wie seine Erfüllung in Zukunft beabsichtigt ist. Diese Ergänzung des Lageberichts ist für die Privatrechtsstiftung wesentlich. Nach der Natur der Privatrechtsstiftung kommt den Angaben über die Erfüllung des Stiftungszweckes größere Bedeutung zu als jenen über einen Gewinn. Bei der vorgesehenen Ergänzung des Lageberichts kommt es nicht allein auf Zahlen an, sondern auch auf andere Umstände, wie etwa welchen Begünstigten welche Leistungen erbracht worden sind.

Zum § 20 (Stiftungsprüfer) :

Der Stiftungsprüfer ist Organ (§ 14 Abs. 1), seine Funktionsperiode ist wie die anderer Organe grundsätzlich unbeschränkt. Die Stiftungserklärung kann anderes vorsehen. Die Aufgabe des Stiftungsprüfers ist in erster Linie die Prüfung des Jahresabschlusses (§ 21 Abs. 1). Er hat aber noch weitere Befugnisse und Pflichten, etwa einen Antrag auf Durchführung einer Sonderprüfung (§ 31 Abs. 1) oder auf Abberufung eines Stiftungsorgans zu stellen (§ 27 Abs. 2). Diese weiteren Befugnisse sind eine Folge der Organstellung und geben dem Stiftungsprüfer Mittel an die Hand, die Kontrolle effektiv auszuüben.

Abs. 1:

Der Stiftungsprüfer ist vom Gericht zu bestellen. Wenn ein Aufsichtsrat eingerichtet ist, von diesem. In der Stiftungserklärung können Anordnungen hinsichtlich der Bestellung des Stiftungsprüfers enthalten sein. Auf diese Regelungen ist bei der Bestellung Bedacht zu nehmen. Eine unmittelbare Bestellung des Stiftungsprüfers in der Stiftungserklärung ist nicht möglich.

Der Stiftungsprüfer ist nicht erst dann zu bestellen, wenn (erstmals) eine Prüfung erforderlich wird, sondern unverzüglich, damit die Privatrechtsstiftung möglichst bald nach ihrem Entstehen über alle notwendigen Organe verfügt.

Abs. 2:

Die Bestimmung entspricht § 271 Abs 1 HGB.

Abs. 3:

Die Ausschlußgründe des Abs. 3 sind die des § 271 Abs. 2 und 3 HGB, angepaßt an die besonderen Verhältnisse der Privatrechtsstiftung.

Abs. 4:

Mangels eines ausdrücklichen Vorbehalts kann die Stiftungserklärung der Bestimmung über die Vergütung des Stiftungsprüfers nicht derogieren.

Zum § 21 (Prüfung):

Abs. 1:

Die Prüfung des Jahresabschlusses und der Buchführung ist die primäre Aufgabe des Stiftungsprüfers. Für Gegenstand und Umfang der Prüfung ist § 269 Abs. 1 HGB sinngemäß anzuwenden: „Gesellschaftsvertrag oder Satzung“ entspricht „Stiftungserklärung“.

Da der Lagebericht auch Ausführungen zur Erfüllung des Stiftungszwecks zu enthalten hat, hat sich die Prüfung des Lageberichts auch darauf zu erstrecken. Der Stiftungsprüfer hat also zu prüfen, ob die Stiftungserklärung hinsichtlich des Stiftungszwecks eingehalten worden ist, ob der Lagebericht mit dem Jahresabschluß auch hinsichtlich der Erfüllung des Stiftungszwecks in Einklang steht und ob der Lagebericht nicht hinsichtlich der Erfüllung des Stiftungszwecks eine falsche Vorstellung von der Lage der Privatrechtsstiftung erweckt.

Abs. 2:

Die Verschwiegenheitspflicht des Stiftungsprüfers besteht grundsätzlich nur gegenüber Außenstehenden, nicht also gegenüber der Privatrechtsstiftung selbst und ihren Organen. Da in der Stiftungserklärung auch Personen mit Prüfungsaufgaben betraut werden können, ohne daß sie zu Organen der Privatrechtsstiftung gemacht werden, sind diese hinsichtlich der Verschwiegenheitspflicht des Stiftungsprüfers Organen gleichstellt. Dies gilt allerdings nicht für Personen und Stellen, denen andere als Kontrollaufgaben zukommen, also nicht für die Stelle, die den Begünstigten feststellt.

Gegenstand der Verschwiegenheitspflicht sind insbesondere Fragen zur Erfüllung des Stiftungszwecks, etwa welcher Begünstigte in welchem Umfang Leistungen erhalten hat.

Abs. 3:

Der Bestätigungsvermerk im Sinn des § 274 HGB hat an Stelle des Wortes „Gesellschaft“ das Wort „Privatrechtsstiftung“ zu enthalten.

Abs. 4:

Die Entscheidung über Meinungsverschiedenheiten trifft das in § 40 bezeichnete Gericht im außerstreitigen Verfahren.

Zum § 22 (Aufsichtsrat):

Die Bestimmungen über den Aufsichtsrat der Privatrechtsstiftung sind weitgehend den entsprechenden Bestimmungen des Aktiengesetzes 1965 nachgebildet. Da die Privatrechtsstiftung jedoch kein der Hauptversammlung entsprechendes Organ hat, sind die Bestimmungen insoweit abgeändert oder nicht in dieses Gesetz aufgenommen worden.

Zu Abs. 1:

Der Stifter kann die Einsetzung eines Aufsichtsrats in der Stiftungsurkunde vorsehen. In zwei Fällen ist ein obligatorischer Aufsichtsrat vorgesehen, nämlich in dem wohl seltenen Fall, daß die Privatrechtsstiftung selbst mehr als 300 Arbeitnehmer hat (Z 1) oder daß sie Konzernspitze ist (Z 2). Die Abs. 1 bis 4 entsprechen weitgehend dem § 29 GmbHG.

Zu Abs. 5:

§ 110 ArbVG regelt die Mitbestimmung in Konzernen. Diese Regelungen sollen für die Privatrechtsstiftung ebenso gelten wie für Gesellschaften mit beschränkter Haftung.

Zum § 23 (Zusammensetzung des Aufsichtsrats):

Abs. 1:

Der Abs. 1 ist § 86 Abs. 1 und 2 erster Satz Aktiengesetz 1965 nachgebildet. Durch den Ausdruck „natürliche Personen“ sind juristische Personen, aber auch Personenhandelsgesellschaften und Erwerbsgesellschaften als Mitglieder des Aufsichtsrats ausgeschlossen.

Zu Abs. 2:

Die Bestimmung hat ihr Vorbild im § 90 Abs. 1 AktG. Die Unvereinbarkeit einer Mitgliedschaft im Aufsichtsrat mit der Tätigkeit des Stiftungsprüfers ist eigens genannt, weil der Stiftungsprüfer bei der Privatrechtsstiftung anders als bei der Aktiengesellschaft Stiftungsorgan ist. Obwohl Begünstigte ein besonderes Kontrollinteresse haben, sollen sie dennoch nicht die Mehrheit im Aufsichtsrat haben, weil dies anderen, nicht im Aufsichtsrat vertretenen Begünstigten zum Nachteil gereichen könnte. Anders als bei Handelsgesellschaften gibt es bei der Privatrechtsstiftung keine von einem Eigentümerinteresse geleitete Einflußnahme auf die Zusammensetzung des Aufsichtsrats; der Aufsichtsrat wird vom Gericht bestellt und nicht von den Eigentümern gewählt. Bedenkt man, daß der Stifter weite Gestaltungsfreiheit hat, wo ihm durch das Gesetz keine Grenzen gesetzt sind, ist es hier, wo es um die Kontrolle der Privatrechtsstiftung geht, angebracht, besondere Regelungen über Unvereinbarkeiten vorzusehen. So können auch Angehörige von Mitgliedern des Stiftungsvorstands nicht dem Aufsichtsrat angehören. Da die Bestimmung keinen Vorbehalt für die Stiftungserklärung vorsieht, muß sich eine allfällige Anordnung des Stifters über die Zusammensetzung des Aufsichtsrats im Rahmen auch dieser Bestimmungen halten.

Abs. 3:

Die Regelung über die Beschränkung der Aufsichtsratsmandate ist an § 86 Abs. 2 zweiter Satz AktG 1965 angelehnt. Auf Aufsichtsratsmandate in Handelsgesellschaften kommt es hiebei nicht an, aber auf die Mitgliedschaft in vergleichbaren Organen einer Privatrechtsstiftung. Vergleichbare Organe sind solche, die vom Stifter eingerichtet sind und denen eine die Geschäftsführung oder Gebarung kontrollierende Aufgabe zukommt.

Zum § 24 (Bestellung und Abberufung des Aufsichtsrats) :

Abs. 1:

Wenn die Privatrechtsstiftung von Beginn an einen Aufsichtsrat hat, so sind seine Mitglieder vom Stifter zu bestellen, bei der Privatrechtsstiftung von Todes wegen vom Stiftungskurator, der insoweit an die Stelle des Stifters tritt. In allen anderen Fällen werden die Mitglieder des Aufsichtsrats vom Gericht bestellt.

Obgleich die Stiftungserklärung Regelungen über die Bestellung, Abberufung und Funktionsdauer des Aufsichtsrats enthalten kann (§ 9 Abs. 2 Z 5), darf sie mangels eines Vorbehalts keine abweichende Regelung enthalten, also etwa nicht die Bestellung von Aufsichtsratsmitgliedern durch andere Stellen vorsehen.

Abs. 2:

Die Abberufung von Mitgliedern von Stiftungsorganen ist allgemein im § 27 geregelt, hier der Sonderfall, daß der Aufsichtsrat als Organ vom Gericht abberufen wird, wenn die Privatrechtsstiftung nicht mehr aufsichtsratspflichtig ist. Die Privatrechtsstiftung ist nicht mehr „aufsichtsratspflichtig“, wenn entweder die Voraussetzungen des § 22 oder sonst die in der Stiftungserklärung für die Einrichtung eines Aufsichtsrats genannten Kriterien weggefallen sind. Enthält die Stiftungserklärung besondere Regelungen über die Abberufung des Aufsichtsrats und kann danach der Aufsichtsrat nicht abberufen werden, obwohl eine gesetzliche Aufsichtsratspflicht nicht (mehr) besteht, so ist die Privatrechtsstiftung als nach der Stiftungserklärung weiterhin aufsichtsratspflichtig anzusehen; von einer Abberufung des Aufsichtsrats ist in diesem Fall abzusehen.

Abs. 3:

In der Stiftungserklärung kann mangels eines diesbezüglichen Vorbehalts das hier dem Aufsichtsratsmitglied eingeräumte Recht, sein

Amt zurückzulegen, nicht eingeschränkt werden.

Zum § 25 (Aufgaben des Aufsichtsrats, Vertretung der Privatrechtsstiftung) :

Abs. 1:

Gegenüber der entsprechenden Regelung im Aktiengesetz 1965 (§ 95 Abs. 1) unterscheidet sich die Bestimmung dadurch, daß in den Aufgabenbereich des Aufsichtsrats auch die Gebarung der Privatrechtsstiftung fällt und daher weiter gezogen ist als bei der Aktiengesellschaft. Die Überwachungstätigkeit des Aufsichtsrats setzt voraus, daß er auch entsprechende Informationsmöglichkeiten hat. Insoweit ist ausdrücklich auf § 95 Abs. 2 und 3 Aktiengesetz 1969 verwiesen. Schließlich obliegt dem Aufsichtsrat die Genehmigung der in § 95 Abs. 5 Z 1, 2, 4 bis 6 angeführten Geschäfte der Privatrechtsstiftung.

Abs. 2:

Wenn der Grund für die Aufsichtsratspflicht der Privatrechtsstiftung die einheitliche Leitung oder unmittelbare Beherrschung von Kapitalgesellschaften oder Genossenschaften ist, kann sich sein Aufgabenbereich auch auf diese Angelegenheiten beschränken. Ist etwa der Zweck einer Privatrechtsstiftung, eine Bildersammlung der Öffentlichkeit zugänglich zu machen, und hat sie auch Anteile an Kapitalgesellschaften, so ist es nicht erforderlich, daß der deswegen errichtete Aufsichtsrat die Geschäftsführung des Stiftungsvorstands hinsichtlich der Bildersammlung überwacht. Die Frage etwa, ob ein Bild aus der Sammlung restauriert oder verkauft werden soll, ist ohne Bedeutung für die beherrschten Unternehmen.

Abs. 3:

Die Bestimmung hat ihr Vorbild im § 97 Aktiengesetz 1965. Soweit diese Bestimmung jedoch auf die Hauptversammlung abstellt, paßt sie naturgemäß nicht auf die Privatrechtsstiftung. Weitere als hier genannte Vertretungsrechte kommen dem Aufsichtsrat nur zu, wenn die Stiftungserklärung die Vertretungsbefugnis des Aufsichtsrats erweitert (Abs. 4). In Prozessen gegen den Vorstand vertritt daher nicht der Aufsichtsrat die Privatrechtsstiftung, vielmehr wird der Privatrechtsstiftung in solchen Fällen ein Prozeßkurator zu bestellen sein.

Abs. 4:

Die Stiftungserklärung kann den Zuständigkeitsbereich des Aufsichtsrats in mehrere Richtungen erweitern:

Dem Aufsichtsrat können weitere Funktionen übertragen werden - er darf dadurch allerdings nicht zu einem ausführenden Organ werden. Der Kreis der Angelegenheiten, auf die der nach § 22 Abs. 1 Z 2 bestellte Aufsichtsrat beschränkt ist, kann ausgeweitet werden. Schließlich können die Vertretungsrechte des Aufsichtsrats (Abs. 3) erweitert werden.

Auch wenn die Stiftungserklärung im Sinn des letzten Satzes den Zuständigkeitsbereich des Aufsichtsrats erweitert, bleibt er nach § 22 Abs. 1 Z 2 bestellt. Er wäre trotz des erweiterten Aufgabenbereichs nach § 24 Abs. 2 abzuberufen, wenn die Voraussetzungen des § 22 Abs. 2 Z 2 weggefallen sind.

Abs. 5:

Die Bestimmung über die Einberufung des Aufsichtsrats gilt nur für den nach § 22 Abs. 1 Z 1 und 2 bestellten Aufsichtsrat. Die Einberufung des fakultativen Aufsichtsrats kann in der Stiftungserklärung geregelt werden.

Zum § 26 (Vergütung der Mitglieder des Aufsichtsrats) :

Abs. 1:

Die Vergütung der Aufsichtsratsmitglieder ist ähnlich geregelt wie in § 98 Aktiengesetz 1965. Soweit die genannte Bestimmung auf die Hauptversammlung Bezug nimmt, kann sie naturgemäß für die Privatrechtsstiftung nicht herangezogen werden. Die entsprechende Anwendung, besonders des § 98 Abs. 3 Aktiengesetz 1965, ist durch § 26 nicht ausgeschlossen.

Abs. 2:

Sollte es nach den in Abs. 1 angegebenen Grundsätzen innerhalb der Privatrechtsstiftung nicht zu einer Einigung über die Vergütung der Aufsichtsratsmitglieder kommen, so hat letztlich das Gericht - im außerstreitigen Verfahren - auf Antrag die Höhe der Vergütung zu bestimmen.

Zum § 30 (Auskunftsanspruch des Begünstigten):

Der Auskunftsanspruch des Begünstigten ist ein weiteres Kontrollinstrument. Kommt er auf Grund der Auskunft zum Ergebnis, daß grobe Pflichtverletzungen vorliegen, so kann er - wenn er ein rechtliches Interesse hat - die Abberufung von Organmitgliedern beantragen, sonst anregen (§ 27 Abs. 2).

Abs. 1:

Unter „Begünstigter" ist jeder Begünstigte im Sinn des § 5 zu verstehen, also unabhängig davon, ob er einen Anspruch gegen die Privatrechtsstiftung hat oder nicht.

Es kann Auskunft begehrt werden, welche Maßnahmen zur Erfüllung des Stiftungszwecks und ob bestimmte Maßnahmen gesetzt worden sind, nicht aber über zukünftige Maßnahmen.

Das Auskunftsbegehren darf nicht schikanös sein. Wenn offenbar ist, daß der Begünstigte kein gerechtfertigtes Interesse an der Auskunft hat, wird die Privatrechtsstiftung dem Verlangen nicht nachkommen müssen (wenn etwa ohne besonderen Grund Auskunft darüber begehrt wird, wer vor 50 Jahren Leistungen aus der Privatrechtsstiftung erhalten hat).

Für schuldhaft falsche Auskünfte oder eine schuldhafte Vorenthaltung von Urkunden haftet die Privatrechtsstiftung dem Begünstigten nach den Regeln des bürgerlichen Rechts.

Besondere Bedeutung hat der Auskunftsanspruch dort, wo der Begünstigte einen Anspruch gegen die Privatrechtsstiftung hat. In diesem Fall kann mit der Auskunft eine Leistungsklage gegen die Privatrechtsstiftung vorbereitet werden.

Abs. 2:

Kommt die Privatrechtsstiftung dem Auskunftsbegehren nicht nach, so kann der Auskunftsanspruch gerichtlich geltend gemacht werden. Durch diese Bestimmung wird der Begünstigte nicht auf den Klagsweg verwiesen, so daß gemäß § 40 das Verfahren nach dem Außerstreitgesetz in Verbindung mit den Bestimmungen der ZPO über die Beweissicherung abläuft. Die entsprechende Anwendung des § 386 Abs. 4 ZPO führt zu einer Rechtsmittelbeschränkung: stattgebende Beschlüsse können durch ein Rechtsmittel nicht angefochten werden.

Der Buchsachverständige, der in die Bücher der Privatrechtsstiftung Einsicht nimmt, wird vom Gericht als Sachverständiger bestellt. Er hat die Einsichtnahme im Rahmen des gerichtlichen Auftrags vorzunehmen; der gerichtliche Auftrag ist durch den Antrag des Begünstigten bedingt. Eine Einsichtnahme durch den Buchsachverständigen kommt dann nicht in Frage, wenn die begehrte Auskunft aus den genannten Unterlagen der Privatrechtsstiftung nicht erteilt werden kann.

Vor mißbräuchlichen Auskunftsbegehren schützt die Kostenregelung des § 388 Abs. 3 ZPO, die kraft Verweisung anzuwenden ist.

621 der Beilagen zu den Stenographischen Protokollen des Nationalrates XXI. GP

Regierungsvorlage

Bundesgesetz, mit dem das 1. Staatsvertragsdurchführungsgesetz 1956, das Kunstförderungsbeitragsgesetz 1981, das Überweisungsgesetz, das Finalitätsgesetz und das Rundfunkgebührengesetz geändert werden (2. Euro-Finanzbegleitgesetz), mit dem das Bundesbetreuungsgesetz, das Bundesgesetz über den Schutz vor Straftaten gegen die Sicherheit von Zivilluftfahrzeugen, das Bundesgesetz über die Ein- Aus- und Durchfuhr von Kriegsmaterial, das Bundespräsidentenwahlgesetz 1971, das Europa-Wählerevidenzgesetz, die Europawahlordnung, das Fremdengesetz 1997, das Grenzkontrollgesetz, das Meldegesetz 1991, die Nationalrats-Wahlordnung 1992, das Passgesetz 1992, das Personenstandsgesetz, das Polizeibefugnis-Entschädigungsgesetz, das Pyrotechnikgesetz 1974, das Schieß- und Sprengmittelgesetz, das Sicherheitspolizeigesetz, das Staatsgrenzgesetz, das Vereinsgesetz 1951, das Versammlungsgesetz 1953, das Volksabstimmungsgesetz 1972, das Volksbefragungsgesetz 1989, das Volksbegehrengesetz 1973, das Volkszählungsgesetz 1980, das Waffengesetz 1996, das Wählerevidenzgesetz, das Wappengesetz und das Zivildienstgesetz 1986 sowie das Bundesgesetz gegen das unbefugte Tragen von Uniformen, Orden und Ehrenzeichen geändert und das Bundesgesetz betreffend die Zulässigkeit des Verbotes des Betretens von Gast- und Schankgewerbebetrieben aufgehoben werden (Euro-Anpassungsgesetz-BMI), mit dem das Allgemeine Bürgerliche Gesetzbuch, das Aktiengesetz 1965, das Arbeits- und Sozialgerichtsgesetz, das Atomhaftungsgesetz 1999, die Ausbeutungsverordnung, die Ausgleichsordnung, das Außerstreitgesetz, das Bauträgervertragsgesetz, das Bundesgesetz über die Bestimmung der Kosten, die einem durch die Bezirksverwaltungsbehörde vertretenen Minderjährigen in gerichtlichen Verfahren zu ersetzen sind, das Bundesgesetz über den freien Dienstleistungsverkehr und die Niederlassung von europäischen Rechtsanwälten in Österreich, das Bundesgesetz über die Haftung der Gastwirte und anderer Unternehmer, das Disziplinarstatut für Rechtsanwälte und Rechtsanwaltsanwärter, das Eisenbahnbuchanlegungsgesetz, das Eisenbahn- und Kraftfahrzeughaftpflichtgesetz, die Exekutionsordnung, das Firmenbuchgesetz, das Fortpflanzungsmedizingesetz, das Gebührenanspruchsgesetz 1975, das Gerichtskommissärsgesetz, das Gerichtskommissionstarifgesetz, das GmbH-Gesetz, das Grundbuchsgesetz, das Grundbuchsumstellungsgesetz, das Handelsgesetzbuch, die Jurisdiktionsnorm, das Kartellgesetz 1988, das Kleingartengesetz, die Konkursordnung, das Konsumentenschutzgesetz, das Kraftfahrzeug-Haftpflichtversicherungsgesetz 1994, das Liegenschaftsteilungsgesetz, das Maklergesetz, das Mietrechtsgesetz, die Notariatsordnung, das Notariatstarifgesetz, das Gesetz betreffend das Erfordernis der notariellen Errichtung einiger Rechtsgeschäfte, das Privatstiftungsgesetz, das Produkthaftungsgesetz, das Produktsicherheitsgesetz 1994, die Rechtsanwaltsordnung, das Rechtsanwaltstarifgesetz, das Rechtspflegergesetz, das Reichshaftpflichtgesetz, das Richtwertgesetz, das Rohrleitungsgesetz, das Scheckgesetz 1955, das Teilzeitnutzungsgesetz, das Tiroler Grundbuchsanlegungsreichsgesetz, das Übernahmegesetz, das Unterhaltsvorschussgesetz 1985, das Unternehmensreorganisationsgesetz, das Vereinssachwalter- und Patientenanwaltsgesetz, das Verkehrsopferschutzgesetz, das Versicherungsvertragsgesetz 1958, das Vollzugs- und Wegegebührengesetz, das Vorarlberger Grundbuchsanlegungsreichsgesetz, das Wohnungseigentumsgesetz 1975, das Wuchergesetz 1949 und die Zivilprozessordnung an die Einführung des Euro angepasst und das Schillingeröffnungsbilanzengesetz aufgehoben werden (2. Euro-Justiz-Begleitgesetz – 2. Euro-JuBeG), mit dem das AIDS-Gesetz 1993, das

Ausbildungsvorbehaltsgesetz, das Bazillenausscheidergesetz, das Bäderhygienegesetz, das Blutsicherheitsgesetz 1999, das Bundesgesetz betreffend die sanitäre Regelung des Ammenwesens, das Bundesgesetz betreffend die Verhütung der Verbreitung übertragbarer Krankheiten durch das Überhandnehmen von Ratten, das Bundesgesetz über die Errichtung eines Fonds „Österreichisches Bundesinstitut für Gesundheitswesen", das Bundesgesetz über natürliche Heilvorkommen und Kurorte, das Bundesgesetz über öffentliche Schutzimpfungen gegen übertragbare Kinderlähmung, das Epidemiegesetz 1950, das Geschlechtskrankheitengesetz, das Kardiotechnikergesetz, das MTD-Gesetz, das MTF-SHD-Gesetz, das Psychologengesetz, das Psychotherapiegesetz, das Suchtmittelgesetz, das Tabakgesetz, das Tuberkulosegesetz, das Arzneimittelgesetz, das Rezeptpflichtgesetz, das Apothekengesetz, das Medizinproduktegesetz, das Arzneiwareneinfuhrgesetz, das Tierärztegesetz, das Tierseuchengesetz, das Bangseuchen-Gesetz, das Rinderleukosegesetz, das IBR/IPV-Gesetz, das Bundesgesetz über die Bekämpfung der Dasselbeulenkrankheit der Rinder, das EU-Veterinärrechtsanpassungsgesetz 1997, das Bienenseuchengesetz, die Vollzugsanweisung betreffend die Verwertung von Gegenständen animalischer Herkunft in Tierkörperverwertungsanstalten, das Fleischuntersuchungsgesetz, das Tiergesundheitsgesetz, das Lebensmittelgesetz, das Gentechnikgesetz, das Mineralrohstoffgesetz, das Aufwandersatzgesetz, das Arbeitsverfassungsgesetz, das Gleichbehandlungsgesetz, das Post-Betriebsverfassungsgesetz, das Bahn-Betriebsverfassungsgesetz, das Bauarbeiter-Urlaubs- und Abfertigungsgesetz, das Heimarbeitsgesetz 1960, das Arbeiterkammergesetz 1992, das Privat-Kraftwagenführergesetz, das Arbeitszeitgesetz, das Arbeitsruhegesetz, das Krankenanstalten-Arbeitszeitgesetz, das BäckereiarbeiterInnengesetz 1996, das Mutterschutzgesetz 1979, das Bundesgesetz über die Beschäftigung von Kindern und Jugendlichen 1987, Art. V des Bundesgesetzes BGBl. Nr. 473/1992, das Hausgehilfen- und Hausangestelltengesetz, das Urlaubsgesetz, das Arbeitsvertragsrechts-Anpassungsgesetz, das Kautionsschutzgesetz, das Angestelltengesetz, das Schauspielergesetz, und das Journalistengesetz geändert werden (1. Euro-Umstellungsgesetz - Bund)

Der Nationalrat hat beschlossen:

Inhaltsverzeichnis

1. Abschnitt
Bundesministerium für Finanzen (2. Euro-Finanzbegleitgesetz)
[...]
2. Abschnitt
Bundesministerium für Inneres
(Euro-Anpassungsgesetz-BMI)
[...]
Abschnitt 3
Bundesministerium für Justiz
(2. Euro-Justiz-Begleitgesetz - 2. Euro-JuBeG)
[...]

Artikel 72
Änderung des Privatstiftungsgesetzes

Das Privatstiftungsgesetz, BGBl. Nr. 694/1993, wird wie folgt geändert:
1. In § 4 wird der Betrag von „einer Million Schilling" durch den Betrag von „70 000 Euro" ersetzt.
2. § 15 Abs. 1 lautet:
„(1) Der Stiftungsvorstand muss aus wenigstens drei Mitgliedern bestehen; zwei Mitglieder müssen ihren gewöhnlichen Aufenthalt in einem Mitgliedstaat der Europäischen Union oder in einem Vertragsstaat des Abkommens über die Schaffung eines Europäischen Wirtschaftsraumes, BGBl. Nr. 909/1993, haben."
[...]

Erläuterungen
Allgemeiner Teil

Hauptgesichtspunkte des Entwurfes:
Auf Grund der mit 1. Jänner 2002 wirksam werdenden Wirtschafts- und Währungsunion im Bereich der Europäischen Union besteht legistischer Handlungsbedarf im Zusammenhang mit der erforderlichen Umstellung von Schillingbeträgen auf Euroangaben im Bundesrecht. Mit dem vorliegenden Gesetzentwurf sollen nunmehr die erforderlichen Anpassungen vorgenommen werden. Aus gesetzesökonomischen Erwägungen sowie unter Bedachtnahme auf die Richtlinie 65 der Legistischen Richtlinien 1990 betreffend die Zulässigkeit einer „Sammelnovelle" ist beabsichtigt, diese Adaptierungen im Wege eines geschlossenen Gesetzentwurfes umzusetzen.
Diejenigen Umstellungsgesetze, die sich derzeit in Begutachtung befinden, sollen noch vor der Sommerpause in der Form eines 2. Euro-Umstellungsgesetzes - Bund als Regierungsvorlage beschlossen und dem Nationalrat zur Beschlussfassung zugeleitet werden.
Aus Gründen der Rechtssicherheit und der Rechtsklarheit sollen dabei alle Rechtsvorschriften mit 1. Jänner 2002 ausdrücklich auf Euro-Betragsangaben umgestellt werden. Den europarechtlichen Rahmen für die Einführung des Euro bilden neben dem Titel VII des EG-Vertrages die Verordnung (EG): Nr. 1103/97 des Rates vom 17. Juni 1997 über bestimmte Vorschriften im Zusammenhang mit der Einführung des Euro sowie die Verordnung (EG): Nr. 974/98 des Rates vom 3. Mai 1998 über die Einführung des Euro. Die EG-Verordnung Nr. 2866/98 des Rates vom 31. Dezember 1998 über die Umrechnungskurse zwischen dem Euro und den Währungen der Mitgliedstaaten, die den Euro einführen, ABl. Nr. L 359/1 vom 31. Dezember 1998, wurde dem Umrechnungskurs zugrunde gelegt. Die Schillingbeträge wurden mit dem festgesetzten Umrechnungskurs (1 Euro = 13,7603 Schilling): umgerechnet und gerundet. Insbesondere Strafbestimmungen werden aus Gründen der Verwaltungsökonomie geglättet, wobei darauf geachtet wurde, dass es dabei nicht zu betragsmäßigen Erhöhungen kommt.

Finanzielle Auswirkungen:
Durch die Euroumstellung entsteht kein finanzieller Mehraufwand, da die Umstellung in Summe kostenneutral erfolgt.

Kompetenzgrundlage:
Vergleiche die Ausführungen im Besonderen Teil der Erläuterungen.
Im Folgenden werden die Schwerpunkte einzelner vorgeschlagener Gesetzesänderungen überblicksweise dargestellt.

Euroumstellung im Bereich der Justiz:
Die Euroumstellung in der Justiz wurde für das Zivilrecht schon durch die **Erweiterte Wertgrenzen-Novelle 1997**, BGBl. I Nr. 140/1997, vorbereitet. In den von dieser Novelle erfassten Bestimmungen wurde auf den damals erwarteten Umrechnungskurs bereits Bedacht genommen. Die gesetzlichen Wertgrenzen wurden so angesetzt, dass die jeweiligen Beträge verhältnismäßig einfach auf den Euro umgestellt werden können. Dabei wurde größtenteils ein Umrechnungskurs von 1 : 13 (1 Euro

= zirka 13 Schilling) zugrundegelegt (in manchen Bestimmungen auch ein Kurs von 14). In ähnlicher Weise wurden die gesetzlichen Wertgrenzen in einer Reihe von weiteren Gesetzesvorhaben festgelegt. Die nunmehr anstehende Umstellung dieser sozusagen „vorbereiteten" Beträge auf Eurobeträge bereitet keine größeren Schwierigkeiten, sie führt zu weitgehend „glatten" und aussagekräftigen Eurobeträgen.

Auch die von der Erweiterten Wertgrenzen-Novelle1997 und den folgenden Gesetzesvorhaben nicht erfassten **zivilrechtlichen Rechtsvorschriftensollen** mit dem vorliegenden Entwurf umgestellt werden. Dabei wird danach getrachtet, in Wertgrenzen und Schwellenwerten möglichst aussagekräftige „Signalbeträge" zu erhalten.

Die Umstellung des Zivilrechtswesens auf den Euro erfolgt anhand der Empfehlungen im **Aktionsplan des Bundes betreffend die Euroumstellung**. Die gesetzlichen Wertgrenzen werden grundsätzlich mit dem fixen Umrechnungskurs (1 Euro = 13,7603 Schilling): umgerechnet. Die daraus resultierenden Beträge werden in einem weiteren Schritt „geglättet", sofern dies im Einzelfall aus Gründen der Transparenz erforderlich ist. Das ist vornehmlich bei Beträgen mit „Außenwirkung" der Fall. In anderen Bereichen empfiehlt sich dagegen eine so genannte „1 : 1-Umstellung", bei der strikt nach dem fixen Umrechnungskurs umgerechnet und nicht bzw. kaum geglättet wird. Dadurch soll die **Aufkommens- und Kostenneutralität** gewährleistet werden. Dieser Grundsatz gilt in erster Linie für die öffentliche Verwaltung, aber auch für das Tarif- und Kostenrecht. Die Einführung des Euro allein soll im Ergebnis nicht zum Vor- oder Nachteil einer bestimmten Gruppe (etwa der Notare oder Sachverständigen einerseits oder ihrer Klienten und Kunden andererseits) ausschlagen. Letztlich eröffnet der Aktionsplan der Bundesregierung aber auch die Möglichkeit, im Einzelfall **zugunsten der Rechtsunterworfenen** umzustellen. Von dieser Option wird im Bereich des Zivilrechts im Verbraucherrecht und in verschiedenen Verwaltungsstrafbestimmungen Gebrauch gemacht.

Die Umstellung kann sich nicht allein auf die gesetzlichen Wertbeträge beschränken. Sie muss sich auch auf die in manchen Gesetzen enthaltenen **Rundungsregeln** erstrecken, die meist auf Schilling oder Groschen abstellen. Hier sind die mit der neuen Währung verbundenen Wertänderungen zu berücksichtigen.

Besonderheiten ergeben sich bei den **Honorargesetzen** (Notariatstarifgesetz, Gerichtskommissionstarifgesetz, Gebührenanspruchsgesetz), bei denen – wie erwähnt – besonders darauf zu achten ist, dass auf Grund der Systematik der Tarife keine ungewollten Veränderungen im Honoraraufkommen eintreten. Eine zu weitgehende „Glättung" der Eurobeträge hätte hier unter Umständen insgesamt massive Auswirkungen in die eine oder andere Richtung zur Folge. Um solche unerwünschte Konsequenzen soweit wie möglich hintan zu halten, sollen die in diesen Gesetzen vorgesehenen Honorarbeträge nur auf volle 10 Cent und die Bemessungsgrundlagenstufen auf volle 10 Euro auf- bzw. abgerundet werden („kaufmännische Rundung").

Die im **gerichtlichen Straf- und Strafverfahrensrecht** enthaltenen Währungsbeträge sollen gesondert umgestellt werden. Diese Entscheidung gründet auf den Bestrebungen, die im Strafgesetzbuch vorgesehenen Wertgrenzen generell einer Revision zu unterziehen. Zumindest im materiellen Strafrecht wird die Einführung des Euro daher aller Voraussicht nach nicht nur bloß formelle Adaptierungen, sondern auch inhaltliche Änderung nach sich ziehen. Dies spricht dafür, die strafrechtlichen und die damit inhaltlich zusammenhängenden strafverfahrensrechtlichen Regelungen eigens vorzubereiten.

Auch das **Gerichtsgebührenrecht** soll gesondert umgestellt werden, zumal aus Anlass der Währungsunion einige weitere Maßnahmen getroffen werden sollen. Ein Entwurf wird gerade vorbereitet. Gleiches gilt für das **Verwah-**

rungs- und Einziehungsrecht, wo den Defiziten des geltenden Rechts durch eine in Vorbereitung stehende Neuregelung entgegengewirkt werden soll. Letztlich sollen auch die Tarife des **Rechtsanwaltstarifgesetzes** einer gesonderten Umstellung vorbehalten werden.

Ergänzende Maßnahmen im Zuge der Euroumstellung:
[...]

Im **Privatstiftungsgesetz** soll eine Anpassung an die gemeinschaftsrechtlichen Vorgaben erfolgen. Die Voraussetzung des inländischen gewöhnlichen Aufenthalts zweier Vorstandsmitglieder wird durch die Voraussetzung ersetzt, dass zwei Vorstandsmitglieder ihren gewöhnlichen Aufenthalt in einem EWR-Staat haben müssen.
[...]

3. Abschnitt
Bundesministerium für Justiz

[...]

Zu Art. 72 (Änderung des Privatstiftungsgesetzes):
Zu Z 1 (§ 4 PSG):
Das Vermögen der Privatstiftung muss mindestens 1 Million Schilling betragen. Der Gesetzgeber orientierte sich bei diesem Mindestvermögen am (damaligen) Mindestgrundkapital der Aktiengesellschaft von ebenfalls 1 Million Schilling. Durch das 1. Euro-Justiz-Begleitgesetz, BGBl. I Nr. 125/1998, wurde der Mindestnennbetrag des Grundkapitals einer Aktiengesellschaft mit 70 000 Euro festgelegt (§ 7 AktG). Im Sinne des Gleichklangs mit § 7 AktG wird daher vorgeschlagen, dass der Privatstiftung ebenfalls ein Vermögen im Wert von mindestens 70 000 Euro gewidmet werden muss.

Zu Z 2 (§ 15 Abs. 1 PSG):
Das noch vor dem Beitritt Österreichs zur Europäischen Union beschlossene Privatstiftungsgesetz soll insofern gemeinschaftsrechtskonform geändert werden, als die Voraussetzung des inländischen gewöhnlichen Aufenthaltes zweier Vorstandsmitglieder durch die Voraussetzung ersetzt wird, dass zwei Vorstandsmitglieder ihren gewöhnlichen Aufenthalt in einem EWR-Staat haben müssen.
[...]

Fachgutachten
des Fachsenats für Unternehmensrecht und Revision
der Kammer der Wirtschaftstreuhänder

Zu ausgewählten Fragen bei der Tätigkeit als Stiftungsprüfer

(beschlossen in der Sitzung des Fachsenats für Unternehmensrecht und Revision am 29. Juni 2010 als Fachgutachten KFS/PE 21, überarbeitet im September 2014)

Inhaltsverzeichnis

5. Zusätzliche Pflichten / Aufgaben des Stiftungsprüfers im Vergleich zum Abschlussprüfer aufgrund der Organstellung

5.1. Allgemeines

5.2. Einzelfragen

5.2.1. Muss der Stiftungsprüfer bei von ihm festgestellten Unredlichkeiten oder groben Pflichtverletzungen, die Grundlage der Abberufung aller oder einzelner Mitglieder des Stiftungsvorstands sein können, das Gericht informieren und gegebenenfalls den Antrag stellen oder anregen, dass alle oder einzelne Mitglieder des Stiftungsvorstands wegen grober Pflichtverletzung abberufen werden?

5.2.2. Inwieweit hat der Stiftungsprüfer die Erfüllung des Stiftungszwecks in die Prüfung einzubeziehen?

5.2.3. Ist der Stiftungsprüfer verpflichtet, die ordnungsgemäße Besetzung der Stiftungsorgane zu prüfen?

6. Beendigung des Mandats des Stiftungsprüfers

6.1. Allgemeines

6.2. Einzelfragen

6.2.1. Beendigung wegen Wegfalls der Bestellungsvoraussetzungen

6.2.2. Ende der Funktionsperiode

6.2.3. Beendigung wegen Zeitablaufs

6.2.4. Beendigung wegen Abberufung des Stiftungsprüfers

6.2.5. Beendigung wegen Amtsniederlegung / Rücktritt des Stiftungsprüfers

7. Anwendungszeitpunkt

1. Vorbemerkungen und Anwendungsbereich

(1) Der österreichische Gesetzgeber hat die Vorschriften für Privatstiftungen in einem eigenen Gesetz, dem Privatstiftungsgesetz (PSG), geregelt. In diesem Gesetz sind auch Vorschriften hinsichtlich der Rechnungslegung und der Prüfung von Privatstiftungen enthalten. Obwohl der Gesetzgeber in einigen Bereichen auf die Vorschriften des UGB verweist, sind bestimmte Bereiche selbständig geregelt. Bei der Auslegung des PSG ist daher nicht zwangsläufig auf die entsprechenden Regelungen des UGB zurückzugreifen, sondern in erster Linie auf das PSG selbst und die dazu ergangenen Erläuternden Bemerkungen. Hinsichtlich der Prüfung können sich Fragen ergeben, die aus dem Gesetz nicht eindeutig ableitbar sind. Die Beantwortung dieser Fragen ist Ziel dieses Fachgutachtens; insbesondere gilt dies für die Besonderheit, dass der Stiftungsprüfer Organ der Privatstiftung ist.

(2) Dieses Fachgutachten ist anwendbar auf die Tätigkeit als Stiftungsprüfer nach dem PSG. Es wird ausdrücklich darauf hingewiesen, dass dieses Fachgutachten nur Fragen behandelt, die sich aus den Besonderheiten der Privatstiftung ergeben, und daneben bei der Prüfung alle anderen relevanten Fachgutachten, Richtlinien und Stellungnahmen sinngemäß zu beachten sind.

2. Auftragsannahme / -bestätigung

2.1. Auswahl und Beauftragung des Stiftungsprüfers

(3) Der Stiftungsprüfer ist vom Gericht oder, falls ein solcher eingerichtet ist, vom Aufsichtsrat zu bestellen. Diese Bestellung kann auf bestimmte oder unbestimmte Zeit erfolgen.

(4) Der Stiftungsprüfer ist gemäß § 14 Abs 1 PSG Organ der Privatstiftung. Die Funktion des Stiftungsprüfers ist somit untrennbar mit seiner Organstellung verbunden. Endet die Funktionsperiode als Stiftungsprüfer, ist damit auch die Organstellung beendet. Eine Privatstiftung kann nur einen Stiftungsprüfer haben. Wird ein neuer Stiftungs-prüfer bestellt, bevor die Funktionsperiode des vorhandenen Stiftungsprüfers beendet ist, beginnt seine Stellung als Organ und Stiftungsprüfer demnach erst mit dem Ablauf der Funktionsperiode des Vorgängers.

(5) Der Stiftungsprüfer hat vor Annahme des Auftrags zu prüfen, ob Ausschlussgründe gemäß § 20 Abs 3 PSG vorliegen. Die im UGB enthaltenen Unabhängigkeitsregeln der §§ 271 und 271a kommen mangels eines Verweises des PSG für Privatstiftungen nicht zur Anwendung. Der Stiftungsprüfer hat neben den Regelungen gemäß § 20 Abs 3 PSG die berufsrechtlichen Vorschriften zur Unabhängigkeit (§ 88 WTBG und § 21 WT-ARL) zu beachten. Zusätzlich wird auf die Ausführungen in der Stellungnahme des Instituts Österreichischer Wirtschaftsprüfer zu Einzelfragen zu den Unabhängigkeitsvorschriften nach dem UGB idF URÄG 2008 (IWP/PE 19) verwiesen. Da es sich bei der Stiftungsprüfung um eine gesetzliche Abschlussprüfung handelt, hat der Stiftungsprüfer auch über eine aufrechte Bescheinigung nach dem A-QSG zu verfügen.

(6) Im Falle des Vorliegens von Ausschlussgründen ist das Gericht bzw der Aufsichtsrat umgehend zu informieren. In diesem Fall ist der Stiftungsprüfer von der Prüfung ausgeschlossen. Bei mehrjähriger Bestellung zum Stiftungsprüfer ist das Vorliegen von Ausschlussgründen regelmäßig zu prüfen, und im Falle des Eintretens von Ausschlussgründen sind ebenfalls das Gericht bzw der Aufsichtsrat sowie der Stiftungsvorstand umgehend zu informieren; der Auftrag ist zurückzulegen (siehe Abschnitt 6.2.1.). Keine Informationspflicht besteht gegenüber Beiräten, auch wenn diese aufsichtsratsähnliche Funktionen haben.

(7) Der Abschluss eines schriftlichen Vertrags über die Abschlussprüfung ist geboten. Sowohl im Fall der Bestellung durch den Aufsichtsrat als auch bei gerichtlicher Bestellung wird der Vertrag über die Abschlussprüfung mit der Stiftung, vertreten durch den Stiftungsvorstand, abgeschlossen. Bei mehrjährigen Bestellungen kann der Vertrag über die Abschlussprüfung auch für mehrere Jahre abgeschlossen werden. Treten jedoch Änderungen auf, so sind diese durch einen neuen Vertrag oder Ergänzungen zum bestehenden Vertrag festzuhalten.

2.2. Versicherungsschutz und Haftungsbeschränkung

(8) Vor Auftragsannahme, und bei mehrjähriger Bestellung regelmäßig, hat sich der Prüfer zu vergewissern, dass ein ausreichender Versicherungsschutz besteht. Da § 21 Abs 2 PSG für die Verantwortlichkeit und Haftung des Stiftungsprüfers auf § 275 UGB verweist, ist durch den darin enthaltenen Verweis auf die Größenklassen des § 221 UGB die sich daraus ergebende Haftungsbeschränkung maßgeblich.

3. Spezifische Prüfungshandlungen bei Privatstiftungen

3.1. Prüfungshandlungen betreffend Buchführung und Jahresabschluss

3.1.1. Buchführung

(9) Es ist zu prüfen, ob die Rechnungslegung gemäß § 18 PSG nach den unternehmensrechtlichen Grundsätzen erfolgt. Da eine Stiftung idR Einkünfte erzielt, die für steuerliche Zwecke nach dem Zufluss-Abfluss-Prinzip zu ermitteln sind, ist zu prüfen, ob eine den unternehmensrechtlichen Erfordernissen entsprechende Buchführung eingerichtet ist. Oft werden im Rahmen von Vermögensverwaltungsverträgen Aufzeichnungen von Banken oder von Hausverwaltern geführt. Diese Aufzeichnungen können als Nebenbücher betrachtet und zusammengefasst in die Buchhaltung der Stiftung übernommen werden. Diese Aufzeichnungen und deren Übernahme in das Rechnungswesen der Privatstiftung sind ebenfalls Gegenstand der Stiftungs-prüfung.

(10) Es ist zu prüfen, ob die Stiftung über ein angemessenes rechnungslegungsbezogenes IKS – abhängig von der Größe der Stiftung und der Komplexität des Vermögens – verfügt.

3.1.2. Jahresabschluss und Stiftungsvermögen

(11) Die Vollständigkeit, die Bewertung und der Ausweis des gestifteten Vermögens und der Zuwendungen sind zu prüfen. Es ist zu prüfen, ob bei der Gliederung des Jahresabschlusses der Grundsatz der Klarheit zur Vermittlung eines möglichst getreuen Bildes der Vermögens- Finanz- und Ertragslage eingehalten worden ist.

3.1.3. Steuerliche Aspekte

(12) In der Stellungnahme KFS/RL 18 wird die Behandlung der Zwischenkörperschaft-steuer gemäß § 22 Abs 3 (nunmehr: Abs 2) KStG behandelt. Daraus ergibt sich das Erfordernis der Prüfung der richtigen Berechnung der Zwischenkörperschaftsteuer durch eine Plausibilitätskontrolle der Steuerbemessungsgrundlage, der richtigen Führung des Evidenzkontos gemäß § 24 Abs 5 Z 5 KStG und der der Höhe nachrichtigen und rechtzeitigen Abfuhr der Kapitalertragsteuer von Zuwendungen. Im Rahmen der Prüfung der richtigen Berechnung der Zwischenkörperschaftsteuer ist zu beachten, dass die Rechnungslegung gemäß § 18 PSG nach den im UGB enthaltenen Bestimmungen für Kapitalgesellschaften zu erfolgen hat, während die Ermittlung des steuerpflichtigen Einkommens nach den Sondervorschriften für Privatstiftungen gemäß § 13 KStG erfolgt.

(13) Zu prüfen ist, ob die Stiftungsurkunde und eine allfällige Zusatzurkunde dem Finanzamt gegenüber offengelegt sowie die Meldung gemäß § 5 PSG (Meldung zu den Begünstigten) durchgeführt worden sind. Weiters zu prüfen ist im Falle von Zu-oder Nachstiftungen die korrekte Berechnung, Meldung und Abfuhr der Stiftungs-eingangssteuer. Sofern die Stiftung steuerlich vertreten ist, kann auf die Angaben und Informationen des betrauten Steuerberaters zurückgegriffen werden. Der Steuerbera-terbrief sollte insbesondere auf die vorerwähnten Sachverhalte eingehen.

3.1.4. Anhang

(14) Bei der Prüfung des Anhangs sind die stiftungsspezifischen Besonderheiten und Vorschriften des § 18 PSG zu beachten. Insbesondere ist der Anhang auf Richtigkeit und Vollständigkeit sowie auf die Erfüllung der Generalnorm des § 222 Abs 2 UGB zu prüfen.

3.2. Prüfungshandlungen betreffend den Lagebericht

(15) Der Stiftungsvorstand hat im Lagebericht auch auf die Erfüllung des Stiftungszwecks einzugehen (§ 18 zweiter Satz PSG). Zu prüfen ist daher, ob im Lagebericht auch auf die Erfüllung des Stiftungszwecks eingegangen und dargestellt wird, wie der Stiftungszweck im abgelaufenen Geschäftsjahr erfüllt worden ist und wie seine Erfüllung in Zukunft beabsichtigt ist. Im Rahmen der Einklangsprüfung muss der Stiftungsprüfer demgemäß prüfen, ob der Lagebericht mit dem Jahresabschluss auch hinsichtlich der Erfüllung des Stiftungszwecks in Einklang steht und ob der Lage-bericht nicht hinsichtlich der Erfüllung des Stiftungszwecks eine falsche Vorstellung von der Lage der Privatstiftung erweckt. Weiters ist

die Übereinstimmung der Angaben im Lagebericht zur Erfüllung des Stiftungszwecks mit den im Jahresabschluss ausgewiesenen Zuwendungen zu prüfen.

3.3. Prüfungshandlungen betreffend die Einhaltung gesetzlicher Vorschriften und der Stiftungserklärung[1]

3.3.1. Gesetzliche Vorschriften

(16) Jedenfalls ist die Einhaltung der Vorschriften des PSG zu prüfen. Dazu gehören:

(17) Erfüllung des Stiftungszwecks: Insbesondere ist zu prüfen, ob die von der Stiftung getätigten Zuwendungen ihrer Art und Höhe nach der Stiftungserklärung entsprechen und die Empfänger Begünstigte im Sinne der Stiftungserklärung sind. Konkrete in der Stiftungserklärung enthaltene Verpflichtungen zu Zuwendungen sind auf ihre Erfüllung zu prüfen. Es besteht keine Verpflichtung des Stiftungsprüfers, die Gebarung der Stiftung in Bezug auf wirtschaftliche, zweckmäßige und sparsame Verwaltung des Stiftungsvermögens zu prüfen. Wenn allerdings eine grobe Pflichtverletzung vorliegt oder eine Gefährdung des Stiftungszwecks eintritt (was auch bei einem gravierenden Verstoß gegen das Gebot der Sparsamkeit gegeben sein kann), hat der Stiftungs-prüfer auf den Stiftungsvorstand einzuwirken, den Grund für die Beanstandung zu beseitigen. Wenn dies zu keinem Erfolg führt, ist der Stiftungsprüfer verpflichtet, bei Gericht eine Sonderprüfung zu beantragen (§ 31 Abs 1 PSG).

(18) Zuwendungssperre (§ 17 Abs 2 zweiter Satz PSG): Nach dieser Bestimmung dürfen Leistungen an Begünstigte nur dann und insoweit vorgenommen werden, als dadurch Ansprüche von Gläubigern nicht geschmälert werden. Insbesondere bei aufzehrenden Stiftungen hat diese Bestimmung Relevanz.

(19) Insichgeschäfte (§ 17 Abs 5 PSG): Es ist zu prüfen, ob bei Insichgeschäften von Mitgliedern des Stiftungsvorstands die Voraussetzungen gemäß § 17 Abs 5 PSG eingehalten worden sind. Verfügt die Privatstiftung über einen Aufsichtsrat, so ist das Insichgeschäft vom Aufsichtsrat zu genehmigen. Dieser vertritt die Privatstiftung bei Rechtsgeschäften mit den Mitgliedern des Stiftungsvorstands. Das Prüfungserfordernis erstreckt sich in diesem Fall auf die Prüfung, ob sämtliche betroffenen Rechtsgeschäfte dem Aufsichtsrat vorgelegt und von diesem genehmigt worden sind. Ist ein Aufsichtsrat nicht eingerichtet, so ist die Genehmigung durch alle übrigen Mitglieder des Stiftungsvorstands zu erteilen und in der Folge dem Gericht zur Genehmigung vorzulegen.

(20) *Vergütung der Mitglieder des Stiftungsvorstands* (§ 19 PSG): Die rechtliche Zulässigkeit einer Vergütung an die Mitglieder des Stiftungsvorstands ist zu prüfen. Ist in der Stiftungserklärung die Vergütung ausreichend konkret festgelegt, ist es nicht erforderlich, die in Rz (19) angeführten Prüfungshandlungen durchzuführen. Fehlt eine derartige Festlegung, so ist die Vergütung bei Vorhandensein eines Aufsichtsrats durch diesen zu beschließen; ist

[1] Wenn in der Folge von der Stiftungserklärung die Rede ist, sind damit Stiftungsurkunde und Stiftungszusatzurkunde erfasst.

ein Aufsichtsrat nicht eingerichtet, so ist die Vergütung vom Gericht festzulegen. Eine Überprüfung der Angemessenheit der Vergütung ist nicht erforderlich, da durch eine ausreichend konkrete Regelung in der Stiftungserklärung oder durch das für Insichgeschäfte vorgegebene Verfahren Missbräuche ohnedies hintangehalten werden. Wird in der Stiftungserklärung eine Aussage des Stiftungsprüfers im Prüfungsbericht über die Angemessenheit der Vergütung verlangt, ist es geboten, im Prüfungsergebnis eine derartige Feststellung zu treffen. Vorrangig wird bei der Beurteilung der Angemessenheit auf den Umfang und die Komplexität der Vorstandstätigkeit abzustellen sein.

3.3.2. Stiftungserklärung

(21) Stiftungserklärungen können direkt oder indirekt Veranlagungsrichtlinien, Bestimmungen für die Gewährung von Zuwendungen, Vorschriften über Rücklagenbildungen oder über den Erhalt des Stiftungsvermögens und ähnliche Regelungen vorsehen. Der Stiftungsvorstand ist gemäß § 17 Abs 1 PSG verpflichtet, die Bestimmungen der Stiftungserklärung einzuhalten; der Stiftungsprüfer hat deren Einhaltung zu prüfen.

(22) Wenn die Stiftungserklärung die Führung von zwei oder mehreren Rechnungskreisen für die jeweiligen Begünstigten bzw Begünstigtengruppen / -stämme vorsieht, sind diese im Rahmen der Prüfung der Erfüllung des Stiftungszwecks (Rz (17)) sowie des internen Kontrollsystems (Rz (10)) der Stiftung Gegenstand der Prüfung.

(23) Sieht die Stiftungserklärung vor, dass der Stiftungsvorstand den geprüften Jahresabschluss einem anderen Stiftungsorgan zur Feststellung (Genehmigung, Billigung) vorzulegen hat oder diese Feststellung selbst vorzunehmen hat, so ist die Einhaltung dieser Bestimmung Teil der Prüfung des Folgeabschlusses.

(24) Sieht die Stiftungserklärung über das Dargestellte hinausgehende Prüfungshandlungen vor (zB Wohlverhalten der Begünstigten, Gebarung des Stiftungsvorstands), so bedarf es dazu einer gesonderten Beauftragung.

3.4. Prüfungshandlungen betreffend Verhinderung von Geldwäsche und der Terrorismusfinanzierung

(25) Hinsichtlich der Vorschriften zur Verhinderung von Geldwäsche sind die Vorschriften der §§ 98a ff sowie insbesondere des § 98b Abs 2 WTBG zu beachten.

3.5. Prüfungshandlungen betreffend Konzernabschluss und Konzernlagebericht

(26) Die Beurteilung, ob ein Konzernabschluss und ein Konzernlagebericht aufzustellen sind, obliegt in erster Linie dem Stiftungsvorstand. Der Stiftungsprüfer hat diese Beurteilung zu prüfen. Werden aufgrund gesetzlicher Verpflichtungen ein Konzern-abschluss und ein Konzernlagebericht aufgestellt, sind diese vom Stiftungsprüfer zu prüfen.

4. Berichterstattung

4.1. Rechtliche Grundlagen und Inhalt des Prüfungsberichts

4.1.1. Allgemeines

(27) Für den Prüfungsbericht gelten die Grundsätze und Regeln des KFS/PG 2. Der Prüfungsbericht muss daher den Grundsätzen der Unparteilichkeit, der Wahrheit, der Vollständigkeit und der Klarheit entsprechen.

(28) Um im Hinblick auf die möglichen rechtlichen Konsequenzen, die mit einer Qualifikation einer Privatstiftung als Unternehmen verbunden sein können, Missverständnisse zu vermeiden, ist auf eine korrekte Bezeichnung der Privatstiftung im Prüfungsbericht zu achten.

(29) Für den Bestätigungsvermerk sind die Vorschriften des KFS/PG 3 sinngemäß anzuwenden. Der Stiftungsprüfer ist gemäß § 21 Abs 1 PSG zur Prüfungsdurchführung innerhalb von drei Monaten ab Vorlage des Jahresabschlusses und des Lageberichts verpflichtet. Zwischen der Aufstellung dieser Unterlagen und dem Abschluss der materiellen Prüfung kann bei einer Privatstiftung daher ein zeitlicher Abstand sein. Das Datum des Bestätigungsvermerks liegt in diesen Fällen, ebenso wie das der Vollständigkeitserklärung, nach dem Datum der Unterzeichnung des Jahresabschlusses durch die gesetzlichen Vertreter. Es ist daher besonderes Augenmerk auf die Prüfung von Ereignissen zwischen der Aufstellung des Jahresabschlusses und dem Abschluss der materiellen Prüfung zu legen.

(30) Das PSG enthält für die Vorgangsweise bei einer Nachtragsprüfung weder eigene Vorschriften noch einen Verweis auf § 268 Abs 3 UGB. Zur Schließung dieser planwidrigen Regelungslücke ist daher die analoge Anwendung des § 268 Abs 3 UGB und der diesbezüglichen Vorschriften des KFS/PG 3 Rz 57 bis Rz 63 (idF vom März 2014) geboten.

4.1.2. Zusammenfassung des Prüfungsergebnisses

4.1.2.1. Feststellungen zu Buchführung, Jahresabschluss, Lagebericht, Konzern-abschluss und Konzernlagebericht

(31) Im Bericht ist insbesondere festzuhalten, ob die Buchführung, der Jahresabschluss, der Lagebericht, der Konzernabschluss und der Konzernlagebericht den gesetzlichen Vorschriften und den ergänzenden Bestimmungen der Stiftungserklärung entsprechen. Wenn die Stiftungserklärung dazu eine gesonderte Berichterstattung vorsieht, ist beispielsweise darauf einzugehen, ob getrennte Rechnungskreise vom Stiftungs-vorstand ordnungsgemäß geführt werden oder die Vorstandsbezüge angemessen sind.

(32) Im Bericht ist auch festzustellen, ob der Lagebericht mit dem Jahresabschluss in Einklang steht, und zwar auch hinsichtlich der Erfüllung des Stiftungszwecks. Dies gilt analog für Konzernlagebericht und Konzernabschluss.

4.1.2.2. Erteilte Auskünfte

(33) Gemäß § 273 Abs 1 zweiter Satz UGB ist im Prüfungsbericht ausdrücklich festzuhalten, ob die nach PSG und Stiftungserklärung auskunftspflichtigen Personen die verlangten Aufklärungen und Nachweise erbracht haben. Dabei ist auch auf den Erhalt einer schriftlichen Vollständigkeitserklärung einzugehen. Zu einer Vorlage für eine Vollständigkeitserklärung wird auf das gesonderte Muster einer Vollständigkeits-erklärung für Prüfungen von Jahresabschlüssen von Privatstiftungen hingewiesen.

4.1.2.3. Nachteilige Veränderungen der Vermögens-, Finanz- und Ertragslage und wesentliche Verluste

(34) Verluste, die das Jahresergebnis nicht unwesentlich beeinflusst haben und / oder die Erreichung des Stiftungszwecks gefährden, sind im Prüfungsbericht anzuführen und zu erläutern.

4.2. Redepflicht

4.2.1. Redepflicht gemäß § 273 Abs 2 UGB

(35) Gemäß § 21 Abs 3 erster Satz PSG ist für die Berichterstattung des Stiftungsprüfers § 273 UGB sinngemäß anzuwenden. § 273 Abs 2 UGB ist somit uneingeschränkt anzuwenden.

(36) Der Berichterstattungspflicht ist jedenfalls bei schwerwiegenden Verstößen gegen die Stiftungserklärung nachzukommen, insbesondere bei solchen gegen Bestimmungen zur Erfüllung des Stiftungszwecks. Berichterstattungspflicht besteht auch bei Nichtaufstellung eines Konzernabschlusses und Konzernlageberichts trotz gesetzlicher Verpflichtung.

(37) Umstände, die zur Ausübung der Redepflicht nach § 273 Abs 2 UGB führen, können im Einzelfall auch Anlass für die Beantragung einer Sonderprüfung gemäß § 31 Abs 1 PSG bzw für einen Antrag gemäß § 27 Abs 2 PSG auf Abberufung eines Mitglieds oder mehrerer Mitglieder des Stiftungsvorstands geben.

4.2.2. Redepflicht gemäß § 273 Abs 3 UGB

(38) Der Verweis des § 21 Abs 3 erster Satz PSG bezieht sich auch auf § 273 Abs 3 UGB. Da nach dieser Bestimmung das Vorliegen eines Unternehmens Voraussetzung ist, betrifft sie nur unternehmerisch tätige Privatstiftungen. Demnach hat der Stiftungs-prüfer bei unternehmerisch tätigen Privatstiftungen unverzüglich die Redepflicht auszuüben, wenn bei der Prüfung des Jahresabschlusses das Vorliegen der Voraussetzungen für die Vermutung eines Reorganisationsbedarfs festgestellt wird.

(39) Der Stiftungsprüfer muss sich im Einzelfall mit der Frage beschäftigen, ob eine unternehmerische Tätigkeit gegeben ist und ob daher die URG-Kennzahlen für die Vermutung eines Reorganisationsbedarfs anzuwenden sind. In einem ersten Schritt ist der Stiftungs-

vorstand gefordert, sich zur Frage der Unternehmereigenschaft zu erklären. Dem Stiftungsprüfer obliegt die Prüfung, ob die Angaben des Stiftungs-vorstands zutreffend sind.

(40) Ist das Vorliegen der Unternehmereigenschaft nicht eindeutig zu verneinen, so sind die Kennzahlen zu berechnen; ergibt sich daraus die Vermutung des Vorliegens eines Reorganisationsbedarfs, so wird die Ausübung der Redepflicht gemäß § 273 Abs 3 UGB empfohlen.

4.3. Ausfertigung und Vorlage des Prüfungsberichts

(41) Der Prüfungsbericht ist den Mitgliedern der übrigen Organe (obligatorische und weitere Organe gemäß § 14 Abs 2 PSG) der Privatstiftung vorzulegen.

(42) Die Stiftungserklärung kann weitere Personen bestimmen, denen der Prüfungsbericht vorzulegen ist. Dies ist Aufgabe des Stiftungsvorstands, sofern die Stiftungserklärung nicht explizit die Vorlage durch den Stiftungsprüfer vorsieht.

(43) Personen bzw Stiftungsgremien, denen keine Organstellung zukommt, ist der Prüfungsbericht nicht zu übermitteln. Begünstigte und der Stifter haben - soweit ihnen keine sonstigen Funktionen zukommen - keine Organstellung in der Stiftung. Begünstigte können die Einsichtnahme ua in den Prüfungsbericht im Wege des Auskunftsanspruchs des § 30 Abs 1 PSG begehren.

5. Zusätzliche Pflichten / Aufgaben des Stiftungsprüfers im Vergleich zum Abschlussprüfer aufgrund der Organstellung

5.1. Allgemeines

(44) Aufgrund seiner Organstellung sind dem Stiftungsprüfer weiter gehende Befugnisse eingeräumt, insbesondere aber auch weiter gehende Pflichten auferlegt als dem Abschlussprüfer (einer Kapitalgesellschaft). Die fehlende Überwachung und Lenkung durch einen am Vermögen beteiligten wirtschaftlichen Eigentümer erfordert es, die vom Gesetzgeber zum Ausgleich vorgesehenen Instrumente der Kontrolle zur Vermeidung von Fehlentwicklungen und Missbräuchen streng auszulegen.

(45) Den Stiftungsprüfer trifft die Obliegenheit, im Rahmen des pflichtgemäßen Ermessens von seinen mit der Organstellung verbundenen besonderen Rechten Gebrauch zu machen. Daher trifft ihn die Pflicht, bei Vorliegen eines begründeten Verdachts von Unredlichkeiten oder grober Pflichtverletzungen auf den Stiftungsvorstand einzuwirken, den Grund für die Beanstandung zu beseitigen. Wenn dies zu keinem Erfolg führt, ist der Stiftungsprüfer verpflichtet, bei Gericht eine Sonderprüfung (§ 31 Abs 1 PSG) bzw die Abberufung eines Mitglieds oder mehrerer Mitglieder des Stiftungsvor-stands (§ 27 Abs 2 PSG) zu beantragen (vgl Rz (46) ff).

5.2. Einzelfragen

5.2.1. Muss der Stiftungsprüfer bei von ihm festgestellten Unredlichkeiten oder groben Pflichtverletzungen, die Grundlage der Abberufung aller oder einzelner Mitglieder des Stiftungsvorstands sein können, das Gericht informieren und gegebenenfalls den Antrag stellen oder anregen, dass alle oder einzelne Mitglieder des Stiftungsvorstands wegen grober Pflichtverletzung abberufen werden?

(46) Wie der Stiftungsprüfer aufgrund seiner Organstellung iVm § 29 PSG verpflichtet ist, gemäß § 31 Abs 1 PSG bei Vorliegen bestimmter Umstände eine Sonderprüfung zu beantragen, ist er ebenso verpflichtet, bei groben Pflichtverletzungen der Mitglieder des Stiftungsvorstands gemäß § 27 Abs 2 PSG die Abberufung der dafür verantwortlichen Mitglieder bei Gericht zu beantragen – jedenfalls wenn auf seinen Hinweis auf Unredlichkeiten oder grobe Pflichtverletzungen vom Stiftungsvorstand oder anderen Kontrolleinrichtungen wie Aufsichtsrat und Beirat nicht entsprechend reagiert wird. Dabei ist zu beachten, dass die Entscheidung über die Abberufung von Mitgliedern des Stiftungsvorstands in der Stiftungserklärung auch an ein anderes Organ (va an den Aufsichtsrat) übertragen werden kann.

(47) Die Verschwiegenheitspflicht des Stiftungsprüfers ergibt sich einerseits aufgrund der berufsrechtlichen Verschwiegenheitspflicht des § 91 WTBG und andererseits in analoger Anwendung der Bestimmung des § 275 Abs 1 UGB. Von Gesetzes wegen (gemäß § 21 Abs 2 PSG) gilt diese Verschwiegenheitspflicht lediglich gegenüber den anderen Stiftungsorganen und den in der Stiftungserklärung mit Prüfungsaufgaben betrauten Personen nicht. Aus seiner Organstellung ergibt sich jedoch, dass der Stiftungsprüfer bei Wahrnehmungen im Bereich der „erweiterten Redepflicht“ auch gegenüber dem Gericht (welches kein Organ der Privatstiftung ist) nicht zur Verschwiegenheit verpflichtet ist. Eine Verschwiegenheitspflicht gegenüber dem Gericht wäre mit der Kontrollfunktion des Stiftungsprüfers nicht zu vereinbaren.

5.2.2. Inwieweit hat der Stiftungsprüfer die Erfüllung des Stiftungszwecks in die Prüfung einzubeziehen?

(48) Der Stiftungsprüfer hat aufgrund seiner Organstellung zur Wahrung des Stiftungs-zwecks beizutragen. Um diese Aufgabe erfüllen zu können, muss die Erfüllung des Stiftungszwecks in die Prüfung einbezogen werden. Der Stiftungsprüfer hat insbesondere zu prüfen, ob die Stiftungserklärung hinsichtlich des Stiftungszwecks ein-gehalten worden ist, ob der Lagebericht mit dem Jahresabschluss auch hinsichtlich der Erfüllung des Stiftungszwecks in Einklang steht und ob der Lagebericht nicht hinsichtlich der Erfüllung des Stiftungszwecks eine falsche Vorstellung von der Lage der Privatstiftung erweckt.

(49) Wesentliche Feststellungen sind zunächst mit dem Stiftungsvorstand zu erörtern. Dem Stiftungsvorstand soll dies die Möglichkeit bieten, seine Beurteilung darzulegen. Die Ausübung der Redepflicht und gegebenenfalls die Einschaltung des Gerichts obliegen dem pflichtgemäßen Ermessen des Stiftungsprüfers.

(50) Aufgrund seiner aus der Organstellung ableitbaren besonderen Treuebindung ist der Stiftungsprüfer dann, wenn keine anderen Maßnahmen zur Verfügung stehen, verpflichtet, die Abberufung eines Stiftungsorgans oder die Einleitung einer Sonder-prüfung zu betreiben, wenn die Erfüllung des Stiftungszwecks ansonsten gefährdet ist. Daher hat der Stiftungsprüfer bei der Wahrnehmung von Unredlichkeiten oder groben Verletzungen des Gesetzes oder der Stiftungserklärung bei Gericht eine Sonderprüfung (§ 31 Abs 1 PSG) bzw die Abberufung eines Mitglieds oder mehrerer Mitglieder des Stiftungsvorstands (§ 27 Abs 2 PSG) zu beantragen. Allerdings besteht keine Verpflichtung, auf der Sonderprüfung zu beharren, wenn dem Stiftungsprüfer gemäß § 31 Abs 3 PSG eine Sicherheitsleistung aufgetragen wird.

5.2.3. Ist der Stiftungsprüfer verpflichtet, die ordnungsgemäße Besetzung der Stiftungsorgane zu prüfen?

(51) Der Stiftungsprüfer muss dann, wenn nach der Stiftungserklärung seine Bestellung nur befristet erfolgt und falls der Stiftungsvorstand bzw gegebenenfalls der Aufsichts-rat säumig ist, auf eine Neu- oder Wiederbestellung hinwirken, uU durch Kontakt-aufnahme mit dem Gericht. Dies gilt auch dann, wenn ein Bestellungsbeschluss des Gerichts abweichend von der Stiftungserklärung keine Befristung enthält.

(52) Stellt der Stiftungsprüfer im Zuge der Prüfungshandlungen fest, dass Funktions-perioden von Mitgliedern anderer Organe im geprüften Zeitraum abgelaufen sind oder beendet wurden, so hat er auf eine Neu- oder Wiederbestellung hinzuwirken, falls der Stiftungsvorstand bzw gegebenenfalls der Aufsichtsrat säumig ist, weil der Privat-stiftung erhebliche Nachteile erwachsen können, wenn eine Organfunktion durch Zeitablauf unbemerkt endet. Dies gilt sinngemäß auch für Fälle des § 27 Abs 2 Z 2 PSG.

(53) Das PSG sieht eine Reihe von Unvereinbarkeiten für die Mitglieder des Stiftungsvorstands und des Aufsichtsrats vor (vgl §§ 15 Abs 2 bis 3a, 23 Abs 2 PSG). Die Rechtsprechung verlangt, dass darüber hinaus auch in aufsichtsratsähnlichen Beiräten die Begünstigten und deren Angehörige iS von § 15 Abs 2 PSG nicht die Mehrheit stellen dürfen. Ebenso sind Berater und Bevollmächtigte von Begünstigten uU von der Vorstandsfunktion ausgeschlossen. Es würde zu weit gehen, dem Stiftungsprüfer die Kontrolle von uU nicht leicht überschaubaren Verwandtschaftsverhältnissen oder von anderen Beziehungen aufzulasten. Vorrangig ist jeder, der eine Organfunktion übernimmt, selbst verpflichtet, zu prüfen, ob er von der Übernahme der Funktion ausgeschlossen ist oder nicht. Nur dann, wenn dem Stiftungsprüfer bekannt wird, dass zweifelsfrei eine Inkompatibilität vorliegt, hat er die Redepflicht auszuüben und gegebenenfalls das Gericht einzuschalten.

6. Beendigung des Mandats des Stiftungsprüfers

6.1. Allgemeines

(54) Regelungen über eine Amtsniederlegung durch den Stiftungsprüfer fehlen im PSG; eine dauerhafte Zwangsbindung ist aber weder im Interesse der Privatstiftung noch im Interesse einer ordnungsgemäßen Kontrolle gelegen. Auch Festlegungen (Obergrenzen) über die

Funktionsperiode der Organe der Privatstiftung fehlen im PSG. Dem Stifter steht es frei, die Funktionsdauer festzulegen. Es können hierbei starre oder flexible Regelungen vorgesehen werden. An diese Anordnungen ist auch das Gericht gebunden. Ist in der Stiftungserklärung keine Funktionsdauer geregelt, steht es im Ermessen des Gerichts, ob eine zeitliche Befristung festgesetzt wird.

6.2. Einzelfragen

6.2.1. Beendigung wegen Wegfalls der Bestellungsvoraussetzungen

(55) Die Bestellung zum Stiftungsprüfer endet automatisch, wenn ein absolutes Bestellungshindernis (zB Unvereinbarkeit gemäß § 20 Abs 3 PSG) eintritt. Einer Abberufung bedarf es daher in einem solchen Fall nicht. Selbiges gilt, wenn der Stiftungsprüfer seine berufliche Qualifikation als Wirtschaftsprüfer (oder Wirtschaftsprüfungs-gesellschaft) verliert oder sobald eine Bescheinigung gemäß § 15 A-QSG nicht vorliegt, da darin ein unabdingbares Bestellungserfordernis zu sehen ist.

(56) Sobald dem Stiftungsprüfer Umstände bekannt werden, die zur Beendigung der Bestellung führen, hat er die Organe der Stiftung und das Gericht davon zu verständigen. Sofern die Zuständigkeit zur Bestellung bei einem Aufsichtsrat liegt, ist dieser zu verständigen.

6.2.2. Ende der Funktionsperiode

(57) Die Funktionsperiode des Stiftungsprüfers endet mit Zeitablauf, Abberufung oder Amtsniederlegung (Rücktritt).

6.2.3. Beendigung wegen Zeitablaufs

(58) Wird ein Stiftungsprüfer auf eine bestimmte Zeit bestellt, insbesondere weil die Stiftungsurkunde dies so vorsieht, hat er auf Basis der dazu ergangenen Beschlüsse der Firmenbuchgerichte im Einzelfall nach pflichtgemäßem Ermessen vorzugehen:

a) Sieht ein Beschluss vor, dass die Bestellung mit einem bestimmten Datum endet (zB „... wird bis zum 31.12.2014 zum Stiftungsprüfer bestellt"), endet die Funktion mit diesem Datum. Jahresabschlussprüfungen, die bis dahin nicht abgeschlossen sind, obliegen dem neuen Stiftungsprüfer.
b) Wird der Stiftungsprüfer zur Prüfung der Jahresabschlüsse einer bestimmten Periode bestellt („... wird zur Prüfung der Jahresabschlüsse der Jahre 2010 bis einschließlich 2014 bestellt"), endet die Funktion mit dem Abschluss der Prüfung des letzten Jahresabschlusses, also mit dem Datum des Prüfungsberichts.
c) In allen anderen Fällen wird bei Zweifeln empfohlen, eine Abklärung mit dem Firmenbuchgericht herbeizuführen.

6.2.4. Beendigung wegen Abberufung des Stiftungsprüfers

(59) Der Stiftungsprüfer kann vom Gericht auf Antrag eines dazu Legitimierten oder von Amts wegen des Amtes enthoben werden, wenn die Stiftungserklärung dies vorsieht oder ein wichtiger Grund vorliegt, insbesondere Umstände eintreten, die das Vertrauen in die Verlässlichkeit des Stiftungsprüfers erschüttern. Sieht dies die Stiftungs-erklärung vor, kann die Abberufung auch durch einen Aufsichtsrat erfolgen.

(60) Die Aufzählung der Abberufungsgründe in § 27 Abs 2 PSG ist nicht abschließend. Auch alle anderen wichtigen Umstände, wie etwa eine Interessenskollision, kommen daher als Abberufungsgründe in Frage. Pflichtverletzungen sind insbesondere ein Verstoß gegen das PSG, die Stiftungserklärung sowie sonstige Pflichten, deren Verletzung dem Wohle der Privatstiftung abträglich sein kann.

6.2.5. Beendigung wegen Amtsniederlegung / Rücktritt des Stiftungsprüfers

(61) Für die Frage, ob ein Stiftungsprüfer zum einseitigen Rücktritt von seiner Funktion berechtigt ist und ob dieser Rücktritt wirksam erfolgt, sind folgende Konstellationen zu unterscheiden:

(62) <u>Der Stiftungsprüfer wurde vom Gericht auf unbestimmte Zeit bestellt</u>: Im Hinblick darauf, dass dem österreichischen Recht ewige Bindungen fremd sind, ist der Stiftungsprüfer zum einseitigen Rücktritt auch ohne Vorliegen eines wichtigen Grundes berechtigt. Aus seiner Organstellung ergibt sich, dass der Rücktritt nicht überraschend (zur Unzeit) erfolgen darf, sondern der Privatstiftung ausreichend Zeit einzuräumen ist, um für eine Nachfolge Sorge zu tragen. Im Allgemeinen ist hier eine Vorankündigung von sechs bis acht Wochen als ausreichend anzusehen. Ein sofortiger Rücktritt ist nur aus wichtigem Grund zulässig. Meinungsverschiedenheiten mit dem Stiftungsvorstand über die Rechnungslegung und die Berichterstattung im Lagebericht stellen keinen wichtigen Grund dar, weil es gerade der Zweck der unabhängigen Stiftungsprüfung ist, in solchen Situationen dem Stiftungsvorstand entgegenzuwirken. Als wichtiger Grund können beispielsweise tiefgreifende persönliche Zerwürfnisse in Betracht kommen. Der Rücktritt ist gegenüber dem Gericht zu erklären und dem Stiftungsvorstand zur Kenntnis zu bringen. Er wird mit Zugang beim Gericht wirksam.

(63) <u>Der Stiftungsprüfer wurde vom Aufsichtsrat auf unbestimmte Zeit bestellt</u>: Hier gilt das vorangehend Ausgeführte ebenfalls. Der Rücktritt ist hier gegenüber dem Aufsichtsrat zu erklären und wird mit Zugang wirksam. Sollte aus der Stiftungserklärung nicht klar hervorgehen, dass der Aufsichtsrat nach außen vom Vorsitzenden vertreten wird, so ist die Übermittlung der Rücktrittserklärung an alle Mitglieder des Aufsichtsrats nachweislich vorzunehmen. Eine Verständigung des Gerichts ist nicht erforderlich.

(64) <u>Der Stiftungsprüfer wurde vom Gericht für eine zeitlich begrenzte Periode bestellt</u>: Durch die Annahme der Bestellung hat der Stiftungsprüfer die Verpflichtung übernommen, für die festgelegte Periode die Funktion auszuüben. Dies gilt auch dann, wenn bei der Bestellung durch das Gericht keine zeitliche Beschränkung in den Bestellungsbeschluss aufge-

nommen worden ist, sich diese aber aus der Stiftungserklärung ergibt. Hier ist ein Rücktritt ohne wichtigen Grund ausgeschlossen, weil die Ausübung der Funktion bis zum Ende der Bestellungsperiode zumutbar ist. Der Rücktritt aus wichtigem Grund bleibt unbenommen.

(65) Der Stiftungsprüfer wurde vom Aufsichtsrat für eine zeitlich begrenzte Periode bestellt: Hier gilt dasselbe wie bei einer befristeten Bestellung auf Grundlage eines Bestellungsbeschlusses des Gerichts.

7. Anwendungszeitpunkt

(66) Dieses Fachgutachten gilt für die Tätigkeit als Stiftungsprüfer ab 1. Jänner 2015. Eine frühere Anwendung wird empfohlen.

Handbuch

Mitteilung gem. § 5 oder Art. XI Abs. 1b Privatstiftungsgesetz

Stand: Mai 2011

Aufgrund der Änderung des Privatstiftungsgesetzes Artikel 28 BGBl. I wird dem § 5 folgender Satz angefügt: ‚Der Stiftungsvorstand hat den in diesem Sinne festgestellten Begünstigten dem für die Erhebung der Körperschaftsteuer der Privatstiftung zuständigen Finanzamt unverzüglich elektronisch mitzuteilen.'

Aufgrund der Meldungsverpflichtung gem. § 5 oder Art. XI Abs. 1b Privatstiftungsgesetz, muss ab 1. April 2011 die Mitteilung elektronisch in FinanzOnline übermittelt werden. Wird diese Meldung von einem berufsmäßigen Parteienvertreter (z.B. Rechtsanwalt) vorgenommen, der nur dazu bevollmächtigt ist, ohne für diesen Klienten auch steuerlich Bevollmächtigter zu sein, bestehen keine Bedenken, die in FinanzOnline verwendete historische Bezeichnung „Steuervollmacht" als „Berufung auf die erteilte Vollmacht" zu verstehen. Die Namen aller zum 31. März 2011 bestehenden oder nach § 5 festgestellten Begünstigten sind elektronisch mitzuteilen.

Die Erfassung einer Mitteilung in der neuen Menüfunktion ‚Privatstiftung' wird wie folgt beschrieben:

Die Abbildungen des Handbuches wurden für diese Publikation nicht übernommen; vgl hierzu: https://www.bmf.gv.at/egovernment/fon/fuer-unternehmer-und-gemeinden/BMF_Handbuch_Privatstiftung.pdf

1. Auswahl einer Mitteilung

Unter ‚Eingaben/Anträge' ist der Punkt ‚Privatstiftung' auszuwählen.

1.1. Auswahlmaske

Auf dieser Seite ist die Finanzamts- und Steuernummer der Stiftung bekannt zu geben.

1.2. Suchbegriff

Finanzamts- und Steuernummer

Im Suchbegriff ist die Finanzamts- und Steuernummer 9-stellig ohne Leerstellen und Trennzeichen einzugeben.

Beispiel: (09) Finanzamt Wien 1/23, Steuernummer 123/4567;
richtige Eingabe: 091234567

Die ‚Finanzamts- und Steuernummer' wird bei Unternehmern vorausgefüllt. Wenn mehrere Steuernummern vorhanden sind, ist im DropDown-Menü jene Steuernummer auszuwählen, für die der Antrag übermittelt wird.

Parteienvertreter geben die Steuernummer des Klienten ein, für den der Antrag übermittelt wird.

Anmerkung:

Eine Liste aller Finanzamtsnummern kann durch Klicken auf ‚Hilfe Auswahl Finanzamt' abgefragt werden.

1.3. Schaltfläche

Weiter

Mit der Schaltfläche ‚Weiter' wird auf die Eingabeseite der ‚Mitteilung gem. § 5 oder Art. XI Abs. 1b Privatstiftungsgesetz' gewechselt.

2. Datenerfassung der Begünstigten

Die Anzeige der Unternehmensdaten der Privatstiftung erfolgt aus den in der Finanzverwaltung gespeicherten Grunddaten.

2.1. Eingabemaske

Die Eingabemaske gliedert sich in folgende Bereiche:

- **Begünstigte(r) - siehe Punkt 2.1.1.**
  Begünstigter nach § 5 PSG ist der in der Stiftungserklärung als solcher Bezeichnete. Ist der Begünstigte in der Stiftungserklärung nicht bezeichnet, so ist Begünstigter,

wer von der vom Stifter dazu berufenen Stelle (§ 9 Abs. 1 Z 3 PSG), sonst vom Stiftungsvorstand als solcher festgestellt worden ist.

- **Zeitpunkt - siehe Punkt 2.1.2.**
  Der Zeitpunkt bezieht sich auf den Beginn einer Begünstigtenstellung.

2.1.1. Begünstigte(r)

- **Familien- oder Nachname:**
  Der Familien- oder Nachname des Begünstigten ist anzugeben.
- **Vorname:**
  Der Vorname des Begünstigten ist anzugeben.
- **Geburtsdatum (TTMMJJJJ):**
  Das Geburtsdatum ist in Form von TTMMJJJJ anzugeben (z.B. für das Datum 15. Februar 1980=> 15021980).
- **Firmenwortlaut:**
  Die Bezeichnung der Firma (laut Firmenbuch) ist anzugeben.
- **Straße:**
  Angabe der Straßenbezeichnung.
- **Hausnummer/Stiege/Türnummer:**
  Angabe der Hausnummer/Stiege/Türnummer
- **Postleitzahl:**
  Angabe der Postleitzahl, die Schaltfläche ‚Ort zur österreichischen PLZ suchen' dient zur Suche des Ortes zur angegebenen Postleitzahl.

  Nach Betätigen der Schaltfläche werden zur angegebenen Postleitzahl sämtliche Orte Österreichs in einem eigenen Fenster angezeigt. Im DropDown-Menü ist der Ort auszuwählen und mit der Schaltfläche ‚OK' wird der ausgewählte Ort in das Feld ‚Ort' übernommen.

- **Ort:**
  Die Ortsangabe ist anzugeben bzw. kann übernommen werden.
- **Land:**
  Im DropDown-Menü ist die entsprechende Länderbezeichnung auszuwählen.

2.1.2. Zeitpunkt

- **Begünstigte(r) seit (TTMMJJJJ):**
  Der Zeitpunkt, ab dem der Begünstigte die Begünstigtenstellung erlangt hat, ist einzugeben, erstmaliger Zeitpunkt ist der 1.1.1993.
  Das Datum ist in Form von TTMMJJJJ anzugeben (z.B. für das Datum 15. Februar 2011 => 15022011).

Pflichteingabefelder bei natürlichen Personen als Begünstigte:

- Familien- oder Nachname
- Vorname
- Geburtsdatum
- Land
- Begünstigte(r) seit

Pflichteingabefelder bei juristischen Personen und Personengesellschaften(gemeinschaften) als Begünstigte:

- Firmenwortlaut
- Land
- Begünstigte(r) seit

Fakultative Angaben:

- Straße
- Hausnummer/Stiege/Türnummer
- Postleitzahl
- Ort

2.2. Schaltflächen

- **Prüfen und Einbringen**
  Nach der Datenerfassung und anschließender Betätigung der Schaltfläche ‚Prüfen und Einbringen' wird die Meldung ‚Der Antrag wurde eingebracht.' angezeigt.
- **Nächster Antrag**
  Nach dem Einbringen des Antrages wird eine neue Schaltfläche ‚Nächster Antrag' angeboten.
  Mit der Schaltfläche ‚Nächster Antrag' kann eine weitere ‚Mitteilung gem. § 5 oder Art. XI Abs. 1b Privatstiftungsgesetz' eingebracht werden.
- **Druckansicht**
  Mit der Schaltfläche ‚Druckansicht' werden die eingegebenen Daten für einen einheitlichen Druck aufbereitet.

3. Auskunft Begünstigte(r) einer Privatstiftung

Im Menüpunkt ‚Abfragen/Privatstiftung' können eingebrachte Anträge aufgerufen werden. Nach Eingabe der Steuernummer gibt es 2 Möglichkeiten im Bereich ‚Auswahlkriterien' eine Abfrage durchzuführen:

- **Alle angemerkten Begünstigten zum Stichtag (TTMMJJJJ) – siehe Punkt 3.2.**
- **Alle ehemaligen Begünstigten - siehe Punkt 3.4.**

3.1. Abfragemaske

3.1.1. Suchbegriff

Im Suchbegriff ist die Finanzamts- und Steuernummer 9-stellig ohne Leerstellen und Trennzeichen einzugeben.

3.1.2. Auswahlkriterien

Die Abfrage erfolgt durch Auswahl zwischen

- **Alle angemerkten Begünstigten zum Stichtag (TTMMJJJJ)**
- **Alle ehemaligen Begünstigten**

mittels Aktivierung des Optionsschalters.
Je nach Auswahl ist das Ergebnis eine Auflistung aller angemerkten oder ehemaligen Begünstigten.

3.1.3. Schaltfläche

- **Abfragen**
  Mit der Schaltfläche ‚Abfragen' wird auf die Auskunftsmaske, welche die Liste der eingebrachten Anträge enthält, weitergeleitet.

3.2. Auskunftsmaske - Alle angemerkten Begünstigten zum Stichtag

In der Auskunftsmaske ‚Begünstigte(r) einer Privatstiftung' erfolgt die Auflistung aller angemerkten Begünstigten zum eingegeben Stichtag.

3.2.1. Ergebnis - Auflistung aller angemerkten Begünstigten zum Stichtag

Es wird der Begünstigte mit Name oder der Firmenwortlaut angezeigt, sowie das Datum seitdem der Begünstigte die Begünstigtenstellung erlangt hat und das Datum der Meldung. Durch Anklicken eines Begünstigten und Betätigung der Schaltfläche ‚Weiter' wird die Folgemaske ‚Begünstigte(r) einer Privatstiftung' angezeigt.
Hier können Änderungen, die sich auf eine Beendigung der Begünstigtenstellung einer Privatstiftung beziehen, vorgenommen werden.

3.2.2. Schaltflächen

- **Weiter**
  Mit der Schaltfläche ‚Weiter' erfolgt ein Wechsel auf die Folgemaske ‚Begünstigte(r) einer Privatstiftung' - siehe Punkt 3.3.
- **Zur Auswahl**
  Mit der Schaltfläche ‚Zur Auswahl' gelangt man auf die Auswahlseite zurück.

3.3. Änderungsmaske - Beendigung

Aufgrund der Änderungskriterien wird der Bereich ‚Zeitpunkt' für die Eingabe zur Verfügung gestellt.

3.3.1. Zeitpunkt

Die Änderung bezieht sich ausschließlich auf die Beendigung der Begünstigtenstellung. Anzugeben ist das Beendigungsdatum und ein Beendigungsgrund.

- **Nicht mehr Begünstigte(r) seit (TTMMJJJJ):**
  Bezieht sich auf den Zeitpunkt, ab dem der Begünstigte nicht mehr die Begünstigten-stellung hat. Das Datum ist in Form von TTMMJJJJ anzugeben (z.B. für das Datum 15. Februar 2011 => 15022011).
- **Beendigung der Begünstigtenstellung wegen:**
  Eine Auswahl der Beendigungsgründe kann vorgenommen werden.
  - Tod. bzw. Auflösung/Beendigung/Untergang der/des Begünstigten
  - Änderung der Stiftungsurkunde(n) bzw. -zusatzurkunde(n)
  - Sonstigen Gründen
  - Eingabefehler

- **Begründung:**
  Wird der Beendigungsgrund **‚Sonstigen Gründen'** gewählt, besteht im Feld **‚Begründung'** die Möglichkeit einer textlichen Eingabe, die auf 100 Zeichen begrenzt ist.

  Bei allen anderen Beendigungsgründen ist eine Texteingabe im Feld ‚Begründung' nicht möglich.

3.3.2. Schaltflächen

- **Prüfen und Einbringen**
  Nach der Datenänderung und anschließender Betätigung der Schaltfläche ‚Prüfen und Einbringen' wird die Meldung ‚Der Begünstigte wurde erfolgreich verarbeitet.' angezeigt. Der Begünstigtenstatus in der Privatstiftung ist somit beendet.
- **Zur Übersicht**
  Mit dem Button ‚Zur Übersicht' gelangt man auf die Ergebnisseite - Aller angemerkten Begünstigten zum Stichtag.
- **Druckansicht**
  Mit der Schaltfläche ‚Druckansicht' werden die eingegebenen Daten für einen einheitlichen Druck aufbereitet.

3.4. Auskunftsmaske - Alle ehemaligen Begünstigten

Es werden alle ehemaligen Begünstigten angezeigt.
Durch Anklicken eines Begünstigten und Betätigen der Schaltfläche ‚Weiter' wird die Maske ‚Begünstigte(r) einer Privatstiftung' angezeigt.

Es sind die Daten des Begünstigten ersichtlich, ebenso der Zeitpunkt und der Grund der Beendigung.

3.4.1. Schaltflächen

- **Zur Übersicht**
  Mit dem Button ‚Zur Übersicht' gelangt man auf die Ergebnisseite - Aller beendeten Begünstigten.
- **Druckansicht**
  Mit der Schaltfläche ‚Druckansicht' werden die Daten für einen einheitlichen Druck aufbereitet.

4. Bestehende Funktionen

Die neue Funktion Privatstiftung ist im Menüpunkt Admin in den folgenden Funktionen integriert:

- Postausgangsbuch
- Eingebrachte Anbringen
- Benutzerverwaltung
- Teamverwaltung
- Log

Erklärung des Mitglieds des Stiftungsvorstands der [Name] Privatstiftung

Ich, [Name] wurde am [Datum der Bestellung] von [bestellungsberechtigte Stelle] für eine Dauer von [Dauer der Funktionsperiode] zum Vorstandsmitglied der [Name] Privatstiftung bestellt. Ich erkläre, die Wahl anzunehmen.

Ich bestätige hiermit, dass ich

1) nicht dem Kreis der Begünstigten oder der Anwartschaftsberechtigten angehöre,
2) nicht mit einem Begünstigten iSd § 15 Abs 2 PSG verwandt bin,
3) nicht an einer begünstigten juristischen Person iSd § 15 Abs 3 PSG direkt oder indirekt beteiligt bin,
4) nicht den Stifter oder einen Begünstigten vertrete sowie
5) nicht zur Wahrnehmung der Interessen des Stifters, der Begünstigen, ihrer Angehörigen oder der in § 15 Abs 3 genannten ausgeschlossenen Personen in den Stiftungsvorstand entsandt wurde.

Weiters erkläre ich hiermit, dass ich

1) mit den Bestimmungen der Stiftungserklärung, des PSG und aller weiteren für meine Tätigkeit einschlägigen Vorschriften vertraut bin,
2) die notwendigen Kenntnisse und Befähigungen mitbringe, um meine Aufgaben als Mitglied des Stiftungsvorstands zu erfüllen,
3) stets für die Erfüllung des Stiftungszwecks sorgen und die Interessen der Stiftung immer bestmöglich vertreten werde sowie
4) die Bestimmungen des Österreichischen Governance Kodex für Privatstiftungen (ÖGK PS) bei meiner Tätigkeit im Stiftungsvorstand beachten werde.

[Ort, Datum] [Unterschrift]

Das Autorenteam legt abschließend (und mit einem Augenzwinkern) Wert auf nachstehende Tatsache:

Wir stützen uns auf die gleiche demokratische und rechtliche Legitimation wie etwa der Arbeitskreis für Corporate Governance: Weder sind wir ein Verein, noch ein staatlicher Beirat, und gewiss auch nicht Behörde. Rechtlich handelt es sich bei uns allen bloß um ein *„Treffen von bestimmten Personen, die Texte ausarbeiten“* (*Lachmayer*, Demokratierechtliche Analyse des Österreichischen Corporate Governance Kodex (2015)).

Doch der Kampf um Stiftungen ist unser Alltag, und dies seit vielen Jahren. Anstatt uns den Anschein einer förmlichen „offiziellen“ Kommission geben zu wollen, laden wir Sie lieber ein, sich einfach durch die Vernunft unserer Argumente aus der Praxis überzeugen zu lassen.